KB149355

PERI ZŌ[I]IŌN MORIŌN
ΑΡΙΣΤΟΤΕΛΟΥΣ

지은이 **아리스토텔레스** 기원전 384~322년

그리스 북동부 칼키디케 반도 스타게이로스 출생. 별칭으로 '스타게이로스의 사람'으로 불렸다. 마케도니아의 왕 아뮨타스 3세의 시의(侍醫)였던 아버지 니코마코스 덕에 어린 시절 펠라의 궁전에서 수준 높은 교육을 받으면서 성장했다. 17세가 되던 기원전 367년 아테네로 간 그는 플라톤의 아카데미아에 들어가 플라톤이 죽는 기원전 347년경까지 20년 동안 플라톤 문하에서 학문에 정진한다.

플라톤이 죽고 그의 조카 스페우시포스가 아카데미아의 새 원장이 되자 몇몇 동료와 함께 아테네를 떠난 아리스토텔레스는 기원전 342년 마케도니아의 필립포스 왕에게서 그의 아들 알렉산드로스의 교육을 위탁받은 것으로 추정되기도 한다. 알렉산드로스가 아시아 원정을 준비하던 335년 아테네로 돌아온 그는 아폴론 신전 경내에 뤼케이온이라는 학원을 설립한다. 기원전 323년 알렉산드로스 대왕이 죽고, 아테네에 반마케도니아 기운이 감돌기 시작하자 아리스토텔레스는 아테네를 떠나 어머니의 고향 칼키스로 갔고, 이듬해에 세상을 떠난다.

그의 저술들을 주제별로 정리하면 다음과 같다. 논리학적 저작으로 『범주론』, 『명제론』, 『분석론 전서』, 『분석론 후서』, 『토피카』, 『소피스트적 논박에 대하여』 등이, 이론 철학적 저작으로 『자연학』, 『형이상학』, 『혼에 대하여』 등이, 실천철학적 저술로 『니코마코스 윤리학』, 『정치학』, 『에우데모스 윤리학』, 『대도덕학』 등이 전해진다. 또한 언어학적 철학 저작인 『수사술』과 예술이론적 저작인 『시학』이 전승되었고, 생물학 관련 작품으로 『동물 탐구』, 『동물의 부분들에 대하여』, 『동물의 운동에 대하여』 등도 전해진다.

옮긴이·주석 **김재홍**

숭실대학교 철학과 졸업. 같은 대학교 대학원에서 서양고전철학 전공, 1994년 「아리스토텔레스의 학문방법론에서의 변증술의 역할에 관한 연구」로 철학박사 학위 취득. 캐나다 토론토대학교 '고중세철학 합동 프로그램'에서 철학 연구(Post-Doc). 가톨릭대학교 인간학연구소 전문연구원, 서울대학교 철학사상연구소 선임연구원 역임. 가톨릭관동대학교 연구교수를 거쳐 전남대 사회통합지원센터 부센터장을 지냈으며, 현재 정암학당 연구원으로 있다.

저서 『그리스 사유의 기원』, 『왕보다 더 자유로운 삶』, 『아리스토텔레스 정치학』 등. 역서 『자기 자신에게 이르는 것들』, 『에픽테토스 강의 1 · 2』, 『에픽테토스 강의 3 · 4, 엥케이리디온, 단편』, 아리스토텔레스의 『토피카』, 『소피스트적 논박에 대하여』, 『니코마코스 윤리학』 등.

동물의 부분들에 대하여

아리스토텔레스

김재홍 옮김·주석

그린비

PERI ZŌIŌN MORIŌN

ΑΡΙΣΤΟΤΕΛΟΥΣ

고전의 숲 09
동물의 부분들에 대하여

초판1쇄 펴냄 2024년 8월 26일

지은이 아리스토텔레스
옮긴이·주석 김재홍
펴낸이 유재건
펴낸곳 (주)그린비출판사
주소 서울시 마포구 와우산로 180, 4층
대표전화 02-702-2717 | **팩스** 02-703-0272
홈페이지 www.greenbee.co.kr
원고투고 및 문의 editor@greenbee.co.kr

편집 이진희, 구세주, 민승환, 남미은 | **디자인** 이은솔, 박예은
물류유통 류경희 | **경영관리** 이선희

ISBN 978-89-7682-875-0 93110

독자의 학문사변행學問思辨行을 돕는 든든한 가이드 _(주)그린비출판사

"이 책은 동물에 대한 아리스토텔레스의 철학적 탐구,

즉 인과적 탐구의 심장이요 혼이다."

—J. G. 레녹스

일러두기

1 이 책은 아리스토텔레스의 『동물의 부분들에 대하여』(*PERI ZŌ[I]ŌN MORIŌN; De partibus animalium*)을 우리말로 옮기고 주석을 단 것으로 루이스(Louis, Pierre, *Aristote, Les Parties des animaux*, Texte établi et traduit par, Collection des universités de France, Paris, Collection Budé, 1958)판을 원전의 대본으로 삼았으며, 경우에 따라 Peck의 Loeb판(1937년)을 참고했다. 이 책을 번역하고 독해하는 데에 도움을 받은 그 밖의 헬라스어 원전들과 주요 번역판은 다음과 같다.

Peck, A. L.(1937, 1961), *Aristotle: Parts of Animals*(introduction, text, translation), Cambridge, Mass., and London.

Bekker, I.(1831), *Aristotelis Opera*, vol. 1, Berlin.

Bodson, L.(1990), *Aristote: De partibus animalium: index verborum, lists de fréquence*, Liège.

Balme, D. M.(1972/2003), *Aristotle: De Partibus Animalium I* and *De Genera- tione Animalium I(with Passages from* II. 1-3), *with a Report on Recent Work and on Additional Bibliography by Allan Gotthelf*, Oxford.

Düring, I.(1943), *Aristotle's De Partibus Animalium: Critical and Literary Commentaries*(repr. New York), 1980.

Küllmann, W.(2007), *Aristoteles, Über die Teile der Lebewesen(Aristoteles, Werke in deutscher Übersetzung, Band* 17, *Zoologische Schriften* II, *Teil* 1), Berlin.

Lennox, J. G.(2001), *Aristotle: On the Parts of Animals* I-IV, Translated with an Introduction and Commentary, Oxford: Clarendon Press.

Michael Ephesiensis(1882), *In libros De Partibus Animalium commentaria, CAG*, IX, ed. H. Diels.

Ogle, W.(1882), *Aristotle on the Parts of Animals*, London.

__________(1912), *Aristotle: De Partibus Animalium*, in W. D. Ross and J. A. Smith.

Pellegrin, P.(2011), *Aristote, Les parties des animaux*, Flammarion.

Thompson, D. W.(1910), *Aristotle: Historia Animalium*, in W. D. Ross and J. A. Smith.

2 아리스토텔레스 저작을 표시하는 관례에 따라서 벡커(1831, Berlin)판의 텍스트 표시를 사용하였다. 이를테면 670b5는 '벡커판 670쪽 왼쪽 난(欄, column) 5행'을 나타낸다. a는 오른쪽 난을 가리킨다. 단, 원전과 번역본의 행수 표기가 정확히 일치하는 것은 아니다.

3 원칙적으로 헬라스 원전에 충실하되 우리말로 매끄럽지 않을 때에는 어느 정도 의역을 하여 가능한 한 맥락이 연결될 수 있도록 옮긴이의 해석에 맞춰 옮기려 노력했다. 원문에 없지만 문맥상 생략된 말로 생각되거나 겉으로 드러나지 않은 말들로 인해서 원문만으로 충분한 의미가 전달되지 않는다고 판단될 때에는 대괄호([ ])를 사용하여 옮긴이 임의로 원문을 이해하는 데 도움이 될 수 있는 방향으로 의미를 보충했다. 대괄호는 때로 원어에 대한 부가적 설명을 담고 있다. 물론 다른 풀어 쓰기가 요청되는 경우에는 각주에서 그 뜻을 명확히 밝혔다. 소괄호(( ))는 원문의 헬라스어와 다르게 풀이 가능한 번역어라든가 혹은 원문에 괄호 표시된 말의 번역을 표시한다. 따라서 원문으로 읽어도 무방하다. 가능한 한 독해하는 데 방해가 되지 않도록, 원문에 생략된 표현이나 겉으로 드러나지 않은 헬라스어로 판단된 경우에도 기호 표시를 하지 않은 채 번역에 드러내서 옮기려 노력했다.

4 ē와 ō는 헬라스어 장모음 에타(eta)와 오메가(omega)를 표시한다. χ는 ch로, υ는 u로 표기하고, 헬라스어의 우리말 표기는 원음에 가깝게 표기하고, υ는 일관적으로 '위'로 읽어서 Phuthagoras는 퓌타고라스로, Aiguptos는 아이귑토스(이집트)로 표기했다. 본문에서 후대의 이오타시즘(iōtakismos)은 따르지 않았다. 또 드러내 표기하지 않았다.

차례 및 내용 요약

제1권

제2권

제3권

제4권

옮긴이 해제

"여기에도 신들이 있소이다"

— 생명과학자로서의 아리스토텔레스

동물학의 탐구와 '아름답고 고귀한' 동물 세계로의 초대

이 책 『동물의 부분들에 대하여』에서 아리스토텔레스는 헤라클레이토스의 일화를 소개하면서 동물 세계의 아름다움과 동물의 탐구 및 고찰의 필요성, 동물의 '고귀함' 혹은 동물이 '존중받을 만한 것'임을 선언한다. 그런데 이는 플라톤의 이원론적 세계관을 부정하는 선언일 수 있다. 왜냐하면 '아름다움'과 '진리'가 이데아의 세계뿐 아니라 현실의 감각 세계에도 존재한다고 한 것이기 때문이다. 즉 '아름다움은 어렵지 않다'(ouk chalepa ta kala). 흔히 '동물 연구에 대한 권유'로 알려진 이 일화는 오직 이 책 『동물의 부분들에 대하여』에서만 전해진다. 이 '단편'은 『소크라테스 이전 철학자들의 단편집』(*DK*)에 '헤라클레이토스, 22A9'로도 실려 있다.

> 남은 것은 동물의 자연 본성에 대해 이야기하고, 그다지 고귀하지 않거나 더 고귀한 것이든 간에 가능한 한 아무런 것도 빠뜨리지 않도록 하는 것이다. 사실 그 [동물에 대한] 고찰들 중 일부는 감각에 대해 불편한 구

석이 있지만, 그러한 것들 중에서도 그것들을 만들어 낸 자연은 마찬가지로 원인을 알 수 있는 능력이 있고 본성적으로 지식을 사랑하는 사람들에게 엄청난 기쁨을 준다. 실제로 동물의 닮은 모습을 바라보고, 그것들을 만들어 낸 기술(예를 들어 회화술이나 조각술)을 동시에 볼 수 있다는 점에서 기뻐하지만, 자연에 의해 구성된 것 자체에 대해서는 적어도 그 원인을 보면서도 이를 고찰하는 것은 그다지 좋아하지 않는다면, 그것은 이치에 어긋나는 일일 것이다. 그러므로 그다지 고귀하다고 할 수 없는 동물에 대한 탐구를 어린아이처럼 싫어해서는 안 된다. 모든 자연물에는 놀라운 것들이 담겨 있기 때문이다. 헤라클레이토스는 그를 만나고 싶어 찾아온 손님들이 그가 화덕 옆에서 몸을 녹이고 있는 것을 보고 멈춰 선 것에 대해 말했다고 전해지는데(즉 그들에게 걱정하지 말고 들어오라고 재촉하며, '여기에도 신들이 계시기 때문'이라고 했다고 한다), 마치 그렇듯이 동물 각각에 대한 탐구에 대해서도 모든 것에 뭔가 자연적이며 아름다운 것이 있다고 생각하여 혐오감 없이 나아가야 한다. 그것은 자연의 작품에는 닥치는 대로의 것이 아니라, '무엇을 위해서라는 것'을 사실상 무엇보다도 더 볼 수 있기 때문이다. 그리고 사물이 그것을 위해서 구성되거나 생겨났던 곳의 그 목적이 아름다운(고귀한) 것이라는 지위를 차지하고 있는 것이다. (제1권 제5장 645a5-27)

에페소스의 헤라클레이토스(기원전 500년경)는 이른바 '모든 것은 흐른다'(만물 유전설, panta rhei)라는 명제를 내세웠던 철학자다. 어느 날 지혜로 명성이 자자한 헤라클레이토스를 만나기 위해 손님들이 내방했다. 손님들은 그가 부엌의 **화덕 곁에서 몸을 녹이고 있는 것**(theromenon pros tō ipnō)을 보고, 어정쩡하게 그 자리에 멈춰 서 있었다. 당시에는 부엌이 훌륭한 인물이 드나들기에 적합하지 않은 장소로 여겨졌기 때문에 아마도 손님들은 주저했을 것이다. 이에 반해 헤라클레이토스는 집안의 수호신으로 꼽히는 '헤스티아'(화덕) 불과 마찬가지로 "여기에도 신들이 있소이다"(einai gar kai entautha theous)라고 말하며, 이곳도 신이 있는 부엌이니 두려움 없이(tharrountas) 들어오라고 재촉했을 것이다.

그런데 이 일화에 담긴 속사정은 무엇일까? 강의를 듣는 학생이나 청중을 향해 현장에 나가 동물을 연구하도록 동기를 부여하기보다는 오히려 자신이 이제부터 하고자 하는 '동물에 대한 과학적 설명'에 대한 관심을 불러일으키기 위해 이 논고를 쓴 것은 아닐까? 아리스토텔레스는 귀중하고 품위 있는 무엇인가를 배우고 싶어 하는 청강생들에게 왜 여러 동물 중에서 하필이면 해면, 달팽이, 굼벵이 같은, 또 동물에 대한 강의에서 수반될 수도 있는, 해부를 목격하는 일은 말할 것도 없고, 보기에도 불쾌감을 자아내는 그런 보잘것없는 동물의 삶에 대해 듣고 싶어 해야 하는지에 대한 설명이 필요했을 것이다. 아리스토텔레스는 왜 비천한 동물들이 그러한 과학적 설명과 몸 구조의 원인에 대한 고찰에 포함될 자격이 있는지를 설명하고, 또 이를 헤라클레이토스의 일화를 빌려 설명하고자 한다.

일견하기로, 손님들의 망설임은 아리스토텔레스가 청강생들이 비천한 동물에 대해 갖는 심리적 태도라고 생각하는 것과 유사하며, 헤라클레이토스가 한 말은 동물에 대한 아리스토텔레스의 견해와 유사한 것으로 보인다. 헤라클레이토스가 손님들에게 두려움 없이 들어오도록 격려하는 말은 철학적 성향을 가진 사람들에게 동물에 대한 편견을 없애고 동물에 대해 가능한 한 많이 배우라고 권고하는 아리스토텔레스의 짤막한 논고와 유사한 역할을 하는 것이 분명하다.

이 일화에 재미난 해석을 가한 로버트슨(Robertson)의 견해는 흥미롭다. "화덕(ipnos) 곁에서 몸을 녹이고 있는 것"에서 ipnos는 '[빵을 굽는] 부엌의 화덕'을 가리키는 말이다. 그런데 ipnos란 말에는 koprōn(똥더미)이라는 의미도 있다.[1] 그래서 당시의 그 말의 쓰임새에 대한 특별한 검토 없이 로버트슨은 "아마도 변소에 가는 것에 대한 정중한 완곡어법"(as a euphemism for visiting the lavatory)으로 저 말을 해석하고 있다.[2] 정말 그럴까? 그 아이디어에 따르면 손님들이 헤라클레이토스의 시야에 들어왔을 때, 그들은 그가 변소(집 바깥의 변소일 것이다)로 들어가는 것을 보았다는 것이고, 헤라클레이토스는 손님들에게 변소나 저 바깥이 아니라 집 안으로 사양하지 말고 들어가라고 말했다는 것이다. 사물의 '원인'을 명확하게 볼 수 있는 사람들에게는 가는 곳마다 신들이 어디든지 있기 때문이다. 사실상 로버트슨의 해석은 개연성이 없으며, 저 구절이 언급되고 있는 아리스토텔레스의 더 큰 전체 맥락에 둔감한 것으로 보이기도 한다.

헤라클레이토스가 빵 굽는 화덕 옆에서 몸을 데우는 것을 보고 방문객들이 멈춰 선 이유를 설명하는 또 다른 해석을 휠라이트(Wheelwright, p. 74)가 제안했다. 그는 여성과 노예가 주로 일하던 부엌이 '평소 고대 헬라스에서 품위 있는 사람이 있을 만한 곳이 아니었다'라는 점을 고찰하면서, 존경받는 사람이 있기에는 부적절한 곳에서 불을 쬐고 있는 헤라클레이토스를 보고 손님들이 놀랐기 때문에 그 자리에 멈춰 섰다는 해석을 한다.[3] 그래서 그들의 놀라움을 알아차린 헤라클레이토스가 그

1 LSJ 개정판(*LSJ Rev.Suppl.*)에서는 ipnos를 koprōn과 동일시하는 것이 오해일 수 있다고 제안한다.

2 D. S. Robertson, 'On the Story of Heraclitus told by Aristotle, *De Partibus Animalium* 645a15-23', *Proceedings-Cambridge Philosophical Society* clxix-clxxi, 1938, p. 10; Balme(1972, 1992), p. 123 참조.

3 P. E. Wheelwright, *Heraclitus*, Princeton: Princeton University Press, 1959.

들에게 그 상황을 설명해야 한다고 생각했으며, 그 설명이 '거기에도 신이 있다'라는 말이라는 것이다.

어쨌든 논의의 맥락상 이 일화는 동물 세계를 탐구하는 것을 '혐오'하는 이야기와의 관련성을 설명하는 것으로 이해되고 해석되어야 한다. 다른 식으로는 설명하기는 당최 어렵다. 게다가 손님들이 부엌에 들어가기를 주저하는 모습은 아리스토텔레스가 청강생들이 비천한 동물에 대해 취하는 태도라고 생각했던 그 태도와 유사하기 때문이다. 문제가 되는 심리적 태도는 혐오감과 께름칙함이므로, 손님들의 망설임을 자신들의 좌절된 기대라기보다는 어떤 강력한 망설임에서 비롯된 것이라고 생각하는 편이 더 나은 것으로 보인다. 아리스토텔레스는 청강생들에게 동물 연구에 혐오감 없이 접근해야 한다고 말하고 있다. 왜냐하면 자연의 모든 것에는 경이로움이 있으며, 따라서 비천한 동물에게도 놀라운 '어떤 것'이 있기 때문이다. 그 말이 바로 '여기에도 신이 있소이다'라는 말이 주는 의미일 것이다.

아니면, 화덕은 헤라클레이토스의 우주적 원리와 모든 것에 스며드는 실체로서의 '불'을 암시하는 것일까? 헬라스 문화 속에서 화덕(Hestia)은 집안의 중심(주된 거실인 안방)에 위치한다.[4] 그곳은 집안 생활의 중추적인 장소이기도 하다. 화덕은 음식을 조리하고, 목욕할 물을 데우는 데 사용되었을 수도 있으며, 가열 수단과 빛의 원천으로도 사용되었을 수 있다. 화덕이 있는 곳은 다양한 실용적인 기능을 갖춘 장소일 뿐만 아니라 종교적으로 중요한 의미를 지닌 장소이기도 했다. 이곳은 집안 식구들이 기도하고 맹서를 하던 수호신들이 머무는 화덕 자리

4 헬라스 문화 속에서 '헤스티아'의 기능에 관련해서는 장 피에르 베르낭의 『그리스 사유의 기원』(김재홍 옮김, 길, 2006) pp. 178~179, 각주 26 참조.

(theoi ephestioi)였다. 더군다나 다양한 매력을 지닌 '불'(pur)은 헬라스인의 거의 모든 종교적 숭배 행위에 존재한다. 축제에서 행하는 횃불 경주도 그렇다. 불 없는 희생 제의는 드물었고, 희생제의 없는 불도 거의 없는 셈이었다. 그렇다면 자연스럽게 '불'과 '신'은 서로 연결되는 것으로 해석해야 할 것이다. 우주적 원리로서 불은 세상 어디에서나 존재한다. 하물며 들어가기에 조금은 꺼려지는 부엌에까지 '불'이 없을 수 없다. 신이 세상 어디에나 존재하듯이, 진리와 아름다움은 인간들이 편견과 혐오감을 갖는 동물의 세계에도 있어야 한다.

헤라클레이토스는 손님들에게 안방에 있는 화덕 못지않게 부엌의 화덕에서 타오르는 불 근처에서도 환영과 보호를 받을 수 있기 때문에, 마음 놓고 안으로 들어가야 한다고 말하고 있는 셈이다. 헤라클레이토스의 말에 나오는 부사 kai('또한')는 부엌의 화덕 불과 안방의 화덕 불 사이의 대조를 나타낸다. 아리스토텔레스가 헤라클레이토스의 일화를 통해 말하고 싶은 요점은 무엇이었을까? 아마도 이 유쾌한 예를 통해 동물 연구와 탐구에 대한 기쁨을 이야기하고 싶었을 것이다. 아리스토텔레스는 청강생들에게 신성한 화덕에 대한 어린 시절의 혐오감을 극복하도록 격려한다. 또한 그는 더 경이로운 동물, 그리고 궁극적으로 신성한 것으로 평가되고 연구할 가치가 있는 별을 포함하여 자연의 다른 것뿐만 아니라 동물들에게도 놀라운 것이 있다고 말함으로써 더 비천한 동물을 고찰하는 것에 대한 어린애와 같은 혐오감을 극복하도록 자신의 청강생들을 격려하고 있다. 물론 '놀라운 것'은 전체 자연계에 골고루 스며들어 있고, 기술로 만들어진 것에 대한 '아름다움'(to kalon)에 대응되는 '목적성'이다. 그렇기 때문에 아리스토텔레스는 청강생들에게 특정 종류의 동물에 대한 혐오감을 버리고, 자신이 내놓고 있는 동물에 대한 체계적인 논의와 설명에 마음을 열도록 권고하고 있는 셈이다.

이러한 다양한 방식으로 이 일화를 이해하는 것에 대해서는 그레고릭의 논의를 보라.[5] 그러나 이 해석은 원하는 만큼 그리 중요하지 않을 수도 있다. 정작 중요한 것은 아리스토텔레스가 탐구하는 자연 세계에서 동물 신체(몸)의 구조와 그 환경에 대한 고찰의 결과와 그것에 대한 원인을 탐구하는 과학철학적 설명 방식이다.

아리스토텔레스는 '진화론자'인가? 다윈은 아리스토텔레스의 책을 읽었을까?

아리스토텔레스의 세계관에 따라 '활동실현상태'(에네르게이아) 입장에서 보면, 가장 완전한 상태로 그 목적을 실현한 동물의 현재 상태는 완벽해야 한다. '생존 투쟁'과 '자연선택'에서 보자면, '아리스토텔레스의 동물'은 더 이상 진화할 이유가 없다. 1882년, 다윈이 죽기 몇 달 전에 오글(Ogle, 1827~1912년)에 의해 『동물의 부분들에 대하여』가 처음으로 영어로 번역되었다(Ogle, William, trans. 1882. *Aristotle on the parts of animals*, London: Kegan Paul, Trench & Co., 35쪽 분량의 '입문'과 100쪽 분량의 '주석'을 담았다). 오글은 고전 교육을 받은 의사이자 박물학자(naturalist)였다. 영국 및 아일랜드의 식물학 및 원예사 사전에 포함될 만큼 상당한 평가를 받았다. 다윈은 1809년에 태어나 1882년 4월 19일에 죽었다. 『종의 기원』의 초판은 1859년에 나왔다. 다윈은 1860년대 후반에 썼던 여러 글에서 오글을 인용한 바 있으며, 서신 교환을 통해 그와 생물학의 다양한 문제에 대해 정보를 주고받았다. 편지에서 보면, 다윈

5 P. Gregoric, The Heraclitus Anecdote: *De Partibus Animalium* i 5. 645a17-23, *Ancient Philosophy* 21, 2001, pp. 76~78(pp. 73~85 참조).

은 고전과 현대의 귀중한 생물학적·의학적 정보의 출처로서 오글에 대해 꽤 존경심을 표했다.

다윈을 열렬히 찬양하던 오글은 자신이 번역한 아리스토텔레스의 책이 출판되자마자 다윈에게 보냈다고 한다. 그때 다윈에게 보낸 편지에서 오글은, "박물학자의 아버지를 그의 위대한 현대의 후계자[다윈]에게 공식적으로 소개하는 데 어떤 자부심을 느낍니다"라고 쓰고 있다. 덧붙여 "내가 믿기에는, 당신이 하는 말을 그가 들었을 때, 진실된 인물답게 굴복하고, 자신의 모든 글을 불태워 버렸을 것입니다. 당신이 원하시면, 내가 보낸 이 한 권의 책을 소장하기를 바랍니다." 불행하게도, 다윈은 오글의 번역본이 나온 지 두 달 만에 죽었다. 그렇다면 실제로는 아리스토텔레스의 저 저작을 거의 읽지 않았다고 추정할 수 있겠다. 다윈은 5주쯤 뒤에 오글에게 이렇게 답변의 편지를 썼다.

> 친애하는 오글 선생. 당신의 아리스토텔레스 선물에 대단히 감사드립니다. 페이지를 넘기면서, 그(아리스토텔레스)가 그렇게 멋진 늙은 사람이었음에도, 나는 당신의 서론이 그 텍스트보다 더 흥미로울 것이라고 생각합니다. 진심으로 감사를 드립니다. 찰스 다윈. (1882년 1월 17일)

이 편지는 단순히 책을 보내준 것에 대한 의례적인 감사의 편지에 불과한 것일까? 아니면, 빅토리아 시대의 거장인 다윈이 실제로 아리스토텔레스를 알고 평가하고 있는 것일까? 다윈은 어디선가 '아리스토텔레스의 엄청난 관찰과 보고에 놀라고, 그 관찰이 잘못됐다는 것에 또 한 번 놀랐다'라고 말했다고 한다. 과연 다윈은 오글의 아리스토텔레스의 번역과 그의 서론 부분을 주의 깊게 읽고, 고대의 생물학자인 아리스토텔레스에 대해 존경심을 표했을까? 다윈은 아리스토텔레스의 생물학적 저작을 거의 읽지 않았음에도 아리스토텔레스 사상의 '목적론적 측면에 대한 통찰'을 잘 알고 있었으며, 오글이 성취한 것보다 그 측면에 대한 더 많은 통찰력을 가지고 있었을까? 얼마 지나지 않아 다윈은 다시 오글에게 편지를 보낸다.

> 사랑하는 오글 박사님. 나에게 보내 준 아리스토텔레스 입문 책을 통해 나에게 즐거움을 선사해 주신 것에 대해 감사드립니다. 아직 그 책의 4분의 1도 읽지 못했습니다만 나는 이보다 더 흥미를 끄는 책을 읽은 적이 거의 없습니다. 내가 본 인용문을 통해 아리스토텔레스의 장점에 대해 잘 알고 있었지만, 그가 얼마나 훌륭한 사람인지는 전혀 알지 못했습니다. 린네와 퀴비에는 비록 방식은 매우 다르지만 나의 두 신이었고, 늙은 아리스토텔레스에게 그들은 단순한 학생에 불과했습니다. — 또한 그가 운동 수단과 관련해서 근육에 대한 몇 가지 사항에 대해 무지하다는 것도 참으로 의아합니다. — 그 사람이 저지른 가장 중대한 실수 중 일부를 그럴듯한 방식으로 설명해 주셔서 기쁩니다. (…) 아리스토텔레스가 당신에게서 그 위대한 신앙의 수호자가 발견되었다는 사실을 알았더라면 좋았을 텐데요. (1882년 2월 22일)

이 편지에서 다윈은 아리스토텔레스에 대한 존경심이 커진 이유를 밝히지 않았지만, 그 책이 너무 흥미로워서 번역본의 4분의 1 정도를 읽었고, 너무나 즐거워서 오글에게 다시 감사 편지를 쓴 것으로 보인다. 즉 아리스토텔레스를 바라보는 관점에 변화가 일어난 것으로 보이는 것이다. 그러면서도 특정 문제(근육과 운동을 가능하게 하는 근육의 문제)를 언급하면서, '훌륭한 사람'의 무지에 놀라움을 나타내고 있다. 고트헬프(Gotthelf)에 따르면, 근육에 대한 언급은 오글의 주석에만 나오며, 그

중 646b19(제2권 제1장)의 주석에 나온다고 한다. 여기는 아리스토텔레스가 살과 같은 동물의 '동질적 부분'에 대한 목적인을 설명하는 대목이다. 대략 이쯤이 번역 자체의 15%쯤에 해당하는 부분이다. 『종의 기원』(1861) 제3판에 덧붙여진 역사적 스케치에서 다윈은 자신이 아리스토텔레스를 포함해서 고대 작가들의 저술을 알지 못한다고 말하고 있다. 물론 1838년 초기 노트 가운데 '읽어야 할 것을' 나열하면서, '내 견해가 매우 오래된 것인지 알아보기 위해 아리스토텔레스를 읽어 보라'라고 쓰고 있지만, 다윈 자신은 그렇게 하지 않은 것으로 보인다.

1879년 2월 12일로 기록된 어떤 편지에는, 어떤 사람(J. A. Crawley)이 다윈에게 헬라스 원문으로 된 아리스토텔레스 생물학에 관해 무언가를 물어본 것으로 보인다. 다윈은 이렇게 답장을 보낸다. "어떤 정보도 드릴 수 없어서 죄송합니다. 나는 한때 알고 있던 얼마 안 되는 헬라스어조차 잊어버렸습니다. 말하기는 좀 부끄럽지만, 또한 나는 아리스토텔레스의 작품을 읽어 본 적도 없습니다. 발췌본을 통해 본 바로, 나는 그에게 무한한 존경심을 가지고 있습니다. 가장 위대한 관찰자(생물학자)는 아니더라도 지금까지 살았던 가장 위대한 관찰자 중 한 사람으로서 말입니다."

1882년: "인용문을 통해 아리스토텔레스의 장점에 대해 잘 알고 있다. (…)"

1879년: "발췌본을 통해 본 바로, 나는 그에게 무한한 존경심을 가지고 있습니다. (…) 지금까지 살았던 가장 위대한 관찰자 중 한 사람으로서 말입니다."

요컨대 오글의 번역서를 읽기 전에 다윈은 아리스토텔레스의 생물학을 직접 읽은 적이 없었지만, 읽은 책 중에서 '인용'과 '발췌문'을 통해 아리스토텔레스가 생물학자라는 인상을 받았던 것으로 보인다. 아리스토텔레스에 대한 언급이 많지는 않지만 다윈은 편지, 출판한 작품, 노트, 여백의 기록 등을 통해 아리스토텔레스의 관찰에 대한 다른 저자의 보고를 기록하고, 다윈 자신이 보고하는 일부 사실이 고대인들에게도 알려져 있음을 종종 보고하고 있으며, 때때로 아리스토텔레스가 알지 못했던 어떤 세부 사항을 기록하고 있다.

아리스토텔레스에 대한 다윈의 평가는 이렇다. "린네(C. Linnaeus, 1707~1778년)와 퀴비에(J. L N. F. Cuvier, 1769~1832, "고생물학의 아버지")는 나의 두 신이었다", "가장 위대한 관찰자(생물학자)는 아니더라도 지금까지 살았던 가장 위대한 관찰자 중 한 사람으로서 말입니다"(1879). 이러한 평가는, 다윈의 눈에는 아리스토텔레스를 판테온에 위치해 두기에 아직 충분하지 않았던 것으로 보였음을 암시한다. 그런데 1882년에는 그에 대한 평가가 달라진다. "린네와 퀴비에는 비록 방식은 매우 다르지만 나의 두 신이었고, 늙은 아리스토텔레스에게 그들은 단순한 학생에 불과했습니다." 잘 알다시피 린네의 생물학적 분류 체계는 생물학적 데이터의 광대한 바다에 중요한 질서를 가져왔으며, 이후의 생물학 작업의 토대를 마련했으며, 생물학 발전에 지대한 공헌을 했음은 분명하다. 다윈도 린네의 체계론의 측면을 높이 평가했다. 퀴비에는 체계학, 기술적 비교해부학, 비교 기능 설명을 비롯한 여러 분야에서 중요한 작업을 수행한 학자이다. 다윈 역시 이런 분야에 대한 중요성을 인지했던 것으로 보인다. 다윈은 한 편지에서 "나는 분류에 대한 퀴비에의 견해를 알고 있다. 하지만 대부분의 박물학자들은 다른 무언가를 찾고 있는데, '자연계' — 즉 창조주께서 작업한 것에 대한 계획을 찾고 있다고 생각한다. 내가 단순히 계보학적이라고 믿는 것은 바로 이런 다른 요소이다"라고 말하고 있다. 다윈은 자연에서 발견되는 그룹화의 원인을 반영하지 못하는 이들의 이 체계에 대해서는 만족하지 않았던 것으

로 보인다.[6]

아리스토텔레스의 입장에 따르면, 동물의 부분(기관)은 문제가 되는 유기체의 생명에 필요하기 때문이며, 그러한 유형의 유기체에 이 부분이 있는 것이 없는 것보다 낫기 때문에 존재한다. 자연선택(natural selection)은 다윈주의 이론에서 동물의 부분들에 대하여도 그와 동일한 것을 적용하게 만든다. 그것들이 자연선택에 의한 것일 때, 유기체에 있는 부분들이 유기체 안에서 정확히 그들의 존재가 동물의 생존을 가능하게 했거나 또는 이러한 부분들을 가지고 있는 동물들에게 생존상의 이점을 제공했기 때문에 그것들이 있는 형태(형상) 그대로 존재하는 것이다.

아리스토텔레스와 다윈의 다른 점은 아리스토텔레스가 동물이 환경에 잘 적응하고, 번식 능력을 갖는다는 것을 **자연의 기본적 사실**로 받아들이는 반면에, 다윈은 그것에 의해 '잘 적응함'(well-adaptedness)이 확립되고 유지되는 **메커니즘인 자연선택**을 제공한다는 것이다(A. Gotthelf[1999], p. 23). 그리고 다윈이 어느 정도의 목적론적 사고를 받아들였다고 해도, 그것은 아리스토텔레스만큼 강한 것은 아니었다. 여러 차이점을 더 지적할 수 있지만, 기본적으로 아리스토텔레스는 '진화'(다윈도 초기에는 이 말을 피하다 후기에 접어들어 쓰기 시작했다고 한다)라는 개념을 상상해 본 적이 없었고 또 그런 개념을 이해하지도 못했다. 아리스토텔레스의 '종'들은 그 자체로 완결되어 모든 가능성을 실현한 상태이기에 더 이상 진화의 과정에 들어설 수 없다. 그런 점에서는 아리스

6 A. Gotthelf, "Darwin and Aristotle", *Jr. of the History of Biology* 32: pp. 3~30, 1999. 이 논문을 통해 나는 '다윈과 아리스토텔레스'의 연관성(즉 '다윈이 아리스토텔레스의 책을 읽었는가?')을 살펴보고 있다.

토텔레스의 동물 종들은 '닫혀' 있다고 말할 수 있다.

아리스토텔레스의 생물학 저작과 그 순서에 대하여

우리에게 전승되는 아리스토텔레스의 저작들 중 주요 철학적 저술을 주제별로 정리하면 다음과 같다. 논리학적 저작들로는 『범주론』, 『명제론』, 『분석론 전서』, 『분석론 후서』, 『토피카』, 『소피스트적 논박에 대하여(토피카 9권)』가 전해진다. 이론철학적 저작들로는 『자연학』, 『형이상학』, 『혼에 대하여』, 『생성과 소멸에 대하여』, 『기상학』, 『천계론』 등이 전해진다. 실천철학적 저술은 『니코마코스 윤리학』, 『정치학』, 『에우데모스 윤리학』(4~6권은 『니코마코스 윤리학』 5~7권과 동일하다), 『대도덕학』이 전해진다. 그리고 언어학적-철학적 저작으로 『수사학』과 예술이론의 저작으로 『시학』이 전승된다. 생물학과 관련된 주요 작품으로는 『동물 탐구』(*Historia Animalium*)[7], 『동물의 부분들에 대하여』(*De Partibus Animalium*), 『동물의 운동에 대하여』(*De Motu Animalium*), 『동물의 발생에 대하여』(*De Generatione Animalium*) 등이 전해지고 있다. 우리는 이 세 작품을 아리스토텔레스 생물학에 관련된 3부작이라 부를 수 있다.

단편적으로 전해지는 저작 중에서 중요한 것으로는 플라톤의 핵심 이론인 이데아를 비판하는 『형상에 관하여』(*Peri Ideōn*)가 있으며, 대화

7 『동물 탐구』*Historia Animalium*를 『동물지』로 번역하는 경우에 '지'(誌)에 해당하는 historia는 '탐구', '조사'를 뜻하며, 나아가 '그 결과들을 기록해 놓은 것'을 의미한다. 이 말에서 '역사'라는 말이 파생되었다. 이 좀 더 풀어서 정확히 옮기자면, 『동물들에 대한 탐구』(*tōn peri ta zōia historiōn*) 정도의 제목이 된다. 이 작품 속에는 동물의 삶에 대한 다양한 데이터와 개별 종들의 특성을 자세히 묘사하는 엄청난 자료가 축적되어 있다.

형식의 『철학에 대하여』와 『좋음에 관하여』 그리고 수사학을 철학의 본령으로 주장했던 이소크라테스(Isokratēs)에 반대하여 이론적으로 철학함을 옹호하는 『프로트렙티코스(*Protreptikos*: 철학의 권유)』 등이 있다. 그 밖에도 위작(僞作)으로 알려진 여러 작품이 전해진다.

우리에게 전해지는 아리스토텔레스 저작집의 25% 이상이 생물학 분야다. 아리스토텔레스 자신은 '생물학'이라는 말을 사용하지 않았고, 다만 '**자연에 대한 일반적 연구**'라고 말하고 있을 뿐이다. 여기에는 식물과 동물을 포함하여 혼의 능력에 대한 연구도 포함된다. 그렇기 때문에 어떤 작품을 생물학의 범주에 포함시키느냐에 따라, 그리고 진작 여부가 의심스러운 작품을 어떻게 해석하느냐에 따라 '생물학'의 범주도 조금은 달라질 수 있다. 하지만 아리스토텔레스 철학 — 형이상학을 위시한 여러 연구에서 사용되는 개념적 도구들 — 을 이해하기 위한 매우 중요한 작품들을 담고 있는 이 분야에 대한 관심이 헬레니즘 시기에 접어들어 어떤 이유로 간과되고 포기되었는지는 좀 더 많은 연구자의 노력이 기다려지는 대목이다.[8] 어쨌거나 이에 관한 연구와 관심이 본격적으로 시작된 시기가 무려 2000여 년이 지난 1970년대라는 것은 좀 의아하기도 하고,[9] 왜 그 분야에 대한 관심이 저조했는지는 여전히 미스터리에 속한다고 얘기할 수밖에 없을 것이다.

8 J. G Lennox, "The Disappearance of Aristotle's Biology: A Hellenistic Mystery", *Aristotle' Philosophy of Biology*, Cambridge, 2001, pp. 110~125; in ed. by A. Gotthelf & J. G. Lennox, *Philosophical Issues in Aristotle's Biology*, Cambridge, 1987, 'Part I 생물학과 철학: 개관' 참조.

9 이에 대한 초창기 연구자로는 G. E. R. LIoyd, A. Preus, W. Küllmann, D. M. Balme 같은 학자를 지적할 수 있다. 80년대 들어서는 A. Gotthelf, J. G. Lennox, P. Pellegrin, R. Bolton, M. Nussbaum 같은 학자들이 있다.

생물학과 연관된 아리스토텔레스의 작품에 대하여

아리스토텔레스 자신이 독립적인 학문의 분야로 분류하지 않았던 생물학 관련 저작들을 살펴보자. 철학의 예비 학문으로서 도구적 기능을 수행하는 논리학 작품을 싣고 있는 『오르가논』에 뒤이어 『자연학』이 뒤따르고, 벡커판 402쪽에 이르면 학문 분야의 성격에 논란이 있을 수 있는 『혼에 대하여』를 비롯한 '혼(psuchē)[10]의 기능'을 주제로 논의하는 '심리학적 저작'을 포함하는 일련의 작은 작품들이 잇따르고 있다. 벡커판 486쪽에 가면 본격적으로 생물학의 영역으로 넘어가고 동물 탐구가 시작되는 그 첫 번째 위치에 『동물 탐구』(486a-638b)가 시작되면서 『동물의 부분들에 대하여』(639a-697b), 『동물의 운동에 대하여』(698a-714b), 『동물의 발생에 대하여』(715a-789b) 등의 주요 작품이 연이어 등장한다. 이어서 진작 여부를 의심받는 식물 및 이와 연관된 문제들에 관련된 다른 작품들이 계속되고, 980쪽에 이르러 '자연학 다음에 오는 것들'(*ta meta ta phusika*)인 『형이상학』으로 넘어간다. 생물학 저작 중에 가장 중요한 세 작품인 『동물 탐구』, 『동물의 부분들에 대하여』, 『동물의 발생에 대하여』는 벡커판을 기준으로 각각 146쪽, 58쪽, 74쪽을 점유한다. 생물학 저작에 속할 수 있는 『자연학 소론집』(*Parva Naturalia*)에는 심리학에 해당하는 혼의 기능을 논하는 작은 작품들이 실려 있다. 여기에 속하는 주요 작품으로는 「감각과 감각할 수 있는 대상에 대하여」(*De*

10 psuchē를 흔히 '영혼'(靈魂)으로 번역하는데, 이는 잘못이라고 본다. 한글 사전에서 풀이한 '영혼'은 ① 죽은 사람의 넋(幽魂), 혼령, 혼신(魂神). ② 인간의 모든 정신적 활동의 본원이 되는 실체(靈駕, 靈覺). ③ 신령하여 불사불멸하는 정신(靈神). ④ 육체에 깃들어 마음의 작용을 맡고 생명을 부여한다고 여겨지는 비물질적 실체라고 되어 있다. 이 가운데 ④의 경우에만 '반쯤' 맞는다고 볼 수 있다. 기본적으로 '프시케'는 '숨 쉼', '호흡' 등과 연관된 말로 '생명'과 관련된다. 게다가 생물의 '생명'을 다루는 철학 분야에서 이 말을 '영혼'으로 번역하는 것은 오해를 불러일으킬 수 있다.

sensu et sensibilibus), 「기억과 상기에 대하여」(*De memoria et reminiscentia*), 「잠과 깸에 대하여」(*De somno et vigilia*), 「꿈에 대하여」(*De insomnis*), 「잠 속에서의 예언에 대하여」(*De divinatione per somnum*), 「숨에 대하여」(*De spiritu*), 「젊음과 늙음, 삶과 죽음, 호흡에 대하여」(*De iuventute et senectute, de vita et morte, de respirione*), 13쪽), 「장수와 단명에 대하여」(*De longitudine et brevitate vitae*, 3쪽) 등이 있다.

이론적(logikos)으로 살펴볼 때, 생물학적 저작의 논의의 출발은 phusis(자연) 일반에서 관찰될 수 있는 현상 혹은 사실(phainomenon)들, 즉 데이터의 축적으로부터 시작한다고 말할 수 있다. '데이터의 축적'이야말로 아리스토텔레스 학문의 전개 방법상 논의의 아르케(출발)가 되어야 한다. 이것은 엔독사(통념; endoxa)로부터 출발하는 아리스토텔레스의 '개념 분석적 변증술적 학문 방법론'에 해당하는 것이라 할 수 있다. 또한 그의 학문 방법론이 일반적인 것으로부터 개별적인 것으로 나아간다는 경향에 비추어 보아도 이러한 고찰 순서는 정당하다.

『동물 탐구』는 (1) phusikē 일반에 대한 탐구를 통해서 생물 일반의 관찰에서 얻어진 경험적 정보들을 수집, 정리하고, 이어서 (2) 관찰에 기반한 이론적 토대들을 구축해서 정리한다. 때때로 우리는 생물학에 대한 아리스토텔레스의 엄청난 자료 축적에 놀라지만, 축적된 자료의 오류에도 또 한 번 '더 크게' 놀라지 않을 수 없다.

이어지는 『동물의 부분들에 대하여』는 아직 동물의 '발생' 과정을 설명하기 위한 '질료'로서의 동물들의 부분은 배제한 채 동물들의 여러 '기관들'(부분들)의 '질료들'과 그 목적을 설명한다. 『혼에 대하여』가 동물의 '형상'에 해당하는 '혼'과 그 부분, 즉 '기능'을 설명하는 것이라면, 이와 연관해서 읽어야 할 작품들은 나중에 나오는 생물학 일반에 관한 소품들에서 다시 언급되고 있다.

(3) 질료적 관점과 형상적 관점이 논의되었다고 한다면, 여전히 동물의 '발생' 부분에 대한 설명이 빠져 있는 『자연학 소론집』과 『동물의 운동에 대하여』에서는 '혼과 몸'의 문제가 한데 엉겨 있어야 한다. 그래서 이 작품집에서는 혼과 몸에 공통되는 기능들에 대한 탐구가 주된 논의 대상이 되고 있다. 이렇게 점차적으로 논의의 순서를 좁혀 나가다 보면 **생명과학의 기원의 문제**(The Problem of the Origins of Life Science)라 할 수 있는 분야가 남게 된다.

(4) 여기에서는 몸과 혼에 공통되는 '생명 발생의 기능'을 설명하는 '생성'의 문제에 부딪치게 마련이다. 만일 이러한 작품 구성에 대한 분석이, 또 그 배열이 아리스토텔레스 철학적 관심을 그대로 반영하는 것이라고 한다면, 바로 이 문제야말로 아리스토텔레스 생물학 저작이 가지는 철학적 문제의 정점이라 할 수 있다. 이 점이 『동물의 발생에 대하여』라는 작품이 가지는 학문적 중요성이고, 어찌 생각해 보면 궁극적으로 아리스토텔레스의 생명현상에 대한 철학함의 telos(궁극적 목표)가 이 지점에서 드러난다고 해석해도 큰 잘못은 없을 것이다.

이러한 작품의 순서가 '이론적 관점'에서의 논술 순서라고 받아들여져 왔다. 그러나 주의해야 할 점은 이러한 순서가 반드시 저작의 집필 순서일 수는 없다는 것이다. 『동물 탐구』에는 다른 저술에 대한 언급이 없기도 해서 동물 관계 저작 중 『동물 탐구』가 최초로 성립되었다는 해석이 일반적이었다. 그러나 밤(Balme)은 『동물 탐구』는 다른 저작이 쓰여진 후에 정리되었다는 해석을 제안했다. 그가 상정하는 집필 순서에 따르면, 『동물 탐구』는 맨 처음이 아니라 생물학 관련 주요 세 작품들 중 맨 나중이라는 것이다. ① 『동물의 부분들에 대하여』 제2~4권, ② 『동물의 부분들에 대하여』 제1권, ③ 『동물의 발생에 대하여』, ④ 『동물 탐구』 등의 순서가 아리스토텔레스의 형이상학적 사고에서의 발전 순서와 맞아 떨어진다는 것이다(Balme[1987a]), pp. 9~20).

소크라테스 이전의 철학에서 생물에 대한 관심과 아리스토텔레스 동물학

어쨌든 동물의 다양한 특성과 차이에 관한 사실을 모은 『동물 탐구』에 이은 『동물의 부분들에 대하여』에서는 『동물 탐구』에서 수집, 정리된 데이터를 바탕으로 동물의 몸의 구성에 대한 '원인' 곧 아이티아(aitia)가 논의된다. 즉 동물의 몸의 여러 부분에 대해 그 기능을 밝히고, 그것들이 조화로워야 할 필연성, 동물마다 차이가 있는 것의 원인 등의 해명을 시도한 것이다. 구체적인 탐구는 제2권부터이며, 제1권에서는 동물학 연구의 전제가 되는 방법론을 논의하고 있다. 아리스토텔레스는 고찰 대상이 되는 동물 중 일부는 감각에는 불편한 구석이 있지만, 그러한 것들을 만들어 낸 자연과 마찬가지로 원인을 알 능력이 있고, 본성적으로 '지식을 사랑하는 사람들'(필로소포스)에게 엄청난 기쁨을 준다고 말한다(645a7-10). 그러면서 그는 그다지 고귀하다고 할 수 없는 동물에 대한 탐구를 '어린아이처럼 싫어해서는 안 되며(645a15-16) 또 동물 각각에 대한 탐구에서도, 모든 것에 뭔가 자연적이며 아름다운 것이 있다고 생각하여 혐오감을 갖지 말고 나아가야 한다'(645a21-23)고 권유하고 있다. 이런 말투에는 동물을 연구 대상으로 하는 새로운 학문적 분야를 개척하려는 자의 자부심마저 느껴진다. 이는 마치 "추론(sullogizesthai)에 대해서는 우리가 이전이라고 언급할 만한 것을 전혀 아무것도 갖고 있지 않았고, 그래서 우리는 그 방법들을 탐구하면서 오랜 시간을 들여 가면서 수고해 온 것"이라며 모든 이에게 감사한 마음을 갖기를 청하는 대목과 비슷한 자랑과 자부심을 표시하는 것으로 보인다(『소피스트적 논박에 대하여』 맨 끝 대목).

물론 소크라테스 이전의 철학자들이 행한 자연에 대한 연구가 동물에 관심을 기울이지 않았던 것은 아니다. 철학의 시조로 여겨지는 밀레토스의 탈레스는 만물의 시원(아르케)을 물었는데, 그들이 내세운 우주론의 바탕에는 이 세계가 생명으로 가득 차 있다는 직관이 깔려 있으며, 탈레스가 물을 시원으로 삼은 근거 중 하나는 물이 생명체에 매우 중요하다는 관찰에 기반했을 것으로 생각된다. 그럼에도 탈레스의 관심은 우주론이지 동물 등 생명현상 자체는 아니었다.

탈레스에 이어 아낙시만드로스에게서는 생물학적 관점이 보다 선명해진다. 그는 시원인 'to apeiron'(무한한 것)에서 우주가 형성되는 과정을 나무껍질의 비유로 설명하고, "뜨거운 것과 차가운 것을 만들어 내는 것이 분리되며, 이것에서 생긴 불꽃 구체가 땅 주위의 공기를 마치 '껍질'(phloion)이 나무를 감싸듯이 감쌌다."(*DK* 12A10)라고 설명한다. 그리고 우주의 기원에 관한 문제에 대응하여 생물이나 동물, 나아가 인간의 기원까지 생각을 진행한다. 첫 번째 생물은 가시가 있는 '껍질'을 두른 모습으로 습한 것에서 태어나 나이가 들면서 더 마른 곳으로 나아갔지만 '껍질'이 찢겨 벗겨지자 잠깐 동안 다음 단계의 삶을 살았다고 말한다(*DK* 12A30). 생물은 태양의 증발 작용에 영향을 받아 습한 것에서 생겼다고 주장하기도 한다. 아리스토텔레스가 종의 영속성을 전제로 한 반면, 아낙시만드로스는 '진화론적 관점에서' 생명의 기원을 물었다. 이러한 견해가 어떠한 관찰 사실에 근거하고 있는지는 분명하지 않지만, 통속적인 생물 이해를 넘어 생물의 존재 그 자체에 탐구할 만한 연구 대상으로서 새로운 시선을 보내고 있었음을 파악할 수 있다. 그가 "처음에 사람들은 마치 상어들처럼 물고기들 안에서 태어나 길러졌고, 충분히 자활할 수 있게 되자, 그때 밖으로 나와 땅으로 갔다고 주장"했다는 보고도 전해진다(*DK* 12A30).

엠페도클레스는 원자론자 데모크리토스와 더불어 아리스토텔레스의 동물학 저작에서 가장 많이 언급되는 철학자이다. 그는 우주론을 운율이라는 형태로 전개하면서, 이 세계는 '사랑'이 지배하는 시기와 '불화'(다툼)가 지배하는 시기 사이를 계속 순환한다면서 양자의 중간 단계에서 생물이 태어나는 모습을 그리고 있다. 그에 따르면 모든 것이 흩어져 있는 싸움의 완전 지배에서 사랑의 지배 시기로 이행하는 단계에서 목 없는 많은 머리가 나타났고, 팔은 어깨 없이 벌거벗은 채, 눈은 이마 없이 혼자 방황했다는 식으로 지체(肢體)가 무질서하게 땅에서 자란다(*DK* 31B57). '사람의 얼굴을 가진 황소 새끼'나 '황소 머리를 가진 인간의 자손'(*DK* 31B61)의 출현 등 기묘한 현상이 나타나지만, 결국 살아남지 못하고 "지체들이 서로 합체(合體)된 결과 우연히 생존할 수 있는 모든 것은 동물이 되고, 여러 부분이 서로 필요를 충족시킴으로써 살아남았다"(심플리키오스, 372.2-4, *DK* 31B61 참조)는 것이다. 생명이 실제로 있는 것처럼 보이는 것은 목적에 맞는 좋은 것으로서 필연적으로 그런 것이 아니라, 말하자면 자연도태(自然淘汰)의 결과로 우연히 살아남았기 때문이라는 것이다. 이러한 생물 발생 이야기 외에도 생물학적인 내용을 담고 있는 시구들도 전해지고 있는데, 예를 들어 '머리카락, 잎사귀, 새들의 촘촘한 깃털, 게다가 억센 사지에 나는 비늘 (…) 이것들은 같은 것이다'(*DK* 31B82)라는 시구는 서로 다른 생물 사이의 상동(相同)의 기관('부분들의 기원의 동일성', 즉 상동기관[homologue])에 대한 지적으로 볼 수 있다. "이것은 바다 생물의 무거운 등딱지 안에서, 특히 바다 달팽이나 소라고둥, 돌껍데기를 가진 거북이들의 그것 속에서 볼 수 있다. 너는 거기서 흙이 피부의 가장 표면에 사는 것을 볼 것이다"(*DK* 31B76)라는 시구가 무엇을 말하는지는 자세히 알 수 없지만, 엠페도클레스가 동물의 몸의 구성(질료적 측면)에 대해서도 관심이 있었음을 보여 준다.

철학자를 두고 '5종 경기 선수'[11]라고 비꼬았던 원자론자 데모크리토스 자신도 다양한 분야에서 업적을 남겼다고 전해지는데, 생명현상에 대해서도 그 원인을 원자론의 입장에서 논한 것으로 보인다. 아리스토텔레스는 특히 『동물의 발생에 대하여』에서 데모크리토스의 이론을 다루고 있으며, 남아 있는 전거를 살펴볼 때, '생식'(生殖)에 대한 특히 관심이 많았던 것으로 보인다. 그러나 남은 단편 중에는 생물학적 내용에 해당하는 것은 별로 없어 그의 생물학 이론에 관한 상세한 내용을 알 수 없다. 원자론은 아리스토텔레스의 '목적론적 자연관'과는 정면으로 대립하는 것이지만, 아리스토텔레스는 그 이론에 대해 일정 정도 평가를 제시하면서도 그것만으로는 자연에 대한 설명으로 부족하다고 비판하고 있다.

생물학과 인접한 분야로 의학이 있는데, 이 분야는 당시 힙포크라테스학파에 의해 괄목상대할 만큼의 큰 진전을 이뤄 내고 있었다.[12] 플라톤과 마찬가지로 아리스토텔레스 역시 힙포크라테스의 이름을 입에 올리며 적극적으로 드러내지는 않았다고 해도 당연히 그 학파의 의학적 업적을 알고 있었을 것이고, 어쩌면 일정한 정도의 영향을 직접 받았을 것이다. 힙포크라테스 의학에서 해부학적 사실에 대해 상당히 자세하게 설명되고 있으나, 이 당시 인체 해부는 이루어지지 않았던 것으로 생각된다. 아마 동물 해부를 통해 인체의 장기에 대한 지식을 간접적으로 획득한 것으로 보인다. 인체를 구성하는 네 가지 체액(chumos)에 기초

11 디오게네스 라에르티오스, 『유명한 철학자들의 생애와 사상』 제9권 37절. 전문가가 못 되면서 온갖 전문 분야에서 피상적 지식을 가진 자를 철학자에 빗대서 하는 말.

12 당시 의학의 '체액 이론'에 대한 힙포크라테스와 갈레노스 이론의 차이, 갈레노스가 말하는 요소(불, 공기, 물, 흙)와 체액의 관계에 관해서는 김재홍, 『관상학』(「아리스토텔레스와 관상학의 역사적 연원: 관상학과 의학」, 그린비, 2024 참조).

한 의학과 생물학의 관련성에 대한 논의에 대해서는 김재홍의 논의(「아리스토텔레스와 관상학의 역사적 연원: 관상학과 의학」, 『관상학』)를 참조하라.

플라톤은 후기 저작인 『티마이오스』에서 이 세계가 우주 제작자(데미우르고스)에 의해 질서 있는 좋은 것으로 만들어졌음을 기술하는 가운데 마지막으로 우주 제작자가 '자신이 낳은 자식들'(69c)에게 명하여 제작시킨 우리의 신체 구조가 합목적적임을 우주의 메커니즘의 설명을 통해 보여 준다. 신체의 만듦은 '이성'과 '필연'의 공동 작업으로 간주되며, 호흡 메커니즘 등 개별 설명은 상당히 기계론적으로 설명되는 것이 그 특징이다. 물론 아리스토텔레스는 이 책 『동물의 부분들에 대하여』에서 플라톤의 『티마이오스』가 보여 주는 주요 입장들을 비판하고 자신의 주장을 내세우고 있다.

이처럼 아리스토텔레스에 앞선 철학자들 중에도 생물에 대한 관심을 갖고 그 원인을 탐구한 사람들이 있었다. 그러나 아리스토텔레스와 같은 조직적인 동물 연구를 한 사람은 없었다. 그는 동물에 관한 연구를 천문학 등의 다른 연구와 함께 하나의 독립적인 연구 분야로서 이론적인 탐구의 가치가 있음을 선언한 후, 사실 수집을 먼저 한 다음 원인 탐구로 나아가는 프로그램에 기초하여 연구를 진행하였다. 우선 『동물 탐구』에서 동물 신체의 여러 부분의 다름과 같음, 생활방식, 활동, 성격의 다름과 같음 등 갖가지 사실을 수집해 동물의 다양한 모습을 계통적으로 밝히고 있다. 동물학자로서 아리스토텔레스는 민간 분류법을 거부하고 '유'(類)나 '종'(種) 개념을 끌어들여 비교적 중립적인 관점에서 동물을 분류하기 위한 개념을 설정하여 분류 기준을 명확히 한 다음, 동물의 다양성 속에서 일정한 질서를 찾아내고, 그것을 학문적으로 체계화해서 설명하고자 했다.

먼저 『동물의 부분들에 대하여』 제1권 제2~3장에서 제시하는 적절한 분할 방법 등을 적용하여 최고류부터 최하위의 종에 이르기까지 다양한 단계를 바탕으로 동물군을 구분함으로써 동물의 본래 모습을 적절히 설명할 수 있었다. 예를 들어 어떤 특징이 나타나는 이유가 그것이 유혈동물이기 때문인지, 아니면 태생동물이기 때문인지, 혹은 그보다 더 한정된 동물군에 고유한 것인지를 명확히 설명하는 것은 학문적 연구에서 매우 중요하다고 할 수 있다. 아리스토텔레스는 그러한 학문의 방법론에 대한 일정한 자각 아래 동물 연구를 수행한다. 동물 몸의 각각 부분의 차이 특성을 논의하는 이 책에는 동물 몸의 차이를 설명하기 위해 표면적인 형태뿐만 아니라, 각 부분의 작용(기능)과 활동에 주목하여 형태가 달라도 기능 면에서는 공통성을 나타내는 동시에 그러한 공통된 기능이 왜 다른 형태로 실현되고 있는지에 대한 원인을 밝히고 있다(logon didonai).

포괄적인 사실을 수집하고 그에 바탕을 두고 원인을 탐구하는 2단계 방식의 탐구 프로그램은 아리스토텔레스의 뤼케이온 학원을 계승하여 2대 학장이 된 테오프라스토스에게도 전해졌다. 그는 『식물지』와 『식물의 원인에 대하여』라는 식물에 대한 상세한 연구서를 남기고 있다. 아리스토텔레스와 테오프라스토스 두 사람에 의해 높은 수준의 생물학의 연구가 이루어졌지만, 유감스럽게도 그것을 계승하는 사람은 나타나지 않았다. 이것은 아리스토텔레스의 학원(페리파토스학파)에서도 마찬가지였다. 헬레니즘 시대에는 천문학, 의학, 기계학 등 다양한 과학적 분야에서 큰 발전을 볼 수 있었다. 알렉산드리아에서 활동하며 해부학 분야에서 명성을 떨쳤던 의사 헤로필로스(Herophilos, 기원전 335~기원전 280년)는 인간의 시신(屍身)을 과학적으로 해부했으며, 역시 알렉산드리아에서 활동한 에라시스트라토스(Erasistratos, 기원전 304~기원전

250년)는 인체 해부를 실시하여 신경계와 뇌 및 심장의 구조를 밝히고, 정맥과 동맥을 구분하는 등 많은 성과를 거두었다. 그러나 동물 그 자체를 연구 대상으로 삼아 동물의 다양성을 밝히려는 학자는 나타나지 않았다.

아리스토텔레스의 동물학 연구에 주목하여 그 연구 프로그램에 충실했다고 생각되는 이는 의사 갈레노스다. 그의 저작에는 『동물의 부분들에 대하여』를 포함해 아리스토텔레스의 동물학 저작을 상당히 많이 인용된 것으로 보아 아리스토텔레스의 동물학에 대해 정통했을 것으로 추정된다. 또한 그는 '왜'(원인)를 이해하기에 앞서 '사실'을 확인하는 것이 필연적이라는 아리스토텔레스 탐구의 기본 원칙도 받아들이고 있다. 또한 갈레노스는 해부의 중요성을 강조하며 인체 해부도 한 것으로 보이는데, 원숭이 등 동물 해부를 적극적으로 실시했으며 그에 근거하여 생리학적 이론을 펼치기는 했지만 동물의 삶과 행태 등을 포함하여 동물 자체의 자연 본성을 총체적으로 탐구하려는 것은 아니었다. 그 이후 유럽 세계에서 아리스토텔레스의 동물학적 저작 수용에 대한 연구는 중세 시기의 알베르투스 마그누스(1200~1280년)에 이르러서야 비로소 새롭게 조명받기 시작했다.

『동물의 부분들에 대하여』 1권의 내용과 분석

잘 알려져 있다시피, 『동물의 부분들에 대하여』 제1권은 아리스토텔레스의 '생물학'에 관련된 주요 저작 중 하나로 '동물학'에 대한 일반적 입문서라 할 수 있다. 아마도 제1권은 기원전 1세기 '아리스토텔레스 르네상스'를 일으켰던 편집자 안드로니코스 판본으로까지 거슬러 올라갈 것이다. 제1권은 그 자체로 완전한 작품으로, 사실 연구의 축적이랄 수 있는 나머지 제2~4권과는 별도로 독립적인 작품으로 평가받는다. 각권마다 다루는 주제가 전혀 일관성이 없다는 것은 아니지만, 전반적인 연속성 부족은 제1권이 '다섯 개의 개별 논문'(강의 논고, 번역에서는 다섯 개의 '장'으로 표시된다)을 모아 놓은 것임을 암시한다. 그럼에도 나름대로 주어진 주제를 일관성 있게 순서대로 논의하고 있는 것으로 보인다. 일반적인 평가는, 아리스토텔레스가 그 논고들을 강의 노트로 사용했지만 하나의 연결된 책에 기록하지는 않았을 것으로 해석한다.

제1권 제1장은 '동물학적 설명의 원리'를 제시한 뒤 그 설명으로 어떤 '원인'(aitia)을 가져와야 하는지를 보여 주는 단일 논고이다. 제2장과 제3장은 분명히 플라톤 아카데미아의 2분할법에 대한 논쟁적 비판에서 시작되었지만, 종을 정의하는 문제를 분석하고 있다.

제4장은 오늘날 '유비적인 부분'과 '부분들의 기원의 동일성'(상동기관, homologue)이라고 불리는 두 종류의 유사성을 구별함으로써, 동물들을 유와 종으로 분류하는 방법을 설명한다. '상동기관'이라는 말은, 아리스토텔레스가 '단적으로 같은 부분'(haplōs)이라고 불렀던 것을 1843년에 와서 리처드 오언(Richard Owen, 1804~1892)이 '상동기관'으로 부름으로써 통용되기 시작했다. 아리스토텔레스는 척추동물의 대부분의 내부 기관을 '단적으로 같은 부분'으로 불렀던 것으로 보인다.

제5장은 두 개의 논고로 구성되어 있다. 첫 번째는 '동물학 탐구에 대한 권유'로서 그 연구에 대한 혐오감을 경고한다. 두 번째는 신체 부분들 간의 관계에 대한 분석이다. 이 장은 '동물학(생물학)에 대한 아리스토텔레스의 강의를 듣고 있는 청강생'(혹은 이 분야에서의 탐구의 필요성과 이 그 진리의 귀중함을 모르는 일반 대중)들을 해부학을 포함해 생물에 대한 연구('생물학의 철학')로 인도하려는 목적을 노골적으로 드러내고 있다. 신체 부분들에 대한 실제적인 설명은 제2권에서 시작된다.

아리스토텔레스는 『동물 탐구』 제1권 제6장 491a9-13에서 동물에 관한 연구 프로그램을 언급하면서, "엄밀하게는 나중에 말하기로 하지만, 그 목적은 우선 [동물 사이에] 어떤 차이와 모든 동물에게 공통되는 사항을 파악하는 데 있다. 그리고 그 후에 그러한 원인(아이티아)을 발견하도록 노력해야 한다. 사실 각각의 동물에 대한 탐구 기록을 얻게 되면, 그렇게 하는 것이 자연에 맞는 길(kata phusin tēn methodon)이다. 즉 논증이 무엇에 대해 이루어져야 하는지[사실], 또 무엇으로부터 이루어져야 하는지[원인]는, 그러한 사항들로부터 밝혀지기 때문이다"라고 말한다. 이 책에서는 이 프로그램에 따라 『동물 탐구』에서 이루어진 사실 수집을 바탕으로 "동물 각각이 그러한 상태인 것은 어떤 원인에 의한 것인가를 그 탐구에서 말한 바와는 분리하여 그 자체로 고찰"(제2권 제1장 646a10-11)하는 것을 목표로 해서 몸의 기능을 밝혀, 동물과 그것들이 어울려야 하는 필연성을 나타내는 동시에 동일 기관이라도 동물에 따라 다양한 형태를 취하는 원인을 찾고 있다. 그런 의미에서 제1권은 '아리스토텔레스의 동물학 전체의 서론'이라고 해야 할 것이며, 어쩌면 이 책의 제1권이기보다는 일련의 동물 관련 저작의 맨 처음에 놓이는 것이 적절했을지도 모른다. 실제로 제2권 첫머리에서 "동물 각각이 어떤 부분으로 그리고 얼마만큼의 부분들로 구성되어 있는지에 대해서는 '동물에 대한 탐구' 속에서 좀 더 명확하게 설명해 놓았다"라고 말함으로써, 마치 앞으로 펼칠 논의가 『동물 탐구』로 직접 이어지는 논의인 것처럼 이야기하고 있다. 더욱이 제2권 이후에는 제1권을 직접 참조하지 않으며, 마찬가지로 다른 동물학 저작에서도 제1권에 대한 언급이 없는 것으로 보아 제1권은 제2권 이후와는 독립적으로, 아마 맨 나중에 쓰였으리라 추정하는 해석자가 많다.

제1권에 대해, 뒤링(I. Düring)은 전체적으로는 내용이나 스타일 면에서 일관성이 결여되어 있다고 지적했다(1943, pp. 34~36). 뒤링은 아리스토텔레스가 동물학 강의 과정에 쓸 정교한 이론을 개발하는 동안 이 책의 제1권이 늦게 추가되어 "[동물학] 강의의 세 번째 과정에 대한 소개로 의도되었다"라고 말한다. 반면 레녹스(J. Lennox)는 다른 시기에 다른 목적을 위해 쓰인 주제들로부터 정리된 것일 수 있지만, 그것들에는 '이야기의 통일성'(narrative unity)이 있다고 해석한다(The unity and purpose of *On the Parts of Animals* 1, 2010, pp. 56~77). 즉 읽는 도중에는 줄거리를 읽을 수 없어도, 읽고 나면 거기에 일관된 이치가 있음을 깨닫게 하는 교묘한 구성을 볼 수 있다는 것이다.

제1권의 첫머리에서는, 학적 인식(에피스테메)과 일종의 교양(파이데이아)이라고 하는 두 종류의 앎의 형태가 구별된다. 전자에 대해서는 『분석론 후서』와 『형이상학』 제1권 등에서 논의되고 있지만, 여기서는 후자의 중요성이 지적된다. 그것은 말하자면 '건전한 판단력'이라고 해야 할 것이며, 어떤 분야에 대해 많은 것을 알고 있는 것과는 별개로 어떤 분야에서든 제시된 설명이 타당한지를 판단할 수 있는 능력을 말한다. 제1장에서는 동물 연구에서 설명의 타당성을 판단하는 기준이 제시되어 있는 동시에 동물 연구에서 어떤 설명이 탐구되어야 하는가 하는 방법론이 몇 가지 논점으로 나뉘어, 대부분 물음의 형태로 제시되고 검토된다.

제1권 제1장에서 '증명되는 방식을 받아들이기 위해 참조하게 되는 어떤 한정하는 기준'(639a13-14)으로서 가장 먼저 거론되는 것은, 최초로 개개의 동물종별로 속성을 다루어야 하는가, 아니면 모든 것에 공통된 속성을 공통된 관점에서 다루어야 하는가 하는 문제다. 개별 종마다 부수하는 속성을 다루게 된다면, 같은 것에 대해 여러 번 반복하게 된다는 실제적인 문제점을 지적하고 있지만, 정작 문제는 단순히 탐구의 간

편함 문제가 아니라 학문적 인식에서 '자체적인' 속성을 밝혀야 한다는 『분석론 후서』의 이론에 따라 동물과 관련된 속성의 근거를 어떻게 제시해야 하는지에 대한 지침을 내놓는 일이다. 이 문제에 대한 해답은 제1장에서 즉시 제시되지 않으며, 제2~3장의 분할법을 논의, 검토한 뒤 제4장에서 답을 내놓고 있다.

탐구 과정에 관한 문제에 이어 다루어지는 것은, '원인'이라는 개념과 그에 관련된 문제로서 거기에서의 논의를 통해 그의 동물학에서 기초가 되는 존재론이 명확해지고 있다. 원인 중에서도 질료인보다 형상인, 목적인 쪽이 우위에 있게 되는데, 물론 질료에 대한 고찰도 자연 연구자에게 없어서는 안 된다고 지적한다. 사물의 생성 설명에서는 생성의 결과로서 성립하는 존재가 전제되므로 생성보다 존재가 우위에 있다는 것이 확인되며, 또한 엠페도클레스나 데모크리토스가 원인으로 들고 있는 질료 수준에서의 '필연성'에 대해서 목적 설정에서 따라 나오는 '조건적 필연성'이라는 개념이 도입된다.

제2~3장에서 이뤄지는 논의는, 아마도 플라톤의 아카데미아에서의 논의를 근거로 한 것일 텐데, '2분할법'이 비판의 주된 논의 대상이 된다. 어떤 개념에 대해 하나의 차이 특성(예를 들어 X)을 가지고 'X'와 'X가 아닌 것'(X의 결여)이라고 하는 두 종류로 분할하고, 또 'X'를 'Y'와 'Y가 아닌 것'으로 분할하는 절차를 반복해서, 그 이상 분할할 수 없는 종('최하의 종', atomon eidos)까지 이르는 식으로, "개별적인 것(맨 나중의 더 분할할 수 없는 종)을 파악"(642b5-6)한다. 그러나 이것으로는 각 동물 종의 본질적인 모습을 밝힐 수 없으므로, 아리스토텔레스는 오히려 한 번에 여러 가지 차이 특성(종차)을 적용하는 방식이 적절하다고 생각한다. 플라톤식의 2분할법은 임의의 결과를 도출하고 만다는 것이다. 예를 들어 '수생'과 '육생', '무리와 단독', '길들여짐과 야생'이라는 분할은 새의 경우에 양쪽의 하위 그룹(무리)에 속하게 되므로 맞지 않는다는 것이다. 요컨대 "만일 같은 유(homogenēs)에 속하는 것을 분리해서는 안 된다면, 둘로 분할하는 것은 헛된 일(mataios)이 될 것이다."(제1권 제2장 642b17-18)

제4장에서는 제1장에서 처음 다루면서 해결되지 않은 동물의 파토스(성질과 상태)에 대해서 종마다 먼저 논해야 하는가, 아니면 많은 종에게 공통되는 파토스를 먼저 논해야 하는가 하는 문제가 다시 제기되어, 후자의 방식이 바람직하다는 생각을 밝힌다. 동물을 구분하는 차이로서, 같은 유의 동물 사이에서 '더 많고 더 적음'이라는 정도에서의 차이('긴 날개를 가진 것'과 '짧은 날개를 가진 것')와, 유에 걸쳐서 동일한 파토스를 갖는 것을 나타내는 '유비에 의한 차이'(혹은 유사성, 예를 들어 새의 날개와 그것에 해당하는 물고기 비늘의 차이)가 제기되고 있다. 이것은 기본적으로 수학적인 비례관계로부터 나왔다. 'A와 X의 관계는 B와 Y의 관계와 같다.' '새와 그 날개의 관계는 물고기와 그 비늘의 관계와 같다.' 만일 두 생물이 '유비적인 부분'을 지닌다면, 이 둘은 각각 다른 큰 분류 그룹에 속한다는 판단을 내린다.

그리고 제5장에서는 동물에 대해서도 그 원인을 묻는 것이 중요함을 헤라클레이토스의 일화를 끌어들여 설명한다. '원인을 알 수 있고, 본성적으로 지식을 사랑하는 사람(철학자)들에게 [동물의 자연 본성에 대한 고찰은] 엄청난 기쁨을 준다.' 그러나 자연에 의해 구성된 것 자체에 대해 그 원인을 알아보고, 그 원인을 보면서도 그것을 고찰하지 않는 것은 이치에 어긋나는 일이며, 동물 및 그 부분들의 연구에서 목적을 밝히기 위해서는 그 '활동', 즉 기능, 그리고 부분들의 경우에는 그것이 속해 있는 전체 활동에 주목해야 한다는 점을 이야기한다.

제2~4권의 구성과 내용

책의 순서보다는 논의 내용을 중심으로 먼저 개략적으로 정리해 보기로 하자. 아리스토텔레스는 동질 부분들(제2권 제1~9장)에 대한 정교하고 일반적인 논의로 제2권을 시작한다. 부드러움, 축축함, 마름 또는 고체의 질료적 힘을 갖고 있는지 아닌지 그 여부에 바탕을 두고, 다른 부분과 그것들 간의 목적론적 관계, 그것들의 차이점, 동물의 몸에서의 그것들의 역할, 동물의 성격에 미치는 그것들의 영향에 초점을 맞추고 논의를 진행한다. 그런 다음 그는 외적으로 나타나는 비동질적 부분에 대한 논의로 넘어간다.

먼저(제2권 제10장~제3권 제2장), 아리스토텔레스는 감각과 지각 기관, 눈 보호 장치(눈꺼풀, 속눈썹, 눈썹), 입과 같은 유혈동물의 머리에 있는 비동질적 부분에 대해 논의한다. 다음으로(제3권 제3장~제4권 제4장) 아리스토텔레스는 목에서 아래로 내려가면서, 심장과 혈관, 폐, 간, 그리고 다른 내장과 같은 심장 주변에 있는 비동질적 부분들에 대한 논의로 옮겨 간다. 여기서 다시 아리스토텔레스는 무혈동물(주로 갑각류와 곤충, 제4권 제5~9장)의 외부 및 내부의 비동질적 부분들에 대한 논의로 넘어가, 그 논의를 유혈동물과 달라지는 무혈동물의 특징으로 제한하고 있다.

무혈동물에 대해 논의한 후, 아리스토텔레스는 유혈동물의 나머지 외부, 즉 비동질적 부분에 대한 설명으로 돌아간다(제4권 제10~13장). 여기서 부분들에 대한 아리스토텔레스의 논의 구성은 그 부분들을 가진 동물의 종과 본질적으로 더 밀접하게 연결되어 있다. 그는 먼저 태생동물에서 설명되지 않은 채로 남겨진 부분에 대해 논의하고, 그다음에는 난생동물, 끝으로 새와 물고기에 남겨져 있는 부분에 대해서도 논의한다. 아리스토텔레스는 돌고래, 고래, 바다표범, 박쥐, 리뷔에의 타조와 같이 두 가지 본성 사이에서 이중으로 겹치는 동물들에 대한 간략한 논의로 부분들에 대한 자신의 설명을 마무리하고 있다(제4권 제13~14장). 논고의 끝에서 아리스토텔레스는 이 책에서의 자신의 고찰에 대한 일반적 목적을 요약하고, 『동물의 발생에 대하여』에 기록된 프로젝트를 언급하는 것으로 끝맺음하고 있다. "이렇게 해서 여러 부분에 대해 어떤 원인으로 그 각각이 동물로 있게 되었는지, 모든 동물에 대해서 개별적으로 말했다. 그것들을 규정했기 때문에, 다음은 그것들의 발생에 대해 상세히 논할 것이다"(제4권 제14장 697b26-30).

앞서 언급했던 내용을 더 세분해서 자세히 살펴보기로 하자.

제2권 제1장에서 아리스토텔레스는 동물의 몸을 구성하는 결합에는 세 가지 종류가 있음을 지적한다. 즉 (A) 냉과 온, 습과 건이라는 힘의 결합으로 이루어지는 기본 요소(흙, 공기, 물, 불), (B) 기본 요소의 결합으로 이루어진 동질적 부분(피, 지방, 뼈, 살 등), (C) 동질적 부분의 결합으로 이루어진 비동질적 부분(얼굴, 손, 내장 등)이다. 이 세 가지 구분에 따라 제2장부터 각 부분에 대해 차례로 설명하고 있는데, (C)에 대해서는 (a) 유혈동물의 경우와 (b) 무혈동물의 경우를 나누어 전자부터 고찰을 시작하여 기본적으로 몸 위쪽 기관에서 시작해서 아래쪽으로 내려가는 순서로 논의하고 있다. 그 구성을 내용에 따라 정리하면 다음과 같다.

(A) 제2권 제2~3장 전반에서는 기본 요소를 구성하는 힘(열, 냉, 습, 건)의 개념을 분석한다. 뜨거움, 차가움, 습함, 마름 등의 개념은 관점의 차이에 따라 다양한 의미로 사용된다. 여기서는 활동실현상태(에네르게이아)와 가능상태(뒤나미스)라고 하는 아리스토텔레스의 독자적인 개념 장치가 활용되고 있다.

(B) 제2권 제3장 후반부부터 제9장: 동질 부분(피, 지방, 골수, 살 등)

에 대하여.

(C) 제2권 제10장 이후: 비동질 부분(얼굴, 손, 내장 등)에 대하여.

(C-1) 제2권 제10장~제3권 제2장: 머리에 있는 여러 부분에 대하여(단, 눈이나 귀 등 감각기관의 본체에 대해서는 거의 논의되지 않는다).

(C-2) 제3권 제3장~제4권 제4장: 목, 내장이나 위장 등에 대하여(단, 생식과 관련된 여러 부분을 제외한다).

(C-a) 제4권 제5~9장: 무혈동물의 비동질적 부분에 대하여. 첫 번째로 내부의 여러 부분에 대해 말하고, 다음으로 마디가 있는 '유절동물'(곤충), 각피동물(조개류), 연각동물(갑각류), 연체동물(두족류)의 외부 부분들에 대해 유별로 논의한다.

(C-3) 제4권 제10~14장: 다시 유혈동물을 다루면서 (C-1, C-2)에서 다루지 않았던 머리 이외의 바깥 부분(손이나 발 등), 물고기나 새 등 특정한 종류에 특징적인 비동질적 부분에 대해 논의한다.

이러한 순서로 아리스토텔레스는 몸의 각 부분의 기능(작용)을 설명하는 동시에 각각의 부분이 존재하는 것의 필연성이나 동물에 따라 차이가 있는 부분에 대해서는 그러한 차이가 발생하는 필연성을 목적론적으로 설명하면서 그러한 부분을 구성하는 질료의 특성이라는 점도 설명하고 있다. 부분들의 차이에 대한 논의에서는 각각 다르더라도 각 동물에게 고유한 몸 상태, 생활 형태, 생활환경 등에 비추어 그 차이에 적합하게 되어 목적에 맞는 모습을 하고 있음을 보여 준다. 이 책에서 논의되는 목적론은 주로 동물의 부분이 그 동물의 자연 본성에 적합한 것이며, 동물의 몸의 구성이 얼마나 각 동물의 생존이나 유익함이라는 목적에 적합한지를 밝히려는 것이지, 어떤 동물이 다른 동물, 예를 들어 사람을 위해서 있다는 것('자연의 위계')을 드러내고자 하는 것은 아니다.

'자연은 조금씩 생명이 없는 것들(ek tōn apsuchōn)로부터 생명을 지닌 삶(zōa)으로 정확한 경계를 결정할 수 없을 정도로 나아간다'라고 하는 『동물 탐구』 제7권(제8권) 제1장 588b4-589a1을 주목할 필요가 있다. 예를 들어 후기의 박물학자 Buffon과 Linnaeus와 같이, 흔히 '자연의 계층 사다리'(scala natura)를 말하는 것으로 인용되고, 읽히고 있는 다른 대목을 살펴보자.

> 멍게는 그 자연 본성[몸]에서 식물과 조금 차이가 나지만, 그럼에도 해면(海綿)보다는 더 동물적인 면이 있다. 왜냐하면 해면은 전적으로 식물의 능력밖에 없기 때문이다. 즉 자연은 혼을 갖지 않는 것[무생물]부터 동물에 이르기까지, 살아 있지만 동물은 아니라는 [식물적인] 단계를 거쳐 연속적으로 변화해 나가고, 그 결과 어떤 것과 다른 것이 서로 가깝기 때문에 극히 미미한 차이밖에 없다고 생각될 정도이다. (제4권 제5장 681a10-15)

여기서 아리스토텔레스의 강조점은 '자연계의 계층 구조'라는 점이 아니라 경계선상에 있는 생물들 간에는 차이가 극히 미미하고 분류가 어렵다는 점이다. '자연의 위계(位階)'를 강조하는 사람들은 다른 대상에 붙어사는 삶(해면), 잉여물의 없음, 장소 이동과 감각의 없음 등을 식물의 특징이라고 말하고, 감각, 운동, 포식, 잉여물의 배출 등은 동물의 특징이라고 말하며, 이러한 속성들은 그 정도가 다르다는 점을 강조한다. 어떤 동물은 최소한이란 점에서 동물과 구별되는 특징을 갖거나 어떤 면에서는 식물처럼 행동한다. 식물과 동물을 정의하는 특성이 정도면에서 다양하다는 사실은 날카로운 불연속적 유라기보다는 생명이 없는 대상으로부터 식물, 동물로 이어지는 연속체로 이어진다. 따라서 아리스토텔레스의 논의는 자연의 위계나 등급에 대한 개념이 아니라 경계선상의 생물의 상태를 결정하는 어려움에 중점을 두고 있다.

제2~4권의 설명 방식

"자연은 결코 무엇 하나 헛된 일이나 쓸데없는 짓을 하지 않으니까"(제3권 제1장 661b24-25: dia to mēden matēn poiein tēn phusin mēde periergon). 아리스토텔레스가 자주 언급하는 이와 유사한 구호는 단순한 슬로건이 아니다. "자연은 헛된 일을 하지 않는다"와 같은 철저한 목적론적 원리는 동물의 발생에 참여하는 동안 동물의 형상적 본성(또는 혼)의 목표 지향적 행동에 대한 일반화를 구성한다. 그 원칙은 동물과 그 부분들을 생성할 때, 형상적 본성은 항상 더 좋거나 최선의 것을 하거나 혹은 결코 헛된 일을 하지 않으며, 이러한 행동이 '필연에 따라' 일어나는 일과 대조적으로, 또는 추가적으로 일어난다고 가정한다. 따라서 이 원칙은 가능한 한 가장 일반적인 수준에서 형상적 본성의 행동에 대한 인과적 특성화인 셈이다. 이러한 형상적 본성에서 기인하는 다양한 종류의 행위가 동물과 그 부분들의 만듦에서 전형적으로 획득되는 다양한 종류의 인과관계의 작동을 반영하는 것이다. 요컨대 아리스토텔레스가 말하는 목적론적 원리는 자연의 목적론을 상기시키기 위한 단순한 은유가 아니라 그것들이 모두 '존재론적 힘'을 지니고 있다는 것이다 (Lennox[2001a], pp. 182~204 참조).

또한 아리스토텔레스의 목적론적 원리는 플라톤식으로 가정한 데미우르고스적 또는 우주론적 자연 개념과도 다르다. 즉 이러한 목적론적 원리가 아리스토텔레스의 자연과학에서 가장 중요한 설명 역할을 하는 것으로 간주해야 한다.

이제 제2~4권에서 나타나는 아리스토텔레스의 탐구에서 그 실제적인 설명 방식을 '유형별'(pattern)로 나누어 정리해 보도록 하자.[13] 이 분류는 기본적으로 아리스토텔레스의 설명에서 4원인(질료인, 형상인, 운동인, 목적인)의 역할과 상호 관련성에 토대를 두고 있다. 실제로 아리스토텔레스는 동일한 설명에서도 하나 이상의 원인을 언급한다.

1. 형상인과 관련된 설명(Explanation by reference to formal causes)

(P.1) 아리스토텔레스는 대개 동물의 본질적인 실체를 나타내는 본질 규정(로고스)에 비추어 그 생존에 본질적인 필수 부분들의 특징을 설명한다.

아리스토텔레스는 동물을 유혈동물과 무혈동물로 나누는데, 그 차이는 "그것들의 본질적인 실체를 규정하는 설명식[로고스] 안에 포함된다"(제4권 제5장 678a34)라는 점으로부터 설명된다. 예를 들어 물고기가 발 대신에 지느러미를 갖는 것은 그 "본질적인 실체의 설명 규정에 대응하는 의미에서의 그 자연 본성"이 "헤엄치는 것"(제4권 제13장 695b18-19)이라는 점에서 설명된다. 지느러미는 동물이 헤엄칠 수 있기 위해서 필연적으로 없어서는 안 될 것이기 때문이다(제4권 제13장 695b17-26, "새들의 경우에는 새의 본질적 실체에는 비행 능력이 포함된다"라는 점에 대해서는 제4권 제12장 693b2-13 참조). 나아가 "자연은 불필요한 일이나 쓸데없는 짓을 하지 않는다"(695b19)는 기본 원칙도 확인된다. 또한 본질적인 존재 그 자체라고는 할 수 없지만 본질적인 실체에서 필연적으로 귀결되는 생존에 필수적인 부분으로, 예를 들

13 M. Leunissen, *Explanation and Teleology in Arostotle's Science of Nature*, Cambridge, 2010, pp. 135~151.

어 유혈동물에게 심장은 "뜨거움의 시원이기 때문에 필요"(제3권 제7장 670a24)하며, 간은 '[영양물의] 숙성을 위해 필요하다'(670a27)라고 설명된다.

그런데 그 본질적인 실체의 모습이 이중적인 특징을 갖기 때문에 어느 유에 속하는지 결정할 수 없는 동물도 있는데, 예를 들어 타조는 "한편으로는 새의 특징을 갖추고 있고, 다른 한편으로는 네발동물의 특징을 갖추고"(제4권 제14장 697b14-15) 있는 것으로 간주되며, 그 결과로 날개가 있으나 날지 못하고, 두 발로 보행하지만 네발동물처럼 갈라진 발굽(쌍제)을 가지고 있다고 설명된다. 이 설명은 날개깃이 있는 것이나 굽이 있는 것은 새라든가 두발동물이라는 유라는 점에서 설명된다는 것을 전제로 하고 있다. "리뷔에의 타조에 대해서도 마찬가지다. 즉 그것은 한편으로는 새의 특징을 갖추고, 다른 한편으로는 네발동물의 특징을 갖추고 있다. 즉 네발동물이 아니기 때문에 날개를 가지고 있으며, 새가 아니므로 하늘 높이 날지도 않는다. (…) 새처럼 두 발인데, 네발동물처럼 쌍제이다."(697b13-27).

(P.2) 동물의 본질적 실체의 정의에 포함되는 차이 특성(종차)에 비추어 부분들의 개별적 필요성을 설명한다.

어떤 부분이 존재한다는 것은 (P.1)과 같은 방식으로 설명되는데, 그 부분이 특정한 동물에서 개별화되어 있는 것은 해당 동물의 본질적 실체에서 따라 나오는 차이 특성에 비추어 설명된다. 예를 들어 낙타를 발굽이 둘로 갈라진 쌍제동물로 보자면 말이나 당나귀처럼 위가 하나여야 할 텐데, 낙타가 섭취하는 음식은 나무와 비슷한 것이므로 소화를 돕기 위해 여러 개의 위를 가진다(제3권 제14장 674a24-34). 또 문어나 오징어 같은 연체동물은 "빨판이 두 줄인데, 어떤 종류의 문어는 빨판이 한

줄뿐이다”(제4권 제9장 685b12-13). 그 원인은 그 발이 길고 가늘기 때문이다. 즉 빨판이 놓이는 공간(발볼)이 좁은 몸을 만들기 위해서는 빨판이 한 줄일 수밖에 없기 때문이다. 다시 말해 그것들이 이러한 특징을 갖는 것이 최선이기 때문이 아니라 그 본질적 실체에 고유한 이치(ton idion logon, 고유한 설명식) 때문에 필연적으로 그렇게 되어 있는 것이다. 이와 같이 동물의 여러 부분은 “그 생활방식이나 움직임에 따라 각각의 동물에게 고유한 방식으로 부여되고 있다”(제3권 제4장 665b3-4).

2. 질료인과 관련된 설명(Explanation by reference to material causes)

(P.3) 질료에서 유래해 필연적으로 생겨났으나 자연은 그것을 보조적인 부분으로 활용하고 있다고 설명한다.

복부 내장 표면이나 복벽을 덮고 있는 그물[網]은 마른 것과 습한 것의 혼합물이 가열되어 그 표면에 막과 같은 것이 형성된 것으로 여겨지는데, “자연은 그것을 영양물의 숙성이 잘되도록, 즉 동물이 영양물을 보다 쉽고, 빠르게 숙성시킬 수 있도록 활용하고 있다”(제4권 제3장 677b30-32)라고 설명한다. 즉 “자연(phusis)은, 좋은 가정 관리자와 마찬가지로 그로부터 유용한 것을 만들 수 있는 어떤 것도 버리지 않곤 한다”(『동물의 발생에 대하여』 제2권 제6장 744b16-17).

(P.4) 부분들의 결여를 그것을 구성해야 할 질료의 부족함을 통해 설명한다.

아리스토텔레스는 종종 특정 동물의 해당 부분을 구성하는 질료가 결여된다는 점을 통해 그 부분의 결여를 설명한다. 새는 외부 귀가 없는데, 이는 “귀[귓바퀴]를 형성하기 위한 질료를 갖지 않”기 때문이다(제2권 제12장 657a19-22). 네발동물 중 난생으로 뿔비늘을 뒤집어쓴 것도 새의 경우와 같은 설명이 적용된다. 새는 딱딱한 피부나 날개를 위해 그러한 소재가 사용되어야 하기에 귀를 형성할 질료가 부족하다는 것이다. 또 인간에게 꼬리가 없는 것은 살집이 있는 엉덩이와 다리를 가지기 때문에, "꼬리에 가야 할 영양분이 그것들을 위해 사용되"기 때문이다. 즉 엉덩이가 있기 때문에 꼬리를 사용할 필요성이 없어진 것이다. 그러나 네발동물이나 다른 동물에서는 사정이 정반대다(제4권 제1장 689b23-25).

인간이 직립 보행을 하려면 하체보다 상체가 가벼워야 한다. 이것이 자연이 인간의 상체에서 한 부분을 가져와 하체에 추가하는 이유다(제4권 제10장 689b11-13). 결국 자연은 하체를 무거워지게 함으로써, 살이 있는 부분을 다 써 버리게 되었다는 것인데, 이것은 인간에게 꼬리가 생기지 않음을 의미한다. 게다가 엉덩이 살이 그 자체로 잔여 잉여물을 배출하는 배출구를 충분히 보호하므로(689b28-30 참조), 꼬리가 있더라도 더 이상 사용할 필요가 없게 된다. 즉 꼬리가 있다는 것은 헛된 일이 되고 말았을 것이다. 따라서 꼬리가 없다는 것은 복잡한 설명이 된다. 즉 꼬리의 구성 물질이 두 번째 부분의 만듦에 모두 사용되었기 때문에 꼬리가 없는 것이며, 두 번째 부분의 존재로 인해 꼬리가 불필요해지기 때문이다.

(P.5) 부분 형성에 필요한 질료가 한정돼 있기 때문에, 어떤 부분이 없는 대신 다른 부분이 있게 되었다고 설명한다.

어떤 부분은 동물 X에는 있고 동물 Y에는 없지만, 다른 부분은 동물 X에는 없는데 동물 Y에는 있는 것이 종종 관찰된다. 그러한 부분을 형성하는 질료가 공통인 경우에는 질료가 한정되어 있다는 제약이 그 차이를 낳았다고 생각한다. 예를 들어 뿔 달린 동물은 위아래로 톱니가 없는데, 그것은 자연이 "거기에서 [질료를] 떼어 와서 뿔에 덧붙인 것이며, 그 이빨에 할당되어야 할 영양분을 뿔의 성장을 위해 다 써 버리고 있기" 때문이다(제3권 제2장 664a1-3). 자연은 어디서나 어떤 부분에서 무언가를 가져와서 다른 부분에 주는 일을 하고 있다(제2권 제14장 658a35-36). 예를 들어 갈고리발톱을 가진 새(맹금류)는 영양이 무기 및 방어에 도움이 되는 날개에 사용되기 때문에 몸에 비해 날개가 큰 반면, 잘 날지 못하는 몸이 무거운 새(메추라기 등)는 날개 대신 '며느리발톱'을 가지고 있다(제4권 제12장 694a8-13).

(P.6) 질료적 필연성에 비추어 어떤 부분이 '더 낫기 위해서' 차별화가 생겼다고 설명한다.

아리스토텔레스는 보조적 부분들의 생김에 대한 설명과 더불어 주로 질료적 필연성을 언급하여 '더 나은 것을 위한' 차별화의 출현을 설명한다. 예컨대 사람은 동물 가운데 가장 머리털이 많다. 아리스토텔레스는 뇌의 습기와 봉합선 때문에 필연적으로 그렇다고 말하는 한편(제2권 제14장 658b2-4), 그것은 "보호를 위해서, 즉 냉과 열이 과잉이 되지 않도록 덮개를 씌우기 위해서이기도 하다"라고 말한다(658b6-7). 즉 질료 차원에서 생성 이유를 설명한 후에, 그것이 동시에 목적에 적합한 것으로서 존재하고 있다고 말하는 것이다. 또 다른 예로, 콩팥이 내장 중 가장 지방질인 것은 잉여물이 신장에서 걸러져 남은 피가 숙성되기 쉽기 때문에 필연적으로 그렇게 된다는 것이다. 그 필연성은 질료적 필연성인데, 이는 "콩팥을 보전하기 위해 콩팥의 자연 본성이 뜨겁기 때문이다"(제3권 제9장 672a15-16). 다시 말해 콩팥의 질료적 특성에서 필연적으로 생긴 것이 동시에 콩팥을 '더 나은 상태에' 있게 하는 데 기여한다는 것이다.

3. 목적인과 관련된 설명(Explanation by reference to final causes)

(P.7) 어떤 부분이 수행하는 활동의 목적에 따라 부분이 존재하는 이유를 설명한다.

앞서 논의한 설명 패턴에서 최종 원인은 동물의 본질적 실체 정의를 통해 간접적 혹은 직접적으로 선택되지만, 기능적 특징은 발생하는 데 일차적으로 책임이 있는 질료적 원인과 결부되어 선택된다. 자연은 기능에 적합하도록 기관을 만들지, 기관을 위해 기능을 만드는 것이 아니다(제4권 제12장 694b13-14). 몸의 부분은 결국 그것이 완수하는 작용(기능)에 의해 그 존재 이유가 설명된다. 예를 들어 "후두는 본래 숨쉬기 위해서 있는 것이다. 즉 이를 통해 동물은 숨을 들이마시고 내쉬며 숨을 끌어들이고 내보내는" 것이며(제3권 제3장 664a19-20), "폐는 호흡하기 위해 있다"(제3권 제6장 669b8). 또 "뿔은 방어와 세기를 위해"(제3권 제2장 662b27) 있는 것이므로 뿔과 같은 형태의 것을 갖고 있더라도, 뿔 본래의 기능을 다하지 않으면 뿔이라고 할 수 없다.

폐에 대한 논의(669b8-13)를 요약하면, 아리스토텔레스는 먼저 폐가 존재하는 기능(즉 호흡)을 제시한 다음, 이 기능을 폐를 가진 동물의 실체적 존재에게 공통된 기능과 연결시킨다. 이것은 '폐를 가진 동물'이 폐를 가지고 있는 이유에 관한 설명에서 인과적인 일차적 요인이 궁극적으로 공유된 형식적 특징(즉 공기를 마시는 것)임을 보여 주고 있다.

(P.8) 어떤 부분이 수행하는 이차적 기능에 비추어 부분들의 차이를 설명한다.

아리스토텔레스는 어느 부분의 있음을 설명할 때 두 개 이상의 기능을 언급한다. 다음의 경우가 그렇다.

> 그런데 사람 이외의 동물에서 [위아래] 이빨이 갖추어져 있는 것은 먹이를 씹기 위해서라는 점은 공통적이지만, 그 외의 점에서는 동물의 유에 따라 개별적으로 다르다. 어떤 동물은 힘의 세기를 위해서 그것이 있는 것인데, 그 힘의 세기도 공격하기 위한 세기와 공격을 피하려는 세기로 구별된다. 즉 한편으로는 그 양쪽의 힘의 세기 때문에 이빨을 가진 것이 있으며, 예컨대 야생동물 중 육식을 그 본성으로 하고 있는 것들과 다른 한편으로는 방어를 위해 이빨을 가지고 있는 것도 있으며, 야생동물이나 가축동물의 대부분이 그렇다. (제3권 제1장 661b1-6)

이 인용 구절에 따르면 이빨의 역할은 이렇다. 첫째 '먹이를 씹기 위함'(661b1)이며, 이는 이빨을 가진 모든 동물에게 공통적으로 그렇다. 그러나 어떤 동물의 경우 거기에 더해 '힘의 세기 때문'(b2)에 이빨을 가지고 있으며, 방어와 세기를 위해서도 어떤 이빨은, 예를 들어 톱니 모양인 것과 같은 그것에 적합한 형태를 하고 있다. 게다가 사람의 경우 이빨은 '대화를 위해서'(b14)이기도 하다.

또한 코끼리의 코는 독특하여 일반 동물의 코의 기능 외에 손의 기능도 가지고 있다. 이에 대해 아리스토텔레스는 "자연은 흔히 하는 것처럼 앞발을 사용하는 대신 동일한 부분[코]을 여러 가지 일에 사용할 수 있도록 만든 것"(제2권 제16장 659a21-23)이라고 말한다. 이러한 경제성의 원칙은 "자연은 결코 쓸모없는 일을 아무것도 하지 않는다"(제2권 제13장 658a8-9)라는 말에 함축되어 있다. 무엇보다 "동일한 기관을 종류가 다른 일을 위해 활용하지 않아도 된다면 그편이 좋을 것"(제4권 제6장 683a19-20)이며, 한 부분에 하나의 기능이 할당되는 것이 이상적이기는 하다. 그러나 현실에는 여러 제약이 있어 그런 이상적인 상태의 실현이 어려운 경우도 적지 않다. 그렇기에 "자연은 가능한 것들 중에서 가장 좋은 것을 만들어 낸다"(제4권 제10장 687a15-16)라는 것이다.

날개가 많은 유절동물은 체질상(phusis) 몸의 생김새가 크므로 날개가 많고, 뒤쪽 부분의 힘이 세다. 동일한 기관을 종류가 다른 일을 위해 활용하지 않아도 된다면 그편이 좋을 것이고, 방어용 기관인 한 가장 날카롭고, 혀에 해당하는 기관은 스펀지 형태로 영양물을 흡입하기 쉬운 것이 좋다. 즉 두 가지 일에 대해 두 기관을 활용할 수 있고, 서로에게 달리 지장이 없는 경우에도, 자연은 대장장이가 기술의 절감(節減)을 위해 꼬치 겸용 램프꽂이를 만드는 것과 같은 일은 으레 하지 않는 것이고, 다만 그것이 가능하지 않을 때 자연은 동일한 기관을 복수의 일에 사용하는 것이다. (제4권 제6장 683a19-26)

이렇듯 자연은 하나의 기능을 수행하기 위해 하나의 부분을 만들어 내는 것을 선호한다. 여기서 보호(방어)를 위한 침과 영양 섭취를 위한 혀가 그렇다. 그러나 이것이 가능하지 않다면, 예를 들어 동물이 너무 작아서 많은 부분을 하나의 몸에 지닐 수 없으면 자연은 하나의 부분을 여러 기능을 위해 사용하도록 만든다. 예를 들어 두 날개를 가진 작은 곤충의 혀는 영양분을 공급하는 한편 스스로를 보호(방어)하는 역할을 한다.

이러한 예들에서 보듯이 부분의 일차적 기능은 그 존재 자체를 설명하는 것이고, 동물 간의 차이는 부분의 일차적 차이를 설명하며, 이차적 기능은 그 부분의 이차적 차이를 설명한다.

(P.9) 어떤 부분을 기능적으로 최적화하기 위해 다른 부분이 차별화되어 있다고 설명한다.

아리스토텔레스는 동물이 생존하기 위해, 혹은 그런 종의 동물이 되기 위해 필요할 때, 또 '더 낫기 위해' 그리고 동물의 유익함에 기여하는 경우에 차이가 있는 동물들에서 그것들이 기여하는 기능적 최적화를 참조하여 부분들의 차이를 설명한다. 즉 몸의 부분은 어떤 기능(작용)을 완수하기 위해 갖추어져 있는데, 최소한의 필요성을 충족시킬 뿐 아니라 그 기능이 더 잘 작동하도록 차별화되어 있는 부분이 있다. 예를 들어 콩팥은 잉여의 침전물을 여과함으로써 방광이 자신의 기능을 더 잘 수행할 수 있도록 하기 위해 있는 것이기 때문이다(제3권 제7장 670b24-25). 또한 어떤 날개가 있는 유절동물(곤충)은 정주(定住)해서 날개의 능력을 보전하기 위해 날개에 '칼집'[날개 칼집]을 가지고 있다(제4권 제6장 682b12-15).

> 그 원인은 뱀은 유절동물(곤충)처럼 몸을 감을 수 있어야 하는데, 그 결과로 등골뼈가 쉽게 구부러지고 연골질이라는 것이다. 즉 그 원인 때문에 필연적으로 그러한 특징이 뱀에 부수하는 것이며, 그것이 뱀에게 더 나은 것처럼, 뒤에서 덮쳐오는 것을 감시하기 위해 그렇게 되어 있는 것이다. 왜냐하면 뱀은 길고 무족(無足)이어서 방향을 바꾸는 것도 또 뒤로부터 오는 위험을 경계하는 것도 원래 적합하지 않은 구조이기 때문이다. 사실상 머리를 쳐들어도 머리를 돌리지 못하면 아무 소용이 없다. (제4권 제11장 692a2-8)

뱀의 등골뼈 차이가 주는 기능은 보호 기능이다. 뱀은 머리를 돌려 위험을 경계할 수 있는데, 이렇게 하는 것이 뱀에게 유익하다. 뱀의 특별한 능력은 뱀에게 이동 능력을 부여하기 위해 존재하는 질료적 힘의 필연적인 결과이다. 이 설명에서 질료적 힘은 인과적으로 일차적 힘이다. 질료적 힘이 필연적으로 몸을 감을 수 있는 기능을 일으켰고, 그 기능은 뱀을 보호하기 위해 형상적인 본성에 의해 채택되는 것이다.

요약하자면, 부분의 질료적 차이 혹은 구조적 차이는 그것을 가진 동물의 해당 부분의 기능적 최적화를 제공하는 반면, 이러한 기능적 차별화 자체는 특정 종류 동물의 실체적 존재와 함께 주어지거나 이용 가능한 질료적 힘으로부터 따라 나온다는 것이다.

(P.10) 외재적 목적으로부터 설명한다.

이 책에서 목적론적인 설명에 상정되고 있는 목적은 각 동물의 생존 내지는 복리이다. 그런데 어떤 동물의 몸의 본성이 다른 동물을 위한 것이라고 설명하는 구절도 나온다. 상어 등 연골어의 입의 본성에 관한 설명이 그것인데, 그것들은 "[몸을] 뒤집어서 배를 위로 하고 음식물을 섭취한다"라고 하며, 그 이유로 "다른 동물을 구하기 위해서", 즉 "동작이 늦어지므로 다른 동물이 살아나게 된다"라는 이유도 있다는 것이다(제4권 제13장 696b26-29). 먹이 물고기를 너무 많이 먹는 것을 막는 것이 연골어 자신에게도 이익이 된다고 지적되고도 있지만, 이는 아리스토텔레스의 다른 동물학 저작에서는 찾아볼 수 없기에 아리스토텔레스의 목적론 해석에서 문제가 되는 부분이다. 이 대목은 아리스토텔레스가 자연을 '목적론적'으로만 모조리 설명할 수 있다고 생각하지 않았다는 점을 보여 준다.

> 그러한 파토스(성질과 상태) 및 그와 유사한 파토스 모두에 대한 원인을 지금껏 논해 온 것과 같은 방식으로만 간주해서는 안 된다. 왜냐하면 자연이 모든 것에 공통적으로 만든 것도 아니고, 각각의 유에 따라 고유하게 있는 것도 아닌 파토스는 모두 '무언가를 위해서' 그런 것도 아니며, 그렇게 되는 것도 아니기 때문이다. 사실 눈은 '무엇을 위해서' 있지만

그것이 '푸른 것'은 '무엇을 위해서'가 아니다. 그 파토스가 유에 고유한 것이라면 이야기는 다르다. 또 어떤 파토스의 경우에는 본질적 실체에 대한 설명 규정과 관계되는 것이 아니라 오히려 필연에 의해 발생한 것으로서 그 원인을 질료나 움직이는 시원으로 돌려야 한다. 처음의 논의에서 기술한 바와 같이 질서 있게 규정된 자연 제작물은 각각 어떤 성질의 것이 되기 때문에 그러한 성질인 것이 아니라, 오히려 그러한 것이기 때문에 그렇게 되는 것이다. 그렇다고 하는 것은 생성(되는 [것])은 실체(존재)에 부수하고 실체를 위해서 있는 것이지, 실체가 생성에 부수하는 것은 아니기 때문이다. (『동물의 생성에 대하여』 제5권 제1장 778a29-b6 참조)

즉 모든 생물학적 부분이 목적론적 설명을 요구하지는 않는다는 것이다. 『동물의 생성에 대하여』(제5권 제1장)에서 이 문제를 명시적으로 다루는데, 거기서 아리스토텔레스는 어떤 유 K에 대해서, K를 위해 어떤 부분 p가 존재한다면 K의 모든 구성원에도 p가 존재해야 한다고 설명한다. 그는 또한 p가 다른 부분들과 일관된 관계가 없다면, p가 단일한 유기적 기능을 갖고 있는지를 의심할 이유가 있다고 주장한다. 이 두 조건 모두가 담즙에 적용된다. 그러나 담즙에 대한 목적론적 설명에 반대하는 경우가 훨씬 더 강력하다. 담즙은 생명에 해로운 것이니까(677a36-b5: Lennox[2001], p. 289).

이렇게 해서 여러 유형으로 나누어, 동물의 각 부분이 실제로 있는 것이 '왜 그런지'를 설명한 아리스토텔레스의 설명 패턴을 정리했다. 물론 모든 설명 패턴을 모조리 제시한 것은 아니다. 한 부분에 대해서 여러 가지 방식으로 설명하고 있는 경우도 적지 않고, 복수의 설명 방식 사이의 정합성을 설명하기 어려운 경우도 있다. 다시 한번 강조하거니와 아리스토텔레스의 설명 방식이 기본적으로 목적론의 입장에 서 있다고 해서 "모든 것에 대해 '무엇을 위해서'를 찾아서는 안 되며, 그와 반대로 어떤 것이 이것일 때, 그래서 다른 많은 이러한 것들이 필연적으로 귀결된다" 라고 말하고 있는 점에 주목해야 한다(제4권 제2장 677a17-19).

아리스토텔레스의 목적론적 설명 방식

앞선 논의에서 확인할 수 있었듯 자연에 대한 목적론적 설명이 이 책의 핵심이라고 할 수 있다. 목적인에 호소하는 설명 방식을 목적론적 설명(teleological explanation)이라 한다. 소크라테스에게서도 여러 군데에서 목적론적 설명을 찾아볼 수 있다.

> 눈이 약하기 때문에 눈꺼풀을 거기에 문처럼 달아 줘서 눈을 어딘가에 써야 할 때에는 그것이 열리고, 잠을 잘 때에는 닫히도록 하며, 바람에라도 해를 입지 않도록 눈썹을 거르개로 심어 주고 머리에서 내려오는 땀이 해를 끼치지 못하도록 눈 윗부분을 눈썹으로 처마를 두르는 것 말일세. (크세노폰, 『회상』 제1권 4.6)[김주일 옮김, 아카넷 2021]

소크라테스는 계속해서, 자연물에 구현된 이러한 목적이 운의 산물도 지력의 산물도 아니라면 '어떤 지혜롭고 생명을 사랑하는 제작자(신)의 솜씨'라고 주장한다. 바로 이것이 자연신학에 기반한 이른바 '설계 논증'(Argument of Design)의 최초의 출발점이 되었다. 이러한 생각은 지적 설계자인 데미우르고스가 등장하는 플라톤의 『티마이오스』에서 본격적으로 이어진다. 물론 오늘날의 자연과학적 견지에서는 목적론이 시대에 뒤떨어진 이론으로 보이는 경우가 많아 아리스토텔레스의 목적론을 어떻게 평가할지는 여전히 논쟁거리다.

아리스토텔레스에 따르면 철학은 자연의 시원(아르케) 탐구에서 비롯되지만 최초의 철학자들은 질료적 의미에서의 원인을 찾았을 뿐 목적을 탐구하지 않았다. 물론 엠페도클레스나 아낙사고라스처럼 "사물의 진리 자체에 강요당해"(『형이상학』 제1권 제3장 984b10) 자연에서의 목적이라는 생각을 언급한 사람도 있지만, 자연에 대한 본격적인 목적론적 설명을 전개하는 데까지는 이르지 못했다. 이 점에 대해서는 플라톤이 이미 『파이돈』(97b-99d)에서 소크라테스에게 아낙사고라스에 대한 불만을 말하게 하고, 원인에 대한 진정한 설명은 그러한 것이 '좋음'임을 보여 주어야 한다고 주장하도록 했다. '좋음'을 원인으로 설정하는 입장은 『파이돈』에서 더 이상 전개되지 않고, 플라톤 만년의 저작인 『티마이오스』에서 만물의 생성을 설명하는 데에서 데미우르고스(제작자)를 등장시켜 그것이 만물을 가장 좋게 만들었다고 설명한다. 아리스토텔레스는 자연 속에 목적(좋음)의 존재를 인정해야 한다는 점에서는 플라톤의 가르침을 이어받지만, 만물이 창조됐다고 생각하지 않았으며, 플라톤처럼 세계의 '지적 설계자'를 상정하는 것과는 다른 방식으로 자연 속에서 목적을 찾고자 했다. 그럼에도 어떤 측면에서는 아리스토텔레스가 『티마이오스』로부터 강한 영향을 받았음이 틀림없어 보인다. 실제로 이 책 『동물의 부분들에 대하여』에서 그는 플라톤의 이론을 비판적으로 음미하고 있다. 즉 아리스토텔레스는 플라톤의 비자연적인 목적론을 바탕으로 '기능'(ergon) 중심의 생물학을 확립했다고 말할 수 있다.

아리스토텔레스는 『자연학』 제2권에서 자연의 목적성을 논한다. 그는 우선 '자연'이라는 개념을 분석하고, 그것을 자연물에 내재하는 운동과 정지의 시원으로 규정한 다음, 이른바 4원인설을 내세운다. 그리고 '우연'에 대해 분석한 후 제8장과 제9장에서 본격적으로 목적론을 논의한다. 거기에서 그는 자연현상을 질료('물질') 자체의 특성과 인과관계에 의해서만 설명하면서 목적이라는 원인을 인정하지 않는 '유물론자'들을 비판한다. 아리스토텔레스는 그들이 자연현상을 우연에 의해 생긴 것이라고 말할 수밖에 없고, 따라서 완전한 설명을 할 수 없다고 주장한다. 자연현상에는 '무엇 때문에' 혹은 '무엇을 위해서' 생긴 것처럼 보이는 것이 많다. 예를 들어 인간의 '이'[齒牙]를 보자면, 앞니는 날카로워 먹이를 씹기에 편리하도록 되어 있고, 어금니는 먹이를 으깨기에 편리하게 만들어져 있다. 그러나 유물론자의 생각을 따르면, 그러한 합목적적으로 보이는 현상도 '우연히' 그렇게 된 것에 지나지 않게 되고, 그것이 '항상', '대부분의 경우에' 일어나고 있다는 사실조차 적어도 질료의 특성에 따라서는 설명할 수 없게 된다.

자연현상은 한결같이 일어난다. 인간은 인간을 낳지 인간이 아닌 것을 낳지는 않는다. 그리고 그 연쇄는 언제까지나 계속된다. 그런데 이 모든 것을 질료의 차원에서 설명하려는 유물론자들의 방식에 따르면 극히 단순한 물질의 행동 방식은 설명할 수 있을지 모르지만, 생명현상에 전형적으로 나타나는 복잡한 자연현상에 대해서는 그렇지 않다. 즉 이를 위해서는 질료 수준으로 환원되지 않는 원인이 상정되어야 한다. 그것이 '목적인'이다.

아리스토텔레스는 이 책에서 '목적'(to hou heneka)을 이렇게 정의하고 있다.

> 모든 곳에서 우리가 '이것이 저것을 위해서 있다'라고 말하는 것은, 그 운동이 아무런 방해를 받지 않으면, 그것을 향해 나아가는 어떠한 목적이 있음을 밝히는 명백한 경우이다. 따라서 무엇인가 그런 것이 존재하며, 바로 그것이 우리가 '자연'이라고 부르는 것임은 분명하다. (제1권 제

1장 641b24-26)

이에 덧붙여 아리스토텔레스의 목적론적 입장을 이해하려면, "그래서 자연이 원인(aitia)이고, 그것을 위해서라는 방식에서의(houtōs hōs heneka tou) 원인이라는 것은 명백하다"(『자연학』 제2권 제8장 199b32-33)라는 구절을 기억해 둘 필요가 있다.

그러나 도구의 목적은 제작자의 입장에서 말하자면, 그 바깥에서 주어지는 데 반해, 그 '목적'은 자연물에 내재하는 운동과 정지의 시원으로서의 '자연' 자체에서 유래한다. 그래서 이 책에서도 예를 들어 '자연은 (…)을 위해서 고안했다'라는 식으로, 마치 자연이 작업자인 듯한 표현이 여러 번 사용되고 있다. 특히 phusis(자연, 자연 본성)란 말은 265군데 등장한다. 진화론자 찰스 다윈은 생물에서 볼 수 있는 '우연'에 의한 것이라고 말하기 어려운 사건들을 '자연선택'(natural selection) 혹은 '자연도태'라는 생각을 도입해서 그것으로 설명할 수 있음을 설득적으로 제시했다. 사실상 다윈도 모든 의미에서 목적이라는 개념을 생물학적 설명에서 배제하려 하지는 않았다는 것이다(Lennox 1993 참조).

아리스토텔레스는 자연과 제작물의 유사성에 대해 다음과 같이 지적한다. "기술은 자연을 모방한다"(『자연학』 제2권 제8장 199a16-17). 운동 변화를 일으키는 것이 미리 숙고해서(고안해서) 그렇게 하는 것을 볼 수 없다고 해서 사물이 '무엇을 위해서' 생성되는 것이 아니라고 생각하는 것은 이치에 맞지 않는다. 아리스토텔레스는 "기술조차도 생각하지 않는데"(『자연학』 제2권 제8장 199b26-28)라고 말하며, 자연 속에 목적을 상정하고자 설계자와 같은 존재를 상정해야 한다는 생각을 배척했다. 그가 생각하는 우주는 만들어진 것이 아니다. 우주는 늘 거기에 있어왔기 때문이다. 장인이 오랜 수련으로 자연스럽게 몸이 움직이는 단계에까지 도달한 기술을 행사해서 제작하려고 할 때 제작자의 마음속에는 제작물의 '형상', 말하자면 '설계도'와 같은 것이 마련되어 있어야 한다. 즉 무엇을 만들 것인가, 지향해야 할 목표가 무엇이고, 주어진 조건에서 그것을 어떻게 실현할 것인가 하는 것이 그것이다. 그러니까 실현해야 할 형상인 그 자체는 숙고할 대상이 아니며, 그것은 종종 목적인과 일치한다. 생물의 다양한 부분들은 누군가가 설계한 결과물이 아니라 생물 각각이 그 자연 본성에 따른 결과물인 것이다. 아리스토텔레스는 이렇게 말한다.

> 무언가를 위해서라는 것이 기술 안에 들어 있다면 자연 안에도 들어 있을 것이다. 그리고 이는 어떤 사람이 스스로 자기 자신을 치료할 때 가장 분명하게 드러난다. 자연은 이와 비슷하기 때문이다. 따라서 자연이 원인이라는 것, 이런 식으로 무언가를 위하는 것으로서의 원인이라는 것은 분명하다. (『자연학』 제2권 제8장 199b28-32)

그런데 아리스토텔레스가 유물론적 설명 방식을 비판할 때 들고 나오는 중요한 논점은 '필연'이라는 개념이다. 유물론자들은 자연현상이 필연에 의해 그렇게 되고 있다고 설명하지만, 아리스토텔레스는 그들이 필연의 다의성을 이해하지 못한다고 비판한다. 그 다의성이란 이 책 제1권 제1장에서도 논의되고 있는, '단적인 필연성'과 '조건적 필연성'이라는 구별이다. '조건적 필연성'은 '어떤 일이 생기거나 성립하게 된다면 필연적으로 그러한 것으로 되어 있어야 한다'라는 식으로 최종 목적이 되는 것이 조건으로서 세워졌을 때 거기로부터 필연적으로 귀결된다는 필연성이다. 즉 "음식은 필연적인[필수적인] 것이다"(제1권 제1장 642a7)라든가, '도끼는 물건을 쪼개야 하므로, 그것은 필연적으로 단단해야 하고, 만일 단단해야 한다면, 그것은 필연적으로 청동이나 철이어야 한다'(642a9-11)라는 것이다. 조건적 필연성으로 수컷의 '음경'(陰莖)을 언급한 예를 들어 보자,

> 수컷의 기관은 몸의 차이에 따라 다르다. 그 기관들 모두가 자연 본성상 똑같이 근육 모양으로 만들어져 있는 것이 아니기 때문이다. 게다가 여러 부분 중에서 그것만이 병적인 변화를 수반하지 않고도 커지거나 작아진다. 커지는 것은 성적 교접에 유용하고, 작아지는 것은 신체 부분의 다른 필요를 위해 유용한 것이다.[14] 그것이 항상 같은 상태로 있으면 지장이 있기 때문이다. 그 부분은 본성상 그렇게 양쪽 상태가 일어날 수 있는 그런 것들로 이루어져 있다. 즉 한편으로는 힘줄인 동시에 다른 한편으로는 연골질이기도 하고, 그 때문에 줄어들 수도 늘어날 수도 있어서, 숨결을 받아들일 수 있는 것이다.[15] (제4권 제10장 689a22-31)

신체기관이 그 기능을 수행하여 완전히 그러한 기관이 되려면 적절한 동질적 부분으로 구성되어 있어야 한다. 이와 관련해 아리스토텔레스는 제2권 제1장 646b11-27에서 다양한 기능을 가진 기관은 다른 여러 동질적 부분과 연관된 힘이 요구된다고 주장한다. 바로 이것이 기관이 조직으로 구성되는 하나의 이유이다. 따라서 여기서 음경의 수축 또는 발기 능력은 힘줄과 연골로 구성되어 있는지 여부에 달려 있게 된다. 즉 음경은 두 가지 기능을 수행해야 하므로 필연적으로 줄어들거나 늘

14 오줌 누는 것을 말할 것이다.

15 『동물 탐구』 제9권(7권) 제7장 586a16-17에서는 정액의 사출(射出)이 숨결에 의해서 생긴다고 설명되어 있다. '정액의 사출은 숨의 내뿜음에 의해 야기된다.'

어날 수 있어야 한다. 그럴 수 있도록 줄어들거나 늘어나야 한다면 그것은 필연적으로 힘줄이거나 연골질이어야 한다.

이러한 예들에서 볼 수 있듯 목적이 성립되어야 한다는 조건에서는 이를 위해 필요한 수단 내지는 질료로서 특정한 어떤 것이 있어야 한다는 것이다. 그에 반해, '단적으로 필연적이다'라고 하는 것은 그러한 조건, 즉 전제 없이도 필연적으로 성립되는 경우다. 그것은 『분석론 후서』 제2권에서 "자연 본성, 즉 경향성에 따라서"라고 설명되고 있는 필연성에 대응하는 개념으로 볼 수 있다.

> 이러한 종류의 일은 많이 있지만, 특히 자연 본성에 얽매여 형성되어 가는 사항이나 형성된 사항에 많다. 왜냐하면 자연 본성은 한편으로는 어떤 목적을 위해서 만들고 또 다른 한편으로는 필연에 의해서 만들어지기 때문이다. '필연'이라는 것은 이의적이다. 즉 하나는 **'자연 본성, 즉 경향성에 따라서'**라는 것이고, 다른 하나는 '강제에 의해서, 즉 경향성에서 벗어나서'라는 것이다. 예를 들어 돌은 필연에 의해 위로도 아래로도 움직이지만, [위로는 강제로, 아래로는 자연 본성에 따라서 움직이게 되는 것이지] 동일한 필연에 의한 것이 아니다. (『분석론 후서』 제2권 제11장 94b35-95a2)

유물론자들은 '조건적 필연성'에는 생각이 미치지 못하고, 오로지 자연물을 구성하고 있는 물질의 자연 본성으로 환원하여 설명하려고 한다. 즉 그들은 질료로부터 단적인 필연성에 의해 해당 자연현상을 설명할 수 있다고 생각하는 것이다. 그들은 질료에 대해 이야기를 해도, 왜 질료로서 그것이 있어야 하는지는 설명하지 못한다. 원래 '질료'는 '무엇인가'의 질료이지, 질료 그 자체만으로는 그 무언가가 있는 것을 설명할 수 없다. 도끼의 질료로 철이 있는 것은 물건을 절단하는 도끼의 역할을 하기 위해서는 그 질료가 단단해야 하기 때문이며, 딱딱한 것으로서 철이나 청동이 질료로 선택되는 것이지 철이나 청동이 자연스럽게 도끼로 만들어지는 것은 아니다. 그리고 대장간에 철이나 청동이 있는 것은 도끼를 만들려는 목적 때문에 필연적으로 그것들이 거기에 있는 것이지 우연히 거기에 있는 것은 아닌 것이다. 마찬가지로 자연 탐구에서도 자연물이나 자연현상의 질료 수준의 사항이 조건적 필연성에 의해 목적을 전제로 설명될 수 있다는 것이다.

정작 문제는 자연의 설명에서 이 두 종류의 필연성이 어떻게 관련되는가 하는 것이다. 질료와 관련된 모든 사항은 조건부 필연성에 의해 설명되는가, 아니면 동물의 몸을 구성하는 질료의 특성에서 단적인 필연성에 의해 설명되는 영역도 있는가? 아리스토텔레스는 '원인'에는 '그것을 위해'라는 의미에서의 원인과 '필연에 의하여'라는 의미에서의 원인이라는 두 가지가 있으며, 가능한 한 그 양쪽 모두를 제대로 언급할 수 있어야 하지만, 그렇게 할 수 없다면 적어도 그것들을 밝히도록 시도해야 한다(제1권 제1장 642a13-16)고 주장한다. 아리스토텔레스는 이런 정도로 만족하지 않고, 한발 더 나아가 모든 것에 대해 '무엇 때문인가', '무엇을 위해서인가'(제4권 제2장 677a17)를 찾아서는 안 된다고도 주장한다. 앞에서도 언급했듯이 아리스토텔레스는 모든 것을 다 목적론적으로 설명하려는 의도를 갖고 있지 않다. 또 그는 자연학자는 형상(혹은 목적)과 질료 모두를 탐구하고 연구해야 한다는 점을 종종 강조하고 있다. 그는 존재론적으로는 형상 쪽을 우위에 두되 형상(어떤 목적)에 의해 자연이 모두 설명될 수 있다고 생각하지 않았으며, 구체적인 탐구에서 질료에 의한 설명을 '형상 내지는 목적에 따른 설명'으로 환원하려고도 하지 않았다.

아리스토텔레스는 같은 사항에 대해서도 '질료에 의한 설명'과 '목적에 따른 설명'을 자주 겸용한다. 이는 형상과 질료의 관계를 어떻게 파악하는지와 관련되어 있어서 아리스토텔레스 존재론의 토대가 되는 물음으로도 이어진다. 우리는 이 책 『동물의 부분들에 대하여』 제1권 및 그 이외의 동물학 저작 속 다양한 생물에 대한 구체적인 기술에서 많은 철학적 함의를 읽어 낼 수 있다. 아리스토텔레스의 동물학은 그의 자연관, 나아가 형이상학을 이해하기 위한 중요한 단서로서 기여할 수 있을 것이다.

제1장 자연과학의 방법론: 동물학 연구에 필요한 기본 원리들

모든 고찰[1]과 탐구[2]와 관련해 더 저속한 것이든 더 고귀한 것이든 마찬가지로[3] 그와 관련한 성향(상태)에는 두 가지가 있는 것으로 보인다.[4] 그중 하나를 639a

1 고찰(theōria)의 순서와 절차, 그리고 자연 본성에 따른 동물 탐구의 방법에 대해서는 『동물 탐구』 제1권 제6장 491a5-26 참조. 고찰은 이미 알려진 것에 대한 현실 활동의 관조 혹은 어떤 주제를 이해하기 위한 그것에 대한 현실 활동적 탐구(methodos)를 말한다. 어떤 경우든 이론적 활동이며, 이는 실천적·제작적 활동과 대조된다. 탐구는 특정한 원리(기준)에 따른 지식의 추구이다.

2 탐구(methodos)는 '탐구의 길'로서, '탐구의 방식'(tropos tes zeteseos)을 말한다(『분석론 전서』 제1권 제31장 46a32-b36, 제2권 제1장 53a2). "우리 자신이 하나의 논의를 지지하려는 경우에 모순되는 그 어떤 것도 말하지 않는 탐구의 길을 발견하는 것이다"(『토피카』 제1권 제1장 100a20 참조). 탐구는 특정한 기준(원리)에 의해 이끌리는 지식의 추구이다. methodos에서 hodos는 '길'이다(『니코마코스 윤리학』 제1권 제4장 1095a33). 어원적으로 methodos는 '길을 따라가는(meta) 것'이다. 때로는 meta 없이 hodos만으로도 사용되곤 한다(『생성과 소멸에 대하여』 제2권 제8장 324b35-325a2). '고찰과 탐구'는 하나의 짝으로 늘 함께 사용된다. 『자연학』 제1권 제1장 184a10-12, 『니코마코스 윤리학』 제1권 제1장 1094a1, 『분석론 후서』 제1권 제1장 71a1-2. 밤의 『동물의 부분들에 대하여』 제1권 제1장 639a1의 주석 참조(D. M. Balme, *Aristotle's De Partibus Animalium* I and *De Generatione Animalium* I, Oxford, 1985, p. 70).

3 저속한 것(생성 소멸할 수 있는 것)과 고귀한 것(생성 소멸하지 않는 천체와 같은 영원한 것)의 비교는 제5장(644b22-645a30)에 나온다. 이 두 개의 탐구가 지닌 가치를 비교하는 『동물의 발생에 대하여』 제1권 제23장 731a34 아래 참조.

4 아리스토텔레스는 통상적으로 철학적 문제를 논의하기에 앞서 탐구되는 대상 및 주

사물에 대한 학적 인식(이해)[5]이라 부르고, 다른 하나를 어떤 종류의 교양과 같은 것[6]이라 부르는 것이 적절하다. 즉 교양 있는 사람이라면 당연히 말하는 사람이 무엇을 잘 설명하고 무엇을 잘 설명하지 못하는지를 정확하게 판단할 수 있어야 한다.[7] 왜냐하면 우리는 일반적으로 교양 있는 사람이란 바로 그런 사람이며, 교양이 있다는 것은 지금 말한 것과 같은 일을 할 수 있을 것이라고 생각하기 때문이다. 다만 이 사람은 수(數)라는 점에서

제와 관련한 '일반적 주장'을 하는 것으로 논의의 첫머리를 시작한다. 이에 대한 구체적인 작품으로 『형이상학』, 『시학』, 『토피카』, 『자연학』, 『니코마코스 윤리학』, 『분석론 후서』 등을 예로 들 수 있다.

5 연역적 추론인 논증(apodeixis)의 형식으로 표현되는 '학적 지식'('이해', epistēmē)의 구성 문제를 논의하는 『분석론 후서』 참조. 아리스토텔레스에 따르면 '학적 지식은 논증(apodeixis)을 통해 인식된다'(『분석론 후서』 제1권 제1장 71b16-19). 이 논증이 바로 '학적 연역'(sullogismos epistēmonikos)이다. 즉 논증은 그 결론의 필연적 참을 수반하는 연역이고, 그 결론에 대한 원인(aitia)을 알게 하는 것이다. 증명 불가능한 전제(원리)에 기반한 일련의 설명 체계로서 이루어진 주제 혹은 그러한 지식을 가진 사람의 성향을 '이해'('학적 지식')라고 할 수 있다. 김재홍, 「학문 방법론으로서의 '논증'이론의 역할과 기능: 아르카이에 대한 학적 분석」, 『대동철학』 61집, 2012 참조.

6 여기서 논의 초점은 hoion paideian tina(어떤 종류의 교양과 같은 것)일 것이다. 헬라스어 paideia는 교양과 잘 교육받은 것을 내포하는 말이다. 아래 각주 7 참조.

7 모든 분야에서 두루 교육을 잘 받은 '교양 있는 사람'은 "각각의 영역에서 주제의 본성이 허용하는 만큼의 정확성을 추구한다"(『니코마코스 윤리학』 제1권 제3장 1094b23-1095a2). 즉 여기서 교양이란 폭넓은 지식을 가진 박식함이 아니라 다양한 사항에 대한 설명에서 그 타당성을 정확하게 판단할 수 있는 식견을 가진 것을 의미한다. 요컨대 자기 자신은 전문가가 아니지만, 전문가가 지닌 능력을 판단할 수 있는 사람이 교양 있는 사람이다. "교양 없음은 각 주제에 알맞은 논변과 엉뚱한 논변을 구분할 수 없음이다"(『에우데모스 윤리학』 1217a7-10). 예를 들어 의학 교육을 잘 받은 사람 가운데 세 번째 부류의 사람은 '누군가가 질병을 올바르게 치료했는지'의 여부를 판단할 수 있다. "그런데 무엇보다 '의사' 중에는 실제로 치료에 임하는 실행자, 의술에 정통한 총기획자, 세 번째로 해당 기술에 대해 교육을 받은 자 등이 있다(말하자면 거의 모든 기술 분야에 관련해서도 세 번째 부류의 어떤 이들이 있으니까). 그리고 우리는 전문가 못지않게 잘 교육받은 자들에게도 판단하는 일을 할당하고 있다"(『정치학』 제3권 제3장 1282a3-7).

는 한 사람이면서도, 말하자면 모든 것에 대해 [실천적으로] 판정할 수 있는 자이며, 그와는 달리 한정된 어떤 영역에 대해 판정할 수 있는 자가 있다고 우리는 생각한다.[8] 왜냐하면 부분적인 사항에 대해서라면 지금 우리가 말한 교양 있는 사람과 똑같이 판정할 수 있는 사람이 따로 있어도 되기 때문이다.

따라서 분명히 자연에 대한 탐구[9]에도 다음과 같은 기준이 있어야 한다. 즉 진실은 어떠한가, 이런가 혹은 저런가 하는 것과는 별개로 증명되는 그 방식[10]을 받아들이기 위해 참조하게 되는 어떤 한정하는 기준[11]이

8 '한정된(aphōrismenēs) 어떤 영역'에서 '한정된'은 특정한 학문의 주제인 특정한 유(genus)를 말한다. 가령, 수사학은 '유'를 넘어서는 학문으로 '특정한(aphôrismenou) 유'를 다루지 않는다(『수사학』 제1권 제1장 1355b8-9). 따라서 그 자체가 특정한(aphôrismenês) 학문(1354a3, 1355b33-34)이 아니다. 아리스토텔레스는 세 사람을 구별한다. (1)데이터를 아는 전문가. (2)자신이 전문가인지 아닌지에 관계없이 과학적 설명이 적절한 원리들에 기초하고 있는지 알 수 있는 교양 있는 사람. (3)어떤 한 학문을 위해서는 이것(2)을 할 수 있지만, 다른 학문을 위해서는 할 수 없는 사람(D. Balme, *Aristotle's De Partibus Animalium and De Generatione Animalium* I, Oxford, 1972, pp. 70~71).

9 원어인 historia(탐구, 조사)는 탐구 활동의 '과정', 그 '결과', 그 결과에 대한 '보고', 사태들의 '인과적 설명' 등을 의미한다. 이 점은 헤로도토스의 『역사』가 잘 보여 준다(제1권 1, 44, 제2권 118, 119). 플라톤, 『파이돈』 96a8, 힙포크라테스를 비롯한 의학 책에서도 이 말을 사용한다. 과학적 탐구의 예비적 단계로서, 데이터(사실들)를 수집하고, 조직하는 것을 말한다. 이 단계는 이 정보들에 대한 인과적 설명을 추구하는 마지막 단계와 대조된다(639b5-11, 646a8-12 참조).

10 '증명하는(보여 주는) 방식'(ton tropon tōn deiknumenōn). 증명하는 것은 증명된 결론이기보다는 학문의 출발점이다.

11 한정하는 정의. '정의'(horos)는 동사 horizesthai(정의하다)에서 파생된 명사(名詞)다(『분석론 후서』 제2권 제10장 93b37-38). 호로스의 일차적 의미는 '경계 표시물'을 의미한다. 이것은 쉴로기스모스(추론)에서의 세 명사(名辭)를 가리키기도 한다. 때로는 학적 정의(horismos)를 부여하는 한정하는 표지를 의미한다. 호로스는 의사가 신체의 건강과 그렇지 않음을 식별하는 어떤 '기준'으로 언급되기도 한다(『에우데모스 윤리학』 1249a21-22).

있어야만 한다.[12]

내가 말하고 있는 것은 예를 들면 다음과 같은 것이다.

(1) 각각의 실체[13]를 하나씩 다루고, 그것을 그 자체만으로 규정하는 방식을 채택해, 예를 들어 사람, 사자나 소, 또 다른 동물의 자연 본성에 대해 각각 개별적으로 다루어야 하는가, 아니면 어떤 공통된 관점에서 모든 것에 공통적으로 부수(附隨)하는 사항을 우선 다루어야 하는가 하는 문제다.[14] 그것도 서로 다른 많은 동물의 유[15]에 해당하는 동일한 것

12 자연학적 탐구에서 설명을 판단하는 기준을 획득한다는 것은 특정한 분야에 관해 '잘 교육받는 것'을 말한다. "그런데 이유를 제시하는 논변과 증명될 사실을 분리해서 판단하는 것도 올바르다. 왜냐하면 조금 전에 말했듯 모든 것에 관해서 논변을 통해 제시된 것에 주의를 기울여야 하는 것은 아니고, 오히려 현상에 자주 주의를 기울여야 하기 때문이며 — 그런데 지금은 사람들이 어떤 논변을 반박하지 못하며, 그 논변의 내용을 믿도록 강제된다. — 또한 종종 논변에 의해 증명된 것으로 간주되는 것이 참이긴 하나, 그 논변이 제시하는 이유에 의해 참인 것이 아니기 때문이다. 거짓에 의해 참을 증명하는 것이 가능하니 말이다"(『에우데모스 윤리학』 1217a10-16).

13 원어인 ousia(동사 einai[to be]의 여성 분사 ousa에서 유래한 추상 명사)의 전통적 번역어는 '실체'('실체적 존재', substantial being)이다. 가능한 한, 나는 전통적 번역어를 유지할 것이지만, 맥락에 따라 다른 풀어 쓰기를 택할 것이다. 실체는 다음과 같은 의미를 갖는다. (1) 무언가의 실체는 그것의 '본질'을 나타낸다. (2) 실체는 술어의 최종적인 주어('밑에 놓여 있는 것')로 기본적인 어떤 종류의 존재이다. 즉 tode ti('이 무엇', 즉 개별자)를 말한다. 이것은 그 자체로 어떤 다른 것에 대해서 술어가 되지 않으며, 사물과 따로 떨어져 있는 것으로 각 사물의 형태나 형상이 그렇다(『형이상학』 제5권 제8장 1017b23-26). 이 책에서는 주로 (1)을 의미하며, 나는 '본질 규정(설명식, logos)을 갖는 존재로서의 실체'를 뜻하는 '**본질적 실체**'로 옮길 것이다.

14 이 대목은 동물들을 어떻게 무리 지을지 결정하는 것이 얼마나 어려운 일인지를 암시하고 있다. '비행하는 것'을 곤충 및 일부 새와 모든 박쥐를 포함하는 자연종으로 다룬다면 이미 인정된 구분 짓기와 무리 짓기는 산산조각 날 수밖에 없을 것이다.

15 이 책에서 (1)종(eidos), 유(genos), 종차(diaphora)는 동물과 그 부분들의 '속성'을 가리킨다. 동물의 '진행'(이동)이란 유도 그 종으로 나눈다. 종과 유는 우리에게 매우 친숙한 개념이지만 아리스토텔레스는 여기서 생물 분류 체계를 구축하려는 의도를 갖고 있지 않다. 두 개념은 상대적인 것이지 고정된 것은 아니다. (2)어떤 일반적인 하나의

들이 많이 있다. 예를 들어 잠, 호흡, 성장, 쇠약, 죽음이 그러하며, 여기에 덧붙여 지금 빠져 있는 파토스(성질이나 상태)[16]나 성향(diathesis) 중에도 그와 같은 것이 있다(이렇게 덧붙인 것은 이것들에 대해 현시점에서는 불명확하고 불확정적으로 말할 수밖에 없기 때문이다). 하나하나씩 이야기하다 보면, 많은 것에 대해 계속해서 같은 말을 하게 될 것이 분명하다. 즉 말, 개, 사람에게는 지금 말한 속성들 각각이 속하며, 따라서 부수되는 것들 각각에 따라 말한다면, 같은 것에 대해 여러 번 반복해 말할 수밖에 없을 것이다. 즉 그 자체에는 아무런 차이가 없고 종적으로는 다른 동물에게 속하는 동일한 것들에 대해 여러 번 말하도록 강요받을 것이다.[17]

그러나 그 밖에 아마도 동일한 서술어(katēgoria)가 적용되지만, 동물의 종[18] 639b

동일한 동물의 '무리 지음'을 종과 유라 한다. 만일 하나의 무리 지음과 그 하위 구분이 이야기된다면, 그 하위 구분이 종이 될 것이고, 분리된 무리 지음은 그것의 유가 될 것이다. (3) genos(유)는 '친족'이며, eidos(종)는 공유하고 있는 외견상의 '모습'이다. 따라서 종과 유는 관계성에 대한 차이의 토대('종차'[diaphora])가 되는 것이다. (4) 『형이상학』에서 genos는 질료와 관련되며, eidos는 '형상', 실체는 형상과 질료로 분석된다(『형이상학』 제7권 제12장, 아래의 643a24-27).

16 겪음(pathos)은 '행위자로서 행하다'(만들다, poiein)라는 능동에 대하여 자신에게 일어난 일을 수동적으로 겪는(paschein) 것을 말한다. Y가 X에게 무언가를 할 때 X는 그것에 의해 영향을 받기 때문에, 결과적으로 그(X)의 파토스[상태]는 그의 '애정'이고, 다른 한편으로는 자신의 열정이나 감정이다. 어떤 사물의 '겪는 것'(상태, pathē)에는 그 성질이나 상태, 더 일반적으로는 속성까지 포함된다.

17 동물의 더 일반적인 속성에 초점을 맞춤으로써 개별 종을 더 잘 이해할 수 있다는 뜻이다. 다시 말해 동물의 개별적인 속성과 부수된 것을 따로따로 이야기하다 보면 같은 것에 대해 여러 번 반복적으로 말할 수밖에 없는데, 그럴 필요가 없다는 것이다.

18 '종'(eidos)과 '유'(genos)라는 말은 아리스토텔레스에게서 상대적인 개념으로 사용되며 현대 생물학 용어처럼 고정된 개념은 아니다(72쪽 각주 15 참조). '진행'(장소 이동)하는 각각의 방식은 수영, 비행, 걷기와 같은 구별 가능한 '차이'를 준다. 이것들은 사지(四肢)의 구별되는 유(지느러미, 날개, 발)에 의해 수행되는 것이다.

이 다르면 [그 의미상] 차이가 있을 수 있다.[19] 예를 들어 동물의 '진행'(이동)이라는 서술어가 그렇다. '진행'은 종류가 하나가 아님이 분명하기 때문이다. 즉 날아다니는 것과 물속 이동, 걷는 것과 기어다니는 것은 다르다.[20] 그러므로 어떻게 고찰할 것인가 하는 문제를 간과해서는 안 된다. 내가 말하고자 하는 바는, 즉 먼저 동물의 유에 따라 공통적인 것을 고찰하고, 그다음에 고유한(개별적인) 속성[21]에 대해 고찰해야 하는지, 아니면 애초부터 곧장 개별적인 종들에 따라 고찰해야 하는가 하는 문제다. 이에 대해서는 아

19 아리스토텔레스의 분류에서 중요한 기술적 언어는 종(eidos), 유(genos), 종차(diaphora)이다. 이들 용어는 논리적 탐구에서도 중심적 역할을 한다. 이 용어들로 분할하는 그 방법이, 이어지는 제2장, 제3장의 중심 논제이다. 레녹스는 더 일반적인 유(kind)들은 그것들의 종적 차이(difference)에 의해 form으로 나뉜다고 말하는데, 그는 genos를 kind로 eidos를 form으로 옮기면서 전통적인 용어 genus, species, differentia를 거부한다. 나는 이 책에서 전통적 방식에 따라 종, 유, 종차란 말을 사용한다.

20 여기서는 모든 동물에게 공통된 속성인 것처럼 보이나 동일한 것으로 취급할 수 없는 예로 '진행(이동)'을 들고 있다. 이 문제에 대한 논의는 『동물의 진행(이동)에 대하여』에서 이루어진다. 예컨대 날거나 걷는 속성에는 술어 '진행(이동)'이 포함된다. 이는 각각의 정의에 따라 '진행'하는 방식, 즉 한 장소에서 다른 장소로 공간적으로 이동하는 것이기 때문이다. 반면에 여기서 '호흡'은 차이를 갖지 않는다. 왜일까? 아마도 아리스토텔레스가 호흡을 하나의 단일한 것, 즉 유혈동물의 폐가 활동하는 호흡만을 염두에 두고, 아가미를 통한 어류의 호흡은 고려하지 않았기 때문일 것이다. "이것은 걷기를 비롯한 여타의 다른 운동에서도 마찬가지다. 만일 장소 이동(phora)이 어느 곳에서부터 어느 곳으로의 운동이라면, 운동의 종류에 따른 차이는 날기, 걷기, 뛰기 혹은 그와 같은 종류의 것이 되기 때문이다. 이런 차이뿐만 아니라, 걷기도 자체 내에서 다시 차이를 갖는다. '어디(시작점)부터 어디(끝점)까지'라는 것은 경기장 전체에서 이야기될 때와 그 부분에서 이야기될 때 동일하지 않으며, 이 부분과 저 부분에서도 동일하지 않고, 이 선을 지나가는 것과 저 선을 지나가는 것도 동일하지 않기 때문이다"(『니코마코스 윤리학』 1174a29-34).

21 고유 속성(tōn idiōn). "고유 속성이란 [그 사물 혹은 하나의 주어에 대해] '그것이 무엇이라는 것'(본질)을 보여 주지는 않지만 그 사물에만 속하고, 즉 자리를 바꾸어도 그것의 술어가 될 수 있는 것이다. 예를 들어 '읽고 쓰는 지식을 배울 수 있다'는 것은 인간의 고유 속성이다. 어떤 것이 인간이라면 읽고 쓰는 지식을 배울 수 있고, 또 만일 읽고 쓰는 지식을 배울 수 있다면 인간이기 때문이다"(『토피카』 102a18-22).

직 확정되지 않았으며,[22] 또한 이어서 말하는 것에 대해서도 그렇다.

(2) 즉 수학자가 천문학에 관한 것을 설명하고, 자연학자도 동물 및 각 동물의 몸의 여러 부분과 관련하여 나타나고 있는 현상들[23]을 고찰하고, 그 후에는 그것이 '왜 그런지'(to dia ti)를, 다시 말해 원인(aitia)을 말해야 하는가,[24] 아니면 다른 어떤 방식으로 진행해야 하는가.[25]

(3) 이것에 덧붙여, 자연에 의한 생성에는 여러 가지 원인[26] — 예를

22 아마도 이 물음은 아리스토텔레스 철학 저변에 깔려 있는 아포리아(난문, aporia)일 수 있다. 부분적 논증이 보편적 논증보다 더 나은 것인지에 대한 변증술적 토론(『분석론 후서』 제1권 제24장), 『형이상학』(제7권)에서 실체가 보편적인 것이냐, 아니면 개별적인 것이냐 하는 중요한 문젯거리, 요컨대 개별적인 것에 비해 보편적인 것이 인식적 가치를 더 많이 갖는지 하는 골칫거리가 되는 철학적 문제(problēma)다. 이 긴장을 깔고 아리스토텔레스는 제1권 제4장 644a29-644b7에 가서 이 문제에 대한 답을 명확하게 내놓고 있다. "종적으로 불가분한 것이 본질적 실체인 한, 가능하다면 개별적이고 종적으로 불가분한 것에 대해 따로 고찰하는 것이 가장 바람직하다. …… 그 자연 본성이 하나로 공통되어 있고, 그것들 속에 포함되는 종이 서로 크게 떨어져 있지 않은 것들에 대해서는 유에 따라서 공통적으로 이야기하는 것이 적절하다." 이 책 제2~4권의 논의는 이러한 해결책에 따라 구성되어 있다.

23 여기서 말하는 '나타나고 있는 현상'(phaimenon)에는 관찰된 사실뿐 아니라, 다양한(특히 저명한 사람들의) 의견(엔독사)과 보고도 포함된다.

24 『동물 탐구』 제1권 제6장 491a7-14, 『분석론 후서』 제2권 제1장 89b29-35 참조.

25 자연 탐구에 있어서 자연현상의 체계적 관찰 및 이 현상들에 대한 인과적 설명('학적 논증')의 관련성을 말하고 있다. 이 문제가 이른바 '현상의 구제'(sozein ta phainomena)라는 것이다. 관찰된 사실을 파악한 후에 그 '이유'(인과적 설명)를 논증을 통해 밝혀야 한다. 천문학자는 천체의 운동을 관찰하며, 수학자는 그러한 운동에 대한 설명('왜 그런가')을 학적 논증을 통해 한다는 것이다(『분석론 후서』 제1권 제13장 78b32-79a16, 『자연학』 제2권 제2장 193b22-194a12). 제2권 제1장 646a8-12에서는, 『동물 탐구』에서 모든 동물에 속하는 차이와 속성을 파악하는 것과는 별개로, 동물이 그런 상태인 것이 어떤 원인 때문인지를 밝히는 것이 동물의 원인에 대한 검토로서 탐구의 임무라고 말하고 있다.

26 이른바 4원인(질료, 운동, 형상, 목적)은 '왜'라는 물음에 대한 답으로 주어지는 것이다(『자연학』 제2권 제3장). 원인(aitia)은 무언가의 생성과 그 존재를 가져오는데, 그 '탓'이 되는 일련의 근본적 차이가 가져오는 요인들이다. 아이티아는 '어떤 행위의 탓'으로

들어, '그것을 위해서'(hou heneka)라고 하는 원인, '거기로부터'와 '운동이 시작되는 바로 그곳'이라고 하는 원인[27]을 우리는 알고 있으므로, 그것들에 대해서도 어느 것을 첫 번째라고 하고, 어느 것이 두 번째라고 하는 것이 자연 본성적인지를 규정해야만 한다. 첫 번째 것은 우리가 '무엇을 위해서'(heneka tinos)라고 부르는 원인이다. 그것은 로고스[28](설명식, '무엇이라고 규정하는 것', 즉 본질 규정)이고, 설명이 기술에 의해 구성되는 것의 경우에도, 자연에 의해 구성되는 것의 경우에도 마찬가지로 시작점(아르케, 시원)이기 때문이다. 즉 의사는 건강을, 건축가는 집을 사고와 감각에 의해 확정하여, 각각 자신들이 만들어 내는 것의 설명

돌리는 법적·도덕적 맥락에서 유래한 말이다. 자연과학에서 이 말은 어떤 사물의 생성, 있음, 변화를 위해 필요한 사실들을 언급한다. '왜'(dia ti)라는 물음은 '일련의 근본적으로 차이가 가져오는' 여러 종류의 물음을 가진다. 여기서는 목적인('그것을 위해서'[hou heneka]라고 하는 원인)과 운동인('거기로부터'와 '운동이 시작되는 바로 그곳'이라고 하는 원인)이 언급된다.

27 이른바 목적인과 운동인에 대해서는 『동물의 발생에 대하여』 제1권 제1장 715a5 아래 참조.

28 아리스토텔레스 철학에서 넓은 의미에서 '정의'(定義)로 옮길 수 있는 표현은 logos, horos, horismos('한계를 정하는 것', 동사 horizesthai) 등이 있다. horos와 horismos는 어원적으로 밀접한 연관성을 갖는다. logos는 어떤 대상을 가리키는 하나의 onoma(이름)에 대해 '그것이 어떠하다'라고 말로써 규정하는 것이다. 우리말로는 '언어적 표현' 내지는 '설명', '설명식' 등으로 옮길 수 있다. horos(정의)가 한 대상의 '본질적 고유 속성'이나 그 대상이 속하는 외연 일반을 공통적으로 지시하는 경우에 '정의'라고 표현될 수 있다. 한 대상에 대해 언어적으로 'A는 B의 고유 속성이다'라고 표현할 때 그것은 '정의'다. 정의식(horismos)은 원칙적으로 더 엄밀한 학문적 규정을 내리는 경우에 쓰이는 말이다. 이 말은 『토피카』에서 '유와 종차'로 이루어진 논리적 표현에서 구성되는 '정의식'을 가리키는 경우에 사용된다. 학문은 한 대상의 본질('그것이 무엇이라는 것', to ti ēn einai)을 밝히는 작업을 목표로 한다. 그래서 horismos는 대상의 '본질'을 '종차와 최근 유'를 사용해서 언어적으로 'A는 B이다'(예; '인간은 이성적 동물이다')로 단적으로 표현한다. 나는 logos를 '설명' 혹은 '설명식'으로, horismos와 horos는 일반적으로 '정의식'과 '정의'로 각각 옮긴다(『토피카』[김재홍 옮김·해설] 제1권 제4장, 해당 각주의 설명 참조).

과 원인을, 즉 무엇을 위해 그런 방식으로 만들어 내야만 하는지를 보여 주는 것이다.[29] '그것을 위하여', 즉 '아름다움'[30]은 기술 작품보다 자연의 작품 속에 더 많이 존재한다.

(4) 한편, '필연에 의해서'라는 것이 자연에 의해 존재하는 모든 것에 똑같이 속하는 것은 아니다. 거의 모든 논의자(철학자)가 자연의 설명을 그것으로 환원하려고 시도하지만, 그들은 '필연적'이라는 말이 얼마나 많은 방식으로 이야기되는지를 구별하지 못했다. '단적으로[무조건] 필연적이다'라는 것은 영원한 것[31]에 대해 성립하는 한편, 생성하는 것 모두에 대해서는 '조건적으로[가정적으로] 필연적이다'라는 것 역시 성립한다.[32] 후자의 경우, 예를 들어 집이나 그 밖의 이와 유사한 기술에 의해

29 기술 활용을 통한 친숙한 예로 '목적(telos)-원인(aitia)'의 우선성을 옹호하고 있다. (1) 생성의 목적이 그 설명 규정(logos)이다. (2)그 설명 규정이 생성의 기원(시작점, archē)이다. (3)[아르케가 일차적이다.] (4)목적은 일차적이다.

30 여기서는 '목적과 관련되어 좋은 것'을 to kalon(좋은 것)이라고 부르고 있다. 형용사 kalos는 맥락에 따라 다른 의미로 사용될 수 있는 말이다. 감각적인 아름다움과 함께 도덕적인 의미에서 훌륭한, 고상한, 좋은 등의 의미로도 말해질 수 있다. "마찬가지로 동물의 경우에는 '아름다운 것'에 대해 '추한' 것이 반대이고, 집의 경우에는 '아름다운' 것에 대해 '초라한' 것이 반대이다. 따라서 아름다움은 동명이의적이다"(『토피카』 106a20-22). 또한 kalos는 논리적 맥락에서 '잘', '올바른', '타당한' 같은 것을 의미한다.

31 여기에서 '영원한 것'이라고 하는 것은 영원히 단일한 원운동을 계속하는 천체를 가리키는 것으로 생각된다. 수학의 대상도 여기에 포함시키는 해석자(Peck, Balme)가 있으나 그것은 '자연에 의해서 존재하는 것'에 대해 논하고 있는 이 장면에서는 부적절해 보인다.

32 639b24의 kai를 부가의 의미로 해석하고, '생성하는 것'에 대해서는 단적인 필연성 외에 조건적 필연성도 들어맞는다는 것으로 해석했다(Lennox). 아울러 Balme과 같이 kai를 강조의 의미로 해석한다고 하더라도, 단적인 필연성이 '영원한' 것들의 경우로만 한정된다고 해석할 필요는 없다(Lennox 참조). '조건적 필연성'에 대해서는 642a6-13에서도 설명된다. 또한 단적인 필연성과 조건적 필연성에 대해서는 『형이상학』 제5권 제5장 1015a34-36, 1015b10-15, 『자연학』 제2권 제9장, 『생성과 소멸에 대하여』 제2권 제1장 참조.

만들어진 사물의 경우와 같다. 집이나 그 밖의 다른 목적이 되는 것이 존재하게 된다면, 그 질료는 필연적으로 그것의 성질의 것이어야 한다. 또 먼저 이것이 생기거나 운동 변화가 생기거나 해야 하고, 그다음에는 저것이 하는 방식으로, 바로 이러한 방식으로 목적이 되는 것, 그것을 위해서 그것들 각각이 생기고 존재하는 것에 이르기까지 차례차례로 나아가야 한다. 자연에 의해 생기는 것들의 경우도 이와 마찬가지다.

640a 그러나 논증과 필연성의 양식(樣式, tropos)은 자연학의 경우와 그 이외의 이론적인 학적 인식의 경우와 다르다[33](이러한 학문적 인식에 대해서는 다른 곳에서 말했다[34]). 왜냐하면 후자의 경우 시작점은 [지금] 있는 것이지만, 전자의 경우 시작점은 [앞으로] 있게 될 것이기 때문이다. 즉 '건강이나 인간은 이러이러한 것의 성질의 것이므로 이것이 있다, 혹은 이것이 생기는 것은 필연이다'라고 하는 것이지, '이것이 있다 또는 이것이 발생하고 있기 때문에 필연에 의해서 그것이 있거나 있을 것이다'라는 것은 아니다. 또한 '이것이 있으니 저것이 있다'라는 식의 논증의 필연성을 영원한 것으로 연결 지을 수는 없다. 이러한 것에 대해서도 다른 논의에서[35] 어떤 것에 대해 필연이 성립하는지, 어떤 필연이 환위[36]할

33 『분석론 전서』 제1권 제13장 32b4-21.

34 필연성에 대해서는 『자연학』 제2권 제9장, 『형이상학』 제5권 제5장. 자연학과 이론학의 차이에 대해서는 『형이상학』 제6권 제1장 1025b18-1026a30 참조('자연학은 이론학이다').

35 『생성과 소멸에 대하여』 제2권 제1장 338a5 아래 참조.

36 'A가 생기면, 필연적으로 B가 생긴다'인 경우에, 'B가 생기면, 필연적으로 A가 생긴다'도 성립하는 것은 어떤 경우인가 하는 문제. 환위의 종류는 아래와 같은 것이 있다. (1) 명제 간의 논리적 관계의 환위(antikatēgoreitai, antistrephein)에 대해서, 즉 no B is A → no A is B(『분석론 전서』 제1권 제2장 25a5-6). (2) 명사(名辭)들 간의 논리적 관계(『분석론 전서』 제1권 제45장 51a4 – 5). 예를 들면 to A antikatēgoreitai tou B라는 문장을 'A는 교환해도 B의 술어가 된다'(A is counterpredicated of B)로 옮긴다. 이 문장의 의미는

수 있는지, 그것이 어떤 원인에 의한 것인지를 규정했다.[37]

(5) 하지만 다음의 문제가 논할 만한 것인지 아닌지를 간과해서는 안 된다. 즉 초기 학자들이 고찰했듯 각각의 것이 실상 어떤 모습을 하고 있는가 하는 물음보다는 오히려 그것들이 어떻게 자연 본성에 따라 생겨났는가 하는 물음을 [간과해서는 안 된다]. 이 두 문제 사이에는 작지 않은 차이가 있기 때문이다. 앞서도 말했듯 각각의 유(genos)에 대해 그렇게 나타나고 있는 것(현상)들을 먼저 파악해야 하며, 그런 다음 그 원인에 대해, 또한 생성에 대해서도 이야기하는 것으로부터 시작해야만 할 것으로 보인다.[38] 집의 건축에 대해서도 '이러한 방식으로 생겼으므로, 집은 저러저러한 것이다'라고 하기보다는 오히려 '집의 형상이 이것이므로 이러이러한 것이 따라 나온다'라고 이야기해야 하기 때문이다.[39]

기호적으로 분석해 보면 $(x)(Ax \leftrightarrow Bx)$가 된다. 이것은 $(x)(Ax \rightarrow Bx)$ & $(x)(Bx \rightarrow Ax)$와 동치이다. 즉 명사 상호 간에 서로를 '수반'(entailment)한다는 것이다. (3) 논리적 환위 없이 명사들의 치환(『분석론 전서』 제2권 제15장 64a40). (4) '무엇이지 않을 수 있다'가 '무엇일 수도 있다'로부터의 타당한 추리, 즉 '무엇일 수 있다'와 '무엇이 아닐 수도 있다'라는 가능 명제(전제)는 서로 환위될 수 있다(『분석론 전서』 제1권 제13장 32a30). 가능 양상은 필연이 아니다. 즉 '있어도 되는 것은 없어도 되는 것'이고, '없어도 되는 것은 있어도 되는 것'이다. 요컨대 긍정과 부정이 동치가 되어 서로 환위된다. (5) 전제의 반대, 모순 대립되는 것을 전제로서 치환하는 것. 만일 원래 추론의 결론과 모순 대립 혹은 반대되는 것을 새로운 전제로 하고, 그것과 원래 추론의 한쪽 전제로부터 원래 추론의 다른 한쪽 전제를 파기하지 않으면, 원래 추론의 결론과 치환된 결론이 동시에 성립하게 된다. 이것은 불가능하다(『분석론 전서』 제2권 제8장 59b4 아래). (6) 추론에서 한 전제와 그 결론의 반대로부터 다른 전제의 반대를 이끌어 내는 논의(『분석론 전서』 제2권 제8장 제8~10장, 『토피카』 제8권 제14장 163a32-34). (7) A와 B가 환위된다는 것은, 'B가 A에 속한다'라면 'A는 B이다'일 경우, 그 경우에만 그렇다(『토피카』 제2권 제1장 109a10).

37 『생성과 소멸에 대하여』 제2권 제2장 337b25-338a11.

38 이 구별은 동물의 생성에 대한 탐구로 확장된다. 639b8-10 참조.

39 집의 건축의 예는 640a4-5에서의 모델이 적용되고 있다.

즉 생성은 실체적 존재를 위해서 있는 것이지[40] 실체적 존재가 생성을 위해서 있는 것이 아니다.

그러므로 엠페도클레스가 동물에 관한 많은 사항을 설명하며 생성에서 이러한 것들의 방식이 일어났기 때문이라고 말했을 때,[41] 예를 들어 척추가 지금 있는 대로 있는 것은 우연히 발생 과정에서 [자궁에서 태아가] 구부리고 있을 때 부러졌기 때문이라고 말한 것은 적절한 방식이 아니다. 그가 이해하지 못했던 것은 우선 그러한 가능성을 갖춘 정액이 이미 형성되어 존재하고 있어야만 한다는 것이고, 그다음으로 그것을 만들어 낸 것이 설명(본질 규정, 로고스)이란 점에서[42] 앞서 있었을 뿐 아니라 시간이란 점에서도[43] 앞서 있었다는 것이다. 즉 **사람이 사람을 낳는 것이며,**[44] 따라서 '저것인 것'[부모인 사람]이 이것이기 때문에, '이것인

40 플라톤, 『필레보스』 54a8, 『동물의 발생에 대하여』 제5권 제1장 778b5-6 참조.

41 *DK* 31B97. 『동물의 발생에 대하여』 제5권 제1장 778b1-10 참조. 이 장의 639b8-10 참조. 기관들이 조화되지 못한 '불화'의 한 시기를 엠페도클레스는 이렇게 묘사한다. "여기[땅]에서 목이 없는 많은 얼굴과/어깨 없이 헤매는 팔들이 나타났으며/떨어져 나온, 눈들이 이마 없이 외로이 방황하였네"(*DK* 31B57). 등골뼈(척추)가 우리에게 유용하다는 사실은, 엠페도클레스가 그것이 유용하기 위해서 이런 식으로 발달했다고 결론짓도록 이끌지 않을 것이다(『자연학』 제2권 제8장 198b23-32 참조).

42 "정의라는 측면에서 사물들은 자신들의 정의식으로 이루어진 것들의 정의보다 앞선다"(『형이상학』 제13권 제2장 1077b3-4, 제7권 제10장 1035b4-6 참조).

43 여기서 시간 측면의 우선성이란 『형이상학』 제5권 제11장에서 "본성(본질)과 실체에서" 우선성(1019a1-4)이라는 것과 같다. 반면, 일반적으로 시간의 우선성은 하나가 다른 것보다 앞서는 문제이다(1018b14-19). 이것('시간에서 우선성'[tō ton chrnon])을 『범주론』(Katēgoria, 제12장 14a26-28)에서는 "일차적이고 가장 주된 의미에서" 우선성이라고 말한다.

44 정의상, 현실적 동물이 가능적 동물보다 앞선다는 생각을 '사람이 사람을 낳는다'(gena[i] ho anthrōpos anthrōpos), '사람에게서 사람이 생긴다'라는 명제로 표현하고 있다. 아리스토텔레스는 이 표어(catchphrase)를 생물학뿐 아니라 '형이상학', '자연학'에서도 즐겨 사용한다. 『형이상학』 제2권 제8장 1033b32, 제3장 1070a28, 『자연학』

것[자식인 사람]의 생성이 이러이러한 것이다.[45]

이러한 일은 저절로 생긴다고 생각되는 것의 경우에도[46] 기술에 의한 것의 경우와 마찬가지로 잘 들어맞는다. 기술에 의해 만들어지는 것과 같은 것 — 예를 들어 건강이 저절로 생길 수도 있기 때문이다.[47] 그런데

제2권 제1장 193b12, 제2장 194b13 참조. 이는 실재가 생성에 앞선다는 주장이 단순히 생성에서의 개념적 선행 관계를 지적하는 것일 뿐 아니라 현실에 존재하고 있는 것이 생성해 올 것(가능적 존재)에 앞서 있으며, 게다가 양자 사이에는 종이라는 점에서 동일성이 있다고 하는 아리스토텔레스 존재론의 기본 견해를 분명히 하는 것이다. 생물은 종의 동일성을 유지함으로써 '신적인 것'으로 여겨지며(『혼에 대하여』 제2권 제4장 415a26-b7 참조), 이것이 종의 연속성, 영원성이라는 생각으로도 이어진다(Oehler, pp. 37~65) 참조.

45 이 대목에서 [엠페도클레스식의 생각에 대해] 아리스토텔레스가 답하고 있는 동물의 발생 과정은 이렇다. (1) 발생 과정의 시작은 정액이며, 정액은 애초부터 그러한 등골뼈를 가진 동물을 만들어 낼 수 있는 가능적 힘(뒤나미스)을 가진다. (2) 또한 그러한 뒤나미스는 같은 종류의 부모 유기체로부터 유래한다. (3) 따라서 척추가 발달하기 전에, 같은 종류의 다른 동물을 생산할 수 있는 뒤나미스를 가진, 그 종에 고유한 정액을 만들어 내는, 어떤 척추를 가진 종의 유기체가 있었다. 따라서 척추의 만듦은 '우연에 의해' 발생하는 것이 아니라, 척추동물을 만들 가능태에 대한 현실적 실현의 부분이다(『자연학』 제2권 제8장 199a33-199b9 참조). 이는 목적-인과율이 자연과 기술에서 동기적 인과율보다 우선성을 갖는다는 의미를 명확히 하려는 아리스토텔레스의 첫 번째 시도다. 척추동물의 정의적 설명의 내용이 될 척추동물의 형상적 본질은 그러한 동물이 되는 과정의 시작부터 척추동물이 될 가능성이 있는 힘으로서 존재한다는 것이다(Lennox의 해당 주석, p. 132 참조).

46 '저절로(automatōs) 생긴다', '우연에서(apo tuchēs) 생긴다'라는 개념에 대해서는 『자연학』 제2권 제4~6장 참조. 전자가 사람의 '의도와 관계없는 일'에 대해서도 적용된다는 데 있다(『자연학』 제2권 제6장 197b18-22 참조). 우연히 일어나는 것들(apo tuchēs gignomena)은 "그 원인이 불확정적이고, 무언가를 위해서 일어나는 것이 아니며 항상 그리고 대개의 경우, 질서 있게 일어나는 것"이 아니다(『수사학』 제1권 제10장 1369a32-34). 우연히 생겨난 생명체는 때때로 '자발적으로(저절로) 생성된 것'이라고 말한다.

47 640a27-33의 논의는 앞선 논의와의 관련성을 파악하기 어렵지만, '저절로 발생하는 것' 혹은 '기술에 의해 발생한다는 것'은 직전에 이루어진 논의가 적용되지 않는 것이 아닌가 하는 반론을 염두에 두고 하는 보충적 설명으로 보인다. 기술의 경우에 생기는

그러한 것들 중에는, 예를 들면 조각술처럼, 그것을 만들어 내는, 그와 유사한 것이 앞서 존재하고 있는 경우가 있다. 왜냐하면 조각이 저절로 생기거나 하지는 않기 때문이다. 기술이란 질료를 제외한 제작물의 설명식(로고스)이다. 그리고 우연으로부터(apo tuchēs) 생기는 것 또한 마찬가지다. 그 역시 기술이 만들어 내는 것과 같은 방식으로 생겨나기 때문이다.[48]

따라서 무엇보다 이런 식으로 설명해야 한다. 즉 '원래 이것이 인간임이기 때문에, 그렇기에 인간은 이러한 것들을 가지고 있다.[49] 이것들의 부분들 없이는 인간일 수 없기 때문이다.'[50] 이렇게 말할 수 없다면, 가능한 한 이에 가까운 설명을 해야 하며, 일반적으로 '다른 식으로는 불가능하다'[51]라

것과 같은 설명식(로고스)이 질료를 동반한 것으로는 존재하지 않지만, 기술자의 마음 속에 존재하고 있으며, 그것이 해당하는 것을 만들어 낸다고 할 수 있다.

48 예를 들어 의사가 환자의 몸을 따뜻하게 하는 것을 처방하여 건강을 창출했다면, 그러한 처방과 같은 일이 우연히 환자에게 일어났기 때문에 '저절로' 건강이 생긴다. 즉 저절로 생긴 것이라도 기술이 의식적으로 하고 있는 것과 같은 일이 일어나고 있다고 생각해야 한다. 즉 기술은 제작물의 본질, 형상, 실체에 대한 설명이므로, 그것을 제작물, 질료에다 옮겨야 한다. 그리하여 질료는 그 형상을 갖게 되는 것이다. 『형이상학』 제7권 제7장 1032a27-b26, 『동물의 발생에 대하여』 제2권 제1장 735a2-4 참조.

49 '원래 이것이 인간임'(tout' en to anthropō einai)이란 '인간의 본질'(to ti ēn einai, What it is to be an X)을 말한다. 여기서 '이것'은 인간의 형상을 말한다. 이하의 642a25 아래 참조. 예를 들어 척추를 가지고 있는 인간이기 때문에, 이러한 것들이 따라 나온다. '인간임은 볼 수 있기 때문에, 눈을 가진다'(『동물의 발생에 대하여』 제5권 제1장 778a31-b13 참조). 신체의 어떤 부분들은 인간의 형상이 그것들을 요구한다는 것을 보여 줌으로써 설명될 수 있다. 따라서 인간의 '형상'은 인간의 신체 부분들의 있음을 설명하는 효력을 가진다.

50 '인간은 감각 능력을 가진 동물이므로 반드시 감각기관을 가져야 한다'와 같이 인간의 본질적 특성에서 어떤 신체 부분의 존재를 도출하는 설명 방식(Balme 참조).

51 '심장이 없으면 인간은 살 수 없다'라는 식으로 본질적 특성에서 직접 도출되는 것은 아니라도 필수 불가결하다는 점에서 설명하는 방식.

거나 '적어도 그런 식이라면 올바른[52] 방식이 된다'[53]라고 설명해야 한다.[54]

52 원어는 kalōs로 '좋다, 적절하다'로 번역될 수 있다.

53 예를 들어 '신장은 [필수 불가결하지 않지만] 있으면, 좋은 모습이 실현된다'라고 하는, 필수 불가결하지는 않지만 그것이 있음으로써 보다 '나은 삶'을 살 수 있게 되었다고 하는 설명 방식. 생존을 위해 꼭 필요한 것이지만, 동물을 '비-정의적 특징'(non-defining features)을 가지고 말하는 것으로 이해된다(Balme). 심장, 간, 폐와 같은 기관이 그런 것이다(제3권 670a23-30 참조). "자연이 모든 것을, 필요로 하기 때문에 혹은 그렇게 하는 것이 더 나은 것이기 때문에 만들었다면, 그 부분은 이 두 이유 중 하나이기 때문에 존재해야만 한다"(『동물의 발생에 대하여』 제1권 제4장 717a15-16). 이를테면 부분 P가 F라는 기능을 위해 있는 것이고, 또 어떤 동물은 P 없이도 F라는 기능을 수행한다면, 어떤 동물은 P를 가졌기 때문에 F라는 기능을 더 낫게 수행한다는 것을 보인 셈이 될 것이다. "자연은 아무런 쓸데없는 일을 하지 않으며, 항상 동물 각각의 유에 따른 본질적 실체에 가능한 것들 중 최선의 것을 만드는 것이다"(『동물의 진행에 대하여』 제2장 704b15-18).

54 즉 (1) 일반적으로 다른 방식이 되는 것은 불가능하거나, (2) 이런 식으로 되는 것이 고귀하다. 그리고 다음과 같은 것이 따른다. (3) 인간이 (말하자면) 부분 P를 갖고 있지만, P를 갖는 것이 인간 본질의 일부도 아니고, 인간의 본질적인 우연적 속성(그 자체로 우연)도 아닌 이유를 설명하고 싶다고 가정한다(『동물 탐구』 제1권 제6장 491a10 아래 참조). 여기에 두 가지 선택이 있다. 즉 (1) 일반적으로(즉 인간의 본질을 가진 것뿐만 아니라) P를 갖는 것 이외에는 불가능하다는 것을 증명하기 위해, 또는 (2) p를 갖는 것이 고귀하다(좋거나 혹은 낫거나)는 것을 증명하는 것이다. (1)의 예는 P가 자궁인 경우이다. 자궁을 갖는 것(여성임)은 인간 본질의 일부도 아니고, 또한 인간의 고유한 우연적 속성도 아니기 때문이다. "그러나 수컷과 암컷은 그 실체(혹은 본질) 때문이 아니라, 질료에, 즉 몸 안에 있는 동물에게 고유하게 속하는 속성이다. 그렇기 때문에 동일한 정액이 어떤 속성과 관련해서 영향을 받을 때 암컷 또는 수컷이 되는 것이다"(『형이상학』 제10권 제9장 1058b21-24). 그럼에도 암컷 동물이 자궁(또는 그 유비물)이 아닌 다른 방식으로 있는 것은 불가능하다. (2)의 예는 P가 고환(睾丸, testis)인 경우이다. "만일 자연이 모든 것을 필요 때문에 혹은 그렇게 하는 것이 더 나은 것이기 때문에 만든다면, 이 부분은 이 두 이유 중 하나이기 때문에 존재해야만 한다. 그런데 생성을 위해 필요하지 않다는 것은 분명하다. 생성하는 모든 동물이 그것을 가질 테니까. 사실상 뱀도 물고기도 고환이 없다. 그들이 짝짓기를 하고 이리(정액 덩어리)로 가득 찬 관을 가지고 있는 것을 관찰했을 것이기 때문이다. 그렇다면 남아 있는 것은 그것(고환)이 더 나은 것을 위해서 있다는 것이다"(『동물의 발생에 대하여』 제1권 제4장 717a15-21). '고귀함'에 대해서는 『동물의 발생에 대하여』 제2권 제1장 731b25 아래, 제3권 제10장 760b20 아래 참조.

640b 그러면서 '이런 것들이 [어떤 것이 있어서] 파생된다.[55] 인간은 이러한 것이기 때문에, 필연적으로 이것과 같은 생성이 이런 식으로 일어나야 한다. 그러므로 여러 부분 중에서도 이것이 처음으로 생기고, 이어서 저것이 생긴다.'[56] 자연에 의해 형성된 모든 것에 대해서도 마찬가지로 바로 이런 식으로 설명해야 하는 것이다.

(6) 자연에 대해 최초로 철학적 고찰을 한 옛사람들은 질료라는 점에서 시원 내지는 그와 유사한 원인을 탐구하였다. 그것이 무엇인지, 어떤 것인지, 어떻게 그로부터 세계 전체가 생겼는지, 무엇이 움직이면서 그것이 생기게 했는지 — 예를 들어 싸움이나 사랑이 그것이거나 지성이 그것이거나 혹은 저절로 생긴 것임[57]을 그들은 탐구했다. 또 그 밑에 놓여 있는 질료가 필연적으로 어떤 종류의 자연 본성을 가지고 있으며 — 예를 들어 불이 열의 본성을, 흙이 냉의 본성을 가지고 있고, 불이 가벼움의 본성을, 흙이 무게의 본성을 가지고 있다고 상정했다.[58] 사실 그들은 세계마저도 이렇게 생겼다고 본다. 그들은 동물과 식물의 발생에 대해서도 비슷한 방식으로

55 예를 들어 '사람에게 배설물이 생기는 것은 사람에게 위장이 있다는 것에서 (필연적으로) 파생되어 온 것이다'라는, 어떤 사실로부터의 파생적인 귀결로서 설명하는 방식. 제3권 제7장 670a30('비장'의 예) 아래 참조.

56 이상에서 논의한 설명 방식의 구별에 기초해 생성의 설명 방식의 예를 나타낸 것(Michael, 12~18). 제2권 제14장 674b18 – 32 참조.

57 '사랑과 싸움'을 일으키는 원인을 설명하는 엠페도클레스(『동물의 발생에 대하여』 제1권 제18장 722b15-30; 640a19-26 참조), '지성'(nous)을 꼽는 아낙사고라스(플라톤 『파이돈』 97b8-c5, 『형이상학』 984b15-20, 985a18-23) 참조. '저절로'(to automaton)는 데모크리토스와 같은 원자론자들, '우연'(apo tuchēs)에 대해서는 640a27 아래 참조. 그런데 '저절로'를 데모크리토스에게 돌리는 것은 의문의 여지가 있다. 다음 대목에서 이에 대한 별다른 언급 없이 데모크리토스가 언급되고 있다. 그렇다면 동물이나 식물이 아닌 천체가 '저절로' 운동한다는 이론이 논의되는데(641b15-23), 이 경우에도 데모크리토스는 직접적으로 언급되고 있지 않다(『자연학』 제2권 제4장 196a25-196b5 참조).

이야기한다. 예를 들어 '배(위)와 음식이나 잉여물[59]을 받아들이는 기관은 모두 몸속에서 물이 흘러서 생겼다'라거나, '콧구멍은 숨이 빠져나갈 때 터져서 뚫렸다'라는 식으로 설명한다. 하지만 공기와 물은 몸의 질료이다. 사실상 옛 철학자들은 자연물 모두가 그러한 물질들로부터 구성돼 있다고 했다. 그러나 사람이나 동물, 그리고 그것들의 모든 부분이 자연적으로 존재한다면, 살이나 뼈나 피 등 모든 동질적인 부분[60]에 대해서도 이야기해야 할 것이다.

마찬가지로, 비동질적인 부분에 대해서도 이야기해야 한다.[61] 예를 들어 얼굴이나 손이나 발에 대해서, 그것들 각각이 그러한 것임은 어떻게 그리고 어떤 힘에 의해서인지를 말해야 한다. 즉 그것들이 무엇으로부터 — 예를 들어 불이나 흙으로 이루어져 있음을 말하는 것만으로는 충분하지 않다. 그것은 마치 침상이나 그러한 다른 종류의 무언가에 대해 이야기한다고 할 때와 같으며, 그 경우에 예를 들어, 청동이나 목재라는 그 질료보다는 오히려 그것의 형상을 규정하려고 시도해야만 할 것이다. 그리고 이 시도가 가능하지 않다면 적어도 [질료와 형상의] 복합물(sunolon)의 질료를 규정해야 한다. 즉 침상은 '이것[질료]으로 되어 있는 이것[형상]' 혹은 '이러한 것[질료]들의 이것[형상]'이며, 따라

58

속성	냉/건	냉/습	온/습	온/건
운동	아래로	아래로	위로	위로
인과적 역할	수동적	수동적	능동적	능동적

불, 흙, 물, 공기는 사물을 구성하는 네 가지 기본적인 월하(月下)의 물질이다(엠페도클레스, 플라톤, 아리스토텔레스의 『생성과 소멸에 대하여』, 힙포크라테스). 이것들은 독립적으로 존재할 수 있는 가장 기본적인 원소들로서 각각 온냉/건습이라는 대립되는 성질을 갖는다. 동물과 식물의 몸들은 이 원소들로 이루어진다(640b15-16, 22-23).

59 혹은 '찌꺼기'에 대해서는 『동물의 발생에 대하여』 제1권 제18장 724b26-27.

60 분할해도 전체와 동질성을 유지하는 몸의 부분.

61 동질적 부분과 비동질적 부분에 대해서는 646b6 아래 참조.

서 우리는 그 형태(schēma)에 대해서, 그리고 그것이 어떤 '가시적 형상'(idea)의 것인지도 이야기해야 한다.[62] 왜냐하면 모양[외관]에 기초한(kata tēn morphēn) 자연이 질료적 자연보다 더욱 중요하기 때문이다.

그런데 동물과 그 몸의 부분 각각이, 그 형태와 색에 의해서 그러한 것이라고 한다면 데모크리토스는 올바르게 말하고 있는 셈일 것이다.[63] 왜냐하면 그는 다음과 같이 이해하고 있다고 생각되기 때문이다.[64] 즉 적어도 그는 인간이 외관상 어떤 것인지는 모든 사람에게 분명하다고 말하고 있는데, 그것은 인간이 형태와 색깔에 의해 그것으로 알려진다고 생각하기 때문이다. 그럼에도 죽은 사람은 모양은 [사람과] 같지만, 사람은 아니다. 더욱이 손은 어떤 상태에서는 손이라고 할 수 없다. 예를
641a 들어 청동 손이나 나무 손도 손일 수 없다(단, 그림에 그려진 의사를 의사라고 하는 것처럼 동명이의적으로[65] 이야기한다면 그건 다른 문제다). 돌

62 tode en tōde('이것 안의 이것'), tode toionde(이러한 것들의 이것). 즉 '이 질료 안에 있는 이 형상'은, 둘 다 보편적으로 받아들여진다. "혼[형상]이 제일 실체이고, 몸은 질료이다. 분명히 인간이나 동물은 보편적으로 이 둘이 받아들여져 이루어진 것이다"(『형이상학』 제7권 제11장 1037a7). 그러나 인간과 말, 그리고 이런 식으로 개별적인 것들에 대해 보편적으로 적용되는 것들은 실체가 아니라 '이 설명식'(logos)과 '이 질료'가 보편적인 것으로 받아들여진 일종의 복합물이다(제10장 1035b27-30). 즉 그것들은 '오목함'이 아니라 '들창코'(오목함+코)와 같은 것이다. 이 논증은 641a14-32에서 다시 언급된다.

63 데모크리토스와 그의 동료 원자론자 레우키포스에 대해서는 *DK* 67-68 참조.

64 데모크리토스, *DK* 68B165 참조.

65 '동명이의적'(homonumōs)이라는 것은 이름(명칭)만이 공통이며, 그 명칭에 대응한 사태의 본질을 나타내는 설명식(logos)은 서로 다른 것(『범주(카테고리)론』 제1장 la1-2)인데, 자연학 관련 논의에서는 특히 그림이나 조각처럼 오리지널과 외형이 비슷하기 때문에 같은 명칭으로 불리는데 그 본질적 기능은 결여된 것을 '동명이의적'이라고 할 수 있다. "이름만 공통으로 가지고 이름에 대한 실체의 정의는 서로 다른 것들을 일컬어 동명이의적인 것들이라고 한다. 가령 인간과 그림은 '동물'이라고 불리는데, 이것들의 이름만 공통적일 뿐, 이름에 대한 실체의 정의는 서로 다르기 때문이다. 왜냐하면

로 만든 아울로스(피리)가 아울로스로서 기능[66]하지 못하고 그림에 그려진 의사가 의사로서 역할하지 못하는 것처럼, 그러한 손은 그 본래의 기능을 할 수 없기 때문이다. 그들과 마찬가지로 죽은 사람의 여러 부분은 더 이상 그러한 신체의 부분(예를 들어 눈이나 손을 말하는데)이 아니다.

그러니 데모크리토스는 지나치게 단순하게 말하는 것이며,[67] 또 목수가 나무 손에 대해 말한다면 [그렇게] 말할 것 같은 방식으로 말하는 것이다. 실제로 자연에 대해 이야기한 사람들[68]도 형상의 생성과 원인을 같은 방식으로 말하고 있다. 그들은 그것들이 어떤 힘에 의해 제작되었다고 주장하기 때문에 그렇게 보일 수 있다. 그러나 아마도 목수라면 도끼나 송곳이 그 힘이라고 할 것이고, 자연학자들은 공기나 흙이 그것이라고 할 것이다. 목수가 더 나은 설명을 하는 것이라는 점을 제외하고. '도구가 부딪쳐 움푹 패거나 평평해졌다'라는 식의 말만으로는 목수에게 충분하지 않고, 왜 그런 타격을 입히고, 무엇을 위해 그 일을 했는지를 말하고, 그 원인을 '그것이 이런 모습이나 저런 모습이 되도록 그렇게

누군가 인간과 그림 각각에 속하는 '동물이다'가 무엇인지를 제시한다면, 그는 이것들 각각에 대해 고유한 정의를 제시할 것이기 때문이다(『범주론』 1a1-6), 『동물의 발생에 대하여』 제1권 제19장 726b22-24 참조).

66 『동물의 발생에 대하여』 제1권 제2장 716a23 아래 참조.

67 『동물의 발생에 대하여』 제2권 제5장 741a12 아래 참조.

68 phusiologoi 또는 phusikoi(『동물의 발생에 대하여』 제2권 제5장 741b10)는 무엇보다도 비물체적인 존재에 대해 언급하지 않고, 실재에 대해 일반적 설명을 하려고 시도하는 자를 말한다. "그들은 물체들의 요소만을 상정하지만, (1) 비물체적인 것들의 요소들을[비물체적인 것들도 존재하고 있음에도 불구하고] 상정하지 않는다. 그리고 그들은 생성과 소멸의 원인을 말하려고 하면서, 또 모든 것에 대해 자연학적 설명을 내놓으면서도, (2) 운동의 원인을 없애 버린다"(『형이상학』 제1권 제8장 988b24-26).

한 것이다'라고 말할 것이다.[69]

따라서 분명히 그들[70]은 올바르게 말한 것이 아니고, 침상의 형상(eidos)에 대해 말하는 경우처럼 동물은 이러한 것이라는 것,[71] 즉 동물에 대해 그것이 무엇인지, 어떤 것인지를 말하고,[72] 그리고 그 여러 부분의 각각을 이야기했어야만 한다.

(7) 그래서 그것이 혼, 혹은 혼의 부분, 혹은 혼 없이는 있을 수 없는 것[73]이라고 하자(적어도 혼이 떠나면 더는 동물이 아니며, 그것의 부분들

69 지금까지 아리스토텔레스는 동물의 생성과 발달, 동물의 부분들에 대해 '질료적' 관점에서만 말한 사람들을 비판적으로 평가함으로써 동물을 '형상과 질료의 통일체'로 봐야 한다는 자신의 견해를 내세웠다. 그 과정에서 그는 동물의 '형상'은 그 기능(ergon)적 관점에서 이해되어야 한다고 주장한다. 즉 동물의 형상은 그 구조와 형태일 뿐만 아니라, 살아 있는 조직과 기관이 갖는 생명의 기능을 수행할 수 있는 능력(뒤나미스)이라는 것이다. 생명체의 부분들의 구조와 형태를 이해하기 위해서는 그것들이 왜 그런 구조를 가졌으며, 그 부분은 무엇을 위한 것인가(목적). 가령 이것이 그것이 가져야 할 형태인가 하는 것들을 알아야만 한다. 따라서 다음의 논의는 '생명의 형상'에 대한 기능적·목적론적 이해는 그 생명의 형상인 '혼'이 무엇인가에 관한 것이다. 즉 기관을 가진 생명체의 '제일의 활동실현상태'(에네르게이아)로서의 혼의 이해이다(『혼에 대하여』).

70 지금까지 살펴왔던 점을 말한 '자연에 대해 [초기에] 이야기한 사람들'[자연철학자들].

71 "동물은 이러한 것이라는 것"(toiouton)이라 함은 곧 다음 세 가지를 갖춰야 한다. (1) 동물은 그 혼을 가지거나 그것의 어떤 부분을 갖는다(641a14-20, 23-24). (2) 동물의 혼은 그 본질을 가지며, 그 질료 이상으로 그 존재를 갖는다(641a25-29). (3) 동물의 '형상적 자연'은 그 자신이 운동의 기원, 그 몸의 부분들의 목적, 그것들의 운동의 목적으로 그 본성을 갖는다.(641a27) 따라서 동물의 혼은 운동이라는 의미에서의 자연이자, 그 다른 모든 특징의 목적이라는 의미에서 자연인 것이다(641a28).

72 640b6.

73 '혼 없이는 있을 수 없는 것'은 형상과 질료가 복합체라는 것을 말한다. 동물의 '이러한 것'은, '이러한 것인 동물은 무엇인가?', '그것은 어떤 종류의 것인가?'를 말하는 것이 동물학자의 고유한 목표라는 점을 밝히는 것으로 보인다. 단, 아리스토텔레스는 '동물학'이란 말을 사용한 적이 없다는 점을 기억해 두자.

이 모두 모양은 같다고 해도, 마치 이야기 속에서 돌로 만들어져 있다고 하는 것처럼, 그것들은 [혼이 떠나기 전과] 동일한 것으로 존속하지 않는다). 이것들이 그렇다고 한다면, 혼에 대해 말하고 아는 것은 자연학자들의 몫이 될 것이다. 그리고 혼 전체[74]에 관한 것이 아니라면, 동물이 실제로 존재하는 것과 같다고 여겨지는 바로 그 자체라는 관점에서 혼에 대해 이야기할 것이며, 혼이 무엇인지, 혼의 바로 그 부분이 무엇인지 자연학자들은 이야기하게 될 것이다. 그리고 혼의 그와 같은 본질적 실체[75]에 따라 부수되어 있는 것들[76]에 대해서도 이야기하게 되는데, 그것은 특히 자연을 다음 두 가지 방식으로 이야기하게 되는 것이며, 즉 질료라는 의미에서의 자연과 본질적 실체라는 의미에서의 자연이 있기 때문이다. 그리고 후자의 의미에서의 자연은 운동이라는 의미에서의 자연이기도 하고, 목적이라는 의미에서의 자연이기도 하다.[77] 그리고 동물의 혼 전

74 자연학자는 '혼 전체'에 대해서가 아니라, '동물이 실제로 존재하는 것과 같다고 여겨지는 바로 그 자체라는 관점에서 혼에 대해' 연구한다. 아래 (8)의 논의 참조.

75 "몸(물리적 부분)은 여성으로부터 오지만 혼은 남성으로부터 온다. 혼은 특정한 몸의 본질적 실체이기 때문에"(『동물의 발생에 대하여』 제2권 제4장 738b26-28). '혼은 생명의 몸의 원인이자 원리. (1) 운동의 원천으로서 (2) '무엇을 위해서'라는 것으로서 몸의 목적인, (3) 몸의 본질적 실체(본질, 형상)로서의 원인이자 원리(『혼에 대하여』 415b7 아래). 본질(형상)로서의 실체에 대해서는 제1권 제1장 639a16 아래 참조.

76 ta sumbebēkota.

77 이른바 4원인설에서 형상인, 운동인, 목적인이 '하나'일 수 있음을 아리스토텔레스는 주장한다(『자연학』 제2권 제7장 참조). 여기서 두 가지 관점으로 구분한 사물의 본성(자연) — 질료와 실체적 존재 — 은 앞서 640a24-25, 640b28-29에서는 질료와 형상의 구분으로 표현되었다. '혼은 생명을 위한 능력을 갖는 자연물의 형상으로서 실체적 존재다.'(『혼에 대하여』 제2권 제1장 412a19-21). 혼은 운동의 시원, 목적을 시원, 형상의 기원으로서 생명체의 원인이라고 말해지기도 한다.(『혼에 대하여』 제2권 제4장 415a7-14 참조) 동물 몸의 어떤 부분은 동물의 생활을 구성하는 능력을 **위해서**라는 점에서 혼은 목적이 되는 것이며, 날개는 날기 '위해' 날개를 갖고 있는 것이고, 나는 능력은 새의 혼의 부분이다. '동물의 몸은 그 동물의 혼을 위한 도구다. 몸의 부분 각각은 무

체, 혹은 그 어떤 부분은 그러한 것이다. 따라서 질료 때문에 혼이 자연스럽다기보다는 혼 때문에 질료가 자연스럽다는 것을 전제로 자연을 고찰하는 사람은 질료보다는 혼에 대해 이야기해야 하는 것일 수도 있다. 왜냐하면 목재가 침상이나 삼발이 의자인 것은 목재가 가능한 상태로서는 그러한 것이기 때문이다.

(8) 지금 말한 것을 잘 살펴본 후 다음과 같은 의문을 가지는 사람도 있을지 모른다. 즉 자연학에 속하는 것이 혼 전체에 대해 이야기하는 것인가, 아니면 그 일부에 대해 이야기하는 것인가 하는 의문이다. 다시 말해 혼 전체에 대해 이야기하는 것이라면, 자연학 말고는 철학이라고 할
641b 만한 것이 남아 있지 않게 된다.[78] 지성은 사고의 대상[79]과 관련이 있으

엇인가[목적]를 위해 있으며, 그 전체도 마찬가지니까.'(642a11-14)

78 아리스토텔레스는 때때로 행위보다는 진리를 목표로 하는 모든 학문에 philosophia(또는 sophia)라는 용어를 적용한다(『형이상학』 제2권 제1장 993b19－21). 이 용어의 이러한 의미에서 모든 광범위한 이론적 학문은 철학의 한 분야로 간주되며, philosophia는 가장 엄밀한 의미의 epistēmē(지식)와 동일시될 수 있다. 그러나 philosophia는 좁은 의미를 가지며 출발점(원리, 아르케)에 대한 지식을 찾는 학문에만 적용되기도 한다(『형이상학』 제11권 제1장 1059a18, 『니코마코스 윤리학』 제6권 제7장 1141a16-18). 이런 의미에서 수학, 자연학, 신학이라는 세 가지 이론철학이 있다(『형이상학』 제6권 제1장 1026a18－19). 이외에도 아리스토텔레스는 '인간사의 철학'(『니코마코스 윤리학』 제10권 제9장 1181b15)으로 실천철학을 가끔 언급하는데, 그 자신의 윤리적 저작들이 거기에 속한다(『정치학』 제3권 제12장 1282b18-23). C, Moore, "Aristotle on Philosophia", *Meta Philosophy*, Vol. 50, No. 3, LLC and John Wiley & Sons Ltd, 2019.

79 사고의 대상(noeton)은 nous의 대상으로서 '본질의 정의' 또는 '본질 자체'이다. (1) '넓은 의미'에서 지성(nous)은, 이를테면 nous를 가진 사람은 '건전한 상식을 가진 사람'이라는 의미로 사용되며, dianoeisthai와 같은 동족 동사인 noein은 '생각하다'를 의미한다(『기상학』 제1권 제3장 340b14, 『자연학』 제4권 제1장 208b25, 『니코마코스 윤리학』 제3권 제1장 1110a11). 이런 의미에서 nous는 혼이 추측하고, 추론하고, 계산하고, 추론하고, 믿을 수 있게 하여 거짓된 것을 부정할 수 있게 하는 것이다(『혼에 대하여』 제3권 제3장 427b9). (2) 이 대목과 관련된, '좁은 의미'의 nous는 고유한 과학적 지식과 달리, 더 이상 증명할 수 없는 보편적인 학문의 출발점(원리)에 대한 지식 유형을 가능하게

며, 따라서 [자연학이 지성을 포함한 혼 전체를 대상으로 한다면] 자연학은 모든 것에 대한 지식이 될 것이기 때문이다. 그렇기에 지성과 사고의 대상이 서로 관련이 있고, 감각과 감각 대상의 경우와 마찬가지로 서로 관련되는 것끼리는 모두 동일한 연구가 다룬다면, 지성에 대해 고찰하는 것도 사고 대상에 대해 고찰하는 것도 동일한 지식이 될 것이기 때문이다.[80]

하는 것이다. "학적으로 인식될 수 있는 것의 원리(출발점)는 학적 인식일 수 없고 (…) 학적으로 인식될 수 있는 것은 논증될 수 있는 것이지만 (…) [직관적] 지성이 원리와 관련된 것으로 남게 될 것이다"(『니코마코스 윤리학』 제6권 제6장 1140b33-1141a8). 'nous는 그것에 관한 이성(설명, logos)이 있을 수 없는 정의들(horoi)'(제8장 1142a25-26)이다. 또 이 nous는 신성한 실체(『니코마코스 윤리학』 제1권 제6장 1096a24-25, 제10권 제7장 1177b19-1178a8)이거나, 인간에게 가장 신성한 것(제10권 제7장 1177a16)이므로, 신의 특성인 불멸성을 공유한다. "[혼의] 지성만이 홀로 불사(不死)적이며 영원하다"(『혼에 대하여』 제3권 제5장 430a23). 결국 nous만이 인간의 몸에서 분리될 수 있고, 죽음에서도 살아남을 수 있으며, 사유함(noein)와 관조함(theorein)은 내부의 다른 것이 사라지기 때문에 소멸되지만 그 자체는 영향을 받지 않는다(『혼에 대하여』 제1권 제4장 408b18-25). 달 아래 동물 중에서 이 nous는 오직 인간만이 완전히 소유하고 있기 때문에(제2권 제10장 656a7-8, 『니코마코스 윤리학』 제10권 제8장 1178b24-25) 인간에게 고유한 것이다. nous는 '혼이 긍정과 부정을 통해 진리를 파악하는'(『니코마코스 윤리학』 제6권 제3장 1139b15-17), 혼의 다섯 가지 상태 중 하나다.

80 641a34-b4에 대한 해석의 어려움으로 인해 학자들 사이에서 논란이 벌어지는 대목이다. 앞선 대목에서(641a18, 641a28)도 혼 전체가 자연학적 연구의 대상인가 아닌가 하는 점'은 어려운 문제였다. 자연학에 속한다는 것은 '혼 전체에 대해 이야기하는 것인가, 아니면 그 일부에 대해 이야기하는 것인가' 하는 문제다(641a34). 이 논의를 정리하면 다음과 같다(641a34-b4). (1) 자연학이 혼 전체를 연구한다고 해 보자. (2) 혼은 지성을 포함한다. (3) 그래서 자연학이 지성을 연구한다. (4) 지성은 그 대상과 관련이 있다("지성도 지성의 대상과 마찬가지로 사고할 수 있는 대상이다. 질료 없는 것들의 경우에는 사고하는 것과 사고되는 것이 동일하다"(『혼에 대하여』 제3권 제4장 430a2-5). (5) 지성과 그 대상(noeton)은 서로 관련된 현상들이다(『혼에 대하여』 제3권 제4장 429a13-18). (6) 서로 관련 있는 것끼리는 동일한 학문이 연구해야 한다. (7) 그래서 자연학은 지성(사고)의 대상을 또한 연구한다. [(8) 지성의 대상들은 자연적 대상 이외의 유일한 연구 대상이다.] (9) 그래서 자연학은 모든 것을 연구할 수 있다. 결론: 자연학

[동물의] 혼 전체가 운동[81]의 시원인 것도 아니고, 혼의 모든 부분이 운동의 시원[82]인 것도 아니다. 오히려 성장의 시원[83]은 식물 안에 있는 바로 그 능력[84]이고, 성질 변화의 시원은 감각 능력이며,[85] 나아가 [공간적] 이동의 시원은 그것들과 다른 능력이지만 지성의 능력은 아니다. 왜냐하면 이동은 인간 이외의 다른 동물에도 속하지만, 사고[86]는 다른 것에

을 넘어서는 어떤 철학도 있을 수 없다.
이 논의의 결론을 받아들인다고 해 보자. 따라서 자연학이 혼 전체를 다룬다면 지성도 다루게 될 것이고, 그러면 오목함(형상)과 같은, 질료가 없는 지성과 동일한 본질을 다룰 것이다. 그러면 그것이 모든 본질을 다룰 것이며, 따라서 자연학은 모든 것의 학문이 될 것이다. "만일 자연에 의해 구성된 것들 이외에 어떤 실체가 없다면 자연학은 제1의 학문이 될 것이다"(『형이상학』 제6권 제1장 1026a27-29). 그런데 '자연학이 지성을 다루지 않는다'라는 것으로써 자연학이 혼 전체를 연구하지 않는다는 결론을 이끌어 내는 것은 어떨까? 이는 일종의 귀류법을 사용하는 것이다. 요컨대 아리스토텔레스가 말하고자 하는 바는, 지성은 동물학에 포함되지 않으며, 지성의 대상 또한 그러하기에, 이것들은 생성하는 것인 자연의 부분이 아니고, 또 지성은 운동인이 아니며(641b7), 지성의 대상은 '무엇을 위해서' 있는 것이 아니므로, '자연철학은 지성과 지성적인 대상을 연구하지 않는다'라는 것이다. 이 논의와 관련한 논란에 대해서는 Balme(1992) P. 89, pp. 91~93, Charlton(1987) pp. 410~411, Lennox(2001) pp. 142~144 참조.

81 아리스토텔레스에서 '운동'(kinesis)은 장소적 이동에 한정되지 않고, 성질 변화나 성장, 증대 등도 포함하는 넓은 개념이다.

82 '자연'을 '운동과 정지의 시작점'으로 규정하는 『자연학』 제2권 제1장을 근거로 한다면, 움직이지 않는 '사고되는 것'은 자연학의 대상이 되지 않는다. 다만 행위와 관련된 실천적 지성을 여기서 끄집어냈다면 논의는 엇갈리게 된다. 그래서 여기서는 그 점에 대해 이론적 지성으로 이야기를 한정하고 있을 것이다.

83 여기서 '시원'(=시작점)은 사물의 운동이나 변화를 만들어 내는 작용인이라기보다는 해당하는 운동의 실현을 위해 전제가 되는 능력으로 생각할 수 있다.

84 즉 영양 섭취 능력을 가진 부분(threptikon). 『동물의 발생에 대하여』 제2권 제1장 735a17 아래 참조.

85 『동물의 발생에 대하여』 제1권 제23장 731b4 아래 참조.

86 "대부분의 동물은 사고(dianoia)를 갖지 않는다"(『혼에 대하여』 제1권 제5장 410b24). 사고는 상상이 아니다. 사고는 명제적이거나 참 또는 거짓, 긍정 또는 부정이 될 수 있

는 없기 때문이다. 그렇다면 혼 전체에 대해 이야기해서는 안 된다는 것은 분명하다. 혼 전체가 자연(자연스러운 것)이 아니라,[87] 자연은, 그것의 어떤 부분은 하나일 수도 있고 복수일 수도 있기 때문이다.[88]

(9) 게다가 사물의 질료적 요소를 사상(捨象)함으로써 얻을 수 있는 대상[89] 중 어느 것도 자연에 관한 이론학이 다루지 못한다. 자연이 하는 일은 모두 어떤 목적을 위해서 하기 때문이다.[90] 기술에 의해 만들어진 것 안에 기술이 포함되어 있듯,[91] [자연적] 사물 그 자체 안에 기술과는 별개지만 무언가 그와 유사한 시원과 원인이 포함되어 있다는 것은 분명하며, 그것을 우리는 열이나 냉과 마찬가지로 모든 것으로부터 파악하고 있다. 그러므로 만일 하늘이 생성됐다면,[92] 죽어야 할 동물의 경우

는 것들에 작용하는 반면(『정치학』 제2권 제2장 1273a22), 상상은 지각에 더 가까운 재현적 상태이기 때문이다(『혼에 대하여』 제3권 제10장 433a9-26 참조).

87 자연에 관한 연구는 운동과 그 원인에 관한 연구일 뿐 운동이 일어나지 않는 '사유되는 것'은 자연학의 대상이 되지 않는다는 것이 아리스토텔레스의 기본 입장이다(『형이상학』 제6권 제1장 참조).

88 "일부의 혼에 대해, 즉 질료가 없는 것이 아닌 혼에 대해 탐구하는 것은 자연학자의 일에 속한다"(『형이상학』 제6권 제1장 1026a5-6).

89 질료가 없는(aneu hulē) 변화하지 않은 수학적 대상. 추상(抽象) 작용을 통해 공통적이지 않은 어떤 것들을 버림으로써 얻어진 추상적 대상을 말한다.

90 아리스토텔레스의 전형적인 목적론적 사고방식의 표현이다. (1) 그 자연이 하는 일은 '인간'을 위해서인가? (2) 그 자연이라는 것이 특정한 종류의 동물의 자연이 아니라, 총체적인 자연을 말하는 것일까? 그렇다면 오리의 물갈퀴 또한 자연의 전반적인 설계라는 측면에서 그것의 역할을 설명해야 하는 것일까? 어쨌든 '자연은 쓸데없는 일을 행하지 않는다'(ouden gar poiei periergon hē phusis)라는 원리는 이 책 제2~4권에서 동물의 생성과 구조, 발전을 설명하는 데 중심적 역할을 담당한다.

91 "건축의 기술은 집의 형상이다"(『형이상학』 제12권 제4장 1070b33). 형상이 그 제작물 안에 있다. 기술은 '질료를 제외한 제작물의 설명식(본질 규정, 로고스)'(640a31-32)이므로, 그것이 제작물에서 실현되고 있다고 말할 수 있다.

92 아리스토텔레스 자신은 하늘이 생성한다고 생각하지 않는다. 『천계에 대하여』 제1권

이상으로 하늘도 그 종의 원인에 의해 생성되고 그곳 종의 원인 때문에 존재한다고 하는 것이 더 그럴듯하다. 확실히 질서 있게 확정된 것은 우리 가까이에 있는 것보다 하늘에서 훨씬 명료하고, 다른 한편으로 그때마다 다르게 우연적으로 행동하는 것은 오히려 죽어야 할 것들의 영역에서 그렇다. 그런데도 어떤 사람들은 동물들 각자는 자연에 의해 존재하고 생성된다면서, 다른 한편 하늘에서는 우연이나 무질서가 나타나는 일이 얼마 되지 않는데도 '하늘은 우연에 의해 또 저절로 이러한 것으로 구성되었다'라고 주장한다.[93]

제10~12장 참조.

93 이 대목(641b17-23)과 『자연학』 제2권 제4장 196a25-b5의 논의를 비교 참조. 논증의 구조는 이렇다.

(1) 사건의 자연적 과정이 방해를 받을 수 있는 지상의 움직임보다 천체의 움직임에서 질서와 결정성이 더 분명하다.

(2) 자연에서 질서는 목적으로 작용하는 형상에 기인한다.

(3) 따라서 동물과 천체가 모두 생겨났다고 가정하면, 덜 규칙적인 동물보다 완벽하게 질서 있는 하늘의 생성을 '그러한 원인으로' 돌리는 것이 더 합리적일 수 있다.

(4) 그러므로 동물은 자연 본성적으로 생기고, 하늘은 우연히 생긴다고 주장하는 사람들은 이치에 맞지 않는다.

레녹스가 지적하다시피, 이 주장이 누구를 향하고 있는지는 분명하지 않다. 데모크리토스라는 일반적 제안은 매우 의심스럽다. 그럼에도 이 논증의 주장은 명확하다. 제안된 반사실적 상황은 하늘이 영원하다는 아리스토텔레스의 믿음을 반영하며, 따라서 하늘이 생성되는 원인은 없다는 것이다. "그런데 여기 이 하늘과 모든 천체의 원인을 우연 탓으로 돌리는 사람들이 있다. 왜냐하면 이들은 전체 우주를 현재의 질서로 분리하고 결합한 운동, 즉 소용돌이의 발생이 우연으로 말미암은 것이라고 말하기 때문이다. 이것이야말로 그 자체로 놀라움을 불러일으킬 만한 것이다. 왜냐하면 이들은 한편으로 동물과 식물은 운으로 말미암아 있거나 생겨난 것이 아니라, 자연이나 지성이나 다른 어떤 것이 원인이라고 말하면서(각각의 씨앗으로부터 아무것이나 생겨나는 것이 아니라 이 씨앗으로부터는 올리브나무가 저 씨앗으로부터는 사람이 생겨나기 때문에) 다른 한편으로 하늘과 눈에 잘 띄는 것들 중에서 가장 신적인 것들은 우연으로 말미암아 생긴 것이라고 말하면서 이런 원인은 결코 동물들과 식물들이 갖는 그런 종류의 원인이 아니라고 말하기 때문이다. 그럼에도 사정이 이러하다면, 이것은 그 자체로 그러나 모든 곳에서 우리가 '이것이 저것을 위해서 있다'[94]라고 말하는 것은, 그 운동이 아무런 방해를 받지 않으면, 그것을 향해 나아가는[95] 어떠한 목적이 있음을 밝히는 명백한 경우이다. 따라서 무엇인가 그런 것이 존재하며, 바로 그것이 우리가 '자연'이라고 부르는 것임은 분명하다. 즉 각각의 정액에서 생긴 것이 우연히 생긴 것은 아니며, 특정한 이것이 특정한 그것으로부터 생기는 것이지 임의의 정액이 임의의 몸에서 생겨나는 것이 아니다. 그러므로 정액은 그것으로부터 생기는 것의 시원이자 산출자인 것이다. 그 이유는 정액에서 생기는 그것들은 자연에 의한 것이고, 확실히 정액에서 자연에 따라 발생하는 것이다. 그러나 정액은 뭔가 특정한 종의 동물의 정액이며, 그 무엇이 정액보다 앞선다.[96] 왜냐하면 정액이 발생 과정인데 반해, 목적은 실체이기 때문이다. 게다가 이것들 양자보다 더 먼저 있는 것은 정액이 그것으로부터 유래한 바로 그것이다. 그 정액은 이중적인 의미로 있는데, 하나는 '정액이 무엇에서 유래하고 있는가 하는 경우의 그 무엇'의 정액이며, 다른 하나는 '정액이 무엇이 되는가 하는 경우의 그 무엇'의 정액이다. 즉 정액은 정액에서 유래된 그 해당하는 정액

검토할 만한 가치가 있고, 이것에 대해 뭔가 말해진다면 좋을 것이다. 왜냐하면 그들의 말은 이 점에서도 또 다른 점에서도 이상하지만, 이보다 더 이상한 것은 **한편으로는 하늘 안에 있는 것들 중에서는 우연으로 말미암아 생긴 것을 아무것도 보지 못하면서, 다른 한편으로는 운으로 말미암지 않은 것들 중에서 많은 것들은 운으로 말미암아 귀결된 것이라고 말하기 때문이다**. 그렇지만 반대로 생긴다고 하는 것이 필경 그럴듯하다"(『자연학』 제2권 제4장 196a25-b5, 유재민 옮김).

94 아리스토텔레스의 목적론적 입장에 대해서는 『자연학』 제2권 제8장. "그래서, 자연이 원인이고, 그것을 위해서라는 방식에서의 원인이라는 것은 명백하다"(199b32-33).

95 목적을 향해 '나아가는'(perainein). peras(한계)와 어원이 같다. 페라스는 '목적', '목표'와 유사한 의미로도 사용될 수 있다.

96 실체 X의 정액이 된다는 것은 다른 모든 것이 동일할 때 하나의 X가 될 무언가가 되는 것이다.

[부모로부터의 정액], 예를 들어 말의 정액이기도 하고, 그 정액에서 나올 것이지만 예컨대 노새의 정액이기도 하지만, 양자는 같은 의미로 이야기되고 있는 것이 아니라 각각 지금 말한 바와 같은 의미로 이야기되
642a 고 있다.[97] 게다가 정액은 가능상태로서 그에 해당하는 것이다. 그리고 가능성이 최종 실현상태(완전현실태, entelecheia)[98]와 어떻게 관련되는지에 대해서는 이미 우리가 알고 있는 바다.[99]

(10) 그러므로 다음 두 가지 원인이 있게 된다. 즉 '그것을 위해서'라는 의미에서의 원인과 '필연에 의해서'라는 의미에서의 원인이다.[100] 왜냐하면 많은 것이 필연적이므로 발생하기 때문이다. 그리고 '필연에 의해서'라고 설명하고 있는 사람이 무슨 의미에서 그렇게 말하는지 의문을 갖는 사람도 아마 있을 것이다. 철학적 논의에서 규정되고 있는[101] 두 가지 필연[102]

97 정액은 부모로부터 유래한 정액인 동시에 거기에서 자식이 생겨나는 정액이기도 하다. 보통은 부모도 새끼도 같은 종의 동물이며, '말 정액'이라고 하는 경우에는 그 구별이 필요 없지만, 노새처럼 부모(암말과 수탕나귀)와 새끼가 다른 경우에는 이 구별이 분명히 드러난다. 아리스토텔레스는 말이 노새를 낳는 것은 자연을 거스르는 생산으로 본다(『형이상학』 제7권 제8장 1033b29-1034a5, 『동물의 발생에 대하여』 제2권 제8장).

98 entelecheia는 완전성을 강조하고, energeia는 활동을 강조한다. 가능상태(뒤나미스)와 활동실현상태(에네르게이아)의 구별에 대해서는 『형이상학』 제9권 제1장 참조.

99 『동물의 발생에 대하여』 제1권 제19장 726b17 아래 참조.

100 목적으로서의 원인과 변화의 기원으로서의 원인. 여기서는 '필연'과 '인과성'이 하나로 결부되는 논의가 이루어지고 있다.

101 이것은 어떤 저작을 가리키는지를 확정하기 어렵다. 현존하지 않는 『철학에 대하여』(Barns[1985] V.2, pp. 2389~2426)를 상정하는 해석도 있지만, 현존 저작 중 『분석론 후서』 제2권 제11장 94b36-95a4 혹은 『형이상학』 제5권 제5장으로 해석하는 학자도 있다. 이것을 오히려 '철학적 논의에서 언급된 두 가지 필연 이외에 세 번째 필연성이 있다'라는 의미로도 해석할 수 있다. 세 번째 필연성에 대해서는 이어지는 각주 참조(각주 102, 103).

102 (1) 사물의 자연 본성에 따라 필연적으로 생긴다고 하는 경우의 필연성(단적인 필연

중 어느 것도 이 경우에는 적용되지 않기 때문이다. 적어도 생성하는 것에는 제3의 필연이 있다.[103] 즉 우리가 '음식은 필연적인 것이다'라고 말하는 것은, 그 두 가지 의미 중 어느 하나가 아니라 음식 없이는 살 수 없기 때문에 그렇게 말하는 것이다. 그것은 말하자면 조건적 필연성인 것이다.[104] 도끼는 물건을 쪼개야 하므로, 그것은 필연적으로 단단해야 하고,

성). (2) 외부로부터의 힘에 의해 그 자연 본성에 반하여 어떤 운동이 생긴다고 하는 경우의 필연성(강제에 의한 필연성). 이에 대해서는 『니코마코스 윤리학』 제3권 제1장의 '자발성과 비자발성'의 논의 참조.

103 여기서는 다음 (1)의 논의가 '제3의'(hē tritē) 필연성이라 할 수 있다. "무언가가 필연적이다(anakaion)라고 말하는 것은 이런 것이다. (1) '보조적 원인이 되는 것으로서, 그것이 없이는 생명이 불가능하다.' 예를 들어 어떤 동물에게는 호흡과 먹이가 필요하다. 이것들 없이는 생존할 수 없으니까. 그것 없이는 좋음이 있거나 생길 수 없거나, 나쁜 것을 없애거나 제거할 수 없는 것이 있는데, 예를 들어 병에 걸리지 않으려면 약을 먹는 것은 필연적이다. (…) (2) 게다가 그것이 강제적이거나 힘인 경우(즉 충동에 반하는 것 또는 선택을 방해하거나 방해하려는 경향이 있는 것). 강제된 것은 필연적이라고 말하며, 그렇기에 고통스러운 것이다. (…) 그리고 필연은 설득될 수 없는 것으로 보이며, 그래서 옳아 보이는데, 그것은 선택과 계산에 부합하는 운동에 반하는 것이니까. (3) 게다가 달리 그렇다는 것을 허용하지 않는 것을 필연성이라고 말한다. 그리고 다른 모든 것들이 어떤 방식으로 필연적이라고 말하는 것은 이런 종류의 필연성에 일치하는 것이다"(『형이상학』 제5권 제5장 1015a20-36). "'필연'이라는 것은 이의(二義)적이다. 즉 하나는 자연 본성, 즉 충동(경향성)에 따르는 것이고, 다른 하나는 강제에 의해서, 즉 충동(경향성)에 반해서인 것이다. 예를 들어 돌은 필연에 의해 위로도 아래로도 움직이지만 동일한 필연에 의한 것이 아니다. 그러나 사고에 기인한 것들에서는 어떤 종류의 일, 예를 들어 집이나 조각상 등은 우연이나 필연으로부터도 만들어지지 않으며, 어떤 목적을 위해 만들어진다. 이에 반해 어떤 것들은, 예를 들어 건강이나 안전 등은 우연으로부터 만들어진다. 하지만 특히 이렇게 될 수도 또 달리 될 수도 있는 것이 가능한 모든 일에서는 그 생성이 우연에서가 아니라 그 끝이 좋아지는 생성인 때에는 그 일은 어떤 목적을 위해 자연 본성에 의해, 혹은 기술에 의해 생긴다. 하지만 우연으로부터는 그 어떤 것도 어떤 목적을 위해 생기지 않는다"(『분석론 후서』 제2권 제11장 94b36-95a9).

104 (예를 들어 '산다'라고 할 경우) 실현해야 할 목적이 있다는 조건 아래서는 (이를 위한 수단으로서) '이것이 있어야 한다'라고 하는 경우의 필연성(조건부 필연성)을 말한다.

만일 단단해야 한다면, 그것은 필연적으로 청동이나 철이어야 한다.[105] 이와 마찬가지로 몸은 도구이기 때문에(몸의 부분 각각은 무엇인가[목적]를 위해 있으며, 그 전체도 마찬가지다), 만일 목적이 되는 것이 존재한다면, 그것은 이러한 성질의 것이며 이러저러한 것들로 이루어져 있다는 것이 필연적이라는 것이다.[106]

(11) 그런데 원인에는 두 가지 방식이 있으며,[107] 가능한 한 양쪽을 잘 언급할 수 있어야 하지만, 만일 할 수 없다면 적어도 그것들을 밝혀 보려 시도해야 한다. 그리고 이 사실을 말하지 않는 사람은 모두, 말하자면 자연에 대해 아무 말도 하지 않는다. 왜냐하면 자연은 질료보다 한층 더 시원이기 때문이다. 엠페도클레스도 어디선가 가끔 진리 그 자체에 이끌려 이것을 우연히 발견하는 경우가 있어서, 사물의 실체(본질)와 자연본성은 비율[로고스]이라고 말하지 않을 수 없게 되어 있는 것이다.[108]

105 기능주의적 입장인가? 각각의 동물에 따라 시각을 보호하는 다양한 기능, 구조, 부분들을 갖는다(제2권 제13장 657a25-658a15).

106 (1) 도구는 하나의 기능을 가져야 한다(도끼의 쪼개는 기능). (2) 이 기능을 위해 어떤 질료적 능력을 가져야 한다(딱딱함). (3) 그것을 만드는 질료의 명확한 종류가 있어야 한다(청동과 철). (4) 이러한 대상의 존재를 위한 조건적 필연.

107 '그것을 위해서'라는 의미에서의 원인과 '필연에 의해서'는 의미에서의 원인(642a2).

108 엠페도클레스, 「단편」, *DK* 31B96 참조. "초기의 철학은 새롭고 출발점에 있었기 때문에 모든 것에 관해 불분명하게 말하고 있는 듯하다. 엠페도클레스조차도 뼈는 [요소들의 일정한 혼합] 비율(로고스)로 되어 있다고 말하는데, 이 비율이 바로 뼈의 본질과 실체이다"(『형이상학』 제1권 제10장 993a15-18). 예를 들어 엠페도클레스는 이렇게 말한다. "또 흙은 자신의 품이 넓은 도가니 속에/여덟 개의 부분 가운데 두 개는 빛나는 네스티스(Nēstis)로부터/네 개는 헤파이스토스로부터 흔쾌히 자기 몫으로 받았네/그래서 하르모니아의 아교로 신성하게 접합된 흰 뼈들이 되었네"(*DK* 31B96). 네스티스는 '물'을 의미하는 신화 속의 이름이다. 헤파이스토스는 '불'이다. 그렇다면 혼합 비율은 이렇다. 뼈=물 2:불 4:흙 2. 이 시에서 하르모니아의 '아교'로 말하고 있는 것은 결합을 가능하게 하는 우주적 힘인 사랑(philia)이다.

예를 들어 뼈가 무엇인지 설명하는 경우가 그렇다. 즉 그는 원소들 중 하나가 그것이라고도, 둘 내지 셋이 그것이라고도, 또 원소 모두가 그것이라고도 말하지 않고, 그 원소들이 혼합된 비율[109]이라고 말하고 있는 것이다. 그러므로 살(肉)도, 더 나아가 다른 부분의 각각도 동일한 방식임이 분명하다.

이전 세대 학자들이 그런 설명에 도달할 수 없었던 이유는, '…인 것은 본래 무엇인가'(본질, to ti ēn einai)[110]라고 하는 생각조차 사물의 본질적 실체를 정의하지 않았기 때문이다. 다만 데모크리토스는 그것을 언급한 최초의 철학자였으나[111] 자연학적 고찰에 그것이 필요하다는 생각에서가 아니라 사안 그 자체에 의해 이끌려 그렇게 되어서였다. 소크라테스 시대에는 그것이 진전되었지만, 자연과 관련된 것을 탐구하는 것은 시들해졌고, 철학자들은 유익한 덕(아레테)이나 정치학으로 기울어져 갔다.[112]

(12) 다음과 같이 설명 방식으로 보여 주어야만 한다. 예를 들어 '호흡은 이것을 위해서 있다', '이것은 저것들 때문에 필연적으로 생긴다'라

109 물, 불, 공기, 흙 등의 양적인 혼합 비율.

110 아리스토텔레스의 조어인 to ti en einai는 본질(essence, esse[있다]에서 파생된 것)로 옮겨진다. 문법적으로 미완료인 en(was; quod erat demonstrandum)은 '증명된 것'을 말한다. 소크라테스는 'What X is?'라는 물음에 대해 미완료 시제(the what-it-is-to-be; '있다는-것은-무엇-이었는가')로 답변을 주곤 하였다(『형이상학』 제7권 제4장 1030a1, 제10장 1035b32, 1037a21-b7).

111 『형이상학』 제13권 제4장 1078b19-21 참조.

112 『형이상학』 제1권 제6장 987b1-4, 제13권 제4장 1078b17-30 참조. 소크라테스는 윤리적 문제에 관심을 기울이고, 처음으로 보편적 정의를 추구했다. 데모크리토스는 어느 정도 자연학적 문제에 대해 정의를 내렸다. 피타고라스주의자들도 정의의 문제를 '수'와 연결시켰다. 소크라테스의 공로는 귀납적 논증과 보편적 정의를 추구했다는 점이다. 이것들은 모든 학문의 출발점과 관련되어 있다.

는 식이다.[113] 여기서 '필연적'이라고 하는 것은,[114] 어떤 경우 '만일 사물이 그것을 위해' 있다고 여겨지는 그 자체가 존재한다면, 이것들이 성립되는 것이 필연적이라는 것[115]이며, 다른 경우에는, '그것은 이런저런 성향의 것으로 그 자연 본래대로 있는 것'[116]이라는 것이다. 즉 열이 밖으로 나갔다가 저항을 당해 다시 안으로 들어가 공기가 안으로 유입되는 것
642b 은 필연적이다. 이것이 곧 필연적인 것이다.[117] 그리고 내부 열이 냉각될 때, 이에 저항하여 바깥 공기의 유입과 유출이 일어나는 것이다.[118]

이상이 탐구의 방식이며, 원인을 파악해야 하는 사항은 이상의 것들과 그런 유의 것들이다.

113 제4권 제2장 677a17-18 참조.

114 '호흡은 폐가 있기에 필연적으로 생긴다'라는 경우의 필연성을 생각해 보면, '호흡이 이루어지고 있는 것의 입장에서는 폐가 있는 것이 필연적'이라는 의미로 해석할 수도 있고(조건부 필연성), '폐가 지니는 자연 본성으로 볼 때 필연적으로 호흡이라는 현상이 일어난다'라는 의미에서 필연적이라 해석할 수도 있다(단적인 필연성). Michael 8, 27~29, 1, Küllmann, p. 321 참조.

115 조건적 필연성.

116 단적인(무조건적인) 필연성.

117 호흡에 대한 이 설명은 너무 간략해서 이해하기 어렵고, 예시의 의도도 명확하지 않다. 어쨌든 바로 앞에서 나온 '단적인 필연성'을 나타내는 예시로 해석된다.

118 리브는 이 문장을 "그리고 외부 공기가 냉각되는 과정에서 내부 열을 되돌리는 것이 흡입이다"로 옮기고 있다. 『자연학 소론집』 가운데 「젊음과 늙음, 삶과 죽음, 호흡에 대하여」 제27장(제21장) 480a25b4에서는 호흡을 이렇게 설명한다. 즉 폐가 유기체에 의해 확장되고, 공기가 자연적으로 유입되어, 팽창으로 인해 생겨난 '빈 곳을 채우고' 이 공기가 차가워지면 심장 주위의 열이 감소한다. 그런 다음 폐가 수축하여 따뜻한 공기를 밖으로 밀어낸다. 이것은 자연 본성적인 어떤 특성을 갖는 결과로서 필연적으로 일어나는 것으로 보인다(단적인 필연성).

제2장 2분할법의 문제점 (1)

어떤 사람들은[1] 하나의 유를 두 가지 차이(종차)[2]로 분할함으로써 개별적인 것[3]을 파악하려고 한다. 그러나 이는 어떤 점에서는 쉽지 않고, 또 다른 점에서는 아예 불가능하다.[4]

(1) 그것은 어떤 경우에는 하나의 종차밖에 없게 되고, 다른 종차를 내세운다고 해도 그것은 불필요한 것이 되기 때문이다. 예를 들어 '발이 있는', '두 발의', '발끝이 나뉜'이라고 하는 분할이 그렇다.[5] 즉 마지막으로 든 종차만으로 [개개의 것을 파악하기에] 충분하다. 그렇게 하지 않으면 반드시 동일한 것을 여러 번 언급해야만 한다.[6]

1 분할법에 대해서는 플라톤『정치가』,『소피스테스』참조.

2 '종차'(diaphora, 종적 차이의 특성)는 술어로서는 어떤 종류의 것을 (같은 유에 속하는) 다른 종류의 것으로부터 구분하는 것으로 고유한 성질(종차)을 의미하는 경우가 많은데, 여기에서는 종차에 의해 구분된 집합을 의미한다(Balme 참조).

3 유에서 종차에 따라 분할을 진행해 나가면 최하위에 위치하는, 더는 분할할 수 없는 개별적 종(to kath' hekaston).

4 (1) 발이 있는/발이 없는 → 두 발이 있는　　발이 있는/발이 없는 → 발끝이 나뉜

(2) 발이 없는　　발이 있는
↳ 두 발이 있는
↳ 발끝이 나뉜

5 제3장 644a4-6에는 '인간'이라는 개념에 포함되는 것을 분할하는 경우의 예로 세 가지 종차가 열거되는데, 여기서도 그와 동일한 것을 염두에 두었을 것이다.

6 최상위의 유로부터 차례로 다양한 종차에 의해 분할을 진행해 나가고, 그 분할에서 나

(2) 게다가 각각의 유를 분리하지 않는 것이 적절하다. 예를 들어 여기에 그려진 분할에 있는 것처럼,[7] 조류를 분리하여 어떤 것은 이쪽의 구분, 다른 것은 다른 쪽의 구분으로 분리하는 일은 하지 않는 것이 좋다. 왜냐하면 이것은 조류에 속하는 어떤 것은 수생의 것[8]과 함께 분할되고, 다른 것은 다른 유로 분할되기 때문이다. 그런데 한쪽 유사성에는 '새'라는 이름이 있으며, 다른 쪽 유사성에는 '물고기'라는 명칭이 있다. 그러나 이 밖에도 예를 들어 '유혈의', '무혈의'[9]처럼 이름 없는 유사성이 있다.[10] 이들 각각에 하나의 이름이 적용되어 있지 않은 것이다. 그래서 만일 같은 유(homogenēs)에 속하는 것을 어느 것도 분리해서는 안 된다면, 둘로 분할하는 것은 헛된 일이 될 것이다. 왜냐하면 이런 식으로 분할을 하면 필연적으로 [같은 유에 속하는 것을] 분리해서 나누게 되기 때

온 모든 종차를 하나로 묶은 것이 요구하는 종의 정의라면, 위 예에서 볼 수 있듯 종의 정의에 대해 동일한 말(예에서는 '발')이 반복 등장하게 된다. 그러한 경우에는, "분명히 마지막 종차가 사물의 실체이자 그 정의일 것이다. 만일 우리가 정의 속에서 동일한 것을 여러 번 말하지 않으려면 말이다. 그것은 불필요한 일이 될 테니까"(『형이상학』 제7권 제12장 1038a18-21). 그래서 마지막 종차는 지배적인 것이어야만 한다. 그러나 '나뉠 수 있는 발을 가진'은 '두 발을 가진'을 수반하지 않는다.

7 이것은 새의 유를 따로따로 나눈 표일 것이다(플라톤의 『소피스테스』[수생의 것], 『정치가』[육생의 것] 참조). 강의실에서 누군가가 청강자에게 행한 분할의 예를 보여 준 것일 것이다. 아카데미아의 학원에서 이루어진 강의 속에서 이용된 표가 아닐까 추측되며, '스페우시포스'의 이름을 들 수 있는데, 어쩌면 아리스토텔레스의 현존하지 않는 저작 『여러 분할에 대하여』에 수록되어 있었던 것일지도 모른다.

8 '수생의 것'은 수중에서 생활하는 어류 등에 한정되지 않으며, '물속에서 먹이를 섭취하는 동물', 예를 들어 물새나 악어 등도 포함된다(『동물 탐구』 제1권 제1장 487a14-28 참조).

9 여기서 피(haima)란 오로지 붉은 피를 가리킨다. 그러므로 유혈동물과 무혈동물이란 척추동물과 무척추동물에 해당한다.

10 여기서 '이름이 없다'라고 말하는 것은, '무혈'처럼 특성 등을 기술하는 이름은 있어도 '새' 등과 같이 대상을 지시하는 일반 명칭은 없다는 것이다.

문이다. 다족동물 중에는 육생생물에 속하는 것도 있고, 수생생물에 속하는 것도 있기 때문이다.

제3장 2분할법의 문제점 (2) 그리고 바람직한 분할 방법

(3) 게다가, 둘로 분할을 하는 사람들은 필연적으로 '…이 아니다'와 같은 결여에 의해 분할해야 하고, 그들은 실제로 그렇게 분할하고 있다.[1] 그러나 결여에는 그것이 결여된 것인 한, 그것을 구분하는 종차(종적 차이)는 더더욱 없다. 왜냐하면 있지 않은 것에 대해서 종이 있다고 하는 것은 불가능하기 때문이다. 예를 들어 '날개가 있는 것'이나 '발이 있는 것'과 마찬가지로 '발이 없는 것'이나 '날개가 없는 것'에 종이 있기란 불가능하니까.[2]

(3a) 그러나 보편적 종차라면 그것의 종이 있어야 한다. 그것도, 게다가 종이 없었다면 그것이 보편적인 종차지, 어떻게 개별적인 종차가 아니라고 말할 수 있는가?[3] 종차들 중 어떤 것은 보편적이고, 그것에는 종이 있다.[4] 예를 들어 '날개가 있는 것'이라고 하는 종차가 그렇다. 즉 날

1 아리스토텔레스도 '무혈의'(피가 없는)와 같은 종차를 이용하고 있으며, 결여의 종차를 구분하기 위해 이를 사용하는 것을 전적으로 금지하고 있는 것은 아니다. 다만 그 방법이 부적절하다는 것이다. 실제로 아리스토텔레스는 분할을 방법을 논의하고 있다. 『토피카』 제6권 제6장, 『분석론 전서』 제1권 제31장, 『분석론 후서』 제2권 제5, 13, 14장, 『형이상학』 제7권 제12장 참조.

2 (1) 모든 분할은 결여의 말의 사용을 요구한다. (2) 분할은 결여의 말의 분할을 강요한다. (3) 그러나 결여의 말은 분할이 불가능하다. (4) 그래서 분할법을 사용하는 사람들은 결여의 말을 사용할 수 없다.

3 642b5 아래 참조. 아리스토텔레스가 이 장에서 동물들을 언급할 때, 그는 동물들의 종들을 의미하고 있다.

4 그러나 결여는 종차를 보여 줄 수 없다. 있지 않은 것에 대해서는 종을 말할 수 없으니

개 중의 어떤 것은 '끝이 갈라지지 않았다',[5] 다른 것은 '끝이 갈라져 있다'[6]라는 것이다. '발이 있는'도 마찬가지다. 거기에는 '끝이 여럿으로 갈라져 있다',[7] '끝이 둘로 갈라져 있다'라는 것 — 예를 들어, 굽이 갈라진 동물,[8] '끝이 갈라지지 않았다', 즉 '분할되지 않은' 것 — 예를 들면 통굽으로 된 것[9]이 있다.

(3b) 그래서 지금 말한 것처럼 그것의 종이 있는 것과 같은 종차에 각각의 동물을 구분하여 어떤 동물도 보편적인 종차들 중 어느 하나에 속하지만 같은 동물이 여러 개의 것에 속하지 않도록 하는 것은 [그들에게는] 어렵다. (예를 들어 '날개가 있는' 것과 '날개가 없는' 것으로 할당하는 경우가 그렇다. 같은 동물이면서도 이것들 양쪽인 것이 있으며, 예를 들어 개미,[10] 반딧불이,[11] 다른 어떤 것들이 그렇다). 그러나 무엇보다도 어려운 것 내지 불가능한 것은 무혈인 것[12]으로 동물을 구분하는 일이다. 왜냐하면 종차들 각각은 반드시 개별적인 것[최하위 종]들 중 어느 하나에 속해야 하며, 따라서 대립하는 종차도 어느 하나에 해당되어야 하기 때문이다. 그러나 서로 종이 다른데도 그 본질적인 실체(ousia)를 나타내는, 불가분적이며 또 하나의 단일한 형상이 그 모두에 속하는 것은 불가

까. 따라서 결여는 보편적 종차일 수 없다.

5 곤충의 경우.

6 새의 경우.

7 사람의 손가락처럼 여럿으로 나뉘어 있는 것.

8 굽이 짝수인 소와 같은 우제류(偶蹄類).

9 굽이 홀수인 말과 같은 기제류(奇蹄類). "갈라진 굽이 있는 동물은 두 개의 갈라진 것이 있다. 통굽의 동물에는 이 부분이 연속적이다"(『동물 탐구』 제2권 제1장 499b14-15).

10 수컷개미와 (교미 전의) 여왕개미는 날개가 있지만 일개미에게는 날개가 없다.

11 Lampyris noctiluca(야광충)는 이른바 glow-worm(반딧불이)의 일종으로 암컷 성충은 날개가 퇴화하여 애벌레 같은 모습을 하고 있다.

능하다. 종이 다른 것끼리는 항상 차이가 있게 되는데(예를 들어 새는 사람과 다르다. 양자의 '두 발의' 것은 다르고 차이가 있으니까.[13] 더욱이 양자가 설령 '유혈[동물]'이라고 할지라도 그 피에서 차이가 나거나 그렇지 않으면 피는 그것들의 본질적인 실체의 일부가 아니라고 해야 할 것이다. 그러나 그렇다면, 하나의 종차가 두 가지에 속하게 되는 것이다),[14] 만일 그렇다고 하면 결여[15]가 종차인 것이 불가능함은 분명하다.[16]

만일 동물의 종이 분할 불가능하고, 또한 종차가 분할 불가능하며 [복수의 종에게] 공통적인 종차가 없다고 한다면, 종차의 수는 분할 불가능한 동물의 수와 같게 될 것이다. 하지만 만일 공통이지만[17] 분할 불가능

12 642b35. antikeimena 대신에 anaima로 읽는다(Bekker). 결여를 나타내는 종차의 구체적 예로 '무혈'이 제기되었을 것이다.

유혈동물	**무혈동물**
네발을 가진 태생(말, 호랑이)	부드러운 몸을 가진(연체동물, 오징어, 문어)
네발을 가진 난생(도마뱀, 악어)	딱딱한 껍데기를 가진(갑각류, 소라, 고둥)
새들(매, 비둘기)	부드러운 껍데기를 가진(바닷가재, 게)
물고기(상어, 연어)	곤충(개미, 벌, 파리)
고래류(돌고래, 참돌고래)	

13 제4권 제12장 693b2-4에서는 새와 사람 모두 다리가 둘인데, 전자의 다리가 안쪽으로 휘는 데 반해, 후자의 다리는 바깥쪽으로 휘는 차이가 있다고 지적하고 있다. "공통적인 것은 양자의 것에 속해야 할 뿐만 아니라, 예를 들어 양자는 모두 동물이지만, 그 동물 자체는 각각에서 달라야만 한다. 하나는 말이고 다른 하나는 인간이다. 그렇기에 공통된 것은 형상에서 서로 다른 것이다. (…) 그러므로 사람과 말의 차이(종차)는 (둘에 공통된 것인) 유의 다름이어야만 한다"(『형이상학』 제10권 제8장 1058a2-5).

14 그 경우, 그것은 여기서 문제 삼는, 최하위의 종을 특정하는 종차로는 있을 수 없게 된다.

15 결여 개념에 대해서는 『형이상학』 제5권 제22장 1022b22-32.

16 결여가 해당되는 것이 하나의 종뿐인 경우에는 이 논의는 성립되지 않지만, 그것에 대해서는 643a9 아래에서 논의되고 있다(Balme 참조).

17 텍스트에 탈락 부분이 있을 가능성을 시사하고 있으나 Ogle, Lennox, Küllmann 등에

한 종차도 있을 수 있다면, 적어도 종차가 공통이라는 점에서 종이 다른 동물임에도 불구하고 그것들이 같은 것에 속해 있음은 분명하다. 따라서 불가분한 것[최하위 종]은 모두 어느 하나의 종차[18]에 속해 있는데, 그러한 종차가 [불가분한 것 각각에] 고유한 것이라면, 필연적으로 그 종차는 모두에 공통된 것은 아닐 것이다. 만일 그렇지 않다면, 다른 것이면서도 동일한 종차에 들어가는 것이 있게 된다. 그러나 동일하고 분할 불가능한 것이 분할할 때마다 다른 종차에 들어가는 일은 없어야 하고, 또 다른 것이 동일한 종차에 들어가서도 안 되며, 모든 것은 그 [각각의 고유한] 종차에 들어가야 한다.

그렇다면 동물이나 그 밖의 어떤 유든, 둘로 분할하는 사람들이 하는 방식으로는 분할 불가능한 종을 포착할 수 없다. 왜냐하면 그들의 방식에서도 필연적으로 최종의 종차는 종으로서 분할 불가능한 모든 동물[의 종류]과 수적으로 같아야만 하기 때문이다. 즉 여기에 어떤 유가 있는데 그 최초의 종차가 '[두 종류의] 흰색의 색조'[19]라고 하고, 그들 각각에 대해 다른 종차가 있어서, 그런 식으로 진행하여 분할 불가능한 것까지 이른다고 하자. 그러면 종차는 네 가지이든지, 아니면 그 이외에 하나로부터 시작해서 2배수를 반복한 숫자가 될 것이다. 그리고 종도 그와

따라 사본에 있는 것을 삭제하였다. 결여 개념을 사용하는 이분법을 행하는 자의 논의에서는 결여적 차이의 특성은 여러 종에 대해 적용될 수 있으므로 분할 불가능하지만, 공통적인 차이 특성을 인정하지 않을 수 없다.

18 어떤 종차로 구분된 집합.

19 이 부분에서 '종차', '흰색의 색조'라고 번역한 헬라스어는 복수형이며, 계속되는 '그들'은 이 복수의 것을 가리킨다. 여기서 '흰색의 색조'라고 번역한 어구(ta leuka)는 하양 자체가 지닌 차이가 아니라 '하얗다'와 '하얗지 않다'라는 쌍을 간략화하여 말한 것이라는 해석도 있으나(I. Düring), 이 책에서는 Lennox나 Küllmann의 옮김(shades of white, zwei Arten des Weißen)을 따랐다.

동수일 것이다. 그러나 [최종의] 종차는 질료 안에 있는 형상이다.[20] 질료 없이는 동물의 어떤 부분도 없고 질료만의 어떤 것도 없기 때문이다. 즉 여러 번 말했듯[21] 물체[질료]이기만 하면 그것이 어떤 모습을 하고 있어도 동물이라거나 그것의 어떤 하나의 부분이라는 것도 있을 수 있다.

(4) 또한 분할은 사물의 실체적 본질(ousia)에 포함되어 있는 것에 의해 이루어져야 하며,[22] 자체적으로 부수하는 것[23]에 의해 이루어져서는 안 된다. 예를 들어 '도형'을 분할한다고 할 경우, 그중 어떤 것은 내각의 합이 2직각과 같지만, 다른 것은 2직각보다 크다는 식으로 분할해서는 안 된다. 왜냐하면 내각의 합이 2직각과 같다는 것은 삼각형에 부수하는 것이기 때문이다.[24]

20 질료는 여기서 '유'이기 때문에. "어떤 것은 질료로서 (…) 유라고 불린다. 종차나 질이 속하는 것은 우리가 질료라고 부르는 기체(휘포케이메논)이기 때문이다"(『형이상학』 제5권 제28장 1024b6-9). "유는 헤라클레스 후손들의 유(족[族] genos)가 아니라 어떤 것의 본성 속에 포함된 유를 말한다"(제10권 제8장 1058a23–25). 이후 논의와 직전 논의의 연관성은 명료하지 않다. 밤(Balme)은 직전의 논의가 2분할에서 최하위 종의 수가 2배수가 될 수밖에 없는 것을 비판의 논점으로 하는 것은 아니라며 이후 논의와 연속된 것으로 해석할 가능성을 제시하고 있다. 즉 2분할법에서는 최종 종차와 최하위 종의 수가 동일하게 되는데, 만일 실제로 종의 수가 종차보다 많다면 종은 파악될 수 없다. 그러면 분할 불가능하지만 공통의 종차로서 결여적인 종차를 인정하지 않을 수 없게 된다. 그렇게 해서 파악되는 동물 종은 질료 안에 있는 형상이 아니라 질료만의 존재일 것이다(Lennox 참조).

21 641a17-21.

22 『분석론 후서』 제1권 제6장 75a28-37, 제7장 75b1-2, 제9장 76a4-16 참조.

23 그 자체에 또 그 자체에만 필연적으로 속하지만 그 본질을 나타내는 정의에서는 나오지 않는 것. 『형이상학』 제5권 제30장 1025a30-34 참조.

24 tois sumbebekosi kath' hauto. 이것(고유 속성)은 주어에 고유하게 속하는 속성이지만 그 실체 혹은 본질의 부분은 아니다(『분석론 후서』 제1권 제6장 75b1, 제22장 83b19, 『형이상학』 제5권 제30장 1025a30-32, 제13권 제3장 1078a5-9) 따라서 삼각형의 내각은 2개의 직각과 같지만, 삼각형의 실체나 본질의 부분이 아니라는 것은, 삼각형의 실체 또는 본질의 정의로부터 따라 나온다.

(5) 나아가 분할은 대립 관계에 있는 것에 의해 이루어져야 한다.[25] 대립 관계에 있는 것에는, 예를 들어 흰색과 검은색, 직(直)과 곡(曲)처럼 서로 차이가 있기 때문이다. 만일 그 한쪽이 [다른 쪽과] 차이가 있다면, [그] 대립 관계에 따라 분할해야 하고, 한쪽은 헤엄침으로 다른 쪽은 색상으로 분할해서는 안 된다.[26]

(6) 이것들 외에도 적어도 혼을 가진 것들에 대해서는 몸과 혼의 공통된 작용[27]으로 분할해서는 안 된다.[28] 예를 들어 지금 말한 분할에서도 이 643b
루어졌듯이, '걷는다는 것'과 '난다는 것[혹은 날개가 있는 것]'으로 분할해서는 안 된다. 왜냐하면 그 양쪽 모두에 해당되어 난다고도 날지 않는다고도 할 수 있기 때문이다. 예를 들어 개미류[29]가 그렇다. 그리고 '야생

25 대립 관계. 유에서는 같으나 종에서는 차이가 있는 대상들은 서로 대립된다. 여기서는 반대되는 것들을 대립되는 것으로 말하고 있다. 두 개('흰색과 검은색', '직[直]과 곡[曲]')가 그 점에서 최대의 차이를 보여 준다면 반대되는 것이다. 반대, 대립, 모순을 '차이'에 연관시킨 개념상의 논의에 대해서는 『형이상학』 제10권 제4, 6, 7, 8장 참조. 아리스토텔레스에 따르면, 노랑과 파랑은 동일한 유(색깔)에 속하지만, 반대된다. 하지만 그것들은 흰색과 검은색의 중간이다. "모순되는 것들, 반대되는 것들, 어떤 것에 관계 맺는 것들, 결여와 소유의 것들, 그리고 생성과 소멸이 일어나는 극단의 것들은 대립 관계(antikeimenon)라고 불린다. 그리고 양쪽을 받아들이는 것 안에 동시에 있을 수 없는 것들은, 그것들 자신이 그렇든 그것들의 구성 요소들이 그렇든 대립되는 것이다. 예를 들어 회색과 흰색은 동시에 같은 것에 속하지 않으며, 그것들의 구성 요소들[즉 검음과 흼]은 반대되는 것이다"(『형이상학』 제5권 제10장 1018a20－25).

26 아리스토텔레스에 따르면, '헤엄침'과 '낢'(비행)은 반대되는 것이다. 헤엄침과 낢, 걸음은 '종으로서' '장소 이동'의 유에 속한다.

27 거론되고 있는 예로 판단하면, 이 문구가 가리키는 것은, '혼과 몸의 공통된 작용'(『자연학 소론집』 속의 「감각과 감각되는 것에 대하여」 제1장 436a7-8 참조)이 아니라 '다른 동물종과 공유하는(koinon) 혼과 몸의 작용'일 것이다. 이에 대해서는 Lennox(2001)의 해당 주석 참조(p. 164).

28 앞 문장에 이어 '부정어'(mē)가 덧붙여진 것으로 읽는다.

29 앞서도 말했듯 수컷개미와 (교미 전의) 여왕개미는 날개가 있지만 '일개미'에게는 날개가 없다. 642b34-35, 『동물 탐구』 제4권 제1장 523b19-20 참조.

의[흉포한] 것'이냐 '길들인 것'이냐에 따라 분할해서도 안 된다. 왜냐하면 동일한 종을 지금 말한 것과 같은 방법으로 분할하게 될 것이라고 생각되기 때문이다. 왜냐하면 [그렇게 하면] 길들인 동물은 모두 야생의 것이라고도 말할 수 있기 때문이다. 예를 들어 사람, 말, 소, 인도의 개,[30] 돼지, 염소, 양이 있고, 이들 각각이 만일 같은 이름의 것[31]이라면[32] ['야생의'와 '길들인'에 따라] 따로 분할되지 않고, 만일 종으로서 하나라면 '야생의 것'과 '길들인 것'은 종차가 될 수 없다.

(7)[33] 일반적으로 어떤 차이 특성이든 그것을 하나의 종차로만 분할하면, 필연적으로 앞서와 같은 것이 귀결된다. 그러므로 오히려 많은 사람이 새류와 물고기류를 구분할 때 따르는 식으로 동물을 그 유에 따라서 포착하고자 노력해야 한다. 이들 각각은 많은 종차로 규정되어 있으며, 2분할법을 따른 것은 아니다.[34] 실제로 2분할법의 방식으로는 그것들이 전혀 포착되지 않는다(왜냐하면 같은 것이 많은 구분에 포섭되거나 반대되는 것이 같은 구분에 포섭되기 때문이다). 그렇게 하지 않으면 하

30 『동물의 발생에 대하여』 제2권 제7장 746a34 참조. 『동물 탐구』 제7권(제8권) 제28장 607a3-4에서는 호랑이와 개 사이에서 태어난다고 하며, 『동물의 발생에 대하여』 제2권 제7장 746a34-35에서는 개를 닮은 야생동물과 개 사이에서 태어난다고 되어 있다.

31 '동명이의'는 '두 개가 설명에서는 다르지만 같은 이름을 갖는 것'(『범주론』 제1장 1a1-8)을 말하지만, 일반적으로는 '같은 이름을 갖는'을 의미한다(『동물의 발생에 대하여』 제I권 제19장 726b24 참조).

32 야생의 말과 길들인 말이 동일한 이름을 갖는다면 그것들은 분할될 수 없다. 게다가 그것들이 동일한 종을 공유한다면, 그것들은 종차인 '야생의/길들인'에 의해 구별 짓지 못한다.

33 이하[(7), (8)]에서 아리스토텔레스는 플라톤적 2분할법을 부정하면서 동물에 대한 과학적 탐구를 위한 두 개의 새로운 분할 방식을 제안하고 있다.

34 새와 물고기는 많은 종차에 의해 정의된다. 이를테면 새의 종차는 '유혈, 난생, 두 발, 날개가 있는, 깃이 있는, 부리를 갖는' 같은 것이다.

나의 종차밖에 없게 되고, 그것이 단순한 것이든 결합된 것[35]이든, 최종의 종이라고 할 것이다.

한편, 만일 종차의 종차[36]를 파악하지 못한다면, 필연적 연결을 통해 글(설명, logos)을 하나로 묶는 것과 같은 방식으로 분할을 연속적으로 해야 한다. 여기서 내가 말하고자 하는 것은 동물을 '날개 없는 것'과 '날개가 있는 것'으로 분할하고, 나아가 '날개가 있는 것'을 '길들인 것'과 '야생의 것' 혹은 '흰 것'과 '검은 것'으로 분할함으로써 귀결되는 일이다. 사실상 '길들인 것'도 '흰 것'도 '날개가 있는 것'의 종차가 아니라, 또 다른 종차의 시작점으로, 지금의 경우에는 ['날개가 있는 것'에] 부수적이다. 그러므로 이미 말했듯 하나의 것(종)을 많은 차이에 의해 즉시 분할해야 한다. 그리고 그렇게 하면 결여도 종차를 만들어 내지만, 2분할법으로는 그렇게 되지 않는다.

(8) 어떤 사람들이 생각했던 것처럼, 유를 둘로 분할해서는 개별적인 종[최하위 종]을 전혀 포착할 수 없음은 다음과 같은 점에서도 분명하다. 즉 분할된 개별적인 것에 대하여 그것을 단순한 것으로 생각하든 결합된 것으로 생각하든, 그것들의 종차가 하나밖에 없다는 것은 불가능하다(여기서 '단순한 것'이라고 하는 것은 '발끝이 갈라져 있는 것'과 같이 [그것을 더욱더 구분해 주는] 그 종차가 없는 것이며, '결합된 것'이라고 하는 것은 '발끝이 갈라져 있다'에 대해 '발끝이 여럿으로 갈라져 있다'와 같이 그것에 종차가 있는 경우를 말한다). 왜냐하면 유로부터 시작해 분할에 의해 얻어지는 종차의 연속성이 의미하는 바는 전체가 단일한 것

35 sumplokē. 플라톤은 이 말을 형상의 '결합'으로 사용하는데(『소피스테스』 259a4-6), 이것은 분할을 통해서 이루어지는 것으로 제시된다(253d-e).

36 종차를 한층 더 분할하는 또 다른 종차.

이라는 점이기 때문이다. 그러나 그런 말투는 최종의 종차가 하나뿐이라고 생각할 수 있게 만든다. 예를 들어 '발끝이 여럿으로 갈라져 있다'라거나 '두 발이 있는'이라고 해야 하지 '발이 있는'이라거나 '많은 발을 가진다'라고 하는 것은 불필요한 것으로 생각된다.

644a 그러한 종차가 다수 존재하는 것이 불가능함은 분명하다. 끊임없이 분할을 진행해 나가면 최종의 차이에는 도달하지만 최종의 종차, 즉 종[형상]에는 도달하지 않기 때문이다. 만일 '인간'을 분할한다고 하면, 그 최종의 종차는 '발끝이 갈라져 있는' 것뿐이거나 예를 들어 '발이 있는'과 '두 발을 가진', '발끝이 갈라져 있는' 것을 연결한 것과 같이 그 결합된 전체인 것이다. 만일 '사람'을 '발끝이 갈라져 있는 것'이라고 했다면, 이러한 식으로 진행함으로써 그 하나의 종차가 '사람'이라는 얘기가 될 것이다. 그러나 인간은 단지 '발끝이 갈라져 있는' 것만은 아니기 때문에, 하나의 분할만으로는 나오지 않는 많은 종차가 있다는 것은 필연적이다. 그런데 동일한 것에 대해 한 번의 2분할로 여러 종차가 나오는 것은 불가능하며, 결국 한 번의 2분할에서는 하나의 종차만 나올 수밖에 없다. 따라서 둘로 분할하는 것으로는 무엇이든 개별 동물의 종을 포착하기가 불가능하다.

제4장 동물 연구의 설명 방식

동물 중에서 수생의 것과 나는[혹은 날개가 있는] 동물들을 포괄하는 한 유를 보다 상위의 하나의 이름으로 파악하여 양자를 그 명칭으로 부르는 것을 사람들이 하지 않는 것은 어째서일까 하는 의문을 갖는 자도 있을지 모른다.[1] 이러한 의문이 제기되는 것은 그 동물들에게 공통적이고 또한 다른 모든 동물들과도 공통적인 파토스(성질과 상태)가 몇 가지 있기 때문이다. 그럼에도 [사람들이 하고 있는] 그런 식으로 올바르게 규정되어 있는 것이다. 여러 유 중에서 그 차이가 초과하는 정도의 차이, 즉 '더 많다, 더 적다'라는 점에서의 차이인 것은 하나의 유로 정리된다.[2] 한편, 유비적인 것을 지닌 것들은 따로 있다. 여기서 내가 말하는 것은, 예를 들어 이런 것이다. 새들끼리는 '더 많다'라는 점이나 초과 정도라는 점에서는 다르지만(즉 '긴 날개를 가진 것'과 '짧은 날개를 가진 것'), 물고기와 새의 차이는 유비에 따른 차이인 것이다[3](즉 새의 날개에 해당하는 것이 물고기에서는 비늘이다). 그러나 모든 경우에 이것을 하는 것은 쉽지 않다. 왜냐하면 많은 동물이 유비적으로는 동일한 파토스(성질과

1 여기서는 제2~3장에서 논의된 분할 과정의 출발점이 되는 '유의 설정'이 논의된다. 즉 이 새로운 여러 종차를 갖는 분할 방법이 전제하는 '일반적 유들'을 어떻게 알아낼 수 있을 것인가 하는 것이다.

2 『동물 탐구』 제1권 제1장 486a21-b17 참조.

3 『동물 탐구』 제1권 제1장 486b17-487a10 참조.

상태)를 가지기 때문이다.[4]

최종의 종이 본질적 실체이며, 그것들은 예를 들어 소크라테스나 코리스코스 간의 차이처럼 종으로서는 차이가 없기 때문에, 이미 말했듯 보편적으로 속하는 것을 먼저 말하거나, 아니면 같은 것을 반복해서 말하거나 그 둘 중 하나인 것은 필연적이다.[5] 한편, 보편적인 것은 공통적이다. 왜냐하면 많은 것에 해당하는 것을 우리는 보편적이라고 부르기 때문이다. 그런데 [개개의 종인지, 아니면 그것들에 공통되는 보편적인 것인지] 그 어느 쪽을 우리가 탐구해야 하는지에 관한 어려운 문제가 있다.[6] 그것은 종적으로 불가분한 것이 본질적 실체인 한, 가능하다면 개별적이고 종적으로 불가분한 것에 대해 고찰하는 것이 가장 바람직하다. 예를 들어 사람에 대해 고찰하는 것과 같은 방법으로, 새에 대해서도 고

4 일견(一見)하기로, 아리스토텔레스가 '유비적 유사성'으로 염두에 둔 것은 각 부분이 구조적으로 다르지만 각각의 동물에서 기능적으로 유사한 역할을 한다는 것이었지 않을까 생각해 볼 수 있을 것이다(Le Blond[1945] p. 178). 그러나 예를 들고 있는 것이 보여 주듯, 물고기 등뼈는 그 조직과 위치에서 새의 뼈와 유사하다. 새의 몸 전체에 깃털이 있는 것처럼, 비늘은 물고기 몸 외부 전체에 걸쳐 있다. 비늘은 생물학적 기능(작용)을 이해하는 것과는 별개의 방식으로 비교될 수 있는 것이다. 그렇다면 아리스토텔레스가 여기서 허용하는 것처럼(644a16-22), 유가 정도나 유비에 따라 다르다는 것을 어떻게 받아들일 수 있을까? 그가 들고 있는 예는, 그것들의 부분들이 유사한 역할을 행하기 때문에 그렇게 한다는 것을 보여 줄 뿐이다.

5 언급된 실체는 본질이며, 이것은 "유의 종인 것들에 속하며, 다른 어떤 것에도 속하지 않는다"(『형이상학』 제7권 제4장 1030a12-13). 소크라테스와 코리스코스는 이것들의 예가 아니라, 형상과 관련하여 분화되지 않는 것들의 예인 셈이다. 소크라테스와 코리스코스는 질료에서는 다르지만, 그 형상에서는 같다는 것이다(『형이상학』 제7권 제8장 1034a5-8). 요컨대 본질적 실체가 '형상'이라는 점에서 다르지 않다. 그래서 각각의 것을 별도로 말하고자 한다면, 우리는 매번 그들의 형상에 관한 정보를 반복해야 한다, 그러므로 그들에 관해 공통적으로 말하는 것이 바람직한 것이다.

6 제1장 639a15-639b5에서 제기된 문제다.

찰한다.[7] 새라는 유에는 종이 있기 때문이다. 그러나 [종적으로] 불가분적인 새 종의 어느 것에 대해서도 고찰한다. 예를 들면 참새나 두루미, 뭔가 그런 것에 대해. 한편, 동일한 파토스[성질과 상태]에 대해서, 그것이 여럿의 것에 공통적으로 속하기 때문에 여러 번 말하게 될 경우에는, 각각의 것에 대해 따로 이야기하는 것은 다소 터무니없고 장황한 일이 될 것이다.[8]

그래서 아마도 올바른 방법은 다음과 같다. 즉 이미 사람들이 규정하고 있고, 그것이 적절하게 말해지고 있으며, 그 자연 본성이 하나로 공통되어 있고, 그것들 속에 포함되는 종이 서로 크게 떨어져 있지 않은 것(새와 물고기, 그리고 그 밖에 명칭은 없지만[9] 유와 마찬가지로 그 안에 포함된 종을 포괄하는 것이 있다면 그 자체)들에 대해서는 유에 따라서 공통적으로 이야기하는 것이 적절하다. 한편, 그러한 것들이 아닌 경우(예를 들어 인간이나 다른 그와 유사한 것이 있으면 그 자체도) 개별적으로 말하는 것이 적당하다.

대략 그 몸의 여러 부분 및 몸 전체의 형태에 따라 유들이 규정되어 온 것은, 그러한 점에서 유사성이 있는 경우이다. 예를 들어 조류의 유를 서로 비교함으로써 알 수 있는 파토스(성질과 상태)의 유사성, 나아가 어류, 연체동물,[10] 조개류에서의 파토스(성질과 상태)의 유사성도 그렇다. 그것은, 즉 그러한 유에서의 여러 부분의 차이는, 유비적인 유사성에

7 mē 대신에 kai로 읽는다. 인간종의 차원에서 고찰하듯이 새에 대해서도 종의 차원에서 고찰해야 한다는 것이다.

8 이것이 공통의 속성을 파악해야 하는 강력한 이유일 것이다.

9 헬라스어로 불리는 고유한 명칭이 없는 것(연체동물, 각피(殼皮)동물 중 일부).

10 문어나 오징어 등 이른바 두족류(頭足類). 현대 생물 분류에서는 '연체동물'에 조개류도 포함한다.

근거하는 것이라기보다는(예를 들면 사람의 뼈가 물고기의 '가시뼈'[11]에 관련된다고 하는 유사성), 오히려 몸의 상태(예를 들어 큼과 작음, 부드러움과 딱딱함, 부드러움과 거침, 그 밖의 이러한 것들)[12]라는 점에서 일반적으로 '더 많다와 더 적다'라는 점에서의 차이이다.

이상으로 자연에 대한 탐구를 어떻게 받아들여야 하는지, 그것들[자연과 관련된 사안]에 대한 고찰이, 어떤 식으로 하면 방법론적으로 진척되고 가장 쉽게 할 수 있는지, 나아가 분할에 대해 어떤 방식으로 진행해 나가면 사물들을 유용한 방식으로 잘 파악할 수 있는지, 또 왜 이분법적으로 분할을 추진하는 것이 어떤 면에서는 불가능하며 어떤 면에서는 공허한지를 말했다. 이러한 것들을 규정하였으니, 그다음에 나오는 사항에 대해서는 다음과 같은 것을 출발점으로 삼아 말해 보도록 하자.

11 물고기 뼈. '가시뼈'라는 역어를 사용하지만, 헬라스어에서 '뼈'(ostoun)와 '가시'(akantha)는 언어상의 연관성이 없다.

12 예를 들어 부리의 넓이, 딱딱함, 길이, 굴곡 등등.

제5장 동물 연구의 권고와 그 과제

자연에 의해 구성된 실체적 존재들 중 어떤 것[천체]은 전적으로 영원히 생성 소멸하지 않지만,[1] 다른 것은 생성 소멸에 관여되어 있다.[2] 전자는 고귀하고[3] 신적인 것이지만, 그것들에 대해 우리가 고찰할 수 있는 것은 [후자에 비하면] 적을 것이다(이는 우리가 그것들에 대해 검토할 때 그 토대가 되는 것도, 우리가 알고 싶다고 갈구하는 것도 감각에 의해 밝혀진 바[현상]는 극히 미미하기 때문이다). 반면 소멸할 수 있는 식물과 동물에 관해서는, [그것들이] 우리와 함께 살고 있기 때문에, 그에 대한 앎을

1 아리스토텔레스는 '영원한 것'에 대해 '신적인 것'이라는 말을 사용한다. 『천계에 대하여』 제2권 제1장 284a2-10, 『혼에 대하여』 제2권 제4장 415a29, 『동물의 발생에 대하여』 제2권 제1장 731b24 참조.

2 전반부(644b22-645a36)는 시작하는 말에 접속사가 없다는 점이나, 그 문체 등으로 미루어 원래 독립된 문장으로 쓰였던 것이 여기에 삽입되었을 것으로 추정된다. 천체와 대조되는 "다른 것"은 우리를 둘러싸고 있는 동물과 식물을 가리키는 것으로 보인다.

3 timia(timios, '존중받을 만한')에 대해서는 『범주론』 제12장 14b5-7 참조. 시원 및 원인과 같이 '자연 본성적으로 먼저 오는' 것은 객관적으로 timios하다(14b3-5). "존중받아야 한다고 내가 말하는 것은 다음과 같다. 즉 신적인 것, 혼과 지성과 같이 더 나은 것(beltion), 더 원초적인 것(archaioteron), 시원, 이런 종류의 것이다. 왜냐하면 그 위에 명예가 놓여 있는 것이 존중되어야 하는 것이지만, 지금 든 것과 같은 모든 것에는 명예가 따르기 때문이다"(『대도덕학』 제1권 제2장 1183b21-24). 따라서 우리에게 분명한 것은, 행복이 "고귀한(존중되는) 것, 완전한 것에 속한다는 것이다. (…) 행복이 첫 번째 원리라는 사실이다. 왜냐하면 우리는 모두 이 원리를 위해 모든 일을 행하는 것이며, 그것은 우리가 행복을 여러 좋음의 원리 및 원인으로서 무언가 고귀하고 신적인 것으로 간주하기 때문이다"(『니코마코스 윤리학』 제1권 제12장 1102a1-4).

얻는 데 우리가 더 유리한 위치에 있는 것이다.[4] 왜냐하면 우리가 충분한 노고를 아끼지 않는다면, 그 각각의 부류에 대해 많은 사실을 이해할 수 있기 때문이다. 어느 쪽의 연구이든 각각 매력을 가지고 있다. 전자에 대해서는, 설령 아주 조금만 접촉해도, 그럼에도 그것을 아는 것이 고귀하기 때문에 우리 가까이 있는 모든 것에 대해 아는 것보다 더 큰 기쁨을 준다.[5] 그것은 마치 자신이 사랑하는 대상이라면, 우연히 눈에 띄었던 그 작은 부분을 보는 것이 다른 많은 것들을 정확하게 보는 것보다 더 즐거
645a 움을 주는 것과 같다. 한편, 후자[소멸하는 것들]는 우리가 그것들에 대

4 이 장에서는 제1권의 다른 장의 논의의 흐름과 다르게 — 수사적 측면을 포함해서 — 독립적으로 '동물 탐구'의 가치를 옹호하고 있다(117쪽 각주 1 참조). 즉 동물에 대한 이론적·인과적 탐구의 정당성을 두 가지 점에서 논증한다. 하나는 어떤 점에서 천문학보다 고귀하지는 않지만, 더 접근 가능한 탐구 대상이라는 점(644b22-645a4). 또 하나는 천체의 대상보다 덜 고귀하지만, 적절하게 연구하는 경우에 종종 빠뜨리는 그 자체의 고귀함을 지니고 있다는 점(645a4-36).

5 천계의 것들이 '신성'이라는 크기에서는 더 고귀하지만, 소멸하는 동물과 식물은 '인식'의 크기에서 더 고귀하다. 왜 영원한 것이 더 고귀한 것인가? 존재하는 '영원하고 영속적으로 존재하는 것'이 '생성하는 일시적인 것'보다 더 고귀하다는 생각은 파르메니데스로부터 플라톤에 이르는 뿌리 깊은 전통이다. "이것들[존재와 생성] 중 어떤 것이 어떤 것을 위해서 있다고 말해야 할까? 생성이 존재를 위해 있는 것인가, 아니면 존재가 생성을 위해 있는 것인가?"(플라톤, 『필레보스』 54a7-9) 이 물음에 대해 『동물의 부분들에 대하여』에서는 "생성은 실체적 존재를 위해서 있는 것이지, 실체적 존재가 생성을 위해서 있는 것이 아니다"라고 답한다(640a18-19) "무언가를 위해 생성되는 쪽이 생성 과정에서 언제나 지향하는 목적은 좋은 것의 지위(부류)에 있는 것이네. (…) 무언가를 위해 생성하는 쪽은 다른 지위에 있어야만 하네." 아리스토텔레스는 동물의 생성에 대해 플라톤과 같이 동일한 내용을 말한다. "사물[각각의 동물]이 그것을 위해서 구성되거나 생겨났던 곳의 그 목적이 아름다운(고귀한) 것이라는 지위를 차지하고 있는 것이다"(645a25-26). 플라톤과 아리스토텔레스에서, 존재는 생성의 목적이다. '존재'가 더 고귀하기 때문이다. 유기체의 재생산은 일시적인 생명체가 영원의 영역에 발 디딜 기반을 마련할 수 있도록 하기 위해 일어나는 것이다(플라톤, 『향연』 208a-b, 『동물의 발생에 대하여』 제2권 제1장 731b24-732a1).

해 더 잘, 더 많이 알기 때문에, 그 학문적 인식의 우위성[6]을 확보한다. 더욱이 그것들은 우리에게 더 가깝고 우리의 자연 본성과 더 친근하기 때문에, 신적인 것에 대한 철학과 비교해도 그 부족분이 메워진다.

이제 저것들[천체]에 대해서는 우리에게 나타나는 것들(현상)을 모조리 말했으므로,[7] 남은 것은 동물의 자연 본성에 대해 이야기하고, 그다지 고귀하지 않은 것이든 더 고귀한 것이든 간에 가능한 한 아무런 것도 빠뜨리지 않도록 하는 것이다. 사실 그 [동물에 대한] 고찰들 중 일부는 감각에 대해 불편한 구석이 있지만, 그러한 것들 중에서도 그것들을 만들어 낸 자연은 마찬가지로[8] 원인을 알 수 있는 능력이 있고 본성적으로 지식을 사랑하는 사람들에게 엄청난 기쁨을 준다. 실제로 동물의 닮은 모습을 바라보고, 그것들을 만들어 낸 기술(예를 들어 회화술이나 조각술)을 동시에 볼 수 있다는 점에서 기뻐하지만, 자연에 의해 구성된 것 자체에 대해서는 적어도 그 원인을 보면서도 이를 고찰하는 것은 그다지 좋아하지 않는다면, 그것은 이치에 어긋나는 일일 것이다. 그러므로 그다지 고귀하다고 할 수 없는 동물에 대한 탐구를 어린아이처럼 싫어해서는 안 된다. 모든 자연물에는 놀라운 것들이 담겨 있기 때문이다. 헤라클레이토스는 자신을 만나고 싶어 찾아온 손님들이 그가 화덕 옆에서 몸을 녹이고 있는 것을 보고 멈춰 선 것에 대해 말했다고 전해지는데(즉 그들에게 걱정하지 말고 들어오라고 재촉하며, '여기에도 신들이 계시기 때문'이라고 했다고 한다),[9] 마치 그렇듯이 동물 각각에 대한 탐구에

6 경험에 기초한 앎의 중요성.

7 『천계에 대하여』 제1권, 제2권. 『형이상학』 제12권.

8 homōs(Bekker) 대신에 homoiōs로 읽는다

9 헤라클레이토스, *DK* 22A9. 기원전 500년경에 활동한 에페소스의 헤라클레이토스는 소크라테스 이전 시기의 철학자로 '만물 유전설'을 내세웠다. 헤라클레이토스를 방

서도 모든 것에 뭔가 자연적이며 아름다운 것이 있다고 생각하여 혐오감 없이 나아가야 한다. 그것은 자연의 작품에는 닥치는 대로의 것이 아니라 무엇을 위해서라는 것을, 사실상 무엇보다도 더 볼 수 있기 때문이다. 그리고 사물이 그것을 위해서 구성되거나 생겨났던 곳의 그 목적이 아름다운(고귀한) 것[10]이라는 지위를 차지하고 있는 것이다.[11]

그러나 인간 이외의 동물에 대한 고찰을 고귀하지 않다고 생각한다면, 자기 자신에 대한 고찰도 마찬가지로 생각해야 한다. 그 이유는 예를 들어 피, 살, 뼈, 혈관, 그 밖에 그와 같은 부분과 같은 인간이라는 유를 구성하고 있는 것은 상당한 혐오감 없이는 관찰할 수 없기 때문이다. 마

문한 손님들은, 그가 부엌의 화덕(ipnos)에서 몸을 녹이고 있는 것(theromenon pros tō ipnō)을 보고, 당시 부엌은 훌륭한 인물이 드나들기 적합한 장소가 아니라고 여겨졌기 때문에 아마 머뭇거리며 어찌할 바를 몰라 주저했을 것이다. 이에 반해, 헤라클레이토스는 집안의 수호신으로 꼽히는 헤스티아(화덕) 불과 마찬가지로 이곳에도 신들이 계신 부엌이니 사양하지 말고 들어오라고 재촉했을 것이다. 그런데 이 이야기를 "아마도 변소에 가는 것에 대한 정중한 완곡어법"이 담긴 일화로 해석하는 학자도 있다. Balme은 그러한 해석을 지지한다. 그 아이디어에 따르면 헤라클레이토스의 시야에 손님들이 들어왔을 때 그가 변소(집 밖의 변소일 것이다)로 들어가는 것을 그들이 보았다는 것이다. 헤라클레이토스는 그들에게 (변소나 바깥이 아니라 물론 집으로) 사양하지 말고 들어가라고 말했다. 또한 사물의 '원인'을 명확하게 볼 수 있는 사람들에게는 가는 곳마다 신들이 있기 때문이다(Robertson, 'On the Story of Heraclitus told by Aristotle, *De Partibus Animalium* 645a15-23' *Proc.Cambr.Philo.Soc.* clxix-clxxi, 1938, p. 10; Balme[1972/2003], p. 123). 아니면 이 일화는 헤라클레이토스의 우주적 원리로서의 '불'을 암시하는 것일까? 어쨌든 아리스토텔레스의 논의 맥락상 이 일화는 [동물 세계에 대한 탐구의] '혐오'와 관련 있는 이야기로 설명되어야 한다. 다른 식으로는 설명하기 어렵다. 이런 식으로 이해하는 방식에 대한 설명에 대해서는 그레고릭의 논문 참조(P. Gregoric, "The Heraclitus Anecdote: *De Partibus Animalium*" i 5. 645a17-23, *Ancient Philosophy* 21, 2001, pp. 73~85, 특히 pp. 76~78 참조).

10 제1권 제1장 639b20 참조.

11 화가나 조각가가 동물을 아름다운 그림이나 조각으로 만들려는 목적이 있는 것처럼, 자연도 고귀한 아름다움으로서 동일하게 설명될 수 있는 목적을 갖고 있다.

찬가지로 어떤 것이든 부분이나 도구에 대해 논하는 자는 질료에 관해 말하는 것도 아니고, 질료를 위해서 말하는 것도 아니며, 형태 전체에 대해서 그것을 위해서 논하고 있다고 생각해야 한다. 이를테면 바로 집에 대해 말하는 것이지, 벽돌이나 점토나 목재에 대해서 말하지는 않는 것이다. 자연에 대하여 논하고 있는 자도 구성이나 본질로서의 실체 전체에 관하여 말하는 것이지, 그 본질적 실체로부터 분리되어서는 성립되지 않는 것들[12]에 대하여 말하는 것이 아니다.[13]

첫째,[14] 각각의 유에 대하여 그것들에 부수되어 있고, 모든 동물에게 645b
그 자체로 속하는 것들을 구분하고,[15] 그런 다음에 그것들의 원인들을 구분하도록 노력해야 한다.[16] 그런데 많은 동물에게 해당되는 공통의 사

12 "이제 동물의 혼(이것이 혼이 있는 것의 실체이다)은 설명식(logos)과 일치하는 실체이며, 이러저러한 종류의 몸의 형상이자 본질이다. (만일 각 부분들이 올바르게 정의되고자 한다면 감각이 있어야만 가질 수 있는 그 기능 없이는 각 부분들이 정의되지 않을 것이다.) 그렇기 때문에 혼의 부분들은 모두가 혹은 그중 일부가 복합된 동물보다 앞선다. 그리고 각각의 개별적 동물에 대해서도 마찬가지다. 반면에, 몸과 그 부분들은 이런 실체(혼)보다 나중일 것이고, 질료인 이것들로 나뉘는 것은 실체가 아니라 복합물이다. 그렇다면 이 몸의 부분들은 어떤 면에서는 복합물보다 앞서지만, 어떤 면에서는 그렇지 않다. 왜냐하면 그것들은 (전체와) 따로 떨어져서는 존재할 수조차 없기 때문이다. 예를 들어 동물의 손가락은 아무런 상태에나 놓여 있는 손가락이 아니며, 오히려 죽은 손가락은 단지 이름만 손가락일 뿐이다"(『형이상학』 제7권 제10장 1035b14-25).

13 645a4-26에서는 '엄청난 기쁨', '놀라운 것들', '아름다운(고귀한) 것이라는 지위'와 같은 수사적 표현을 사용해서 자연물(동물)의 연구에 대한 가치의 기쁨과 즐거움을 이야기하고 있다.

14 여기부터 다시 원래의 논의로 돌아가 동물 탐구를 위한 적합한 원리들과 방법들의 논의가 시작되고 있다. 639a14에서 642b4에서 주장된 동물의 목적론적 개념과 더불어 분할, 유사성, 차이의 논의를 통합하려는 체계적인 시도가 나타나고 있다.

15 제3장 643a28 참조.

16 '속성들과 차이들을 파악하고, 그런 다음 그 원인들을 발견하도록 하자'(『동물 탐구』 제1권 제6장 491a7-11).

항이 많다는 것은 앞서도 말한 바 있다.[17] 그 어떤 것은 단적으로 공통이며(예를 들어 발, 날개, 비늘, 그 밖의 그와 유사한 파토스[성질과 상태]들), 어떤 것은 유비적으로 공통이다. 여기서 내가 '유비적'이라고 하는 것은, 예컨대 (1) 어떤 것에는 폐가 있고 다른 것에는 폐는 없지만 폐를 대신하는, 전자의 폐에 해당하는 다른 것이 있다고 하는 경우다. 또 (2) 어떤 것에는 피가 있지만, 다른 것에는 그것과 유비적인 유혈동물에서 피가 지닌 것과 동일한 힘(dunamis)을 갖는 것이 갖춰져 있다고 하는 경우가 그렇다. 그런데 개별적인 것들 각각에 대해 따로 말하는 것은, 그것에 속하는 모든 것에 대해 말할 때마다, 동일한 것을 여러 번 말하게 될 것이라고 앞서 말한 바 있다.[18] 동일한 것이 많은 것에 해당하는 것이다. 이렇게 해서 이러한 문제들에 대해서는 규정된 것으로 하자.

또한 모든 도구[19]는 무엇인가를 위해 있고, 몸의 여러 부분은 각각 무엇인가를 위해 있으며, '그것을 위해서'라는 목적은 어떤 활동[20]이기 때

17 제4장 644a23-b7.

18 제1장 639a19-22.

19 『동물 탐구』 제1권 제6장 491a26 참조.

20 원어로는 to hou heneka tis praxis이다. 명사 praxis(동사: prattein)는 (1) 어린아이나 동물들이 행위하는 것을 포함하여 모든 자발적 행동을 지시하기 위해 넓은 의미로 사용되지만(『니코마코스 윤리학』 제3권 제1장 1111a25-26, 제2장 1111b8-9), (2) 더 좁은 의미에서 숙고(bouleusis)와 숙고적 선택(prohairesis)의 결과만을 언급하는 데 사용된다. 이런 숙고적 선택은 동물이나 어린아이가 할 수 없는 것이다(『니코마코스 윤리학』 제1권 제9장 1099b32-1100a5, 『에우데모스 윤리학』 제2권 제8장 1224a28-29). 프락시스와 포이에시스(만듦)를 구별하는 것은 포이에시스는 항상 어떤 다른 목적을 위해 수행되는 반면 프락시스는 그 자체의 목적이 될 수 있다는 점이다. "그러나 사고 자체는 아무것도 움직이지 못하고, 움직이는 것은 무엇인가를 목적으로 하는 행위와 관련된 사고다. 사실상 이러한 행위와 관련된 사고가 제작(만듦)과 관련한 사고도 지배한다. 왜냐하면 제작하는 자는 모두 무엇인가를 위해서(heneka tou) 제작하는 것이고, 만들어질 수 있는 것은 무조건적인 목적(telos)이 아니며(특정한 무언가와의 관계[pros ti]에

문에, 전체적인 몸도 어떤 완전한[21] 활동을 위해 구성되어 있음이 분명하다.[22] 사실 톱을 위해 켜는(자르는) 것이 아니라, 켜기 위해 톱이 생긴 것이다. 켜는 것은 어떤 사용[즉 활동]이니까. 따라서 몸도 어떤 의미에서는 혼을 위해 있으며, 그 부분들도 그 각각의 자연 본래의 이루어짐이 향하고 있는 곳의 작용을 위해 있는 것이다.[23] 그러므로 가장 먼저 말해야 할 것은, 모든 공통적인 활동과 유에 따른 활동 및 종에 따른 활동이

서 어떤 특정한 것에 속하는 목적이며), 행위될 수 있는 것(to prakton)이 무조건적인 목적이기 때문이다. 왜냐하면 잘 행위함(eupraxia=eudaimonia[행복])이 목적이고, 그것을 찾는 것이 욕구이기 때문이다. 그러므로 선택이란 욕구를 수반하는 지성(orektikos nous)이거나 사고를 수반하는 욕구(orexis dianoētikē)이며, 그러한 행위의 출발점이 인간인 것이다"(『니코마코스 윤리학』 제6권 제2장 1139a35-b5). 따라서 프락시스와 포이에시스 사이의 구분은, 아리스토텔레스가 에네르게이아('활동실현상태') 또는 엔텔레케이아(entelecheia, '최종실현상태')와 키네시스('운동') 사이에서 이끌어 낸, 더 일반적인 구분의 특별한 경우다. 이에 대해서는 『동물의 발생에 대하여』 제1권 제19장 726b17 아래 참조. 여기서는 성인인 인간뿐만 아니라 일반적으로 생명체 전체와 관련해 논의되고 있기 때문에, 이것은 (1)이 praxis의 의도된 의미를 함의하는 것으로 보일 수 있다. 그러나 대명사 tis는 그 함의를 제거하려는 것이 거의 확실하므로, 관련된 praxis는 일종의 (2)이고, 그래서 어떤 종류의 목적이다.

21 polumerous(여러 부분으로 구성된) 대신에 사본의 plērous(full)를 받아들인다.

22 『니코마코스 윤리학』의 이른바 '기능 논증'과 유사하다(제1권 제6장 1097b24-1098a8). (1) 모든 도구는 활동을 위한 것이다. (2) 도구인 부분들은 특정 활동을 위한 것이다. 그러므로 (3) 이 부분들로 구성된 몸 전체는 '하나의 완전한 활동'을 위한 것이다. 아리스토텔레스는 나중에 '모든 부분의 활동의 복합'인 '완전한 활동'을 '혼'으로 대체하여, '몸이 제공하는 하나의, 통일된 목적'임을 강력하게 제안한다(Lennox).

23 아리스토텔레스가 여기에서 요약하듯이, "몸은 어떤 의미에서 혼을 위해 있으며, 그 부분들도 그 각각의 자연 본래의 이루어짐이 향하고 있는 곳의 작용(기능)을 위해 있는 것"이다. 어떤 자연물은 그것들이 수행하는 행동이나 기능 때문에 부분적으로 존재한다. 동물이 시각을 위해 눈을 가졌다고 말하는 것은, 시각이 그 동물의 발달에 눈의 형성을 포함하는 근본적 이유 중 하나라는 것을 의미한다. 동물의 질료와 형상의 통일성은 도구적 구조와 기능적 능력의 통일성으로 이해되어야 한다. 부분의 다양한 특징은 해당 부분이 존재한다는 것과 존재하게 된 기능이나 작용으로 설명된다. 동물 전체의 신체적 특징은 일종의 '완전한' 활동으로 이해되어야 한다.

다. 여기서 '공통적인' 활동이란 모든 동물에 속하는 것이며, '유에 따른' 활동이라는 것은 그들 상호 간의 차이는 초과[와 부족] 정도의 차이라고[24] 우리가 보는 것이다. 예를 들어 '새'에 대해 이야기하는 것은 유에 따른 것이며, '인간' 그리고 그 보편적인 본질의 설명식[본질 규정, 로고스]에 비추어 아무런 차이가 없는 모든 것[25]에 대해 이야기하는 것은 종에 따른 것이다. 실제로 어떤 것들끼리는 유비적으로 공통된 것이 있고, 다른 것들끼리는 유에 따른 공통적인 것, 또 다른 것들끼리는 종에 따라 공통된 것을 가지고 있으니까.

그런데 (1) 어떤 활동이 다른 활동을 위해서인 경우, 그 활동이 속해 있는 그것도 그 활동이 [후자의 활동과] 구별되는 것과 동일한 방법으로 [후자의 활동이 속해 있는 것과] 구별된다.[26] 마찬가지로 (2) 만일 어떤 활동이 다른 활동보다 앞서 있고, 그 목적이 되고 있다면, 그러한 활동이 속해 있는 부분의 각각에 대해서도 같은 관계가 성립될 것이다.[27] 그리고 세 번째로, (3) 어떤 것이 성립된다면, 필연적으로 성립하는 [다른] 것이 있다.[28] 내가 '파토스'(성질과 상태)와 '활동'이라고 말하는 것은 발

24 제1권 제4장 644a16-19 참조.

25 인간은 더 이상 종차에 의해 분할되지 않는다.

26 요컨대 활동1(기능)이 활동2(기능)를 위해 존재한다면, 활동1과 관련된 부분은 활동2와 관련된 부분을 위해 존재하는 것이다.

27 요컨대 활동1이 활동2보다(본질을 규정하는 설명식[logos]이란 점에서) 앞서 있고, 그 목적이 되고 있다면, 부분1이 부분2보다 앞서 있으며, 그 목적이 되는 것이다.

28 이 부분은 압축된 헬라스어 표현이라 이해하기 어렵지만, Küllmann에 따라 앞의 두 가지와 유비적으로 이해하자면 활동1은 활동2가 성립된다면 필연적으로 이루어지며, 부분1은 부분2가 성립될 때 필연적으로 이루어진다고 해석할 수 있다. 한편 Balme은 '그것이 있는 것에 의해서 어떤 속성이 반드시 성립하는 바의 것'이라고 해석하고, Lennox는 '다른 것이 있기 때문에 필연적으로 있는 것'으로, Reeve는 '그 존재가 [다른 것의] 있음을 필연적이게 하는 것'이라고 해석하고 있다. (1)~(3)에 대해서는 제1권 제1장

생, 성장, 짝짓기(交尾), 깨어 있음, 잠, 장소 이동 및 그 밖의 동물에 속하는 그러한 것들이다.[29] 또 부분이라고 하는 것은 코, 눈, 얼굴 전체, 그리고 그 각각이 '지체'(신체의 구성원, melos)[30]라 불리는 것을 말한다. 그리 646a
고 다른 것에 대해서도 마찬가지다.

이렇게 해서, 탐구의 방법에 대해서는 이 정도로 충분히 말해졌다고 하자. 공통적인 것에 대해서도, 고유한 것에 대해서도, 그 원인을 설명하도록 시도해 보자. 이미 규정한 바와 같이, 첫 번째 것으로부터 우선 시작하기로 한다.

642a31-b2 참조.

(1) 활동1 → 활동2, (2) 부분1 → 부분2, (3) 부분1 → 부분2, (4) Z는 X, Y, …가 있기 때문에 필연적으로 존재한다. 단, '→'는 '…을 위해서 있다". 이 네 가지 설명을 아리스토텔레스의 호흡 이론에 적용해 보자. (1) 공기를 흡입하고 내뱉는 호흡은 열을 식히기 위한 것이다. (2) 숨통(氣管)은 폐를 위해서 있다. (3) 폐는 피를 식히기 위해서 존재한다. (4) 폐의 확장과 수축은 공기를 흡입하고 내뱉기 때문에 필연적인 일이다.

29 제1장에서는 잠과 성장을 생명체의 수동적 능력인 파토스라고 말했다(639a20). 발생(번식)과 짝짓기는 동물 탐구에서 논의된다.

30 여기서 '지체'(melos)는 제2권 제1장에서 '비동질 부분'으로 간주되는 몸의 각 부분을 가리킨다(『동물 탐구』 제1권 제1장 486a5-14 참조).

제1장 세 종류의 결합, 힘의 결합, 동질 부분과 비동질 부분

그런데 동물 각각이 어떤 부분으로 그리고 얼마만큼의 부분들[1]로 구성 646a8 되어 있는지에 대해서는 '동물에 대한 탐구'[2] 속에서 좀 더 명확하게 설명해 놓았다. 이제는 동물 각각이 그런 상태인 것은 어떤 원인에 의한 것인가를 그 탐구에서 말한 바와는 분리하여 그 자체로 고찰해야 한다.[3]

결합에는 세 종류가 있는데, 어떤 사람들이 기본 요소라고 부르는 것(예를 들어 흙, 공기, 물, 불)으로 이루어진 결합을 첫째로 놓는 사람이 있을 것이다. 하지만 아마도 힘으로 이루어진 결합을 첫째로 말하는 편이

1 '다리, 날개, 아가미의 개수' 같은 것.

2 『동물 탐구』 제1권 제7장-제4권 제8장 참조. '자연에 대한 탐구'(historia)에서의 기준에 대해서는 제1권 제1장 639a12-15 참조.

3 제2권 첫 문장은 논의의 반전을 나타내는 불변화사(men oun)로 시작되고 있으나, 이 첫 번째 대목은 제1권 마지막 문장에 담긴 생각('사실들의 원인에 대한 탐구')이 이어지고 있다. 제2권에서 제4권까지는 제1권에서 명확하게 밝혔던 철학적 기준을 반영하고 있다. 일반적으로 『동물 탐구』가 『동물의 부분들에 대하여』의 제2~4권보다 더 분명하게 동물의 부분에 대한 사실(데이터)을 보여 준다고 생각하지만, 밤(Balme)은 이 두 책의 상세한 비교를 통해 『동물의 부분들에 대하여』의 제2~4권에서 제시된 사실들이 『동물 탐구』 제1~4권의 토대의 그 일부로서 제공되었다는 가설을 제안했다(1991, pp. 21~22). 사실을 제시하는 것(to hoti)과 그것들에 대한 설명(to dioti) 사이의 구별에 관해서는 639b5-10 참조.

좋을 것이다. 단, 모든 힘으로부터가 아니라 이전에 다른 곳에서도 말한 것과 같은 방식[4]의 결합이다. 즉 습, 건,[5] 열, 냉이 결합 물체의 질료[6]이며, 다른 차이(예를 들어 무거운 것, 가벼운 것, 조밀한 것, 희박한 것, 거칠음과 매끄러움, 그 밖에 물체와 관련된, 그것들과 유사한 파토스[상태]는 그것들에 부수되는 것이다. 두 번째는 첫 번째인 것들로부터 결합된 것으로 동물의 경우에는 동질적 부분이라는 것이다. 예를 들어 뼈, 살, 그 밖의 다른 그와 유사한 것을 말한다. 순서상으로 세 번째, 즉 마지막인 것은 비동질 부분이라고 하는 것으로, 예를 들면 얼굴이나 손이나 그 밖의 다른 그와 유사한 부분들을 말한다.[7]

사물은 그 생성과 본질적 실체 사이에서는 상반되는 상태에 있다. 왜냐하면 생성 측면에서는 더 나중의 것이 자연 본성에서는 더 앞서고, 생성 측면에서는 첫 번째 것이 자연 본성에서는 가장 마지막이기 때문이다.[8] 즉 집이 벽돌이나 돌을 위해서 있는 것이 아니라, 벽돌이나 돌이 집

4 『생성과 소멸에 대하여』 제2권 제1~4장과 『기상학』 제4권 제1장 참조.

5 여기서 '습'(hugron)과 '건'(xēron)은 유동성이 있는 액체 상태와 유동성이 없는 고체 상태라는 대비를 나타내기 위해 사용되었다.

6 흙은 건과 냉, 공기는 습과 열, 물은 습과 냉, 불은 건과 열의 결합물. 네 개의 잠재적 속성(온냉건습)은 독립적으로 존재하지 못한다. 변화를 통해서 하나의 요소는 다른 요소로 바뀐다. 즉 물(냉과 습)은 충분하게 데워지면, 공기(열과 습)로 변화한다.

7 (1) 네 개의 일차적 힘은 네 개의 요소를 형성한다. (2) 일차적 물체(즉 네 요소)는 동질 부분들의 본성을 구성한다. (3) 차례로 동질 부분들은 비동질 부분들을 구성한다.

8 646a25-b4의 논의는 이해하기가 매우 어렵다. epei(…이기 때문에)로 시작하는 매우 긴 문장으로 이루어진 논의이다. 선행 절을 원인으로 제시한 다음, 중간의 10행 동안 답을 주지 않는다. 이 중간 행들은 선행 절에 대한 귀납적·연역적 정당화를 해주고 있다(이런 논의 구조에 대해서는 『기상학』 제1권 제1장 378b10-27 참조). Lennox의 논의 분석을 소개하면 다음과 같다. 그는 제1권 제1장에서 일련의 관련된 원칙을 끌어들여 이 대목을 이해한다. 그는 이 원칙을 끌어들이지 않으면 이해할 수 없다고 말한다.
(1) 목적은 사실상 그러한 과정의 원인이기 때문에, 자연적으로 목적으로 이끌리는 과

을 위해서 있으며, 이는 그 외의 질료[9]에 대해서도 마찬가지다. 사물이 이러한 것은 사례 열거(에파고게[귀납], epagōgē)[10]에 의해서도 분명하고, 또 설명식에 비추어 보아도 명백하다.[11] 왜냐하면 생성하는 것은 모두 무언가로부터 무언가로 나아가는 것이며, 시원으로부터 시작해[12] 시원으로, 즉 이미 어떠한 자연 본성을 가진 제1의 움직이는 시원으로부터 시작하여 어떠한 형태 내지 또 다른 그러한 종류의 목적으로 생성해 가는 것이기 때문이다. 사실상 사람은 사람을, 식물은 식물을 각각의 그 밑에 놓여 있는 질료로부터 낳는다. 거기서 필연적으로 시간이라는 점에

정보다 앞선다(639b11-14). (2) 생성의 목적은 발생하는 사물의 본질, 그 형상, 그 실체적 존재이다, 생성하는 것은 존재를 위한 것이다(640a18-19; 641b23-642a1). (3) 이 인과적 우선성은 각각의 사물의 '형태'와 존재(639b14-19)의 설명에서 우선성을 뒷받침한다. 왜냐하면 과학적 설명은 인과적 일차성을 명시하고, 생성하고 소멸하는 사물의 경우에 인과적 일차성인 형상이기 때문이다(640b28-29, 641a14-31, 642a13-17).

9 인공물에 반대되는 자연물의 질료.

10 (1) 적절한 예로부터의 일반화 (2) 앞서 방어된 일반적 철학적 원리들로부터 이끌어 내는 것. 귀납(epagōgē)에 대해서는 『분석론 후서』 제2권 제19장('nous에 의한 직관')을 포함해서 『분석론 전서』 제2권 제23장, 『토피카』 제1권 제12장(105a13-14)과 제18장, 제8권 제2장 등 여러 저서에서 서술하고 있는바, '개별적인 사실들을 일반화하는 추론의 절차'라기보다는, 주어진 일반적 명제를 여러 가지 사례를 고려하여 검증하는 절차이다(알렉산드로스, 『토피카 주해』 101b17-28). 『수사학』 1357a15-16에서는 사례들을 열거하는 방법을 '귀납'이라고 규정하고 있으며, 이와 같은 예증 추론을 귀납으로 보고 그 구체적 절차에 대한 예를 1357b25-35에서 거론하고 있다. 에파고게의 사용에 대해서는 Ross(1949) pp. 47~51, pp. 481~485 참조.

11 설명식은 감각에 분명한 것과 대조되고 있는 666a13 참조.

12 생성하는 것은 '무엇으로부터'(ek tinos) 생성한다고 설명되고, 나아가 '시원으로부터 시작해서'(ap' archēs)라고 설명된다. Lennox는 후자를 전자의 환언(換言)으로 간주하고 있지만, Bostock(pp. 63~64)이 지적하듯 다른 전치사가 쓰이고 있다는 점은 무시해서는 안 된다. 질료에 관해서 '(질료)로부터(ek)'(646a34)라고 설명되는 데 반해, 여기서 '시원으로부터 시작해서'라고 할 때 '시원'은 이른바 운동인이다. 아르케(시원, 출발점, 원리)에 대해서는 『형이상학』 제5권 제1장 1013a16-24, 『자연학』 제2권 제1장 193b11-18 참조.

서는 질료와 생성이 더 앞서지만, 설명식(본질 규정)이라는 점에서는 본질적 실체와 각각의 형태가 더 앞서게 된다. 이 점은 무언가의 생성의 본질 규정(설명식)을 이야기하게 되면 밝혀질 것이다. 즉 집 건축의 설명식은 집의 설명식을 포함하고 있지만, 집의 설명식은 집 건축의 설명식을 포함하고 있지 않다. 다른 경우에도 이 일이 마찬가지로 따라 나오는 것이다. 따라서 기본 요소라는 질료는 필연적으로 동질적 부분을 위해서 있는 것이다. 동질적 부분은 기본 요소보다 생성 측면에서는 더 나중이고, 비동질 부분은 동질 부분보다 더 나중이다. 왜냐하면 비동질 부분이 이미 목적, 즉 마지막 점[생성 과정의 끝]에 도달해 있으며, 순서상으로 말하면 세 번째에 해당하는 구성(결합)을 달성했기 때문이다. 그것은 많은 것에서 생성이 완료되는 단계에 해당하는 것이다.[13]

그런데 동물은 이것들의 동질적 부분과 비동질 부분 양쪽의 결합으로 이루어지는데, 동질적 부분은 비동질 부분을 위해서 있다. 왜냐하면 예를 들어 눈이나 코, 얼굴 전체나 손가락, 손이나 팔 전체와 같이 비동질 부분에는 여러 가지 기능과 활동이 있기 때문이다.[14] 동물 전체든 지금 예로 든 것 같은 여러 부분이든, 그것들과 관련된 활동과 운동은 그 형태가 다양하기 때문에, 필연적으로 그것들을 구성하고 있는 것들이 가지는 힘은 서로 비동질적이어야 한다. 즉 어떤 것을 위해서는 부드러움이 유용하지만, 다른 것을 위해서는 단단함이 유용하다. 또 어떤 경우에는 수축할 수 있어야 하고, 다른 경우에는 구부리고 늘릴 수 있어야 한다는 식이다. 그래서 동질적 부분은 그러한 여러 힘을 부분적으로 나누

13 646a25-b4 참조.

14 유기체는 동질적 부분(몸의 재료인 조직, 막 같은 것)과 비동질적 부분(도구적 부분이나 기관[organika])을 갖는다.

고 있는데(즉 어떤 것은 부드럽고 어떤 것은 단단하다. 또 어떤 것은 축축하고 어떤 것은 말라 있다. 또 어떤 것은 유연하고[점성이고] 어떤 것은 약하다), 반면에 비동질 부분은 [그것을 구성하고 있는] 많은 힘이 서로 연결될 수 있도록 되어 있다. 즉 손에 쥐기 위한 힘과 물건을 잡기 위한 힘은 다른 것이니까. 그러므로 몸의 여러 부분 중에서 도구적인 것[비동질적 부분]은 뼈나 힘줄, 살[肉]이나 그 밖의 다른 그와 유사한 부분[동질적 부분]으로부터 결합되어 이루어진 것이며, 전자로부터 후자가 생기는 것은 아니다.

그래서 '무엇을 위해서'라는 그런 의미에서의 그 원인 때문에, 그 부분들은 지금 말한 것과 같은 방식을 취하고 있다. 그러나 그것들이 그러하다는 것이 어떤 의미에서 필연적인지 검토해 보면, 분명 그것들은 서로 그러한 관계에 있었다는 것이 필연적으로 앞서 성립하고 있는 것이다. 그 이유는 비동질 부분은 동질적 부분으로부터 구성되는 것이 가능하기 때문이며, 여럿의 동질적 부분으로 구성되는 것도 있고, 내장과 같이 한 종류의 동질적 부분으로 구성되는 것도 있다. 내장이 그러한 것은 형상 면에서는 여러 형태의 것이 단적으로 하나의 동질적 부분인 물질[피]로 이루어져 있기 때문이다. 그러나 동질적 부분이 비동질적 부분들로부터 생기는 것은 불가능하다. [그렇다면] 하나의 동질적 부분이 많은 비동질 부분이 모여 이루어진 것이 되어 버리니까. 이렇게 해서 그러한 647a
것들이 원인이 되어, 동물의 부분에는 단순한 동질적 부분과 결합된 비동질 부분이 있는 것이다.[15]

15 동질/비동질 부분의 구분은 몸과 비슷한 부분으로 나뉘는가 여부에 달려 있다(『동물 탐구』 제1권 제1장 486a5-8). 동질 부분(homomerē)과 비동질 부분(anomoiomerē)이라는 말은 문자적으로는 '유사한 부분을 가진', '유사하지 않은 부분을 가진'을 의미한다. 예를 들어 살[肉]이 살로 나뉘는 것은 동질 부분이기 때문이고, 손(복합물)은 손으로,

동물에게는 도구적 부분들과 감각기관 부분이 있고, 도구적 부분들 각각은 앞서 말했듯이 비동질적 부분이고, 다른 한편 감각은 모든 동물에서 동질적 부분에서 생긴다. 그 이유는 감각은 어느 것이든 어떤 하나의 유를 대상으로 하고 있고, 감각기관은 감각 대상 각각을 수용하는 능력을 갖는 것이기 때문이다. 그러나 가능상태로서 무언가인 것은 활동실현상태로서 그것인 것에 의해서 작용을 받는 것이며,[16] 따라서 전자와 후자는 각각 별개이지만, 유로서는 같다. 그리고 이 때문에 손이나 얼굴이나, 무엇인가 그러한 부분에 대해서는 자연학자들 중 누구도 이것은 흙이다, 그것은 물이다, 저것은 불이다 하고 말하려 하지 않지만, 감각기관에 대해서는 그 각각을 기본 요소의 각각과 연결시키며 이것은 공기다, 저것은 불이 하고 말하고 있다. 그런데 감각은 단순한 부분 안에 있는 것이므로, 촉각은 동질적 부분 안에서 생기지만, 그 부분이 감각기관들 중에서 가장 단순하지 않다는 것은 완전히 이치에 맞는다.[17] 왜냐하면 특히 촉각은 많은 유를 대상으로 하고 있으며, 촉각으로 분류되는 감각 대상은 많은 반대의 성질 — 열과 냉, 건과 습, 그리고 그 밖의 다른 이와 유사한 것을 가지고 있다고 생각되기 때문이다. 그러한 것들의 감각기관은 살 내지 그와 유비적인 것인데, 그것은 여러 감각기관 중에서

얼굴은 얼굴로 나뉘지 않기에 동질 부분이 아니다.

16 가능상태(뒤나미스)에 있는 감각기관이 활동실현상태(에네르게이아)에 있는 감각 대상에 의해 작용을 받는다는 것. 『혼에 대하여』 제2권 제5장 418a3-4에서는 "감각 능력은 이미 최종실현상태(entelecheia)에 있는 감각될 수 있는 것(대상)과 가능상태로서는 유사한 것이다"라고 말하고 있다.

17 이 책에서 31번가량 사용되는 '이치에 맞는다'(eulogos)라는 말이 의미하는 바는 이런 것이다. '그 패턴이 사실상 늘 동일하다', '일반적 사실이 말해졌다', '그 주장이 이미 확립된 원리들로부터 논증에 의해 지지받는다면, 결론으로서 이치에 맞는 사실을 가진다'(Lennox, p. 183).

가장 물체적이다.[18] 한편, 동물은 감각 없이는 존재할 수 없기 때문에,[19] 필연적으로 동물은 몇 가지 동질적 부분을 가지고 있어야 할 것이다. 왜냐하면 감각은 동질적 부분 안에 있는 반면, 활동이 동물과 관련되는 것은 비동질적 부분을 통해서이기 때문이다.

이전에 다른 곳에서 말했듯[20] 감각 능력, 동물을 움직이는 능력과 영양 섭취 능력이 몸의 같은 부분에 존재하므로, 그러한 시작점을 가진 첫 번째 부분은 모든 감각 대상을 받아들일 수 있는 한 단순한 부분 중 하나이며, 운동이나 활동 능력을 갖는 한 비동질적 부분 중 하나라는 것이 필연이다. 그러므로 무혈동물에서는 심장에 유비적인 것이 그러한 부분이며, 유혈동물의 경우에는 심장이 그러한 부분이다. 다른 내장과 마찬가지로, 심장은 동질적 부분으로 구분되지만, **그 형태의 형질 때문에** 비동질적 부분이기 때문이다.[21]

18 제2권 제8장 653b21-30 참조('우리는 동물을 감각을 소유한 것으로서 규정하며, 동물이 가지고 있는 첫 번째 감각은 촉각이다'). 『혼에 대하여』 제2권 제3장 414b1-7 참조. 사는 능력 가운데 영양 섭취 능력은 식물과 동물에게 공통적이며, 모든 동물에게 속하는 일차적 감각은 촉각이다(제2권 제2장 413a20-413b10, 414b1-10). 이 능력은 욕구 능력을 수반한다. 촉각 능력이 없어지면 동물은 죽을 수밖에 없다(제3권 제13장 435b4-18).

19 동물과 식물을 구별하는 징표는 감각의 유무이다. 제2권 제8장 653b22-24, 『혼에 대하여』 제2권 제2장 413b-2("동물이 동물인 것은 일차적으로 감각이다"), 제3장 414b3("[식물과 달리] 다른 생물에게는 영양 능력만이 아니라 감각 능력도 있다") 등 참조.

20 여기서 이야기되는 세 가지 능력을 정리해서 서술하고 있는 부분은 따로 없지만, 『자연학 소론집』 가운데 「잠과 깨어남에 대하여」 제2장 456a5-6에서는 감각과 운동의 시작이 심장 근처라고 하며, 「젊음과 늙음, 삶과 죽음, 호흡에 대하여」 제3장 469a5-7에서는 영양과 감각의 시작이 심장에 있다고 되어 있다. 또 『동물의 운동에 대하여』 제1장 703b23-25에서는 심장이 감각의 시작임을 논하고 있다.

21 심장이 영양 섭취 능력과 감각의 시원이다(「젊음과 늙음, 삶과 죽음, 호흡에 대하여」 제3장 468b28-469b20). 심장이 이 세 가지 능력 모두의 시원이라 주장하는 구절은 없지만, 감각과 운동, 영양 섭취 능력과 감각과 운동의 시원이라고 언급하는 구절은 여러

내장[22]이라 불리는 다른 여러 부분 각각도 심장이 되는 방식을 따르고
647b 있다.[23] 즉 그것들은 동일한 질료[24]로부터 결합되어 이루어져 있다. 왜냐하면 그 부분들은 모두 혈관 및 혈관의 분기점에 위치하고 있으므로, 그 자연 본성이 피의 성질을 갖는 것이기 때문이다. 물이 흘러 침전된 진흙이 남듯이, 이 다른 내장은 혈관 속의 피 흐름으로 이루어진 이른바 침전물이다. 한편, 심장은 혈관의 시작점이며, 그 안에 피를 만들어 내는 제1의 힘을 가지기 때문에, 심장 자신도 그것이 받아들이는 영양물[피]로부터 결합되어 이루어진다는 것이 이치에 맞는다.

이렇게 해서 왜 내장이 그 형질이란 점에서 피의 성질을 가지고 있으며, 왜 그것들이 어떤 점에서는 동질적 부분이지만 다른 점에서는 비동질적 부분인지를 말했다.

저작에 나온다(『잠과 깨어남에 대하여』, 「젊음과 늙음, 삶과 죽음, 호흡에 대하여」, 『동물의 운동에 대하여』 등) 모든 동물이 심장과 유비적인 부분을 갖는다는 주장에 관해서는 제4권 제5장 681b12-33 참조.

22 아리스토텔레스가 '내장'(splagxnon)이라 부르는 부분은 심장, 폐, 간, 신장, 비장 등을 가리키며, 위나 장은 포함하지 않는다. 제3권 제4장 참조.

23 내장에 대해서는 제3권 제4장에서 개괄적으로 설명되고 있으며, 개개의 내장에 대해서는 제3권 제6장부터 상세히 기술되고 있다.

24 피를 말한다. 제2권 제3장 참조

제2장 힘, 열과 냉

동물의 동질적 부분에 있는 것은, 어떤 것은 부드럽고 습하며, 다른 것은 딱딱하고 굳어 있다.[1] [액상의] 습한 것[2]은 모든 경우에 습한 것도 있고, 그것이 자연적으로 있는 곳에 있는 한 습한 것도 있다. 예를 들어 피, 혈청, 연한 비계, 딱딱한 비계, 골수, 정액, 담즙, (젖을 내는 동물의 경우에는) 젖, 살이나 이것들과 유비적인 것이 그렇다. [여기서 '유비적인 것'이라 함은] 모든 동물이 이 부분들을 갖추고 있는 것은 아니며, 그중 하나에 유비적인 부분을 갖추고 있는 것도 있기 때문이다. 한편, 동질적 부분이 말라 있고 굳어 있는 것은, 예를 들어 뼈, 가시-등뼈, 힘줄, 혈관이다. 즉 동질적 부분에서도 분할하면 차이를 볼 수 있다. 왜냐하면 어떤 것에 대해, 어떤 의미에서는 그 부분이 그 전체와 같은 이름이지만, 다른 의미에서는 그렇지 않기 때문이다[3](예를 들어 혈관의 부분과 혈관이 그렇다). 그러나 얼굴의 부분과 얼굴은 어떤 의미에서도 같은 이름이 아니다.

그런데 우선 첫째로, 습한 부분이든 마른 부분이든, 그 원인으로서의 존재 방식은 다양하다. 그 어떤 것은 비동질적 부분의 질료로서(즉 도구

1 '습하다'와 대비되는 것은 통상 '마르다'(xēros)이지만, 바로 뒤에서 볼 수 있듯, 습한 것이 액상이나 그에 가까운 무정형(無定形) 상태로 상정되어 있는 것에 대응해서 '굳어 있다'(stereos)라고 말한 것 같다.

2 '습하다'(hugros)에는 '액상이다(혹은 유동성이 있다)'도 포함되어 있다.

3 동질적 부분은 분할해도 동질적으로 같은 이름으로 불릴 것이지만, 그 원칙에 완전히 부합하지 않는 것도 있다. 예를 들어 혈관 부분은 대충 말하면 모두 혈관이지만, 특정 종류의 혈관(예를 들어 동맥[aortē])은 전체 이름과 다른 고유한 이름을 갖는다.

적 부분은 각각 이것들, 즉 뼈, 근육, 살, 그 밖의 그러한 유의 것들로 구성되어 있으며, 그 어떤 것은 [도구적 부분의] 본질적 실체에 이바지하고, 어떤 것은 그 작용에 이바지한다), 습한 부분에는 비동질적 부분의 영양이 되는 것이 있고(모든 것이 습한 것에 의해 성장하기 때문이다), 어떤 것은 그러한 잉여물이라고 하는 것도 있다(예를 들어 마른 영양물의 침전물[똥]이 그것이며, 오줌보를 가지고 있는 동물의 경우에는 습한 영양물의 침전물[오줌]도 있다).

이것들 자신들 사이의 차이는 보다 더 나은 것이 되기 위해서인 것이다. 이들 피 이외의 다른 것[부분]들에서 차이가 나거나 피끼리도 차이가 나듯이. 실제로 피에는 더 엷은 것도 있고, 더 탁한 것도 있고, 더 순수한 것도 있고, 더 혼탁한 것도 있고, 게다가 더 차가운 것도 있고, 더 뜨거운 것도 있어서, 그 차이는 한 동물의 여러 부분에서도 볼 수 있으며(즉 동물의 몸 위쪽 피와 아래쪽 피 사이에도 그 차이가 있다), 심지어 다른 동
648a 물 사이에서도 [이런 차이를] 볼 수 있다. 일반적으로 동물 중에는 유혈인 것도 있고, 피 대신에 다른 어떤 그러한 부분을 가진 것도 있다. 피가 더 진하고 더 뜨거울수록 더욱 강한 힘을 만들어 낼 수 있으며, 더 엷고 더 차가울수록 더 감각적이고 더 사유적이 된다. 피와 유비적인 것으로 관련된 것의 경우도 동일한 차이를 갖는다. 그러므로 꿀벌이나 그와 유사한 다른 동물들은 대부분의 유혈동물보다 그 본성에서 더 사려 깊고, 유혈동물 중에서는 차갑고 연한 피를 가진 사람들이 그와 반대되는 성질의 피를 가진 경우보다 더 사려 깊다. 가장 좋은 것은 뜨겁고, 얇고, 순수한 피를 가진 동물이다. 그런 동물들은 용기나 사려에 있어서 동시에 좋은 상태이기 때문이다.[4]

4 다른 동물에게서도 '사유'(noēsis), '사려 깊음'(pronēsis)이라는 속성을 찾을 수 있다는

이런 이유로, 몸의 위쪽 부분은 아래쪽 부분에 대해서 그러한 차이가 있으며, 더욱이 수컷은 암컷에 대해서 그리고 몸의 오른쪽은 왼쪽에 대해서 그러한 차이가 있는 것이다.[5] 그 밖의 다른 부분들의 경우와 마찬가지로, 그러한 [동질] 부분과 비동질 부분에 대해서도 차이가 있다고 생각해야 하며, 그 어떤 것은 더 나은 것 혹은 더 나쁜 것과 관계되어 있지만, 다른 것은 동물 각각의 기능이나 본질적 실체와 관계되어 있다. 예를 들어 눈을 가진 동물 중에는 딱딱한 눈을 가진 것도 습한 눈을 가진 것도 있으며, 전자에는 눈꺼풀이 없고 후자에는 눈꺼풀이 있는데, 이것은 시각이 더 정확하다는 것과 연관되어 있다.[6]

피 혹은 그와 같은 자연 본성을 필연적으로 가져야만 한다는 것, 그리고 피의 자연 본성이 무엇인지에 대해서, 우리는 먼저 온과 냉에 대해 구분한 다음, 피에 대해서도 그 원인을 고찰해야만 한다. 많은 사물의 자연 본성은 그 시작점으로 되돌아가기 마련이니까. 많은 사람들이 어떤 동물이, 혹은 동물의 어느 부분이 뜨겁거나, 어떤 것이 차가운지를 논의하

주장 ― 인간의 지혜와 학적 이해는 아니다 ― 에 대해서는 『동물 탐구』 제8권(제9권) 611a15-20, 612b18-33, 614b32-35, 615a19, a34, 616a10-33, 622b20 아래, 『형이상학』 제1권 제1장 980b21, 『동물의 발생에 대하여』 제2권 753a11-14, 『니코마코스 윤리학』 제6권 제7장 1141a20-23 참조. "인간에서 피가 가장 엷고 순수하다. 태생동물 중 황소, 당나귀의 피가 가장 진하고(걸쭉하고), 검다"(『동물 탐구』 제3권 제19장 521a2-3).

5 여기서 차이는 피의 유형 차이, 즉 '피의 뜨거움'(熱)을 말한다. 648a30-33 참조. 이러한 피의 유형 차이를 민족적 이데올로기로 아리스토텔레스가 주장했다는 근거는 없다. 피의 유형이 사람의 성격을 규정한다는 생각은 기원전 4세기에 이미 널리 받아들여지는 의견이었고, 이러한 생각에 아리스토텔레스가 토대를 두고 있었는지 아닌지를 우리는 알 수 없다. 피의 유형에 따른 성격 차이를 설명하는 논의에 대해서는 진작 여부가 의문시되는 아리스토텔레스의 『관상학』과 이에 대한 김재홍의 해제(아리스토텔레스, 『관상학』, 김재홍 해설, 「아리스토텔레스와 관상학의 역사적 연원: 관상학과 의학」, 그린비, 2024) 참조.

6 눈이 젖어 있으면 사물을 더 예민하게 볼 수 있다(제2권 제13장 657a31-35 참조).

고 있다. 즉 어떤 사람들은 육생동물보다 수생동물이 더 뜨겁다고 주장한다. 수생동물의 자연 본성의 뜨거움이 그들이 살고 있는 곳의 차가움과 균형을 이루고 있다는 것이다. 그리고 무혈동물은 유혈동물보다, 암컷은 수컷보다 뜨겁다고 한다. 예를 들어 파르메니데스나 그 밖의 사람들은 뜨거움 때문에 피가 많은 여자에게 여자의 표시[월경]가 생기는 것이라고 생각하고, 여자가 남자보다 뜨겁다고 주장한다. 엠페도클레스는 반대되는 주장을 편다.[7] 심지어 피와 담즙에 관해, 그중 하나를 뜨겁다고 말하는 사람이 있는가 하면, 차갑다고 말하는 사람도 있다.

열과 냉에 관해 이 정도의 의견 불일치가 있다면 다른 것에 대해서는 어떻게 생각해야 하는 것일까? 열과 냉이 감각과 관련된 것 중에서 가장 명료하기 때문이다. 그러나 '더 뜨겁다'라는 말이 여러 가지 의미로 말
648b 해지기 때문에, 이런 일이 일어나는 것으로 보인다. 왜냐하면 논하는 이들 각자가 정반대의 것을 말해도 각자 무언가를 말하는 것처럼 보이기 때문이다. 그러므로 간과해서는 안 되는 것은 자연에 의해 결합된 것에 대해, '이것은 뜨겁고 저것은 차갑다, 이것은 말라 있고 저것은 습하다'를 어떤 의미에서 말해야 하는가 하는 것이다.[8] 왜냐하면 분명 적어도 그것들은 대개 죽음과 삶의 원인이며, 더욱이 수면과 깨어 있음, 청년과 노년, 질병과 건강의 원인인 것처럼 생각되지만,[9] 다른 한편으로는 까칠하

7 엠페도클레스, 「단편」, *DK* 31B65, 67 참조.

8 논증에서 하나의 말이 여러 의미로 사용되면 오류를 피할 수 없는 것처럼 각각의 말(名辭)은 모호성을 제거하고 사용해야 한다는 것이다.

9 죽음과 삶에 대해서는 「젊음과 늙음, 삶과 죽음, 호흡에 대하여」 제6장 470a19-b5, 잠과 깸에 대해서는 「잠과 깸에 대하여」 제3장 458a25-32, 수명에 대해서는 「장수와 단명에 대하여」 제5장 466a17-b4 참조. 이 짧은 논고들은 『자연학 소론집』에 실려 있다. '질병과 건강에 관한 글'은 따로 현존하지 않는다. "잠, 깸에 대해서는 앞서 이야기했다. 삶과 죽음, 마찬가지로 질병과 건강에 대해서는 — 이러한 주제들이 자연철학에

고 매끈매끈한 것도, 무거운 것과 가벼운 것도, 그 밖에 그런 종류의 상태(파토스)들은, 말하자면 그 어느 것 하나도 그러한 사건의 원인이 아니라고 생각되기 때문이다. 그리고 이러한 것이 따라 나오는 것이 이치에 맞는다. 다른 곳에서 이미 말했듯[10] 자연적인 기본 요소들의 시원은, 그것들, 즉 열, 냉, 건, 습이기 때문이다.

그렇다면 뜨거운 것은 단일한 의미로 이야기될 것인가, 아니면 여러 의미로 이야기될 것인가? 그래서 '더 뜨거운' 것의 기능은 무엇이며, 그 기능이 여럿 있다면 얼마나 많은 종류가 있는지 파악해야 한다. (1) 우선 한 가지 의미에서는, 그것을 만진 것이 그것에 의해 더욱 뜨거워질 때, 그것은 '더 뜨겁다'라고 한다. (2) 다른 의미에서는 접촉하는 동안 더 강한 감각을 일으키는 것이 '더 뜨겁다'라고 여겨지며, 특히 통증을 동반하는 경우가 그렇다. 그러나 때때로 이것은 감각하는 자의 상태가 그 고통의 원인일 수 있기 때문에, 가짜일 수도 있다. (3) 게다가 용해될 수 있는 것을 용해하는 힘이 더 강하고, 태울 수 있는 것을 태우는 힘이 더 강한 것이 '더 뜨겁다'라고 여겨진다. (4) 게다가 동일한[뜨거운] 것을 한 쪽은 더 크게 하고, 다른 쪽은 더 작게 하는 경우에,[11] 큰 쪽이 작은 쪽보다 '더 뜨겁다'라고 여겨진다. 이 둘에 더해, (5) 둘 중 금방 식지 않고 천천히 식는 것을 '더 뜨겁다'라고 우리는 말하고, (6) 더 빨리 뜨거워지는 것을 천천히 뜨거워지는 것보다 자연 본성에 따라 '더 뜨겁다'라고 말한다. [(5)의 경우] 어떤 것으로부터 동떨어져 있으므로 그것과는 반대라고 생각하고, 또 [(6)의 경우] 어떤 것에 가깝기 때문에 그것과 유사하다

속하는 한 — 나중에 이야기할 것이다"(「장수와 단명에 대하여」 제1장 464b32-465a1).

10 646a15-20, 646b4-5 참조. '네 개의 힘들이 요소들의 네 원인(aitia)'(『기상학』 제4권 제1장). 『생성과 소멸에 대하여』 제2권 제2장 330a24-25 참조.

11 지금까지와는 달리 '양적인 것'의 비교를 말하고 있다.

고 생각하기 때문이다.[12]

그런데 한쪽이 다른 쪽보다 '더 뜨겁다'라고 말하는 경우 그 의미에는, 다수라고까지는 말하지 못하더라도, 지금 말한 정도의 종류는 있다는 것이다. 그러나 동일한 것에 대해, 이런 의미에서 '더 뜨거운 것'이 모두 해당한다는 것은 있을 수 없다. 즉 끓는 물은 불꽃보다 더 뜨겁게 달궈지지만, 불꽃이 태울 수 있는 것은 태우고 용해될 수 있는 것은 용해하는 반면 물은 그렇지 않다. 더욱이 끓는 물은 작은 불보다 더 뜨겁지만, 뜨거운 물은 작은 불보다 더 빨리 더욱 차가워진다. 불은 차가워지지 않지만, 물은 모두 차가워지기 때문이다. 더욱이 끓는 물은 올리브기름에 비해 촉각적으로는 더 뜨겁지만 더 빨리 식어 응고된다. 게다가 피는 불이나 올리브기름보다 촉각적으로는 더 뜨겁지만 더 빨리 응고된다. 더욱이 돌이나 쇠나 그 밖에 이와 같은 것은 물보다 천천히 뜨거워지지만, 일단 뜨거워지면 더욱 맹렬하게 물건을 태운다.

이상에서 말한 이런 것[차이]들에 덧붙여, '뜨겁다'라고 말해지는
649a 것은 외부에서 유래하는 뜨거움을 가지는 것도 있고, 그것 고유의 뜨거움을 가지는 것도 있다. 뜨겁다는 것이 전자의 의미냐, 후자의 의미냐에 따라 엄청난 차이가 생긴다. 그것들 중 전자는 부수적으로(kata sumbebēkos) 뜨겁지만 자체적으로는 그렇지 않은 경우에 가깝고, 그것은 마치 열병에 걸린 사람에게 우연히 '음악적이라는 것'이 부수되어 있

12 (5)와 같은 경우 두 개의 뜨거운 것을 차갑게 하는 비율로, 차가운 상태로 좀처럼 되지 않는다는 점에서 그 상태에서 벗어나 있으므로, 냉과 반대로 '더 뜨겁다'라고 하며, (6)과 같은 경우 두 개의 차가운 것이 뜨겁게 되는 비율로, 차가운 것이 뜨거운 상태에 금방 도달한다는 점에서 그 상태에 가까우므로 열과 유사한 것으로 '더 뜨겁다'라고 한다. (4), (5), (6)은 앞서 언급한 예들과 달리 촉각의 기관(감각)과 무관하게 이루어진 판단들이다.

는 경우에, 음악적인 사람이 건강한 정도의 열을 가진 사람과 비교하여 '더 뜨겁다'라고 주장하는 것과 같기 때문이다. 또한 자체적으로 뜨거운 것과 부수적으로 뜨거운 것이 있는 경우, 자체적으로 뜨거운 것은 더 천천히 식고, 부수적으로 뜨거운 것은 종종 더 강하게 뜨거움의 감각을 일으키는 경우가 많다. 그리고 나아가 그 자체적으로 뜨거운 것, 예를 들어 불꽃은 끓는 물보다 한층 더 뜨거운 것을 태우지만, 오히려 촉각적으로 더 뜨겁게 하는 것인 끓는 물이 부수적으로 뜨거운 것 쪽이다.

따라서 둘 중 어느 쪽이 더 뜨거운가를 판단하기가 단순치 않은 것은 분명하다. 어떤 의미에서는 한쪽이 더 뜨겁다고 해도, 다른 의미에서는 다른 쪽이 더 뜨거울 수 있기 때문이다. 그런 것들 가운데는 단적으로 뜨겁거나 뜨겁지 않다고 말할 수 없는 것이 있다. 사실상 우연히 그때에 그 밑에 놓여 있는 것[기체, 질료]은 뜨겁지 않지만, 무언가[열]와 결합하면 뜨거워지는 것이 있기 때문이다. 예를 들어 뜨거운 물이나 뜨거운 쇠에 하나의 이름을 부여하는 경우를 생각해 보면 된다.[13] 사실상 피는 이런 의미에서 뜨거운 것이다.

이것은 다음과 같은 점을 밝혀 준다. 즉 그 기체가 작용을 받았기 때문에 '뜨겁다'라고 할 경우, 차가운 것은 어떤 자연 본성이지[14] 뜨거움의 결여가 아니다. 어쩌면 불의 자연 본성[15]도 뭔가 그런 것일 수 있다. 왜냐하면 아마 그 기체[밑에 놓여 있는 것]는 연기나 숯일 텐데, 전자는 항상 뜨겁지만(연기는 증기화된 것이니까), 숯은 불이 꺼지면 차갑기 때문이다. 그리고 올리브기름이나 송진도 차가워질 것이다.

13 예를 들어 온천 목욕탕(沐浴湯)의 '탕'은 '뜨거운 물'이기는 하지만, '물'과 달리 '뜨겁다'라는 것이 그 본질에 포함되어 있어 자체적으로 뜨겁다고 할 수 있다.

14 기체 자체의 자연 본성은 차갑다.

15 이 '불'은 요소로서의 불이 아니라 현실에서 사물이 불타고 있을 때의 불을 말한다.

또한 불에 탄 것도 거의 모두 열을 갖는다.[16] 예를 들어 태운 숯, 재, 동물의 배설물, 또 잉여물 중에서는 담즙이 그렇고, 그것들은 불에 타 그 안에 어떤 열이 남아 있기 때문에 뜨거움을 가진다. 한편 송진이나 기름이 '뜨겁다'라는 것은 그것과는 다른 의미로, 그것들이 곧바로 불의 활동실현상태로 이행한다는 의미에서이다.

한편 열은 사물을 응고시킬 수도 있고 용해시킬 수도 있다고 생각된다. 물로만 이루어진 것을 응고시키는 것은 냉이지만, 흙으로 된 것은 불이 응고시킨다. 뜨거운 것 중에서도 흙을 더 많이 함유하고 있는 것은 냉에 의해 빠르게 응고되어 분해되기 어렵지만 물을 더 많이 함유하고 있는 것은 분해되기 쉽다. 그러나 이런 것들에 대해 응고되기 쉬운 것은 어떤 것인지, 어떤 원인으로 응고되는지는 다른 곳에서 더 명확하게 설명했다[17].

그런데 무엇이 뜨거운가, 어떤 종류의 것이 더 뜨거운가 하는 물음은
649b 그것들이 여러 의미로 이야기될 수 있기 때문에, 모든 경우에 동일한 방식으로 적용되지는 않을 것이다. 오히려 규정을 더더욱 덧붙여 구별해야 한다. 즉 이것은 자체적으로 '뜨겁다'이지만, 다른 것은 부수적으로 '뜨겁다'가 많다든가, 나아가 이것은 가능상태로서 '뜨겁다'이지만 저것은 활동실현상태로서 '뜨겁다'이거나, 그리고 이것은 촉각적으로 더 뜨겁게 한다는 점에서 '뜨겁다'이지만 저것은 불꽃을 일으켜 태운다는 점에서 '뜨겁다'라는 식으로 구별해야 한다. 뜨거움은 많은 의미로 말해지므로, 차갑다는 것에 대해서도 동일한 설명(logos)이 적용된다는 것이

16 『기상학』 제4권 제11장 389b1-7 참조.

17 『기상학』 제4권 제6장 383a26-b17, 제7장 384b2-23 참조.

분명히 따라 나올 것이다.[18]

그래서 '차갑다'와 '뜨겁다', 그리고 그 초과의 정도['더 차가운'과 '더 뜨거운']에 대해서는 이러한 방식으로 규정되었다고 하자.[19]

18 『니코마코스 윤리학』 제5권 제1장 1129a 23-25 참조.

19 648b25-649b9에는 두 가지 철학적 주장이 내세워진다. (1) 하나의 것이 여러 측면에서 다른 것보다 더 뜨거울(또는 더 차가울) 수 있기 때문에, 더 뜨겁다거나 더 차갑다는 '관점'을 상술할 수 있게 하는 철학적 논제(648b25, 649a11-14, 649a34-37). 이것은 감각 세계에 대한 헤라클레이토스적 '회의론'(즉 감각의 모든 대상이 존재와 비존재 사이를 맴돌고 있다)을 회피할 수 있게 하는 수단을 제공한다(플라톤, 『크라튈로스』 411b-c, 439c-440d, 『테아이테토스』 179e-180c, 『국가』 제5권 476a-477d). 동일한 관점에서 뜨겁거나 뜨겁지 않다고 하면 그것은 모순이다. 그러나 X가 Y보다 만지기에 더 뜨겁지만 가연성이 더 크지 않은 경우에는 X가 Y보다 더 뜨겁고 더 뜨겁지 않다고 해도 모순의 법칙에 위배되지 않는다(『형이상학』 제1권 제3장 1005a18-34 참조). (2) 부수적으로(kata sumbebēkos) 속하는 속성과 그 자체에 속하는(kath' hauto)(648b35-649a20) 속성을 구별함으로써, 파생적인('외부에서 유래하는', allotria) 열과 고유한(oikeia) 열(『기상학』 제4권)을 구별하고 있다(『기상학』 제4권 제1~2장 379a17-380a7 참조).

제3장 힘, 건과 습(고형과 액상)

이어서 건과 습에 대해서도 지금 말한 방식에 따라서 설명해 보자. 그것들은 여러 방식으로 이야기된다. 예를 들어 '가능상태로서 그렇고 그렇다', '활동실현상태로서 그렇고 그렇다'라는 식이다. 즉 얼음이나 응고되어 습한[액상인] 것들은 모두 활동실현상태로서는 '건조하다'가 부수적이며, 가능상태로서도 또 그 자체로도 습한[액상이다][1] 것이라고 말하며, 한편 흙이나 재, 또 그러한 것들은 습한[액상인] 것과 혼합되어 있을 경우에, 활동실현상태로서는 '습하다'[액상이다]가 부수적이며, 그 자체로도 가능상태로서도 '건조하다'[고체이다]라고 말한다. 그것들이 분리되었을 때는 물로 이루어진 것은 유동체로서, 활동실현상태로도 가능상태로도 습하다. 한편, 흙으로 이루어진 것은 모두 [활동실현상태로서도 가능상태로서도] 건조하다. 그리고 본래적이고 무조건적으로 말라 있는 것은 특히 그런 의미에서[2] 말라 있다고 한다. 다른 한쪽의 습한 것에 대해서도 마찬가지로, 동일한 설명에 따라 본래적이고 무조건적으로 그러한 것이 있으며, 그것은 뜨거운 것과 차가운 것에 대해서도 마찬가지다.

이러한 것들이 규정되었다면 다음과 같은 것은 명백하다. 즉 피는 어떤 의미에서는, 다시 말해 '피에서 피인 것이 원래 무엇인가 하는 그런

1 그 본질은 습하다는 것.

2 '활동실현상태로도 가능상태로도'라는 의미다.

것'[3]을 생각하면 뜨거운데('끓는 물'이 어떤 하나의 이름으로 지시되었다면 그렇게 말하는 것처럼), 다른 한편으로는 피의 기체, 즉 그때 피인 바의 그것[4]은 뜨겁지 않다. 피는 그 자체로는 어떻게 보면 뜨겁지만, 다른 의미에서는 뜨겁지 않다. 왜냐하면 '흰 사람'의 정의(logos)에 '흼'이 속하는 것처럼,[5] 피의 정의에는 '뜨거움'이 속하게 되겠지만,[6] 피가 파토스(겪음의 작용)에 의해 뜨겁다고 하는 한, 피는 그 자체로 뜨거운 것은 아닌 셈이다. 건과 습에 대해서도 마찬가지다. 그러므로 그러한 것[동질적 부분] 중 어떤 것은, 예를 들어 피와 같이 자연물[동물의 몸] 속에서는 뜨겁고 습하지만, 분리되면 응고되어 차가워지는 것을 볼 수 있다. 한편, 예를 들어 담즙과 같이 뜨겁고 농밀한 것은 그러한 것을 가지고 있지만, 자연 그대로의 장소[몸]에서 분리되면 작용을 받아 반대의 성질과 상태가 된다. 실제로 그 경우에는 차가워지고 습해진다[액상화한다]. 즉 [분리되면] 피는 한층 마르고[응고되고], 황담즙[7]은 한층 습해진다. 우리는 이것들이 반대 관계에 있는 것들[8]을 더 많이 나누거나 더 적게 나눌 수

3 ti en autō to haimati einai. 즉 피의 본질적 정의는 무엇인가(제1권 제1장 642a25-26). '본래 [그것은] 무엇인가'(to ti en einai)라는 아리스토텔레스의 용어의 변형으로 생각된다.

4 즉 피의 질료. 구체적으로는 영양물.

5 '흰 사람'이 하나의 이름으로 불리는 하나의 실체라면, 그 정의에는 '흼'이 포함된다.

6 피는 체내에 있음으로써 본래의 의미에서 피가 되므로, 그 한에서는 뜨겁다. 그러나 몸 밖으로 유출됐을 때는 이른바 동명이의적으로 '피'일 뿐, 더는 그 자체로서 뜨거움을 유지하지 않는다.

7 고대 의학(힙포크라테스, 갈레노스 등)의 4체액설에서는 체내의 기본 체액(chumos)으로 피, 점액, 황담즙, 흑담즙이 가정되었다. chumos는 원래 '즙'이나 '수액'을 가리키는 말이다. 고대 의학에서 '아리스토텔레스와 의학자 들의 체액 이론'을 논하고 있는 '아리스토텔레스와 관상학의 역사적 연원 — 관상학과 의학'(아리스토텔레스, 『관상학』, 김재홍 옮김/해설, 그린비, 2024) 참조.

8 열과 냉, 습과 건.

있다고 가정해야만 한다.

650a 이렇게 해서 피가 어떤 의미에서 뜨겁고 어떤 의미에서 습한지, 그리고 피의 자연 본성이 반대의 성질을 나누게 되는 것은 어떤 방식인지를 대략적으로 이야기했다고 하자.

성장하는 것은 모두 필연적으로 영양물을 섭취해야 하며, 모든 경우에 영양물은 습한 것[액상인 것]과 마른 것[고체인 것]으로부터 오며, 영양물의 숙성[9]과 변화는 열의 힘에 의해 일어나는 것이므로 동물도 식물도 모두 다른 원인이 없으면 그 원인 때문에 필연적으로 열을 낳는 자연 본성적 기원을 가지고 있어야 하며, 그것은 영양물을 처리하는 일처럼, 몸의 많은 부분[10]이 담당하고 있다.[11] 즉 동물이 영양물에 대하여 최초로 행하는 명백한 일은 영양물이 분할될 필요가 있는 경우에, 입 및 그 안의 여러 부분[이빨 등]에 의해 이루어진다. 그러나 입은 숙성의 원인이 전혀 아니며, 오히려 숙성을 쉽게 하는 원인이다. 왜냐하면 영양물을 작은 부분으로 분할하면, 열에 의한 일이 쉬워지기 때문이다. 위와 아래 복강[위와 장]의 일이 그 자연적 열을 가지고 즉시 숙성을 하는 것이다.[12]

입은 미처리된 영양물의 관이고, 거기에 이어서 '식도'라고 불리는 부

9 여기서 '숙성'(熟成, pepsis)이라는 말은 본래 소화작용에 대응하는 것이지만, 아리스토텔레스는 가열에 의한 조리와 같은 작용을 상정하고 있다. 이 말은 '숙성', '(음식을) 가열해서 조리함', '소화작용', '(동물의 기관에서의 체액의) 혼합', '(포도주의) 발효'를 의미한다. pepsis에 대한 일반적 설명에 대해서는 『기상론』 제4권 제2~3장 참조.

10 각각의 부분들은 제3권 제1장(입과 이빨), 제3장(식도와 관련된 기관), 제4장(심장), 제5장(혈관)에서 논의된다.

11 650a7: tautēn 대신 autē로 읽는다(Barnes, Lennox). 『자연학 소론집』에 실린 「젊음과 늙음, 삶과 죽음, 호흡에 대하여」 제4장 469b6-9에 따르면 '열'의 주된 시원은 심장이지만, 다른 여러 부분도 고유한 자연 본래의 열을 가지고 있다.

12 이 대목은 가능한 한 가장 추상적 차원에서 영양의 섭취 과정을 기술하고 있으며, 그 과정에서 열의 기원에 대한 필요성을 확립하고 있다.

분, 그 부분을 가진 동물에서는 위까지 연결되어 있는데, 그와 마찬가지로 다른 시작점(기원)도 더 많아야 하며, 그것을 통해서 몸 전체가 마치 여물통에서 먹이를 먹듯이,[13] 위(胃) 그리고 일련의 장(腸)이라는 체계에서 영양을 섭취한다. 왜냐하면 식물은 뿌리가 땅에서 처리한 영양을 취하는데(그래서 식물에는 잉여물[14]이 생기지 않는다. 흙과 땅속의 열을 위[胃]와 같은 것으로 활용하기 때문이다), 거의 모든 동물은 보행동물의 경우 명백하지만 (식물에서의) 흙에 해당하는 것으로서 위(胃)라는 주머니를 자신 안에 가지고 있으며, 거기에서 동물은 식물이 뿌리로서 영양을 섭취하는 것처럼, 연속적인 숙성 작용이 종착점에 도달할 때까지 어떤 식으로든 영양을 받아야 한다. 즉 입이 처리해서 그것을 위(胃)로 넘겨주고, 다음에 필연적으로 다른 것이 위(胃)에서 받아야 하는 것이며, 바로 그런 일이 일어나도록 되어 있다. 즉 혈관은 장간막(腸間膜, mesenterion)을 통해 전체로 뻗어 있으며, 그것은 위(胃)의 아래쪽에서

13 플라톤, 『티마이오스』 70e 참조("몸의 양육을 위해 마치 여물통과 같은 것을 이 장소 안 전체에 걸쳐 짜 맞추고 …").

14 영양물과 같은 잉여물(perittōma)은 쓸모없는 것(acherēston)과 유용한 것(chrēsimon)의 두 종류가 있다(『동물의 발생에 대하여』 제1권 제18장 725a4). 전자는 주로 장과 신장에서 제거되며, 배설물이라고 할 수 있다. 후자는 감각기관이나 살과 같은 더 고귀한 부분이 필요한 것을 취한 후에 남아 있는 피로 환원되는 영양분이다(『동물의 발생에 대하여』 제2권 제6장 744b23). 이 잉여물은 여러 방식으로 활용된다. 일부는 발톱, 머리카락, 힘줄, 뼈(744b25)와 같은 비활성 부분에 사용된다. 일부는 지방으로 저장된다(제2권 제5장 651a21). 일부는 유용한 분비물을 형성하며, 특히 생식액(정액)을 형성한다(제4권 제10장 689a8-13). perittōmata(복수)의 이러한 모든 산물은 perittōmata라 불린다. 혈액 속의 chrēsimon perittōma(유용한 잉여물)는 신체의 폐기물(suntēgma)과 대조된다(『동물의 발생에 대하여』 제1권 제18장 724b26 아래). 아리스토텔레스가 배설물이 아닌 어떤 것에 대해 perittōma라고 말할 때, 그것은 더는 쓸모없는 질료가 아니라 쓸모 있는 잉여물에서 나온다는 의미이다. 그가 말했듯 식물은 배설물이 없으며, 유용한 잉여물은 열매와 씨앗을 형성한다(제2권 제10장 655b35).

시작하여 위쪽으로 뻗어 있다. 이것들은 해부[15] 및 자연 탐구[16]를 바탕으로 고찰해야 한다.

모든 영양물 및 그로부터 생기는 잉여물을 받아들인다는 것은 무엇인가? 다른 한편 혈관은 말하자면 피를 담는 용기이기 때문에, 유혈동물의 경우에는 피가, 무혈동물의 경우에는 그 유비적인 것이 최종 단계의
650b 영양인 것은 분명하다. 그리고 그 때문에 영양물을 섭취하지 않으면, 피가 부족하게 되고 영양물을 섭취하면 증가하는 것이며, 더욱이 영양물이 유익하면 피는 건강해지고, 영양물이 나쁘면 피도 나쁘게 된다.[17]

그런데 피가 유혈동물 안에 있는 것은 영양을 목적으로 하는 것임은 이러한 일이나 이와 유사한 것에 의해서인 것은 명백하다.[18] 그렇기에 피를 만져도 그것이 감각을 일으키지 않는 것이고,[19] 이는 다른 잉여물

15 현존하지 않는 아리스토텔레스의 저작 『해부집』을 염두에 둔 것으로 해석할 수 있다. 그의 저작으로 목록만 전해지는 것 중에 '해부집' 8권, '해부집 선집' 1권 등이 있다(디오게네스 라에르티오스, 제5권 25 참조).

16 아마도 『동물 탐구』를 가리키는 것 같다. 『동물 탐구』 제1권 제16장 495b19-496a2, 제3권 제4장 514b9-15 참조.

17 (1) 혈관은 피의 용기이고, 몸의 용기는 영양물이나 잉여물을 위한 것이다. 피는 잉여물이 아니다. 따라서 그것은 영양물이어야 한다. (2) 섭취한 음식의 양과 유기체의 피의 양 사이에는 양적인 대응이 있다. (3) 마찬가지로, 건강한 피와 건강한 음식 사이에, 또 나쁜 피와 나쁜 음식 사이에 질적인 대응이 있다. (1), (2), (3)으로부터 '피는 숙성된 영양물이다'라는 것이 따라 나온다. 즉 피는 섭취한 음식의 산물이고, 영양의 최종의 형태가 몸을 통해 분배되는 것이다.

18 동물들은 영양을 위해 피 또는 그와 유비적인 것을 가지고 있다.

19 여기서 피의 무감각성이란 '살'과는 다른 것이라는 의미다. 엠페도클레스는 '피는 살의 형태이고, 피를 통해서 생각한다'라고 주장했다(*DK* 31A86, 31B98). 테오프라스토스(*Desensu* 9)는 그가 사고와 감각을 동일시했다고 보고하고 있는 셈이다. 요컨대 엠페도클레스에 따르면 '피는 일종의 살이며, 감각의 기관'이라는 것이다. 이것은 아리스토텔레스가 거리를 취하는 입장이다. 그렇지 않다면, 엠페도클레스의 생각은 피가 감각적 능력이 아니라 혼의 영양 섭취 능력과 연관되었다는 것일 수 있다(Lennox).

들이 감각을 일으키지 않는 것과 같은 것이다. 또 [피라는 마지막 단계의] 영양은 살과 비슷한 것도 아니다. 살은 만지면 감각을 일으키니까. 실제로 피는 살과 연속되는 것도 아니고, 그것과 본래 일체의 것도 아니고, 피가 심장이나 혈관 속에 있는 것은 용기 안에 있는 것과 같다. 그러나 어떤 방식으로 몸의 각 부분이 피를 기반으로 성장하는지, 나아가 영양물 전반에 대해서는 생성에 관한 논의[20]나 다른 논의에서 상세히 설명하는 것이 더 적합하겠다. 지금으로서는 이 정도까지 설명하는 것으로 하자(이 정도로도 도움이 되니까). 즉 피는 영양, 즉 여러 부분의 영양을 위해서 있다는 것이다.

20 668a8-9 참조. 『동물의 발생에 대하여』 제2권 제4장 740a21-b12. 『생성과 소멸에 대하여』 제1권 제5장, 제2권 제8장을 언급하기도 한다(Peck, Ogle). '영양물'과 혼의 능력을 연관 짓는 『혼에 대하여』 제2권 제4장 416a19-416b30("이렇게 해서 영양물이 무엇인지 개략적으로 이야기되었다") 참조.

제4장 동질 부분: 피와 그 성분

피는 '섬유소'[1]라 불리는 것을 포함하는 것과 사슴[붉은 사슴]이나 영양(羚羊)의 피처럼 그것을 포함하지 않은 것이 있다.[2] 그러므로 후자와 같은 피는 응고되지 않는다.[3] 실제로 피 중에서도 수분이 많은 부분은 더 차갑고,[4] 그래서 응고도 안 되는 반면, '흙인 것'[土質]의 부분은 수분이 증발하면[5] 응고되는데, 섬유소는 흙으로 이뤄져 있다. 그러한 (피가 섬유소를 포함하지 않는) 동물 중에는 다른 것보다 사고가 예민한 것이 있는데, 그것은 피의 차가움 때문이 아니라 오히려 피의 엷음 때문이며, 피가 순수한 상태이기 때문이다.[6] 즉 흙인 것은 그 어느 쪽의 성격[엷음과

1 섬유소(ines)에 대해서는 『동물 탐구』 제3권 제6장 참조.

2 여기부터 제9장 끝까지 아리스토텔레스는 질료적 차이와 질료를 가진 동물 안에 있는 기능적 역할이란 점에서 여러 동질 부분을 논의한다. 제10장에서 새로운 논의를 시작한다.

3 이 점은 다시 『동물 탐구』에서도 다음과 같이 언급되고 있다(제3권 제6장 515b33-35). 어떤 동물에서 피가 차가워지는데도 응고되지 않는 것은 왜일까? 『기상학』(제4권 제10장 389a11)에서는 혈청(ichōr)이 『동물의 부분들에 대하여』 제2권(647b12, 651a17-18, 651b18, 653a2)과 같이 차가워짐으로써 응고된다고 말한다.

4 『기상학』 제4권 제7장 384a26-28 참조.

5 외부의 냉기가 몸 안에서 내부의 열기를 강제로 빼앗아 간다. 그래서 차갑고, 마른 흙의 부분(건)을 남겨 둔 채로, 습기가 빠져나간다(651a4-10). 증발되고 나면 섬유소(토질의 요소)는 남는다(『기상학』 제4권 제5장 382b17-26, 제6권 383a14-19, 피에 관해서는 제7장 384a25-b1 참조).

6 이제 아리스토텔레스는 제2권 제2장(647b31-648a13)에서 시작된 혈액의 기본적 구분과 관련된 성격 및 인지의 차이로 돌아가고 있으며, '섬유소'(ines)의 존재를 언급함

순수함]도 가지고 있지 않다. 사실상 그 습기가 더 엷고 순수한 것(동물)들은 더 쉽게 움직이는 감각을 가지고 있다.[7] 이 때문에 이미 말했듯[8] 무혈동물에는 어떤 유혈동물보다 더 지적인 혼이 있다. 예를 들면 꿀벌이나 개미류, 더 나아가 다른 그런 것이 있다면 그것도 그렇다.

그러나 [피에] 수분이 매우 많은 동물은 다른 것보다 겁이 많다. 두려움은 식히는 작용을 하기 때문이다. 따라서 심장의 혼화 상태가 그런 것은 두려움이라는 파토스(상태)에 빠지기 쉽다. 물[수분]은 냉에 의해 응고되기 쉽기 때문이다. 그래서 다른 무혈동물들도 단적으로 말하면 유혈동물보다 겁이 많고 공포에 휩싸이면 움직일 수 없게 되거나,[9] 잉여물을 배출하거나,[10] 어떤 것은 몸의 색깔을 바꾸어 버리기도 한다.[11] 반면 섬유소가 매우 많고 피가 농밀한 것은, 그 자연 본성이 더 흙인 것[土質]이고, 기질(성격, ēthos)이 화를 잘 내며 격앙될 수 있기 때문에 넋을 잃기

으로써 혈액의 응고 또는 응고 능력을 설명하기 시작한다. 혈장(혈구와 혈소판이 현탁[suspension, 懸濁]되어 있는 액)에 대한 현대의 설명은 응고를 돕는 섬유소라고 부르는 단백질과 혈청을 구별한다. 섬유소의 수준은 동물마다 다르며, 사실 아리스토텔레스가 언급한 '종'에서 상당히 높다고 한다. 아리스토텔레스는 혈액에서 이러한 섬유소를 추출하는 방법을 알고 있는 것처럼 논의하지만(『동물 탐구』 제3권 제6장 515b32-33 참조) 그 방법에 대해서는 설명하고 있지 않다(Lennox).

7 648a4-13 참조("피가 더 진하고 더 뜨거울수록 (…) 더 엷고 더 차가울수록 더 감각적이고 더 사유적이 된다"). 여기서 피의 본질이 성격을 결정한다는 것이다. 두려움과 분노는 회피하려는 욕구나 되갚아 주려는 욕구에 기인한 '피에서의 변화'라고 말하는 『혼에 대하여』 제1권 제1장 403a3-b15 참조. 아래에서 피의 변화로 야기되는 감정 반응의 예를 들고 있다. 650b27-31(두려움), 650b36-651a4(격앙).

8 제2권 제2장 648a4-13.

9 쇠똥구리(kantharos[dung-beetle], 제4권 제6장 682b25). 『동물 탐구』 제1권 제5장 490a15 참조.

10 오징어(제4권 제5장 679a5-7) 등.

11 문어(제4권 제5장 679a12-13), 카멜레온(제4권 제10장 692a22-23) 등. 『동물 탐구』 제8권(9) 622a8 참조.

쉽다. 격앙(thumos)은 뜨거움을 만들어 내기 때문에,[12] 딱딱한 것은 달궈
651a 지면 축축한 것보다 물건을 더 잘 달구기 때문이다. 그리고 섬유소는 단단하고 흙을 많이 포함하며, 그 결과로 그것은 피 속의 불꽃처럼 되어 격앙되었을 때 끓는 상태를 만들어 낸다. 그런 이유로 수컷 소나 멧돼지는 격앙되기 쉽고 넋을 잃기 쉽다. 그 피는 섬유소가 가장 많이 함유되어 있으며, 수컷 소의 피는 모든 동물의 피 중에서 가장 빠르게 응고되기 때문이다. 그러나 그 섬유소들이 제거되면 피는 응고되지 않는다. 왜냐하면 진흙에서 흙인 것을 제거했다면 남은 물이 응고되지 않는 것처럼, 그와 같은 일이 피에 대해서도 또한 적용되기 때문이다. 섬유소는 흙으로 이루어져 있기 때문이다. 하지만 제거되지 않는다면, 피는 습한 흙과 마찬가지로 냉에 의해 응고된다. 즉 앞서 말한 바와 같이[13] 열이 냉에 의해 밀려나게 되면 습한 것이 함께 증발하는 것이지, 그것이 곧 열에 의해 응고되는 것이 아니라 냉에 의해 건조되어 응고되는 것이다. 한편, 온몸에서는 동물 안에 있는 뜨거움 때문에 습한 것이다[액상이다].

피의 자연 본성이 동물의 기질이나 감각 면에서 많은 특징의 원인이 되고 있는데, 이것이 이치에 맞는 것이다. 피는 몸 전체의 질료이기 때문이다. 즉 영양물은 질료이고, 피는 최종 단계의 영양물이기 때문이다. 그러므로 그 피가 뜨거운지 차가운지, 희박한지 농밀한지, 탁한지 순수한지 같은 것에서 많은 차이가 생긴다.[14]

12 『혼에 대하여』 제1권 제1장 403a29-b3(분노란 "심장 주변의 피와 열의 끓음") 참조.

13 650b17-18.

14 영양물은 질료이고, 피는 영양물의 마지막 단계이다. 그런데 피는 질료이다. 그러므로 피의 차이는 다른 많은 차이의 질료적 원인이 될 것이다. 요점은 다음과 같다. 주어진 지각 대상, 예를 들어 곰이 멧돼지와 사슴 모두에게 두려움을 유발할 수 있지만, 그들의 반응은 그 동물의 몸이 두려움에 의해 어떻게 영향을 받는지에 달려 있다. 즉 그것은 그 피의 본질에 달려 있다.

한편, 혈청이란 피의 수분이 많은 부분으로 피가 아직 숙성되지 않았거나 부패되어 버렸기 때문에 생긴 것이며, 따라서 혈청은 어떤 경우[후자의 경우]에는 필연에 의해 존재하고, 어떤 경우[전자의 경우]에는 피를 위해서 존재한다.[15]

15 혈청(ichōr)은 아직 숙성되지 않았거나 엷어진 피라고 말해진다(『동물 탐구』 제3권 제19장 521b2-3).

제5장 동질 부분: 지방

연지방(軟脂肪)과 경지방(硬脂肪)의 상호 차이[1]는 피의 차이에 대응한다. 그것들 각각은 영양이 풍부하여 숙성된 피이며, 동물의 살 부분을 위해서 소비되지 않는 것으로, 잘 숙성되고 자양분이 풍부한 부분이기 때문이다(그것들이 기름기가 있다는 것이 이 점을 분명히 하고 있다. 습한[액상] 것 중 기름진 것은 공기와 불 둘 다로 구성되어 있기 때문이다).[2] 이 때문에 무혈동물에게는 피가 없으므로 연지방도 경지방도 없는 것이다.[3]

유혈동물들 중, 피가 물체적인 것[4]은 경지방을 더 많이 갖는다. 왜냐하면 경지방은 흙인 것(토질)이므로 섬유소인 것처럼 응고되기 때문이다. 경지방 자체도 그렇지만 경지방과 같은 즙도 응고된다. 왜냐하면 물을 조금밖에 포함하지 않고 흙을 많이 함유하고 있기 때문이다. 그런 이유로 위아래로 앞니가 없고 뿔이 있는 동물은 경지방을 가지고 있다. 뿔과 복사뼈[5]가 있는 것으로 보아, 그것들의 본성에서 그 몸이 그러한 유의

1 연지방(軟脂肪)과 경지방(硬脂肪)은 각각 pimelē(돼지기름)와 stear(쇠[양]기름)이다. 『동물 탐구』 제3권 제17장 참조.

2 이 괄호 부분은 앞 문장과의 연결고리를 알기 어렵다. Küllmann의 지적처럼, 맥락상 연지방과 경지방은 피가 '잘 숙성된' 것임을 증거하고 있다는 것으로 추정된다. 『기상론』 제4권 제7장 383b24-27, 『동물의 발생에 대하여』 제2권 제2장 735b13-31에서도 올리브 기름에는 공기가 내재되어 있음을 지적하고 있다.

3 결여의 차이가 부분들의 결손을 설명하고 있다.

4 즉 농밀한 것.

5 '거골'(距骨, knuckle-bone)은 종아리와 발을 연결하는 관절 부분을 구성하는 발목뼈 중

구성 요소를 많이 포함하고 있음은 분명하다. 왜냐하면 그것들[뿔과 거골]은 모두 본성상 말라 있으며, 흙을 많이 포함하기 때문이다. 위아래로 앞니가 있고 뿔이 없으며 발끝이 갈라져 있는 동물은[6] 경지방 대신 연지방을 가지고 있으며, 연지방은 그 본성이 토질이 아니기 때문에 마를 때 응고되거나 산산조각나지 않는다.

그런데 그것들[지방]들이 동물의 여러 부분에 적당한 양이 있을 때는
유익하지만(감각에 방해가 되지 않고 건강과 능력에 도움이 되기 때문이 651b
다), 양이 과잉이 되면 치명적이고 해롭다. 사실 몸 전체가 연지방과 경지방으로만 되어 있다면 죽고 말 것이다. 즉 동물이 동물인 것은 감각적 부분이 있다는 데 근거하며,[7] 살과 그 유비물은 감각적 부분이다. 반면, 피는 앞에서 말했듯이 감각을 갖지 못하고, 따라서 연지방도 경지방도 감각을 갖지 못한다. 지방은 [가열 처리된] 숙성된 피이기 때문이다. 그러니까 몸 전체가 그런 것이었다면, 어떤 감각도 갖지 못했을 것이다.[8]

하나다. 여기서 아리스토텔레스가 astragalos라고 부르는 것은 '거골' 중에서도 오목한 면과 볼록한 면이 있는 반추동물의 그것이다. 고대에는 이것을 주사위처럼 사용했다. 제4권 제1장 690a9-27, 『동물 탐구』 제2권 제1장 499b20 참조.

6 이빨(655b11-15), 뿔(663b24-664a3), 위(674a22-674b17), 발끝이 갈라져 있는(발굽, 690a4-27), 거골(690a10-27)에서의 차이들 사이에서 체계적인 상호 관련성을 언급하고 있다. 경지방을 가진 동물은 뿔, 거골, 발굽을 갖지만, 이빨이 없다. 또 아리스토텔레스는 여러 곳에서 이러한 특징이 여러 위를 가진 소화 체계와 관계된다고 말한다.

7 아리스토텔레스는 동물과 식물의 차이점으로 감각 능력의 유무를 꼽았으며(『혼에 대하여』 제2권 제3장 414a32-b1), 특히 촉각은 가장 기본적인 감각이다.

8 (P1) 피는 감각력이 없다(650b3-4). (P2) 지방은 일종의 피이다. (결론 1) 따라서 지방은 감각력이 없다. (P3) 감각적 부분을 갖는 것은 동물인 것에 본질적인 것이다. (P4) 전체가 지방으로 되어 있는 것은 감각적 부분을 전혀 갖지 않는다(결론 1에 의해). (결론 2) 따라서 전체가 지방으로 되어 있는 것은 동물일 수 없다. 그러면 얼마만큼의 지방을 갖는 것이 적당한가? 적당한 지방의 양이 왜 감각에 방해가 되지 않고 건강과 능력에 도움이 되는가?

이런 이유로, 지나치게 지방질이 많은 동물은 노화가 빠르다. 피가 지방을 만들어 내는 데 쓰이기 때문에 피가 부족해지며, 그리고 피가 결핍된 동물들은 이미 소멸의 길을 걷기 시작한 것이기 때문이다. 소멸이란 어떤 의미에서 피가 결핍되어 있는 것으로, 피가 적은 동물은 우연히 차가운 것을 만나거나 뜨거운 것을 만났을 때, 그것들로부터도 작용을 받기 쉽기 때문이다. 그리고 같은 원인으로 인해, 지방질의 동물은 다른 동물에 비해 생식 능력이 떨어진다. 그것은 피에서 생식액이나 정액이 되는 데 필요한 것이, 연지방이나 경지방을 위해서 사용되기 때문이다. 실제로 피가 [가열돼] 숙성되어 생식액이나 정액이 되는 것이므로, 따라서 그 동물들에게는 잉여물이 전혀 생기지 않거나 생긴다고 해도 얼마 되지 않는다.[9]

이렇게 해서 피, 혈청, 연지방과 경지방에 대해, 그 각각이 무엇이며 어떤 원인으로 그것들이 있는지를 말했다.

9 『동물의 발생에 대하여』 제1권 제18장 724b21. 아래에서는 정액이 잉여물임을 논하고 있다.

제6장 동질 부분: 골수

골수[1]도 피의 본성의 것이지,[2] 어떤 사람들이 생각하는[3] 것과 같은 생식액의 정액적인 힘은 아니다. 이 사실은 발생의 아주 초기 단계에서 명백하다. 즉 피에서 여러 부분이 형성되고, 배아에서 피가 영양인 한, 뼈 안에 있는 골수는 피의 성질을 가진다. 그러나 배아가 성장하고 성숙하면,[4] 여러 부분과 내장이 색깔이 변하듯이(아직 초기에는 각각의 내장도 과도하게 피의 성질을 가진다), 골수도 색이 변한다. 연지방 동물의 골수는 기름지고, 연지방과 비슷하지만 다른 한편 그 골수가 연지방을 닮지 않고 피가 숙성되어 경지방으로 되어 있는 동물의 경우에는 골수도 경지방이다. 그런 이유로, 뿔이 있고 위아래 턱에 앞니를 갖지 않는 동물의 골수는 경지방질이지만, 위아래 턱에 앞니가 있고, 발끝이 나뉘어 있는 동물이라면 골수는 연지방질이 된다. 등뼈(척추)는 추골(椎骨)로 분할되어

1 『동물 탐구』 제3권 제20장 521b4-16 참조.

2 '피의 본성의 것'에서 소유격은 '기원'을 말한다. 즉 지방으로서 골수는 피로부터 숙성되는 것이라는 의미다.

3 플라톤, 『티마이오스』 73b-e 참조. 플라톤은 골수가 다른 모든 조직의 기원[아르케]이며, 필멸의 종 전체를 위한 "모든 씨앗의 혼합"[panspermia]이라고 주장한다. 하지만 아리스토텔레스는 골수가 '씨앗의 정액적 힘'이라는 점을 거부하면서 정액과 골수는 피로부터 유래한다고 주장한다(651b13-17). 적혈구와 백혈구가 뼈의 골수에서 만들어진다는 점을 고려하면, 플라톤의 입장이 진실에 더 가깝다.

4 원어인 분사형 pettomenōn(pessō)은 '숙성되면'이다. 태아의 발생학적 과정에 관해서는 『동물 탐구』 제3권 제20장 521b8-11 참조.

있으나, 등뼈의 골수는 등뼈 전체를 관통하여 이어져야 하므로 거의 기름지지 않다. 반대로 기름기가 많거나 경지방질이었다면, 그 등뼈는 균등하게 연결되어 자라지 못하고, 부서지기 쉬웠거나 습했을(연했을) 것이다.

어떤 종류의 동물 — 그 뼈가 예를 들어 사자 뼈처럼[5] 강하고, 조밀한
652a 것 같은 동물들은 언급할 만한 골수를 갖추지 못했다. 사자의 뼈는 골수의 흔적이 전혀 없기에 골수를 전혀 갖지 못한다고 생각되기 때문이다.[6] 그러나 동물에게는 필연적으로 여러 뼈로 이루어진 것[골격]이 갖추어져 있거나, 그렇지 않으면 예컨대 수생동물[물고기]에서의 가시-등뼈[7] 같은, 뼈의 유비물이 갖추어져 있어야 하므로, 뼈의 질료가 되는 영양이 뼛속에 갇히게 된다면 어떤 동물은 필연적으로 골수도 갖추어야만 한다. 모든 부분에서 영양이 피라는 것은 앞서 말했다.[8]

그런데 골수가 경지방이라거나 연지방이라거나 하는 것은 이치에 맞는다. 왜냐하면 뼈에 둘러싸이면서 생긴 열로 인해 피가 숙성되는데, 피가 그 자체로 숙성된 것이 경지방과 연지방이기 때문이다.[9] 그리고 조밀하고 강한 뼈를 가진 동물에서, 어떤 것에는 골수가 전혀 없고, 다른 것에는 조금밖에 없는 것도 이치에 맞는다. 왜냐하면 영양이 뼈를 위해 사용되기 때문이다. 반면에 뼈가 아닌 가시-등뼈를 지닌 동물[물고기]에

5 사자의 뼈에 대해서는 655a14-16 참조.

6 사자와 돼지의 골수에 대한 언급은 『동물 탐구』 제3권 제20장에도 나온다(521b11-16).

7 원어 akantha는 본래 '엉겅퀴'처럼 가시가 있는 식물을 가리키나 물고기의 '등뼈'를 가리키는 용어로도 사용된다.

8 제2권 제3장 650b12-13.

9 두 종류의 지방에 상응하는 두 종류의 골수가 있는 것이다.

서는 등뼈에만 골수가 있다. 왜냐하면 그러한 동물은 본성상 피가 부족하고, 속이 빈 것은 가시-등뼈뿐이기 때문이다. 이런 이유로 거기에 골수가 생긴다. 공간이 있는 곳은 거기뿐이며, 그것만이 분할되어 있어 연결이 필요하기 때문이다. 그래서 가시-등뼈의 골수는 이미 말했듯이[10] 다른 것과 사뭇 다르다.[11] 그것은 인대(靭帶) 대신 생기는 것이므로, 늘어날 수 있도록 끈적이고 또한 힘줄이어야 한다.

이렇게 해서 골수를 가진 동물이 왜 그것을 갖추게 되었는지를 말했다. 그리고 골수가 무엇인지는 이러한 논의에서 분명하다. 즉 뼈나 가시-등뼈에 분배된 혈액이라는 형태의 영양 잉여물이 그것들 안에 갇혀서 숙성된 것이 그것이다.

10 제6장 651b33-36.

11 다른 이유는 아래의 652a22-23에서 찾아볼 수 있다.

제7장 동질 부분: 뇌

이어서 말해야 할 것은 뇌에 대한 것이다. 그것은 등골(척추)의 골수가 뇌와 연속되어 있는 것이 관찰되기에, 뇌는 골수이자 골수의 시작점이라고 생각하는 사람들이 많기 때문이다.[1] 그러나 뇌는 그 본질로 말하자면 모든 측면에서 골수와 정반대다. 왜냐하면 뇌는 체내의 여러 부분 중 가장 차가운 반면, 골수는 그 본성상 뜨겁기 때문이다. 뇌가 기름지고 지방질인 것으로 보아 그것은 분명하다. 그런 이유로 등골의 골수는 뇌와 연속되어 있는 것이다. 즉 자연은 한쪽이 다른 쪽의 과잉에 대해 균등해지기 위해 항상 반대되는 것을 나란히 놓을 수 있도록 고안하여,[2] 각각의 과잉을 방지하는 수단으로 삼고 있는 것이다.

골수가 뜨거운 것은 여러 가지로 보아 분명하다. 한편, 뇌가 차가운 것은 만져 봐도 분명하고, 더욱이 그것은 체내의 습한 부분 전체 중 가장
652b 피가 적은 부분이며(확실히 뇌 속에는 전혀 피가 없다), 가장 건조하다. 뇌는 잉여물도 아니고, 그것과 연속되는 부분에 속하는 것도 아니며, 그 자연 본성은 고유하고, 그러한 것임은 이치에 맞는다.

1 뇌와 골수의 관련성을 언급하고 있는 플라톤, 『티마이오스』 73c-d 참조.

2 "자연은 (…) 고안하며"라는 반복되는 정식은 다른 특징들의 동등화(대등의 관계)가 동물의 삶에 기본적인 것을 위해서 요구된다는 맥락에서 사용된다(652b21, 653b34, 655b7, 664b22, b32, 665a8, b13, 675b11). 동물의 자연은 전체 유기체의 필요와 관련해서 각각의 부분들을 만들어 낸다. 이 장에서는 뇌의 기능과 그 물리적 본성이 골수와 심장의 지나친 열과 관련 지어 정의된다.

뇌가 감각 능력을 갖춘 여러 부분과 전혀 연결되어 있지 않다는 것[3]은 봄을 통해서도 분명하며, 만져 봐도 동물의 피나 잉여물과 마찬가지로 아무런 감각이 생기지 않는다는 점에서도 분명하다. 동물에게 뇌가 갖춰져 있는 것은 [동물이라고 하는] 자연물을 전체적으로 보존하기 위해서다. 실제로 어떤 사람들은[4] 조잡한 방식이지만 동물의 혼을 불이라든지 아니면 뭔가 그와 비슷한 힘이라고 가정한다. 아마도 뭔가 그런 종류의 물체 속에서 혼이 구성되어 있다고 말하는 것이 좋다. 그 이유는 열이 있는 물질이 혼의 작용에 가장 도움이 되기 때문이다. 영양물을 섭취하는 것과 움직이는 것은 혼의 작용이며, 그것들은 특히 그러한 힘[열]을 통해 이루어지기 때문이다. 혼이 불이라고 주장하는 것은, 톱이나 송곳과 목수나 목공술이 서로 가까워질 때 그 기능이 이루어진다는 점에서 톱이나 송곳이 곧 목수나 목공술이라고 주장하는 것과 비슷하다.

동물이 뜨거워야 한다는 것은 앞에서 말한 것으로부터 분명하다. 모든 것이 적도(適度)와 중간 상태에 이르기 위해 반대 방향으로의 경향성을 필요로 하므로(중간 상태는 사물의 본질적인 실체와 본질의 규정을 갖지만, 양극단 각각은 개별적으로 그것들을 가질 수 없기 때문이다), 이 원인 때문에 자연은 심장이 있는 장소와 심장 내의 열이 균형을 이루도록 뇌를 고안한 것이며, 이를 위해 물과 흙에 공통된 본성을 갖는 것으로서[5]

3 플라톤은 '이성적 혼'을 뇌와 연결시키고(『티마이오스』 73c-d, 85a-b), 힙포크라테스는 뇌가 인식의 주된 기관이라고 가정한다(『성스러운 질병에 대하여』 제5~21장 참조). 감각기관과 뇌의 직접적 연결에 대한 생각은 신경에 대한 지식이 없이는 분명하게 말할 수 없었을 것이다.

4 원자론자인 데모크리토스는 '혼이 어떤 불이거나 열'이라고 말하고, 다양한 형태의 원자들 중 구형의 원자들이 '불'이고, 또 '혼'이라고 주장한다. 『혼에 대하여』 제1권 제2장 403b31-404a5, 제2권 제4장 416a10-18 참조.

5 물과 흙은 모두 냉이라는 힘을 가진다.

그 부분이 동물 속에 있도록 한 것이다. 그리고 이 때문에 유혈동물은 모두 뇌를 가지고 있는 반면, 다른 동물에게는 실질적으로 문어처럼 유비적인 의미로 뇌가 있다고 여겨지는 경우를 제외하고는[6] 전혀 뇌가 없다. 그것들은 모두 무혈이기에 그다지 뜨겁지 않기 때문이다.

뇌는 심장 안의 열과 끓는 것을 적절한 상태로 만든다. 그리고 그 부분이 갖는 열도 적당하도록 대혈관과 '아오르테'(aortē)라고 불리는 혈관[7] 각각에서 뇌를 둘러싼 막까지 혈관이 뻗어 있다. 뇌가 열로 해를 입지 않도록, 소수의 굵은 혈관 대신 가는 혈관이 빽빽하게 뇌를 에워싸 많은 진한 피 대신 엷고 순수한 피가 흐르는 것이다.[8] 바로 그런 이유로 뇌 부근이 균형 잡힌 혼합 상태보다 차가울 경우, 체내 흐름은 머리에 시작 653a 점이 있다. 즉 영양이 증기가 되어 혈관을 통해 올라오면, 그 잉여물은 그 장소[뇌]의 힘[냉]으로 식혀져 점액과 혈청의 흐름을 만들어 낸다. 작은 일을 큰일에 빗댄다면 비의 생성과 같은 일이 벌어지고 있다고 봐야 한다.[9] 즉 증기가 땅에서 증발하여 열에 의해 위쪽으로 옮겨져 땅 위쪽의 찬 공기 속으로 들어갔을 때, 냉각 작용 때문에 다시 응축되어 물이 되어 지상으로 쏟아진다. 그러나 이러한 것들에 대해서는 그것에 관해

6 유혈동물만 뇌를 갖는다는 주장과 달리, 예외적으로 연체동물[頭足類]도 작은 뇌를 갖는다고 『동물 탐구』에는 나와 있다(제1권 제16장 494b27-28, 제4권 제1장 524b3-4). 밤(Balme)은 이러한 상충을 두 작품 간의 상대적 저술 연대 때문으로 보고 있다(in Gotthelf & Lennox(eds.)[1987]).

7 제3권 제5장 참조. 전자(대혈관)가 대정맥, 후자(아오르테)가 대동맥에 해당한다. 혈액 순환은 아직 상정되어 있지 않으며, 양자의 기능적 차이도 불분명하다.

8 뇌가 피를 차게 하지만 피 자체가 차가울 수는 없다. 그래서 피가 상호적으로 뇌의 온도도 조절할 수 있어야 한다. 열이 지나치면 뇌가 적절히 기능할 수 없으므로, 큰 혈관이 아니라 가는 혈관으로 뇌를 에워싸게 하는 것이다.

9 이와 같은 유비가 점액질의 생산과 흐름에서도 적용된다(『기상학』 제1권 제9장 346b21-36 참조).

말하는 것이 자연철학에 속하는 한, 『질병의 여러 원리들』[10]에서 말하는 것이 적당할 것이다.

또한 동물에게 수면을 일으키는 것[11]은 뇌를 갖춘 동물의 경우 바로 그 부분이며, 뇌를 갖추지 않은 동물의 경우에는 그와 유비적인 부분이다. 즉 영양물에서 유래한 피의 흐름을 뇌가 식히거나 무언가 그와 유사한 다른 원인에 의해 그 장소를 무겁게 만들고(그러므로 졸음이 온 사람은 머리가 무거워지고), 열은 피와 함께 아래쪽으로 퇴각한다. 그러므로 피의 대부분이 아래쪽 장소로 모여 수면을 만들고, 직립 본성이 있는 동물에게서는 똑바로 설 힘을 빼앗고, 나머지 동물들은 머리를 곧게 유지할 힘을 빼앗는다. 이것들에 대해서는 '감각과 잠에 대한 논의'[12] 속에서 독립적으로 말했다.

그런데 뇌가 물과 흙으로 이루어진다는 것은, 뇌와 관련된 다음과 같은 사실이 이를 밝혀 준다. 즉 뇌는 끓으면 말라 딱딱해지고, 뜨거움에 따라 물이 증발하면 흙인 것이 남는다. 그것은 마치 콩류나 그 밖의 다른 열매를 끓인 것과 같고, 그것들은 대부분 흙으로 이루어져 있기에 혼합되어 있던 습기가 빠져나오면 딱딱해진다. 즉 그것들도 완전히 단단해지고 흙의 성질이 되는 것이다.[13]

인간은 동물 중 몸 크기에 비해 가장 큰 뇌를 가지고 있으며, 인간 중

10 현존하지 않는 저작으로 다른 곳에서는 언급되지 않는다. 혹은 특정 저작을 가리키는 것이 아닐 수 있다.

11 「잠과 깨어남에 대하여」 제3장 456a30-458a32.

12 『자연학 소론집』에 실려 있는 「잠과 깨어남에 대하여」 제2장 455b28-제3장 458a25 참조. 「감각과 감각되는 것에 대하여」에는 해당하는 부분은 없다.

13 『기상학』 제4권의 '화학적' 논의 참조(제3장 380b13-391a12).

에서는 남자가 여자보다 크다.[14] 심장과 폐 주변 부위가 가장 뜨겁고 피
도 많기 때문이다. 그것은 인간이 동물 중 유일하게 직립해 있기 때문이
기도 하다.[15] 가지고 태어난 열이 우세하다면 그것은 성장을 중심에서
출발해 그 자체의 [위쪽으로의] 진행 방향에 따라 진행해 나가기 때문이
다. 그리고 많은 열에 대해 많은 습기와 냉이 대립하며, 그 양이 크기 때
문에 머리를 덮는 뼈 — 사람들은 이것을 '브레그마'(bregma)[16]라고 부
른다 — 는 가장 늦게 굳는다. 열이 증발하는 데 오랜 시간이 걸리기 때
문이다. 다른 유혈동물에서는 이 일이 일어나지 않는다. 그리고 머리 근
653b 처에 가장 많은 봉합선이 있으며, 남자가 여자보다 봉합선이 많은 것도
같은 이유다. 즉 그 장소의 통풍을 위해 그렇게 되어 있으며, 뇌가 크면
클수록 [봉합선은] 많아진다. 그것이 너무 습하거나 건조하게 되면 그
자신의 기능을 수행할 수 없어 피를 식히지 못하거나 피를 응고시키게
되어서, 그 결과 질병이나 광기나 죽음을 일으킨다. 왜냐하면 심장 속의
열 내지 시작점은 가장 영향받기 쉽고, 뇌 근처의 피에 어떤 변화가 생기
거나 작용을 받게 되면 즉시 그것이 감지되기 때문이다.

14 인간 뇌의 크기(실제로 남성이 여성보다 15%가량 크다. 그렇다고 아리스토텔레스가 뇌 크기의 차이가 남녀 간 인식 능력의 차이를 가리킨다고 말하는 것은 아니다), 그리고 인간 뇌가 다른 동물의 뇌보다 습성이 가장 많다는 언급은 제2권 제14장 658b8, 『동물 탐구』 제1권 제16장 494b28, 『동물의 발생에 대하여』 제2권 제6장 744a28, 「감각과 감각되는 것에 대하여」 제5장 444a30 등에 나온다.

15 인간 직립에 대한 '열을 가진 질료의 기계적'(thermomechanical) 설명 방식(669a3-8). 살집 있는 엉덩이와 꼬리 없음(689b11-28), 큰 발(690a28-30), 손의 소유(687a2-23) 등은 인간 직립의 '결과들'로 설명되고 있다. 제4권 제10장에서는 이것에 대한 목적론적 설명을 주고 있다(686a25-31, 686b28-31).

16 '브레그마'는 『동물 탐구』 제1권 제7장 491a31-b5, 제16장 495a9-10, 제3권 제7장 516a13-23에서는 '두개골(頭蓋骨)의 앞부분'으로 설명되어 분명 전두골(前頭骨)을 가리키고 있지만, 여기서는 '두개골 전체'(entire cranium)를 가리킨다(Lennox 참조).

이렇게 해서 우리는 동물이 타고나는 습한 것의 거의 모든 것에 대해 말했다. 태어난 후 생기는 것에는 영양물의 잉여물, 방광과 장(腸)에서의 침전물이 있고, 그 밖에도 그것들을 가지고 있는 것이 본성인 경우로 한정되지만 생식액과 젖이 있다. 그런데 영양물의 잉여물에 대해, 그것이 어떤 동물에 속하는지, 어떤 원인으로 속하게 되는지를 논하는 것은 영양물에 대한 탐구와 고찰에 고유한 일이다.[17] 한편, 정액과 젖에 관한 사항은 [동물의] 발생에 대한 논구에서 논의한다.[18] 왜냐하면 이 잉여물의 하나[정액]가 생성의 원천이고, 다른 하나[젖]는 생성을 위한 것이기 때문이다.

17 이 부분은 다른 저작을 언급하는 경우의 표현과 달라 구체적으로 특정 저작을 염두에 둔 것은 아니라고 생각하기도 한다(Lennox 참조).

18 『동물의 발생에 대하여』 제1권 제17장('정액에 대하여'), 제4권 제8장('젖에 대하여') 참조. 젖은 katamēnia(월경 혈)와 동일한 본질을 갖는 것으로 이야기된다(제2권 제4장 739b25).

제8장 동질 부분: 살

다른 동질적 부분에 대해 고찰해야만 한다. 먼저 살을 가진 동물에서는 살에 대해, 그 이외의 동물에서는 살과 유비적인 부분에 대해 고찰해야만 한다. 왜냐하면 살은 동물의 시원이자 몸 그 자체이기 때문이다. 그 사실은 설명식(본질 규정)에 따라서도[1] 분명하다. 즉 우리는 동물을 감각을 가지고 있음에 의해 규정한 것이며, 우선 첫 번째로 동물이 가지고 있는 것은 첫 번째 감각이다. 첫 번째 감각은 촉각이고, 그 감각기관이 그러한 부분[살 혹은 살과 유비적인 부분]이다. 첫 번째 감각기관이라는 것은, 눈동자가 시각의 첫 번째 감각기관이라는 것과 같은 의미이거나, [시각의 매개체인] 투명한 것 모두를 눈동자에 포함시켜 생각한다고 한 경우처럼 그것을 통해 감각되는 바의 것[매개체][2]도 포함한 것인가이다.[3] 다른 감각의 경우에는 후자와 같이 생각하는 것은 자연 본성상 불가

1 원어는 kata ton logon이다.

2 아리스토텔레스의 감각 이론에 따르면, 감각이 성립하기 위해서는 감각 대상과 감각기관 사이에 매체가 개재되어 있어야 한다(『혼에 대하여』 제2권 제7~11장 참조). 시각, 청각, 후각에 대해서는 그 점이 분명하지만, 촉각(및 미각)의 경우 그것이 명확하지 않고 『혼에 대하여』 제2권 제1장 423b26에서는 '살'을 '촉각하는 능력의 중간 매개체'("그 밖의 다른 감각들에 적용되는 것이 촉각에도 그런 식으로 적용될 것이다. (…) 살은 촉각할 수 있는 것의 매개체")로 규정하여, 촉각의 감각기관은 '내부에 있는 어떤 것'을 말하는 것이다. 그래서 656b35와 같은 결론, 즉 '살이 아니라 내적인 어떤 것이 감각의 첫 번째 자리'라고 말하는 것이다.

3 647a20('살 혹은 그와 유비적인 것이 촉각의 자리다.' 『혼에 대하여』 제2권 제2장 422b34-423b26, 「감각과 감각되는 것에 대하여」 제1장 436b8-437a3 참조.

능하고 완전히 소용이 없지만, 촉각 능력에 대해서는 필연적으로 그렇게 생각할 필요가 있다. 이것만이, 또는 특히 이것이 감각기관 가운데 물체적인 것이기 때문이다.[4]

다른 모든 동질 부분들은, ― 여기서 내가 문제 삼는 것은 뼈, 피부, 힘줄, 혈관, 나아가 털이나 발톱류, 그 밖의 다른 그와 같은 것이 있으면 그 부분이지만 ― 살을 위해서라는 것은 감각에 비추어 보면[5] 명백하다. 실제로 뼈가 있는 동물에서는, 여러 뼈로 이루어진 것[골격]은 본성적으로 단단하고, 부드러운 것을 보호하기 위해 고안된 것이다. 뼈가 없는 동물에서는 거기에 유비적인 것이 있는데, 예를 들어 어떤 물고기에서는 가시뼈가, 다른 물고기에서는 연골이 그에 해당한다.

그런데 동물 중 어떤 것은 체내에 그러한 [보호를 위한] 보조물이 되는 것을 갖추고 있으며, 무혈동물 중 어떤 것은 각각의 연각동물[6]처럼, 654a
바깥쪽에 그것을 갖추고 있는 것이 있다. 예를 들어 게나 가재류가 그렇다. 또한 껍데기동물[7]도 마찬가지로 예를 들어 '굴'이라고 불리는 것이 그렇다. 그것들은 모두 육질 부분은 안쪽에 있고, 그것을 둘러싸고 보호

4 제2권 제1장에서는 살이 매개체가 아니라 촉각의 기관이라 말하지만, 제10장(565b35)에서는 살이 촉각의 기관이 아니라고 말한다. 이 문제의 해결은 앞의 각주 2 참조. 촉각에 대한 아리스토텔레스의 견해에 대해서는 『혼에 대하여』 제2권 제2장 참조(413b4-5, "모든 동물에게 첫 번째로 있는 감각은 촉각이다"). 촉각은 일차적인 신체의 차이들을 감각한다. 즉 뜨거움, 차가움, 습함, 마름 그리고 그것들의 이차적 파생물인 고체, 액상, 딱딱함, 부드러움 등을 감각한다. 감각은 수동적이며, 아리스토텔레스에게 이것은 영향을 받는 것이 그것에 작용하는 것과 종에서 같은 것이며, 더 뜨겁거나 더 차가워질 수 있고, 더 축축해지거나 더 건조해질 수 있음을 요구한다.

5 '감각에 비추어 보면'(kata tēn aisthēsin)은 '설명식(본질 규정)에 따라서도'(kata ton logon, 653b23)와 대조되는 표현이다. 즉 '경험적 사실에 비추어' 분명하다는 것이다.

6 갑각류에 해당한다. 제4권 제5장, 제8장 참조.

7 조개류에 해당한다. 제4권 제5장, 제7장 참조.

하는 흙인 것(토질)은 바깥쪽에 있다. 즉 둘러싸고 보호하는 것과 더불어 무혈이기 때문에 본성상 열이 아주 적으므로, 예를 들어 조개는 숯을 둘러싼 모종의 [빵 굽는] 솥뚜껑[8]처럼 연소되는 열을 덮어 보호한다. 바다거북이나 거북류도 껍데기동물과는 종류가 다르지만, 그와 비슷하게 되어 있다.

한편, 곤충류[9]와 연체동물[10]의 몸 구조는 방금 이야기한 것들과 반대이며, 또한 양자가 서로 정반대의 몸 구조를 하고 있다. 실제로 양자는 뼈와 같은 것을 전혀 가지고 있지 않고, 뚜렷하게 언급할 만한 순전히 흙인 것도 없는 것 같으며, 오히려 연체동물은 거의 온몸이 육질이고, 연하고, 육질의 것이 그렇듯 몸이 쉽게 부서지지 않도록 그것들의 본성적 몸의 구성은 살과 힘줄의 중간적인 것으로 되어 있다. 그것은 살처럼 부드러운데, 힘줄처럼 신축성이 있기 때문이다. 그리고 살이 찢어지는 것은 세로 방향이 아니라 원형의 고리 모양이다.[11] 왜냐하면 그렇게 되어 있으면 몸의 힘을 유지하는 데 가장 편리하기 때문이다.

또한 이 연체동물들에는 물고기의 가시-등뼈와 유비적인 것도 갖추어져 있다. 예를 들어 갑오징어(뼈오징어)에는 '[오징어의] 갑'(甲,

8 아리스토파네스, 『구름』 96~97행 참조("하늘은 우리를 둘러싸고 있는 큰 솥뚜껑이고, 우리는 그 안에 있는 숯들이라는 것을"). 그것은 반원의 구 모양의 덮개(솥뚜껑)로 그것을 불타고 있는 숯더미 위에 올려 데우고, 그런 연후에 숯을 빵 반죽과 바꾸어, 그 바깥쪽에 숯을 쌓아 올린다고 한다(K. J. Dover, *Aristophanes,Clouds*, Oxford, 1968, pp. 106~107).

9 entoma는 '마디마디로 나뉜 것들'을 뜻한다. '마디가 있는 동물'로 곤충류(절지동물)에 거의 해당한다. 제4권 제5장과 제6장 참조.

10 문어, 오징어 등 두족류에 거의 해당한다. 제4권 제5장, 제9장 참조.

11 근섬유가 몸의 축에 대해 세로 방향이 아닌 가로 방향으로 늘어서 있는 것을 지적한 것으로 보인다.

sēpion)이라 불리는 것이, 화살오징어에는 '검'(xiphos)이라 불리는 것이 있다.[12] 반면, 문어에는 그런 것이 없다. 그것은 문어 쪽은 몸통 — 그것은 머리라고 불린다 — 이 작고, 그에 비해 오징어는 몸통이 꽤 길기 때문이다. 그래서 오징어가 몸을 똑바로 유지하고 구부러지지 않도록, 자연은 그런 것[갑이나 검]을 덧붙였던[13] 것이다. 그것은 마치 유혈동물 중 어떤 것에는 뼈를, 다른 것에는 가시-등뼈를 부여한 것과 같은 것이다.

한편, 곤충들은 연체동물과 유혈동물 둘 다에 대해 정반대의 모습을 하고 있다. 즉 단단한 부분과 부드러운 부분이 뚜렷이 나뉘어 있지 않고, 몸 전체가 단단하며, 그 단단함은 뼈보다는 육질이지만, 살보다는 골질(骨質)이고 토질(土質)인 것이어서, 그들의 몸은 쉽게 나뉘지 않도록 되어 있다.

12 『동물 탐구』 제4권 제1장 524b23-24 참조.

13 원어로는 hupographein(밑에 적어 놓다, …에 대해 자세히 묘사하다)이다.

제9장 동질 부분: 뼈

여러 뼈로 이루어진 것[골격][1]과 여러 혈관으로 이루어진 것[혈관계][2]은 본질이 유사하다. 그것들은 모두 하나의 것에서 시작되어 연속되며, 개개의 뼈는 그 자체로[3] 존재하지 않고, 오히려 연속된 것의 일부분이거나 서로 붙어 묶인 부분으로서, 자연이 그것을 하나의 연속된 것으로 활용
654b 할 수도, [관절을] 구부리기 위해 두 개로 나뉜 것으로 활용할 수도 있도록 되어 있다. 이와 마찬가지로 개개의 혈관도 그 자체로 존재하지 않으며, 모든 혈관은 한 혈관의 부분인 것이다. 실제로 만일 뼈가 분리되어 흩어져 있었다면, 여러 뼈로 구성된 것[골격]이 그 목적으로 하는 그 일을 완수할 수 없었을 것이다(즉 그것들이 연속되지 않아 분리되었더라면, 몸을 구부리거나 직립하는 것의 원인은 되지 못했을 것이다). 게다가 일종의 가시나 바늘이 살 속으로 파고든 경우처럼 해를 입게 될 것이다. 또한 만일 어떤 혈관이 따로 떨어져 있고 그 시작점[심장]까지 연결되어 있지 않았다면, 그 안의 피가 보전되지 못했을 것이다. 왜냐하면 시작점으로부터 나오는 열이 피가 응고되는 것을 막아 주지만, 혈관으로부터 분리

1 뼈에 대해서는 『동물 탐구』 제3권 제7장 참조. '여러 뼈로 구성된 것'(hē tōn ostōn phusis)은 '여러 뼈들의 본질'(the nature of bones[Lennox]) 혹은 '뼈의 본질적 실체'(Knochensubstanz[Küllmann])로 옮겨지며, 이 표현은 여러 뼈가 일체(unit)가 되어 기능하고 있음을 말해 준다(Lennox).

2 혈관에 대해서는 『동물 탐구』 제3권 제2~4장 참조.

3 즉 독립적으로.

된 피는 분명히 부패하기 때문이다.

그러나 혈관의 시작점은 심장이지만, 뼈의 시작점은 뼈가 있는 어떤 동물이든 '등뼈'라고 불리는 것이며, 그 이외에 여러 뼈로 이루어진 것[본질]이 그것과 연결되어 있다. 동물[의 몸]을, 길고 곧게 유지해 주는 뼈가 등뼈(척추)이다. 동물이 몸을 움직일 때는 필연적으로 몸을 구부려야 하므로, 등뼈(척추)는 그 연속성 때문에 하나이면서도, 추골(椎骨)[4]로 분할되어 있다는 점에서 많은 부분으로 이루어진다. 사지(四肢)가 등뼈로부터 뻗어 있어, 등뼈와 연속되는 동물에서는 뼈들이 서로 적합하게 배열되도록 되어 있으며, 사지가 휘어진다는 점에서 뼈들은 힘줄에 의해 서로 연결되며 [관절부로 연결된 뼈의] 그 양끝이 서로 잘 어울리도록 되어 있다. 즉 (1) 한쪽이 움푹 패고 다른 쪽이 둥글게 튀어나왔거나[5] 혹은 (2) 양쪽 모두 움푹 패어 있어 구부리고 뻗을 수 있도록, 그 사이로 고정못 역할을 하는 거골(距骨)을 둘러싸고 있다.[6] 왜냐하면 다른 방법으로는 그런 움직임을 만들어 내는 것이 불가능하거나, 잘 되지 않기 때문이다. 그러나 (3) 사지뼈가 있는 것은, 한쪽 시작점이 다른 쪽 끝점과 같은 모양을 하고 있으며, 그 둘은 힘줄에 의해 연결되어 있다. 그리고 그 관절들 사이에는 연골질 부분이 있어서 일종의 쿠션[충전물](充塡物) 역

4 추골(椎骨, vertebra)은 머리뼈 아래에서 엉덩이 부위까지 33개의 뼈가 이어져 척주를 이룰 경우 그 하나하나의 뼈를 가리키는 말. 위쪽부터 7개는 목뼈, 12개는 등뼈, 5개는 허리뼈, 5개는 엉치뼈, 4개는 꼬리뼈라 하며, 성인은 엉치뼈와 꼬리뼈가 붙어서 각각 하나의 뼈를 이룬다(네이버 사전 참조).

5 예를 들어 어깨 관절이나 고관절 같은 경우.

6 예를 들어 발목 관절(articulatio talocruralis)을 보면, 거골(복사뼈, talus)은 발목을 이루는 뼈 중 가장 위쪽에 있는 것으로, 정강이뼈(tibia)와 종아리뼈(fibula)의 바로 아래에 위치해 두 뼈를 지지하며, 체중을 발에 전달하는 역할을 한다. 또 종아리뼈나 다른 발목뼈와 함께 관절을 형성해 회전운동 등 발의 운동을 담당한다.

할을 하여 서로 문지르지 않게 되어 있다.[7]

뼈 둘레로 살이 에워싸듯 붙어 있고, 가는 섬유질[筋質]의 유대에 의해 뼈와 연결되어 있으며, 살을 위해 뼈의 종류[8]가 존재하는 것이다. 왜냐하면 점토나 다른 습한 구성물로 동물상을 만드는 사람들이, 먼저 지탱하기 위해 어떤 딱딱한 물체를 심형(心型)에 놓고, 그런 다음 그 주위에 진흙을 붙여 상(象)을 빚어내는 것처럼, 그와 같은 방식으로 자연은 살로부터 동물을 만들어 내기[9] 때문이다. 그런데 뼈는 살집 부분에 있어서 기초이며, 관절이 휘어져서 움직이는 부분에서 뼈는 그것을 위해 있으며, 움직이지 않는 부분의 살에서 뼈는 방호를 위해 있는 것이다. 예를 들어 흉부를 둘러싼 갈비뼈는 심장 부근의 내장을 보호하기 위해 있는 것이다. 반면, 배[위] 주변 부분에는 전혀 뼈가 없다. 그것은 동물이 영양물을 섭취함으로써 필연적으로 팽창이 생기고, 암컷의 경우에는 체내에서 태아가 성장하기 때문에 그러한 일에 방해받지 않기 위해서이다.

그런데 외형적인 태생으로 체내에 태생하는 동물[10]들은 갖추어져 있는 뼈의 힘과 세기가 거의 같다. 이런 동물은 모두, 몸의 비율에 따라 말해 보면, 태생이 아닌 동물보다 뼈가 훨씬 크다. 즉 몇몇 장소에서는 태생동물이 대부분 크다. 예를 들어 리뷔에(Libúē)[11]나 덥고 건조한 지역에

7 예를 들어 팔꿈치 관절, 무릎 관절.

8 즉 뼈의 구성 체계.

9 dēmiourgein(만들어 내다)은 제1권 제5장 645a9, 제2권 제1장 647b6, 제4권 제10장 686a12 등에서도 사용되는 동사이다. 여기서 이 동사는 플라톤의 『티마이오스』에 나오는 '데미우르고스'(기술자)를 떠올리게 한다. 이러한 비유는 아리스토텔레스의 '형상의 본질'을 '지성적인 장인 정신'과 동일시하게 한다.

10 몸속에서 알을 부화시키는 '난태생'(卵胎生) 동물(특정 종류의 상어와 가오리)을 제외하기 위해 이런 표현이 되었다. 이것들은 뼈를 갖지 않는 연골어류에 속한다.

11 아프리카 이집트 서쪽의 지중해 연안 지역. 리비아.

서는 그렇다. 큰 동물은 더 강하고, 더 크고 더 단단한 버팀목을 필요로 하며, 그중에서도 힘으로 다른 것을 제압하는 동물일수록 그것이 더 필요하다. 따라서 수컷의 뼈가 암컷 뼈보다 단단하고,[12] 육식동물의 뼈가 더 단단하다(육식동물은 싸움을 통해 먹이를 얻기 때문이다). 사자 뼈가 그렇듯. 그처럼 육식동물의 뼈는 본성상 단단하기 때문에 서로 부딪치면 돌을 맞댄 것처럼 불꽃이 날 정도다. 또 돌고래도 가시-등뼈가 아닌 뼈를 가지고 있다. 태생이기 때문이다.[13]

유혈이지만 태생이 아닌 동물에 대해서는, 자연이 조금 다르게 변형시켰다.[14] 예를 들어 새는 뼈가 있지만 [태생동물에 비해] 약하다. 한편 물고기의 경우 난생인 것에는 가시-등뼈가 있으며, 뱀은 그 뼈의 본성(골격)이 가시-등뼈와 비슷하다. 단, 매우 큰 뱀의 경우는 예외다. 그것들은 태생동물의 경우와 같은 이유로 강도(强度)를 위해 더 강한 골격을 필요로 한다.

12 여성이 남성보다 골다공증(osteoporosis)에 더 잘 걸리는 경향이 있기 때문일까? 육식동물, 특히 사자의 경우에 수컷이 암컷보다 더 단단한 뼈를 가지고 있기 때문일까? 하지만 사자의 경우 사냥은 암컷이 맡는다. 관찰이 잘못된 경우다.

13 돌고래의 속성에 대해 동일하게 언급하고 있는 『동물 탐구』 제3권 제7장 516b11-12 참조. 이 책에서는 이것이 고래류에 대한 첫 번째 언급이다. 다른 곳에서는 고래를 포함해 바다에 사는 큰 물고기를 가리킬 때 kētē란 말을 사용하기도 한다(『동물 탐구』 제1권 제6장 490b7-9, 제2권 제15장 505b29 참조).

14 『동물 탐구』 제7권(8) 516b12-17 참조. "연속적인 것에서(tē sunecheia) 정확한 경계를 그을 수 없고 어느 쪽이 중간적인 것인지를 알 수 없도록, 자연은 그런 식으로 생명이 없는 것들로부터 동물적 삶으로 조금씩(kata mikron) 변형시켰다"(『동물 탐구』 제7권(8) 제2장 588b4-6). 몇몇 대목이 아리스토텔레스가 연속적 자연의 위계(scala naturae)를 믿고 있음을 보여 주는 주장을 내놓는다(제4권 제5장 681a10-681b13, 『동물 탐구』 제7권(8) 제2장 588b4-589a10). 그러나 자연의 계층적 단계('존재의 연쇄')를 보여 준다는 식으로 아리스토텔레스를 해석하는 태도는 좀 주의해야 한다(Lennox). 『동물 탐구』 제7권(8) 516b12-17도 이 부분에서와 마찬가지로 새들의 뼈의 경우로 명확히 제한하고 있다.

그러나 '연골어'(軟骨漁)[15]라고 불리는 것은, 그 본성이 연골질의 등뼈 동물이다. 왜냐하면 이것은 필연적으로 더 유연하게 움직일 수 있어야 하고, 따라서 버팀목이 되는 것도 잘 부러지지 않고 비교적 연해야 하는 데다 자연은 그 피부 전체에 흙인 것(토질)을 사용하기 때문이다. 즉 자연은 동일한 초과분을 여러 부위에 동시에 배분할 수 없었던 것이다.[16]

태생동물이라도 단단한 부분이, 이를 둘러싸고 있는 살 때문에 연하고 점액질인 것이 편리한 경우에는 그 뼈의 대부분은 연골질이다. 예를 들어 귀나 코가 그렇게 되어 있다. 튀어나온 부분에서 약한 것은 금방 부서지기 때문이다. 연골과 뼈는 본성이 같고, 더 많고 적음이라는 점에서 차이가 있다. 그러면서도 어느 쪽도 몸에서 잘리면 성장하지 않는다.

그런데 육생동물의 연골에는 다른 곳에서 분리된 것과 같은 골수가 없다. 왜냐하면 분리된 골수가 전체에 혼합되어 있어서 연골이라는 구조체를 연하고 끈적거리도록 만들었기 때문이다. 연골어에서 등뼈는 연골질이지만 골수가 있다. 그 동물들에게는 그런 부분이 뼈를 대신하여 그에 속하기 때문이다.

발톱, 외굽, 갈라진 굽, 뿔, 새의 부리 같은 부분은 만진 느낌으로는 뼈에 가깝다.[17] 이 부분들은 모두 보조를 위해[18] 동물에 속해 있다. 이것들로 구성되어 부분과 같은 명칭으로 불리는 전체, 예를 들어 발굽 전체, 뿔 전체와 같은 부분은 각각의 동물에게 보전을 위해 고안되었다. 여러

15 상어류, 가오리류.

16 이 원리와 그 적용에 관해서는 제2권 제14장 658a31-36, 제4권 제12장 694a26-28, 제3권 제2장 663a31-33, 제4권 제12장 694a8-11, 694a26-28, 694b18-22 참조.

17 토질적인 것의 고유하고 단단한 본성 때문에.

18 '보조'(boētheia)에는 몸의 보호뿐만 아니라 '습격하는 것에 대한 방어'(제4권 제6장 682b33)도 포함된다.

이빨로 구성된 것들도 그런 유에 포함되어 있으며, 어떤 동물의 경우에는 영양물 섭취라는 하나의 기능을 위해 [이빨이] 있는 것이지만, 다른 동물의 경우에는 거기에 더해, 예를 들어 강함을 위해서도 그렇다.[19] 예를 들어 톱니 모양의 이빨을 가진 동물이나 송곳니가 있는 동물이 모두 그렇다. 그런 이빨은 모두 필연적으로 토질이고 단단한 본성의 것이어야 한다. 그것이 무기에 상응하는 힘이기 때문이다.[20] 이런 까닭에 그런 부분 모두가 태생의 네발동물에 더욱 부합하는 것이다. 그것들은 모두 그 구조가 사람의 유보다 토질이기 때문이다.

그러나 그러한 부분이나 그와 관련된 부분, 예를 들어 피부, 방광, 막, 털, 깃털, 그것들과 유비적인 부분들, 그리고 뭔가 이런 종류의 다른 부분이 있으면 그것들에 대해서도 그 원인, 즉 그 각각이 무엇 때문에 동물에 속하는지를 나중에 비동질 부분들과 함께 고찰해야 한다. 왜냐하면 그것들에 대해서는 비동질 부분과 마찬가지로 그 작용(기능)에 근거해서 아는 것이 필요할 수 있기 때문이다.[21] 하지만 그 부분들이 전체와 같은 이름으로 불리기 때문에, 그것들은 이제 동질적 부분 안에 그 자리를 끼워 넣은 것이다. 그리고 이 모든 것의 시원은 뼈와 살이다.

게다가 생식액과 젖에 대해서는 습한 동질 부분에 대한 고찰에서는

19 '이빨의 [기능적] 본성'에 대해서는 제3권 제1장 661a34-662a15 참조.

20 방어를 위한 것으로서, 그 질료적 본성에 대한 목적론적 설명을 하고 있다. 토질과 단단함이라는 자연 본성을 가지고 있다는 것은 어떤 종류의 힘을 가진다는 것이다(조건적 필연).

21 (1) 동질 부분은 목적론적으로 설명될 수 있다. (2) 목적론적으로 설명한다는 것은 그 기능을 통해서 그 부분을 아는 것이다.

그대로 남겨 두었다.[22] 이에 대한 고찰은 발생에 관한 논의[23]에서 이루어지는 것이 적절하기 때문이다. 그중 전자[생식액]는 발생하는 것들의 시원이고, 후자[젖]는 그것들의 영양물이기 때문이다.

22 653b13-18, 『동물의 발생에 대하여』 제2권 제4장 739b25('월경 혈과 젖은 동일한 본성을 가진다').

23 『동물의 발생에 대하여』 제1권 제17장, 제18장(정액과 월경 혈에 대하여), 제4권 제8장(젖에 대하여) 참조.

제10장 유혈동물의 비동질 부분: 머리

이제 다시 처음부터 시작하듯,[1] 우선 첫 번째 것[2]으로부터 이야기하기로 하자.[3] 완전히 성숙한 동물에게는 가장 필요한 두 가지 부분이 있다. 즉 영양물을 받는 부분과 잉여물[배설물]을 배출하는 부분이다.[4] 왜냐하면

1 '다시 처음부터 시작하듯'(apo archē palin)이란 말은 그저 단순히 '새롭게 시작한다'는 의미를 넘어서는 것으로 해석하는 입장도 있다(Lennox, 이어지는 각주 2 참조). Lennox에 따르면, 이전에 기원으로 가능한 후보들 중에는 뜨겁고, 차갑고, 습하고, 건조한 것이 있는데, 이는 요소들(648b9-10)과 궁극적으로 동질적 부분들 자체(648a23-24)의 출발점으로 확인되는 것이다. 그러나 아리스토텔레스는 이제 여기서 동질적이지 않은 부분들로 넘어가서 '가장 필요한' 부분들로부터 논의를 시작하겠다는 것이다.

2 즉 '원리'(prōton[첫 번째 것]=원리[archē]). "'첫 번째 것으로부터'(ek prōton)란 '고유의 원리(archē)로부터'라는 것이다. 사실상 나는 '첫 번째의 것'과 '원리'라는 것이 동일한 것이라고 말하고 있으니까"(『분석론 후서』 제1권 제2장 72a6-7).

3 아리스토텔레스는 이제부터 동질 부분에서 외적인 부분, 즉 유혈동물의 비동질 부분에 관한 논의로 방향을 돌린다. 제3권 제3장에서는 비동질 부분인 '목'에 대한 논의를 시작하고, 제3권 제4장에서는 유혈동물의 비동질 부분인 내적 부분들에 대한 논의로 이행한다. 숨통과 식도를 보호하기 위한 것으로서 목을 이야기한 다음, 유혈동물의 모든 내장에 대한 논의로 나아간다. 이 논의는 제4권까지 이어진다. 제4권은 무혈동물에 대한 논의가 시작되는 곳이다. 아리스토텔레스는 제4권 제10장까지 유혈동물의 비동질적 부분의 외적 부분에 관한 논의로 돌아가지 않는다. 그는 제4권 제10장을 시작하면서 비로소 "이번에는 처음부터 유혈인 태생동물에 대해 앞서 언급한 나머지 부분부터 시작해 고찰해야 한다"라고 말한다.

4 모든 동물은 영양 섭취 부분이 필요하다는 점에 대해서는 650a2-32 참조. 모든 동물에 공통적인 먹이 수용과 섭취, 모든 동물에 공통적이지는 않지만, 그 대부분에서 공통적인 배설기관에 대해서는 『동물 탐구』 제1권 제2장 488b29-489a19(논의가 완전히 성숙한 동물에만 한정되지 않기 때문에) 참조. 이 두 기관 사이의 중간적인 부분으로 가슴(stēthos)이 있다(「젊음과 늙음, 삶과 죽음, 호흡에 대하여」). 이 책에서는 그 부분이 생

영양물 없이는 생존할 수도 성장할 수도 없기 때문이다.

식물은 (그것들 또한 살아 있다고 말하니까[5]) 불필요한 잉여물의 장소를 갖지 않는다. 흙에서 얻는 영양물은 이미 숙성되어 잉여물 대신에 씨앗과 열매를 산출하기 때문이다. 모든 동물과 관련된 세 번째 부분은 앞서 언급한 두 부분의 중간에 있는 생명의 시원이 존재하는 부분이다.

656a 그런데 식물은 자연 본성적으로 정지되어 있으며, 비동질적 부분의 다양성이 없다. 적은 활동을 위해서는 약간의 기관을 사용하면 되는 것이니까.[6] 그러므로 식물의 형상에 대해서는 그 자체로 별도로 고찰해야만 한다.[7] 한편, 살기 위해 감각을 가지고 있는 것[동물]에는 형상이라는 점에서 식물보다 다양한 형태[8]가 있고, 그중에서도 어떤 것은 다른 것들보다 한층 형태가 다양하다. 그리고 그 자연 본성이 단지 사는 것만이 아니라, 잘 사는 것에도 참여되어 있는 경우에는 더욱 큰 다양성이 있다. 인간의 유가 그런 것이다. 우리가 아는 동물들 중에서 인간은 신적인 것에 참여하는 유일한 동물이거나 모든 것들보다 가장 나은 것이기 때문이다.[9] 따라서 이 때문에, 더욱이 특히 사람의 바깥 부분의 형태는 잘 알

명의 기원인 '심장'(혹은 그 유비물)일 수 있다.

5 '이동과 감각에 참여하지 않지만, 식물도 살아가는 것이다.' 『혼에 대하여』 제1권 제5장 410b17-411a2, 제2권 제2장 413a20-413b1 참조.

6 "자연은 항상 각각의 도구를, 사려 깊은 사람들이 하는 것처럼 그것을 이용할 능력이 있는 사람에게 나누어 주는 것이다"(제4권 제10장 687a10-12).

7 아리스토텔레스의 식물학 관련 저작은 현존하지 않는다. 이 대목은 동료이자 제자였던 테오프라스토스의 『식물 탐구』(9권/8권), 『식물의 원인에 대하여』(6권/10권)를 언급한 것으로 해석할 수도 있다(디오게네스 라에르티오스, 제5권 46 참조).

8 감각을 가진 유기체에서 찾을 수 있는 구조적 다양성.

9 관조적 삶, 즉 '지성(nous)에 근거하는 삶'은 우리 안에 있는 가장 신적인 삶에 참여하는 것이다. 이 삶이 가장 행복한 삶이다. 『니코마코스 윤리학』 제10권 제7~9장 참조. "사고하고 깊이 생각하는 것(사려, 프로네시스)은 가장 신적인 것이 하는 일이다"(제

려진 것이므로, 사람에 대해 먼저 이야기해야만 한다.[10] 인간만이 그 자연 본성에 맞는 부분이 바로 [전 우주의] 자연 본성에 입각한 모습을 하고 있으며, 사람의 상체는 우주 전체의 위쪽을 향하고 있다. 동물 중에서 사람만이 직립하고 있으니까.

그런데 머리에 살이 없다는 것은, 뇌에 대해 말했던 것으로부터[11] 필연적으로 따라 나온다. 사실상 머리가 살집이었다면 사람이란 유가 더 오래 살았을 것이라고 말하는 사람들이 있지만,[12] 그런 일은 없다. 그러면서 그들은 머리에 살이 없어서 잘 감각할 수 있다고 말한다. 즉 [그들에 의하면] 뇌에 의해서 우리는 감각을 하는데, 살이 지나치게 많이 붙은 부분은 감각에 방해가 될 것이라는 것이다.[13] 그 주장들 중 어느 쪽도 참이 아니다. 오히려 뇌 주위에 살이 많이 붙어 있으면 뇌가 동물에게 속하는 그 목적과는 반대되는 결과를 만들어 낼 것이다(즉 뇌 자체가 지나치게 뜨겁다면 차갑게 될 수 없을 테니까). 뇌는 어떤 잉여물에도 감각이 없

4권 제10장 686a26-32, 686b23-28, 687a15-23 참조). 이 말은 무엇을 염두에 두고 하는 말인가? (1) 모든 유기체는 자신과 같은 형상에서 동일한 다른 것을 낳는 일 때문에 '영원한 것과 신적인 것에 참여하는 것'이다(『혼에 대하여』 제2권 제4장 415a24-b8, 『동물의 발생에 대하여』 제2권 제1장 731b24-732a1). (2) 『동물 탐구』 제7권(제8권) 제1장 588a16-b3에서는 인간이 아닌 종들의 다양성을 특징짓는 가운데 그것들에도 '생각의 기민함'이라는 말을 사용하는 것을 인정한다(제2장 648a1-10 참조). (1)이 배제된다면 (2)일 가능성이 있다.

10 직립한 인간의 외적 특징들에 대한 논의는 제4권 제10장 687a2 아래 참조.

11 652a24-653b18.

12 플라톤, 『티마이오스』 75b 참조("인간은 살과 힘줄로 된 머리를 자기 위에 얹게 됨으로써, 지금보다도 두 배, 아니 몇 배는 더 장수하고 더 건강하며 고통 없는 삶을 얻었을 것이다."). 그럼에도 플라톤은 그 말에 이어서, 장수하지만 열등한 종족이 되지 않기 위해, 제작자(데미우르고스)는 "더 짧지만 더 나은 삶을 선택"하도록 머리를 살로 덮지 않고, 얇은 뼈로 덮었다고 말하고 있다(75c 참조).

13 플라톤, 『티마이오스』 74e-75a 참조.

듯 그 자신은 무감각한 것이지, 어떤 감각의 원인도 아니다. 하지만 동물에게 감각기관 몇 개가 머리에 있는 것이 어떤 원인에 의한 것인지를 그들은 찾지 못했고, 뇌가 다른 부분보다 더 특유한 부분임을 보고, 추론에 따라[14] 양자[감각과 뇌]를 연결시킨 것이다.

감각의 시원이 심장 부근의 장소라는 것은, 이전에 감각에 관한 논의[15]에서 규정되었다. 그리고 다음과 같은 것도 규정되었다. 다시 말해 두 가지 감각, 즉 촉각과 미각이라는 감각이 분명히 심장에 연결되어 있음은 어째서인지,[16] 또 다른 세 가지 감각 중 후각이 청각과 시각의 중간에 위치하고,[17] 청각과 시각이 그 감각기관의 본성 때문에 특히 머리에 있으며, 그중 시각은 어떤 동물이나 머리에 있는 [하지만 다른 두 감각이 반드시 머리에 있다고는 할 수 없는] 것이 무엇 때문인지도 규정되었다. 적어도 물고기나 그와 유사한 것의 청각과 후각은 지금 말한 것[18]을 분명히 하고 있기 때문이다. 즉 물고기는 소리를 듣고 냄새를 맡는데,[19] 그 감각 대상에 비해 뚜렷하게 알 수 있는 감각기관이 머리에 갖추어져 있
656b 지 않다.[20] 시각을 가진 모든 동물에서 그것이 뇌 근처에 있다는 것은 이

14 Lennox는 다음과 같은 추론을 내놓는다. (전제1) 감각들 중 몇 개는 머리에 있다. (전제2) 머리에서 가장 특유한(idios) 부분은 뇌다. (결론) 그러한 감각은 뇌에 있다.

15 647a26-32 참조. 『자연학 소론집』 가운데 「감각과 감각되는 것에 대하여」 제2장 439a1-4 참조. 그러나 거기에서는 아래에서 내세워진 견해를 암시하는 것 이상으로 분명하게 내놓고 있지는 않다.

16 『동물의 발생에 대하여』 제2권 제6장 744al 아래 참조.

17 코가 두 눈, 두 귀 사이에 있어야 한다.

18 모든 동물에서 시각이 머리에 있는 반면, 청각과 후각은 꼭 그렇지는 않다는 말이다.

19 제2권 제16장 659b15에서 볼 수 있듯, 아리스토텔레스는 물고기의 후각기관을 아가미로 생각하고 있다.

20 『동물 탐구』 제4권 제8장 533a34-b3 참조.

치에 맞는다.[21] 왜냐하면 (1) 뇌는 습하고 차가우며, 이와 달리 시각[기관]은 그 본성에서는 물이기 때문이다.[22] 사실상 물은 투명한 것들[23] 중에서 가장 손쉽게 가두어 둘 수 있기 때문이다.[24] 게다가 (2) 감각 중에서 더 정확한 것은 더 순수한 피를 가진 부분 때문에 더욱 정확하게 된다는 것은 필연적이다.[25] 왜냐하면 피 속에 열의 움직임은 감각의 활동실현상태(에네르게이아)를 없애 버리기 때문이다. 이런 이유로 그 감각기관들은 머리에 있는 것이다.

또한 살집이 없는 것은 머리는 앞쪽뿐 아니라 뒤쪽도 그러한데, 이는 머리를 가진 동물 모두에서 그 부분이 가장 똑바로 서 있어야 하기 때문이다. 즉 무거운 짐이 있으면 똑바로 서 있을 수 없기 때문이며, 만일 머리가 살로 뒤덮여 있었다면 무거운 짐이 되었을 것이다. 이 점에서도 뇌가 감각하기 위해서 머리에 살이 없는 것이 아님은 분명하다. 뒤통수에는 뇌가 없지만,[26] 앞쪽과 마찬가지로 살도 없기 때문이다.

21 눈이 뇌 가까이 있다는 것에 대한 두 가지 설명은 이러지는 본문의 (1)과 (2)이다.

22 물은 습과 냉이 결합해 만들어진 것으로 알려져 있다. 시각의 기관이 물로 이루어져 있다는 것에 대해서는 『혼에 대하여』 제3권 제1장 425a3-6("눈동자는 물로, 청각기관은 공기로, 후각기관은 물과 공기 중 어느 하나로 이루어져 있다"), 『자연학 소론집』의 「감각과 감각되는 것에 대하여」 제2장 438a5-6, 13-14, 28-29, 『동물의 발생에 대하여』 제5권 제1장 779b19-26 참조.

23 시각 기관이 물로 이루어진 것은 물이 투명하기 때문이다. 「감각과 감각되는 것에 대하여」 제2장 438b13-14 참조.

24 아마 아리스토텔레스는 물이 안구 안에서 유지되어야 한다는 것을 염두에 두었을 것이다. 물이 아닌 공기는 그것을 가로막은 막을 통해 쉽게 빠져나갈 수 있기 때문이다.

25 차가움, 습기로서의 피, 피의 순수함, 뛰어난 감각 능력의 관련성에 대해서는 650b19-24 참조.

26 '뇌는 두개골의 앞에 있고, 뒤통수는 빈 것'이라는 이 주장은 잘못된 것이지만 『동물 탐구』 제1권 제16장 494b25-495a1에도 같은 언급이 나온다. 『동물 탐구』에서는 인간의 내부 부분은 대부분 알 수 없으므로 그것에 대한 우리의 지식은 어떤 방식으로든 인간

한편, 동물 중 일부는 머리의 주변부에 청각[27][기관]을 가지고 있다는 것은 이치에 맞는다. 왜냐하면 '빈 곳'이라고 불리는 부분[뇌실]이 공기로 채워져 있고, 청각의 감각기관도 공기로 이루어져 있다고 우리는 주장하기 때문이다.[28]

관이 눈에서 뇌 주위 혈관까지 통하고 있다.[29] 심지어 귀에서도 마찬가지로 관은 뇌의 뒷부분까지 연결돼 있다. 그러나 무혈인 부분이나 피 자체에는 감각 능력이 없고, 피로 이루어진 어떤 것에 감각 능력이 있는 것이다. 그러므로 유혈동물에서 무혈인 부분은 어느 것도 감각 능력이 없으며,[30] 피 자체도 감각 능력이 없다. 피는 동물의 부분이 아니기 때문이다.[31]

뇌를 가진 모든 동물은 그 부분이 머리 앞쪽에 있다. 왜냐하면 감각이 향하는 것이 전방이기 때문이다. 또 감각은 심장에 의해 일어나고, 심장이 몸의 앞쪽에 있기 때문이다. 또 감각의 발현이 유혈인 부분을 통해 일어나고, 머리 뒤쪽의 '빈 곳' 부분에는 혈관이 없기 때문이다. 감각기관

과 가장 닮은 동물의 내부 부분들의 검토에 의존해야만 한다(제16장 494b20-25). 당시 인간의 몸 해부 금지법이 있었을까? Ogle(*Aristotle on the Parts of Animals*, London, 1882, pp. 174~175)은 그 주장이 인간보다는 난생동물에 대한 진실에 더 가깝다고 말한다.

27 원어로는 hē akoē이다. 이 말은 '귀'(단수)를 가리킨다. 경우에 따라, 아리스토텔레스는 ta ōta란 말로 외부에 있는 '귀들'을 언급하기도 한다.

28 『혼에 대하여』 제3권 제1장 425a4-5("청각기관은 공기로"), 「감각과 감각되는 것에 대하여」 제2장 438b20 참조.

29 이 '관'은 아마 '신경'에 해당할 것이다. 『동물 탐구』 제1권 제16장 495a11-18에 따르면 세 개의 관이 있고 그것들이 뇌와 연결되어 있다고 여긴다.

30 피가 없는 어떤 것도 감각할 수 없으며, 피 자체도 감각될 수 없다. 650b3-7 참조("피를 만져도 감각을 일으키지 않는 것이고").

31 피를 동질 부분의 일종으로 취급하고 있는 대목도(제2권 제2장 647b12 참조) 있으나 이 대목에서는 피가 '최종 단계의 영양물'(제2권 제3장 650a34)이기에 동물의 부분이 아니라고 보고 있다.

은 자연에 따라 그런 식으로 잘 배치되어 있다. 청각기관[귀]은 머리 바
깥쪽 원주 중간선을 이루는 위치에 있다(사실상 소리를 듣는 것은 한 방
향에서만이 아니고 모든 방향에서이니까). 시각[눈]은 전방을 향하고 있
다.[32] (사물을 보는 것은 한 방향이고, 또 [몸의] 운동은 전방을 향하고, 그
운동이 향하는 것을 미리 보아야 하기 때문이다.) 후각[코]이 두 눈 사이
에 위치하는 것은 이치에 맞는다. 왜냐하면 몸이 오른쪽과 왼쪽이라는
쌍을 이루고 있기에 감각기관도 각각 쌍을 이루고 있기 때문이다.[33] 촉
각의 경우에는 이 점이 명확하지 않다. 왜냐하면 살을 비롯하여 그와 유
사한 부분이 촉각의 첫 번째 감각기관이 아니라, 그것이 체내에 있기 때
문이다.[34] 혀에 대해서는 그다지 명확하지 않지만,[35] 촉각의 경우보다는
명확하다. 왜냐하면 그 감각 자체가 촉각의 일종과 같기 때문이다. 그럼 657a
에도 그 감각(미각)에 대해서도 (쌍을 이루고 있는 것이) 분명하다. 혀는
분명히 나뉘어 갈라져 있기 때문이다.[36]

그 외의 감각기관에 대해서는, 그 감각이 두 부분으로 갈라져 있다는

32 『동물의 진행에 대하여』 제4장 705b8-13에서는 동물의 앞부분과 뒷부분이 감각에 의해 규정된다고 설명한다. '전방'의 중요한 결정 요소가 '눈의 지향점'이라는 점을 밝히고 있다. 그 반대가 후방이다. 제3권 제3장 665a10-18 참조('앞쪽'과 '뒤쪽'의 구분에 대하여).

33 내장기관의 '쌍'으로 된 특징에 대해서는 제3권 제7장 669b18-24 참조. "몸이 오른쪽과 왼쪽이라는 쌍을 이루고 있기에 감각기관도 각각 쌍을 이루고 있기 때문이다"(656b32-657a4 참조).

34 촉각과 관련해서는 무엇이 감각기관인지 명확하지 않고, 어떤 면에서는 살이 그것이라고도 말할 수 있지만, 아리스토텔레스는 그것이 최종적으로는 살이 아니라 체내에 있다고 보고 있다. 제2권 제8장 653b19-30 참조.

35 즉 쌍을 이루고 있는지가 불명확하다는 점.

36 뱀처럼 혀가 뚜렷하게 갈라진 것(660b7)은 드물지만, 많은 혀가 가운뎃부분에 '중심선'이 있음을 염두에 두고 하는 말인지도 모른다.

것은 더욱 분명하다. 즉 귀가 둘, 눈도 둘이고, 코의 능력[37]도 둘로 갈라져 있다. 만일 코의 능력이 실제와 다르게 배치되어 청각의 능력처럼 넓게 떨어져 있었다면, 그 자신의 기능을 수행할 수 없었을 것이고, 그러한 능력이 갖추어진 부분도 작용하지 못했을 것이다. 왜냐하면 코를 갖춘 동물은 호흡을 통해 감각하는데, 그 부분은 [머리의] 중앙 전방에 있기 때문이다. 그러므로 세 감각기관의 중심에 코가 한곳에 모이도록 자연이 배치하여, 마치 호흡할 때의 날숨 움직임과, 목수의 먹줄에 맞춘 것처럼 일직선이 되도록 놓았던 것이다.[38]

37 콧구멍을 말할 것이다.

38 코가 중간의 한곳에 모여 결합되어 있고, 냄새는 호흡을 통해 이루어지므로, 숨통과 연결되어야 그 기능을 완벽하게 해낼 수 있을 것이다.

제11장 유혈동물의 비동질 부분: 귀

인간 이외의 다른 동물에서도, 그 감각기관들은 각자에 고유한 자연 본성과 관련해서 잘 되어 있다.[1] 즉 네발동물에서는 귀[2]가 머리에서 튀어나와 있어 눈보다 위에 있다고 생각할 수도 있지만 실제로는 그렇지 않고, 그 동물이 직립하지 않아 몸을 앞으로 구부리고 있어 그렇게 보이는 것이다.[3] 또한 그것들 대부분은 그런 자세로[즉 앞으로 구부리고] 돌아다니기에 귀가 더 높은 곳에 있어야 움직이는 것에 도움이 된다. 왜냐하면 귀를 돌릴 때,[4] 그것들은 모든 방향에서 나는 소리를 더 잘 수용할 수 있기 때문이다.

1 656b26-31 참조. 아리스토텔레스는 부분이 놓여 있는 방식과 관련해서 가치판단을 내린다. Bekker판에는 이 문장이 앞 장인 제10장 말미에 놓여 있으나 나는 이것을 제11장의 첫머리로 옮겼다.

2 혹은 귓바퀴.

3 몸에서 '위'는 머리가 있는 방향, '아래'는 그 반대 방향을 말한다. 똑바로 서 있다면, 귓바퀴는 눈보다 위에 있지 않지만 거의 같은 수준에 있을 것이다.

4 인간만이 움직이지 않는 귓바퀴를 가진다(『동물 탐구』 제1권 제11장 492a23).

제12장 유혈동물의 비동질 부분 : 청각의 구멍(외이도)밖에 없는 동물

새는 피부가 단단하고, 털이 없고, 날개가 있으므로, 구멍관(外耳道)[1]이 있을 뿐이다. 따라서 귀를 형성하기 위한 질료를 갖지 않는다.[2] 네발동물 중에서도 난생으로 뿔비늘을 뒤집어쓴 것도 마찬가지다. 그것들에 대해서는 새에 대한 것과 같은 설명이 적용된다. 태생동물 중에서는 바다표범도 기형의 네발동물이므로 귀가 아닌 청각의 구멍관을 가진다.[3]

1 즉 귓바퀴가 없다는 것.

2 새와 네발 난생동물이 귓바퀴를 갖지 않는 것에 대한 설명이 공통된 질료적 설명 유형의 첫 번째 적용이다. 어떤 구조가 없다는 것을 그 가치의 부족이 아니라 그런 유의 동물의 질료적 구성에 기인한다고 보는 것이다. 따라서 새, 파충류, 양서류 등은 그것을 형성하는 적절한 질료의 결핍 때문에 외부의 귀(귓바퀴)가 없다는 것이다. 즉 'P 부분은 질료 M을 요구한다(대전제). K는 M을 결핍한다(소전제). K는 P 부분이 없다(결론).' 그 피부의 딱딱함과 깃털(혹은 비늘)은 소전제의 증거가 된다. 그 예를 더 들자면, 657b13-15(딱딱한 피부 때문에 눈꺼풀이 없다), 657b36(그 눈의 단단함 때문에 곤충은 보는 힘이 무디다), 665a2(뿔비늘이나 날개 있는 동물은 살이 말라 있고 피부가 딱딱하기에 후두개가 없다), 678a32-35(무혈의 동물은 피가 없으므로 내장이 없다) 등이다.

3 바다표범이 기형(pēros, 奇形)의 네발동물(487b23)이라고 되어 있는 것에 대해서는 『동물 탐구』 제2권 제1장 498a31-b4, 『동물의 진행에 대하여』 제19장 714b12-13 참조. 『동물의 발생에 대하여』 제5권 제2장 781b22-28에는 수중 생활을 하기 때문에 바다표범에게는 귓바퀴가 없다고 설명되어 있다. 다른 태생동물들 중에서는 고래류만이 귓바퀴가 없는데 이는 그들만이 수중 생활을 하기 때문이다. 다음의 다윈적 설명과 매우 유사하다. "따라서 그것들의 진화 과정에서 수중 생활을 하는 포유류는 외부 귀의 모든 흔적을 잃었다. 이것은 머리의 윤곽을 더 매끄럽게 만들 뿐만 아니라 실질적으로 쓸모가 없는 부속물을 제거한다. 왜냐하면 귀의 귓바퀴는 공중 음파를 수집한다는 특별한 용도로 쓰이고, 이것은 물에 잠긴 상태에서는 아무 가치가 없는 기능이기 때문이다.

따라서 수륙(水陸) 생활을 하는 포유류에서는 귀가 줄어들고, 고래와 바다표범, 바다코끼리의 귀는 완전히 상실된다"(Lull[1924], p. 325).

제13장 유혈동물의 비동질 부분: 눈꺼풀

사람, 새, 태생의 네발동물, 난생의 네발동물은 시각을 보호하는 것을 가지고 있다. 태생동물은 두 개의 눈꺼풀을 가지고 있고, 그래서 눈을 깜빡인다. 새 중에서도 특히 몸이 무거운 것이나[1] 난생의 네발동물은 아랫눈꺼풀로 눈을 감는다. 새는 안각(眼角)[2]에서 나오는 막[3]으로 눈을 깜빡인다.

그런데 [눈에 이 같은] 보호하는 기관이 갖추어져 있는 원인은 눈이 젖어 있는 것이고, 자연의 조치에 의해 그렇게 예민하게 사물을 볼 수 있도록 되어 있는 것이다.[4] 눈이 딱딱한 껍데기로 되어 있다면 밖에서 무엇인가가 눈에 들어와 해를 입는 일은 적어지겠지만 예민함이 없어지기 때문이다.[5] 사물이 잘 보이도록 눈동자 부근의 피부가 얇아졌고, 그 보호

1 『동물 탐구』 제8권(제9권) 제8장 613b6-8에는 몸이 무거운 새는 나무 위에 둥지를 틀지 않아 잘 날지 못하는 새이고, 그 예로 메추라기나 자고새(partridge)를 들고 있다. 올빼미와 그 동류의 것들은 윗눈꺼풀을 사용해 눈을 감는다(『동물 탐구』 제2권 제12장 504a25-27).

2 윗눈꺼풀과 아랫눈꺼풀이 만나는, 눈 양쪽에 있는 각.

3 순막(瞬膜). 척추동물의 눈꺼풀 안에 있는 반투명의 얇은 막으로, 위아래의 눈꺼풀을 늘이거나 줄여 가며 눈알을 덮음으로써 눈을 보호한다.

4 눈에 적당한 양의 체액이 있고, 동공 위의 피부가 얇은 것들이 가장 예민한 시력을 가짐을 시사한다(『동물의 발생에 대하여』 제5권 제1장 779b30-781a12). 시력이 흐리거나 예민해지는 추가적 원인으로서 피부의 두께에 대해 논의하기도 한다(780a26-36).

5 즉 예민한 시력은 눈에 습기를 요구하지만, 그렇게 되면 상처를 쉽게 입는다. 곤충이나 갑각류에서는(657b31-35) 눈 위에 있는 단단한 보호 덮개가 그 문제를 해결할 수 있으

를 위해 눈꺼풀이 있는 것이다. 그리고 이 때문에 모든 동물, 특히 사람은 눈을 깜빡이는 것이고, 그 목적은 눈으로 들어오는 것을 눈꺼풀로 가
리는 것이며(눈 깜빡임은 선택으로[6] 이루어지는 것이 아니라 자연이 그렇 657b
게 하도록 하는 것이다[7]), 사람은 [눈동자 부근의] 피부가 가장 얇기에 가장 빈번하게 깜빡인다. 눈꺼풀은 피부로 눈을 둘러싼다. 그러므로 눈꺼풀이나 음경의 포피 끝[8]도 살이 없는 피부이므로 함께 성장하지 않는다.[9]

새 중에는 아랫눈꺼풀로 눈을 감는 것이 있고, 네발동물 중에서도 난생인 것은 그 피부가 단단하기에 마찬가지로 아랫눈꺼풀로 눈을 감는다. 즉 날개 달린 동물들 중 몸이 무거운 것은 날지 못하기에 그 날개의 성장에 쓰일 것이 피부를 두껍게 하는 데로 향했기 때문이다. 그러므로 그 새들은 아랫눈꺼풀로 눈을 감고, 비둘기류나 그 밖에 동류의 것들은 상하 양쪽 눈꺼풀로 눈을 감는다.

한편, 난생동물 중 네발 달린 것들은 뿔비늘이 씌워져 있다. 이것은 모두 털보다 단단하므로 그 동물들의 피부는 털 있는 동물들보다 더 단단하다. 그래서 그 머리를 덮는 피부는 단단하다. 따라서 머리 쪽의 눈꺼풀은 없고, 눈의 아랫눈꺼풀은 육질이며, 그래서 극도로 얇고 수축성이

나 시력은 무뎌진다(657a32-34, b35-36). 액상, 얇은 피부, 눈꺼풀 사이에 있는 목적론적 연결은 이런 것이다. 예민한 시력은 축축한 눈과 얇은 덮개를 요구한다. 즉 눈꺼풀은 예민한 시력을 방해하지 않으면서 보호 기능을 제공한다.

6 즉 의도적으로(ek proaireseōs).

7 아리스토텔레스는 그 운동을 비자발적인 '반사적 행동'으로 보고 있는 듯하다. 많은 경우, '자연'은 능동형 동사 '만든다'(poiein)의 주어 노릇을 하고 있다(부정과거[aorist] 시제이다. 657b37, 659a12, b35, 663a33, 688b29, 689b14, 691b9). 여기서는 부정과거가 운동의 '빠름'을 나타내고, 다른 경우는 일반적 참을 말하는 gnomic aorist의 '힘'을 갖는다.

8 남성 성기의 귀두(龜頭) 부위를 싼 가죽.

9 혹은 '일단 끊어지면 다시 한데 이어 붙지 않는다'.

있다.

몸이 무거운 새는 눈꺼풀로 눈을 깜박이지 않고,[10] 막에 의해 눈을 깜빡인다. 왜냐하면 그것의 눈꺼풀 움직임은 느리지만, 눈 깜빡임은 재빨리 해야 하기 때문이다. 막이라면 그런 빠른 움직임을 할 수 있다. 코에서 가까운 안각(眼角)에서 막이 나와 눈을 깜박거리는데, 그 까닭은 그 막의 본질이 시작점이 하나인 것처럼 만들어져 있는 것이 바람직하기 때문이며, 이 막들은 코와 맞닿아 있는 곳을 시작점으로 하고 있는 것이다. 그리고 측면보다는 정면이 시작점으로서 더 적합하다.

난생의 네발동물은 이와 같은 방식으로는 눈을 깜박이지 않는다. 육생이기 때문에 습하고 예민한 시각 능력이 필요하지 않기 때문이다. 반면, 새의 경우에는 그것이 필요하다. 멀리서 볼 수 있는 시각 능력을 사용해야 하기 때문이다. 그러므로 갈고리발톱을 가진 새는 날카로운 시력을 가지고 있지만(그것들은 먹잇감을 위쪽에서 보고 찾기 때문이며, 이를 위해 새 중에서도 특히 높이 날아오른다), 다른 한편으로, 예를 들어 닭이나 그와 유사한, 지상에서 살며 날지 않는 새들은 시력이 날카롭지 않다. 왜냐하면 생활을 위해[11] 날카로운 시력을 갖도록 촉진하는 것이 아무것도 없기 때문이다.

어류와 곤충들, 그리고 딱딱한 피부를 가진 동물들(갑각류)[12]은 각각

10 『동물 탐구』 제2권 제12장 504a25-26에는 거의 모든 새가 그렇다고 되어 있다("모든 새가 안각에서 눈에 걸쳐 있는 피부에 의해 깜박인다").

11 동물들에게서 찾아지는 차이의 네 가지 기본 종류는 부분들, 활동, 습관, 생활방식이다. 『동물 탐구』는 이 네 가지에 따라 구성되는데, 제7권(제8권)은 생활방식의 관점에서 설명되며, 동물의 행태를 그들이 처한 환경 관점에서 바라본다. 즉 날아다니는 것, 헤엄치는 것, 이주하는 것, 육식적인 것, 약탈적인 것, 동면하는 것 중 어떤 것인가를 보는 것이다.

12 '딱딱한 피부를 가진 동물들'(ta sklēroderma)은 이른바 갑각류(crustacea)를 가리킨다

의 눈은 다르지만 모두가 눈꺼풀을 가지고 있지는 않다. 실제로 갑각류 동물은 일반적으로 눈꺼풀을 가지고 있지 않다. 눈꺼풀을 사용하려면 피부의 빠른 작용이 필요하다.[13] 그러나 이러한 보호 대신에 그것들은 모두 단단한 눈을 가지고 있다. 말하자면 유착(癒着)되어[14] 있는 눈꺼풀을 통해 사물을 보는 것과 같다. 그 단단함 때문에 필연적으로 다른 것보다 보는 힘이 무뎌지므로, 자연은 곤충들의 눈을 움직이게 만든 것이며,
딱딱한 피부를 가진 동물의 경우에는 더욱 잘 움직이도록 하고 있는데, 658a
마치 네발동물 중에서 어떤 동물이 귀를 움직이는 것과 같다. 이는 빛의 방향으로 눈을 돌려 햇빛을 받아들임으로써 눈이 보다 명료하게 볼 수 있도록 하기 위함이다.

반면, 물고기는 축축한 눈을 하고 있다. 왜냐하면 그것들의 잦은 움직임은 필연적으로 멀리서도 시력을 사용할 수 있어야 하기 때문이다. 육생동물에게 공기는 멀리 훤히 내다볼 수 있게 해준다. 반면 물고기에게 물은 사물을 똑똑히 보는 데 반대 효과를 가져오지만, 눈에 들어와 시각을 저해하는 것은 공기만큼 크지는 않다. 이런 이유로, 물고기는 눈꺼풀을 갖지 않고(자연은 결코 쓸모없는 일을 아무것도 하지 않는다[15]), 물의

(『동물 탐구』 제1권 제5장 490a2 참조). 아리스토텔레스는 갑각류를 malakostraka(연갑류: 부드러운 껍데기를 가진 동물들)란 말로 흔히 사용한다. 여기서 사용된 sklēroderma는 종종 딱딱한 뚜껑을 가진 부분이나 알에 사용하는 말로, 동물에게 쓴 경우는 드물다. 『동물 탐구』에서는 이러한 동물의 예로서 '게'를 들고 있다(제1권 제5장 490a). 여기도 또한 갑각류를 염두에 두고 있는 것으로 보인다.

13 그럼에도 피부가 딱딱해서 빠른 움직임을 할 수 없으므로, 있어도 도움이 되지 않는다.

14 분리되어 있어야 할 생체(生體) 기관의 조직 면이 섬유성 조직으로 연결, 융합되어 있는 것.

15 한 사물에 내재하는 본성이 그 사물의 목적을 반드시 완성시킨다는 말이다. 이 원리는 여기 말고도 이 책에서 열한 번이나 언급된다(제3권 제1장 661b24-25 등). 이 주장은 '자연은 동물 각각의 종류의 실체적 존재에 대한 가능성이 주어질 때, 최선의 것을

농밀한 것에 대응하여 습한 눈을 가지고 있는 것이다.

행한다는 주장과 결합되어, 자연 탐구를 위한 요구된 출발점이라고 말해진다(『동물의 진행에 대하여』 제2장 704b14-17). "자연은 항상 가능한 것 중에서 더 나은 것을 만들어 내는 원인이기 때문이다"(658a23-24). 이 밖에도 이 원리에 대한 언급은 『정치학』 1253a9, 1254b27, 1255b3, 1256b21, 『혼에 대하여』 434a30 등에도 나온다.

제14장 유혈동물의 비동질 부분: 속눈썹

털이 난 동물은 눈꺼풀 부위에 속눈썹이 있지만 새나 뿔비늘로 덮인 동물에게는 속눈썹이 없다. 애초에 털이 없기 때문이다. 타조(리뷔에의 참새)에 대해서는, 그 원인을 나중에 말하기로 한다.[1] 그 동물에게는 속눈썹이 있기 때문이다. 그리고 털이 있는 동물 중에서 사람만이 위아래 양쪽에 속눈썹이 있다. 실제로 네발동물은 털이 배 쪽이 아니라 오히려 등쪽에 있고, 사람은 반대로 등보다 배 쪽에 털이 있다.[2] 털이 있는 동물에게 털이 있는 것은 몸을 덮기 위해서다. 그런데 네발동물은 등 쪽에 덮개가 더 필요하고, 몸 앞쪽이 더 고귀하지만[3] 몸을 구부리고 있기에 매끈한

1 제4권 제14장 697b14-25(17-18; "그 날개는 비행에는 도움이 되지 못하며 털과 같다. 더욱이 네발동물이라는 점에서 윗눈썹이 있고"). 윗눈썹(속눈썹)이라는 점에서 새들에 대한 보편적 부정은 아니다(658a12). 그 날개가 털과 같으니까. 타조의 발이 새의 것이라기보다는 네발동물과 같다는 것은 아리스토텔레스의 생각이다. 실제로 타조는 두 발을 가지고 있다. 여기서 '타조'라고 번역한 ho strouthos ho Libukos는 문자적으로는 '리뷔에의 참새'다. 영어의 ostrich(고대 프랑스어 ostriche[현대 프랑스어 autruche])는 헬라스어 strouthos(strouthiōn, 참새; 『동물 탐구』 제5권 제2장 539b33, 제9권 제7장 613a29)의 라틴어 struthio+avis(새)에서 유래한 말이다.

2 『동물 탐구』 제2권 제1장 498b16-25에도 같은 사실이 지적되지만, 속눈썹과 체모는 직접적 관련성이 없다.

3 털의 기능이 거죽을 보호하기 위한 덮개라는 목적론적 전제에 따라 설명이 시작된다. 그러므로 털은 모든 곳에 있지 않고 더 고귀한 부분들을 보호하는 곳에서 발견된다. 전면에 있다는 것은 감각의 자리, 즉 심장의 자리를 보호하는 것이다(『동물의 진행에 대하여』 제5장 706b11-16, 『동물의 부분들에 대하여』 제3권 제4장 665b18-21).

것이다.[4] 한편 인간은 직립하고 있기에 전방이나 후방이 모두 동등한 위치에 있으므로, 자연은 더 고귀한 것에 도움이 되는 것을 대비했다.[5] 자연은 항상 가능한 것 중에서 더 나은 것을 만들어 내는 원인이기 때문이다.

그리고 이 때문에 네발동물 모두는 아래쪽에 속눈썹이 나지 않고, 아래 속눈썹 밑에 드문드문 털이 나 있는 것들이 있다. 또한 사람처럼, 겨드랑이나 음부에 털이 나 있는 것들도 없다. 하지만 그것들 대신에, 예를 들어 개의 유처럼 몸의 후면 전체가 털로 덮여 있는 것이나 예를 들어 말이나 그런 종류의 동물처럼 '도가머리'(로피아)가 있는 것이나, 수컷 사자처럼 '갈기'(카이테)[6]가 있는 것이 있다.

게다가 긴 꼬리를 가진 동물들에 대해, 자연은 털로 그 꼬리를 장식했다. 말처럼 꼬리의 대가 짧은 것은 긴 털로, 꼬리의 대가 긴 것은 짧은 털로 장식하는 식으로, 그것들은 몸의 다른 부분의 본성에 대응한 것이다. 왜냐하면 자연은 어디서나 어떤 부분에서 가져와서 다른 부분에 주는 것을 하기 때문이다. 그리고 자연이 몸뚱이에 아주 많은 털을 있게 한 동
658b 물의 경우에는 꼬리 부근의 털이 부족하다. 예컨대 곰에서 그런 것을 볼 수 있다.

사람은 동물들 중에서 머리털이 가장 많다.[7] 뇌의 습기와 봉합선 때

4 즉 털이 없다.

5 '대비했다'(hupegrapsen)는 '(비명 같은 것을) 밑에 써 놓다'(hupographō)의 부정과거(aorist)형이지만, 여기서는 맥락을 좇아 이렇게 옮겼다. 그런데 배 쪽의 털이 더 고귀한 것(timiōtera)을 보호한다고 생각한 이유는 모르겠다.

6 로피아(lophia)와 카이테(chaitē)는 모두 목덜미에 난 긴 털, 즉 갈기다. 헬라스어에서 이 두 말은 어원적 관련이 없다. 이에 대해서는 제2권 제1장 498b25-34 참조.

7 『동물 탐구』 제2권 제1장 498b18-19 참조.

문에 필연적으로 그렇게 되어 있는 것이며(즉 습과 열이 가장 많은 곳에서는 필연적으로 성장이 두드러지기 때문이다), 또한 그것은 보호를 위해서, 즉 냉과 열이 과잉이 되지 않도록 덮개를 씌우기 위해서이기도 하다.[8] 인간의 뇌는 가장 크고 습하기 때문에 최대의 보호가 필요하다. 가장 습한 것은 특히 끓거나 식기 쉽고, 그 반대의 상태는 작용하기가 어렵기 때문이다.

그러나 이러한 주제에 대해서는 속눈썹의 원인을 언급함으로써, 속눈썹과의 친근성 때문에 옆길로 새서 말하게 된 것이다. 따라서 그 나머지에 대해서는, 그에 걸맞은 적절한 경우에 언급이 이루어져야 한다.

8 이 대목은 하나의 설명되는 바(explanandum)가 '필연과 보호의 목적' 둘 다를 설명한다. 여기서 explanandum은 '왜 인간이 동물 중에서 가장 머리털이 많은가'이다. 즉 습, 열, 봉합선은 머리털을 자라게 하는 것으로, 질료적으로 필연적인 것이다. 머리털은 보호를 위해 필요하기 때문이다.

제15장 유혈동물의 비동질 부분: 눈썹과 속눈썹

눈썹과 속눈썹 둘 다는 보호를 위해 존재한다. 눈썹은 흘러내리는 수분과 관련한 것으로서, 말하자면 처마처럼[1] 머리에서 배어 나오는 수분으로부터 눈을 막아 내기 위해 있는 것이다. 속눈썹은 눈으로 들어오는 것에 대한 것으로, 벽 앞에 울타리를 치는 것과 같다. 또한 눈썹은 뼈의 접합부에 있으며, 그래서 많은 경우에 나이가 들면서 다듬을 필요가 있을 정도로 수북하게 자란다.[2] 한편 속눈썹은 작은 혈관의 끝에서 자라고 있다. 피부가 끝나 있는 거기에서 작은 혈관도 그 연장의 끝에 도달해 있기 때문이다.[3] 따라서 필연적으로 배어나는 물질적 분비액 때문에, 자연의 어떤 작용이 간섭하여 그것을 다른 사용으로 돌리는 것이 아니라면, 그

1 크세노폰, 『회상』 제1권 제4장 제6절 참조("머리에서 내려오는 땀(물질적 분비물)이 해를 끼치지 못하도록 눈 윗부분에 **눈썹으로 처마를** 두르는 것 말일세").

2 『동물 탐구』 제3권 제11장 518b6-9 참조("일반적으로 털의 길이는 나이가 들수록 다소 길게 자란다. 주로 머리카락, 다음으로 수염털, 그리고 잔털이 가장 길게 자란다").

3 아리스토텔레스는 혈액이 혈관을 통해 심장에서 여러 부분으로 흐른다는 것을 알았지만, 그것이 되돌아온다는 점을 거의 인식하지 못했다. 그러므로 혈액은 혈관의 말초에 도달하면 어떤 형태로든 폐기되어야 했는데, 이때 내부에서 벗어난 것은 내장을 형성했고, 외부에서 벗어난 것은 털, 손톱 등을 형성했다. 따라서 털은 어떤 의미에서는 배설물이었다(제2권 제3장 650a29-32 참조). 자연학에서 모든 것을 최종 '목적인'으로 설명하려는 이 대목과 연관된 아리스토텔레스의 과학적 태도에 대한 베이컨의 반론에 대해서는 베이컨의 *Of the Proficience and Advancement of Learning, Divine and Human*(1605), 2.29.30 참조. "Your bedded hair, **like life in excrements**, Starts up, and stands an end"(*Hamlet* iii.4 137~139). 셰익스피어 시대까지도 머리카락, 손톱(또는 동물의 뿔과 발굽)과 같이 몸에서 자라는 것, 즉 우리가 자연적인 성장물(excrescences)이라고 부르는 것을 '배설물'이라고 불렀다고 한다.

러한 원인 때문에 필연적으로 그 장소에 털이 생기는 것이다.[4]

4 눈썹과 속눈썹에 대해서는 그 기능에 대한 설명으로 시작하지만, 자연이 그것들을 만들어 내는 몸의 분비물을 다른 방향으로 돌리지 않는 한, 털은 필연적으로 이 위치에서 자란다는 점을 강조하면서 이 단락은 간략하게 마무리된다.

제16장 유혈동물의 비동질 부분: 코와 입술

아래에 언급한 것을 제외하고, 태생의 네발동물 사이에서 후각이라는 감각기관은 어떤 의미에서는 서로 큰 차이가 없다. 하지만 긴 턱이 앞으로 돌출될수록 좁아져 있는 동물에서는 콧구멍이 있는 부분[코]은 가능한 범위에서 '주둥이'[1]라고 불리는 곳에 있다. 그 이외의 동물에서는 오히려 코는 턱과 확연히 구분된다.

한편, 코끼리는 그 부분이 다른 동물들에 비해 매우 독특하다.[2] 즉 그

1 '주둥이'(rhugchos, snout)는 '일반적으로 동물의 입 혹은 그 주변에서 돌출된 구조'를 말한다. 새의 부리와는 구별되는 것이지만 아리스토텔레스는 새의 '부리'에도 'rhugchos'라는 말을 사용한다.

2 인도산 코끼리를 언급하는 것으로 보인다(보니츠, 『색인』 1870, 236b29-237a38). 『동물 탐구』 제8권(제9권) 제1장 610a19에는 인도인들이 그것들을 전쟁에 사용한다는 언급이 있으며, 다른 대목에서는 그 정보가 인도로부터 왔음을 암시하고 있다(제7권(제8권) 제9장 596a3-9, 제8권(제9권) 제46장 630b19-30). 코끼리의 기본 본성에는 네 가지의 일반적인 구성 요소가 있다. 이것들은 (a) 콧구멍의 특이한 구조적 특성, (b) 스노클(snorkel)과 손 같은, 사지(四肢)의 이중 기능을 설명하는 역할을 한다. 코끼리는 자연 본성상 (1) 피를 가지며, (2) 육상에 거주하며, (3) 늪에 거주하며, (4) 태생의 네발동물이다. (1)과 (2)는 폐가 있고 공기를 호흡해야 하므로 일종의 콧구멍이 있어야 한다(659a4-5, a10-12, a29-31). (3)은 그런 점에서 문제를 내놓는다(659a8, b31-33). (4) 다지(多指)이거나 발굽이 있거나, 발굽이 없어야 한다(659a23-26). 본문에서 이어지는 아래의 논의를 정리하면 다음과 같다(Lennox 참조). 이러한 일반적 특성에 코끼리 콧구멍의 구조와 기능에 대한 설명을 완결하려면 다음 세 가지의 구체적인 특징을 추가해야 한다. (5) 코끼리는 극도로 무겁다(659a7, a26-27). (6) 물에서 땅으로 천천히 이동한다(659a5-6, a28, a32). (7) 다리가 부자연스럽게 구부러져 있다(659a29). 이는 우리에게 다음 두 가지 설명에 필요한 자료를 제공한다.

설명(1): 그 자연 본성상, 코끼리는 콧구멍으로 공기를 호흡해야 하고, 물속에서 많은

크기와 능력이 아주 엄청나게 다르다. 즉 그 코는 손을 쓰듯이 딱딱한 것 659a
이든 액체로 된 것이든 먹이를 입으로 끌어당기는 데 쓰이고, 또 나무 주위를 감아 뽑아내는 식으로 손처럼 사용된다.[3]

이 동물은 그 본성상 습지에서도 살고 육상에서도 산다.[4] 따라서 먹이를 물속에서 얻게 되는데, 육상에 살고 유혈(有血)이라는 점에서 필연적으로 호흡을 해야 한다. 태생으로 유혈이면서 숨 쉬는 동물들 중 몇몇이 하는 것처럼 물속에서 마른 곳[육상]으로 빠르게 이행하지 못하는 것은 코끼리가 지나치게 몸집이 크기 때문이다. 그리고 필연적으로 땅에서와 마찬가지로 물속도 활용해야 하기 때문에 저런 코를 하고 있는 것이다. 어떤 사람들이 잠수부를 위해 호흡을 위한 도구를 생각해 내서 장시간 바닷속에 머물러 있어도 물 밖에서 그 도구를 통해 공기를 끌어들일 수 있도록 한 것처럼[5] 자연은 코의 길이를 코끼리에게 도구로서 부여한 것

시간을 보내야 하며, 물속에서 빨리 벗어날 수 없다. 그러므로 길고 유연한 콧구멍이 필요하다. 그래서 자연 본성이 그런 콧구멍을 만들어 낸 것이다.
설명(2): 엄청난 무게로 인해, 발이 너무 커서 다른 다지(多指)의 네발동물처럼 먹이를 입으로 전달하는 데 앞다리를 사용할 수 없다. 따라서 그렇게 하기 위한 또 다른 방법이 필요하다. 그러므로 자연은 수중 호흡을 위해 이미 있는 길고 유연한 콧구멍을 팔과 손으로 사용하도록 했다.

3 692b17, 『동물 탐구』 제2권 제1장 497b26-29 참조.

4 『동물 탐구』 제9권 630b26-27. 코끼리는, 그곳이 주거지는 아니지만 강 주변에 산다.

5 스펀지를 수집하는 잠수부(kolumbētēs, sponge-diver)에 대한 언급이 플라톤, 『프로타고라스』 350a, 『소피스테스』 220a에도 나오지만 이 대목을 이해하는 데는 별 도움이 되지 않는다. 『자연학적 문제들』 제32장 960b30-33에는 스펀지 잠수부가 물속에서 숨을 쉬기 위해 사용하는 기계적 방법이 언급된다. "그들은 가마솥을 내림으로써 잠수부들이 육상에서와 똑같이 호흡할 수 있게 해 준다. 이 가마솥은 물로 채워지지 않고, 공기를 보존하고 있기 때문이다. 왜냐하면 그것이 물속으로 곧장 강제로 내려지기 때문이다." 이 대목에서 아리스토텔레스가 코(proboskis)와 직접적으로 유사한, 이를테면 에어-튜브 같은 어떤 것을 염두에 두고 있다고 흔히들 가정한다(Ogle[1882], p. 180 각주 3). 그러나 아리스토텔레스는 실제로 자신이 언급한 도구가 어떻게 잠수부에게 공기

이다. 그러므로 물에 잠수하여 나아가야 할 일이 있으면, 코를 물에서 위로 치켜들고 숨을 쉬는 것이다.[6] 왜냐하면 우리가 말하는 것처럼 코끼리에게는 먹이를 공급하는 것[입][7]이 코로 되어 있기 때문이다.[8]

만일 코끼리의 코가 연하지 않고 구부릴 수도 없었더라면, 그러한 코가 될 수 없었을 것이다.[9] (그것이 [구부러지지 않았다면] 코끼리가 외부로부터 먹이를 섭취하는 데 코의 길이가 방해가 되었을 것이기 때문이다. 이는 마치 뒷걸음질 치면서 풀을 뜯는 소[10]에게 뿔이 방해가 된다고 말하는 것과 같다. 그 소는 엉덩이를 진행 방향으로 돌려[엉덩이를 앞으로 해서] 뒷걸음질 치며 풀을 뜯는다고 하기 때문이다.) 코가 그렇게 되어 있기 때문에, 자연은 흔히 하는 것처럼 앞발을 사용하는 대신 동일한 부분[코]을 여러 가지 일에 사용할 수 있도록 만든 것이다. 사실 네발동물 중 발가락이 많이 있는 것은 앞발이 손을 대신하며,[11] 앞발은 단지 체중을 지탱하기 위한 것만은 아니다. 코끼리는 발가락이 많이 있는 동물의 일종이지, 그 발은 갈라진 굽도, 또한 외굽으로 된 것도 아니다. 그러나 몸의

를 전달하는지에 관해서는 말하고 있지 않다. 아마도 그는 그런 '다이빙-벨'을 생각하고 있었을 것이다(Lennox).

6 『동물 탐구』 제9권 제46권 630b28-29.

7 원어 proboskis는 문자적으로는 '음식물을 공급하는 수단'을 의미한다. 이말은 새의 '주둥이'(proboscis, 『동물 탐구』 제4권 제4장 528b29), 두족류의 '촉수'(제4권 제9장 685a33, 『동물 탐구』 제4권 제1장 523b30) 등으로 사용한다.

8 음식을 입으로 옮기는 그 부분이 또한 호흡하는 기관이라는 것이다.

9 이것은 제1권 제1장 640a4-5, 34-35, 642a9-11에서 옹호된 '조건적 필연성'에 호소하는 '설명 형식'인 셈이다. 즉 도구의 본질은 그것이 어떤 질료적 '성향'을 소유한다는 점을 요구한다('도끼'의 예). 또 그 성향은 다시 그것이 어떤 질료로 이루어져야 함을 요구한다.

10 헤로도토스, 『역사』 제4권 183 참조. 뿔이 앞쪽으로 굽어 있어 뒤로 가며 풀을 뜯는다.

11 『동물 탐구』 제2권 제1장 497b18-23 참조.

크기도 몸무게도 만만치 않기 때문에, 앞다리는 버팀목을 위해서만 있다. 다리를 구부리는 것이 느리고, 원래 구부리기에 적합하지 않아 그 밖에는 도움이 되지 않는다.

그런데 폐를 가진 다른 동물들 각각과 마찬가지로 호흡하기 때문에, 코끼리에게는 코가 있어서, 물속에서 지내는데 거기서 이동하는 것이 느리기 때문에 코는 길고 감을 수도 있게 되어 있다. 또한 발을 사용할 수 없게 되어 있기 때문에, 자연은 우리가 말했듯이 [앞]발로부터 주어질 수 있는 도움을 위해서도 그 부분을 사용하도록 만든 것이다.[12]

새나 뱀, 기타 유혈로 난생인 네발동물에서는 콧구멍 관이 입 앞쪽에 659b 있다. 그래서 그 작용을 근거로 하는 것 이외에는 확실히 그것으로 식별되어 코(rhis)라고 할 수 있는 것을 가지고 있지 않다. 적어도 새에 대해서는 [안면에서 튀어나온] 코라는 것이 전혀 없다고 해도 지나친 말이 아니다. 이렇게 된 것은 턱 대신 이른바 '부리'를 가지고 있기 때문이다. 그 원인은 새의 본래적 몸이 다음과 같이 구성되어 있다는 것이다. 즉 새는 두 발이고 날개가 있으며, 따라서 필연적으로 목과 머리의 무게가 가벼워야 하는데, 이는 마치 새의 흉부가 좁아야 하는 것과 같다. 그래서 강함을 발휘하는 데 도움이 되고 영양 섭취에도 도움이 되듯이, 새 부리는 골질이고, 머리는 작기 때문에 그 폭이 좁다. 그리고 부리에 후각의 관이 있는데, 코를 갖는 것은 불가능하다.

다른 호흡을 하지 않는 동물에 대해, 어떤 원인으로 코가 없는지는 앞서 말했지만,[13] 어떤 것은 아가미를 통해, 어떤 것은 관을 통해 냄새를 감

12 자연이 X를 '만든다/행한다'고 말하는 것은 X가 동물의 자연 본성의 직접적 결과임을 나타낸다. 자연이 'X를 사용하도록'(katachrēsthai) 한다고 말하는 것은 X가 동물의 자연 본성의 결과로서 존재하며, 추가적 용도로도 사용된다는 것을 나타낸다.

13 어느 대목을 언급하는 것인지에 대해 의견이 분분하다. 「감각과 감각되는 것에 대하

각하고, 곤충들[14]은 가슴과 배 사이의 부분을 통해 냄새를 감각한다. 그것들은 모두, 그 몸에 붙어 있는 타고난 호흡 기운(pneuma)에 의해서 움직이는 동시에, 그 호흡 기운으로 냄새를 감각하기도 한다. 이는 모든 동물에 본성적으로 속하며, 외부로부터 끌어들인 것이 아니다.

코 밑에는, 유혈동물로 이빨을 가진 동물들에게는 [위아래로 된] 입술이 있다. 사실상 [이빨이 없는] 새에서는 앞서 말했듯 영양 섭취와 강함을 위해 부리가 골질이다. 왜냐하면 이빨과 입술 대신에 그것들이 하나의 것으로 되어 있는데, 그것은 마치 누군가가 사람에게서 입술을 제거하고 윗니와 아랫니를 각각 따로 융합시켜 위아래 양쪽에서 앞쪽 하나의 점으로 좁혀지도록 튀어나오게 했다면, 완성되는 것과 같은 것이다. 사실상 그 경우 그것은 이미 골질의 새와 같은 부리일 것이다.

그런데 다른 동물들의 경우 [위아래 쌍을 이룬] 입술은 이빨의 유지와 보호를 위해 있다. 그러므로 그 이빨이 정밀하고 가지런하게 늘어서 있는지, 아니면 그와 반대되는 상태에 있는지, 그 정도에 따라 그 부분[입술]의 분화 정도도 다르다. 한편, 사람이 가지고 있는 입술은 부드럽고 살집이 있으며, 분리될 수 있는데, 이는 다른 동물들과 마찬가지로 이빨을 보호하기 위한 것이며, 심지어는 그 이상으로 '좋음'(to eu)의 방식이기도 하기 때문이다. 다시 말해, 말을 사용하기 위해서도 이것들은 있는 것이다. 왜냐하면 [그것은 혀의 경우도 마찬가지인데], 자연은 사람의 혀를 다른 동물과 똑같이 만들지 않았으며, 많은 경우에 자연이 그렇게 한다고 우리가 지적한 것처럼, 자연은 혀에 두 가지 일을 할당하고 있다.

여」 제5장 444b6, 444b7-15, 「잠에 대하여」 455b34 아래, 『동물 탐구』 제8권 제2장 589b13 등. 레녹스는 물고기와 그런 것들에서 후각의 명확한 기관이 없다는 논의가 있는 656a35를 가리키는 것으로 본다.

14 즉 마디를 갖는 동물들.

자연은 맛과 말을 위해 혀를 준비하고, 말과 이빨 보호를 위해 입술을 준비한 것이다. 즉 목소리에 의한 말은 음소(音素)로 구성되어 있는데, 만일 혀가 지금 있는 것과 같지 않고 입술도 축축하지 않았다면, 음소의 대부분을 발음하지 못했을 것이다. 음소 중 어떤 것은 혀를 [이빨에] 대면서 나오고, 다른 어떤 것은 입술을 오므리면서 나오기 때문이다. 그것들에게 어떤 종류의 소리가 얼마나 있으며, 어떤 차이를 가지고 있는지를 운율 연구자[15]에게 물어봐야 한다.

이 각각의 부분[입술과 혀]들이 앞에서 말한 쓰임새대로 잘 작동하도록 되어 있고, 지금 말한 그러한 자연 본성을 가지고 있다는 것은 이제까지 말한 것들에서 즉각 필연적으로 따라 나온다. 이런 이유로 그것들은 살집인 성질이다.[16] 그리고 사람의 살은 유난히 부드럽다. 그것은 동물 중에서 사람이 촉각에 의한 감각에 가장 예민하기 때문이다.[17]

15 『시학』 제20장 1456b20-38 참조.

16 입술의 질료적 성격은 '조건적 필연성'이다. 입술은 그것의 기능의 수행에 적합하기 때문에 살집이어야 한다. 살은 촉각의 기관이다(653b21-30). 인간은 촉각적 능력이 가장 좋다. 그래서 인간은 가장 부드러운 살을 갖는다.

17 '사람만이 간지러워하는 원인은 피부가 얇다는 것과 동물들 중에서 사람만이 웃을 수 있는 동물이라는 데 있다'(제3권 제10장 673a8).

제17장 유혈동물의 비동질 부분: 혀

동물의 입 안에는 입천장[1] 아래에 혀가 있다. 육생동물의 경우 거의 모두 같지만, 그 이외의 동물의 경우에는 상호 비교나 또 육생동물과의 비교에서도 비슷하지 않다. 특히 사람은 혀가 [구강 아래쪽에 붙어 있지 않고] 떨어져 있으며,[2] 가장 넓고, 가장 부드러운데,[3] 이는 두 가지 역할을 하기 위해 편리하기 때문이다. 첫째, 맛의 감각[4]을 위해 편리하고(사람은 다른 동물에 비해 감각이 가장 날카롭고, 또 부드러운 혀는 감각이 날카롭기 때문이다. 그러한 혀는 촉각 능력이 뛰어나고, 미각은 촉각의 일종[5]이기 때문이다), 또 음소를 구별하여 발음하는 것을 위해, 즉 말을 위해서도 부드럽고 폭넓은 혀는 유용하다. 실상, 그런 식으로 부드럽고 [폭이

1 원어 ouranos('하늘')는 여기서 '입천장'을 가리킨다(『동물 탐구』 제1권 제5장 492a20 참조).

2 그래서 혀가 자유롭게 움직인다.

3 기본적인 물리적 차이('떨어져 있고', '가장 넓고', '가장 부드러운 것')가 기능적으로 설명되고 있다. 인간의 혀(694b34-660a7)는 두 가지 특징적인 활동, 즉 미각과 분절된 말의 활동을 갖는다. 혀의 부드러움은 맛을 느끼기 위해 요구되는 것이고, 이 세 가지 속성은 발성에 유용하다. 동물의 발성에 대해서는 『동물 탐구』 제4권 제9장 535a28-536b22 참조. 그리고 앵무새(제7권(제8권) 제12장 597b27)와 딱따구리(제8권(제9권) 제9장 614b2)를 넓은 혀를 가진 것으로 말하고 있다.

4 아리스토텔레스는 맛(chumos)과 미각을 구분한다. 맛은 미각의 대상이고, 미각은 맛의 감각이다. chumos는 즙, 체액(humour), 식물의 액을 의미한다. 이러한 구분은 '맛 감각(미각)'(tēn tōn chumōn geusin)이란 말도 있게 했다(660b5, 661a3-4).

5 「감각과 감각되는 것에 대하여」 제4장 441a3 참조.

넓어서] 떨어져 있다 보면, 그것은 특히 모든 방식으로[6] [안으로] 끌어들이고 또 [밖으로] 내놓을 수 있을 것이다. 그 사실은 혀가 그다지 떨어져 있지 않은 사람의 경우에서도 분명하다. 실상 그러한 사람은 음소를 준별해서 말하지 못하고, 혀 짧은 말밖에 하지 못하며, 또한 이것은 음소를 분절해서 말하는 능력의 결여를 보여 주기 때문이다. 혀가 넓다는 것에는 좁다는 것도 포함되어 있다.[7] 큰 것에는 작은 것도 포함되지만, 작은 것에는 큰 것이 포함되지 않기 때문이다. 그래서 새들 중에서 특히 음소를 발성하는 것들은 다른 새들보다 넓은 혀를 가지고 있는 것이다.

한편, 네발동물 중 유혈이고 태생인 것은 음성 분절이 미미하다. 그것은 그들이 지닌 혀가 딱딱하고 떨어져 있지 않으며 두껍기 때문이다. 새들 중에는 많은 음성을 낼 수 있는 것이 있으며,[8] 갈고리발톱의 새들은 혀가 다른 것보다 넓다. 그중에서도 비교적 [몸이] 작은 것이 많은 음성
을 낼 수 있다. 이들은 서로 간의 의사소통에 혀를 활용하며, 어떤 것은 660b
다른 것보다 더욱 활용하고 있다. 그래서 어떤 새의 경우에는 서로 학습까지 하는 것으로 생각된다. 그 새들에 대해서는 동물에 대한 탐구에서 말했다.[9]

6 맥락상, 혀가 자유자재로 기능을 발휘하는 것을 가리키는 듯하다. 레녹스는 넓은 혀를 가진 사람들은 다양한 좁은 '하위 단위'를 사용할 수 있는 반면, 좁은 혀를 가진 사람들은 더 넓은 표면을 사용할 수 없음을 말하는 것으로 주석하고 있다(p. 240).

7 혀를 좁힐 수도 있는 것을 말한다.

8 아리스토텔레스는 새의 작은 크기를 더 큰 발성, 넓은 혀, 구부러진 발톱과 연관시키는 것으로 보인다. 그러나 그는 혀가 넓은 새들이 보다 분절된 방식으로 가장 잘 발성할 수 있다고 주장한다(660a30, 『동물 탐구』 제4권 제9장 참조).

9 새의 발성에 대한 논의는 『동물 탐구』 제4권 제9장 535a28-b22에서 이루어지는데, 여기에서는 목소리의 성 구별, 짝짓기에서 노래의 역할, 어떤 새 노래가 학습된다는 증거 등에 관련된 주제가 논의되고 있다. 혀에 관련된 논의에 대해서는 『동물 탐구』 제2권 제12장 504a35-b3, 제7권(제권8) 제12장 597b25-29에서도 갈고리발톱과 넓은 혀에

육지에 살면서 난생으로 유혈인 동물의 대부분은, 음성을 내는 작용에 쓸모가 없는 혀는 [구강의 아래쪽에] 붙어 있으며 딱딱하다. 한편, 뱀이나 도마뱀은 맛 감각 때문에, 혀가 길고 두 갈래로 갈라져 있다. 뱀은 혀가 길어서, 적은 범위에 미치던 그것을 멀리까지 뻗을 수 있을 정도다. 또한 그 본성이 대식이기 때문에[10] 혀가 두 갈래이고, 끝이 가늘고 털처럼 되어 있다. 그것은 미각을 이중으로 가지고 있는 것과 같아서, 맛의 쾌감을 두 배로 맛볼 수 있기 때문이다.

유혈이 아닌 동물뿐 아니라 유혈동물도 맛 감각과 관련된 부분을 가지고 있다. 사실상, 예를 들어 어떤 종류의 물고기처럼, 그러한 감각기관이 없다고 많은 사람이 생각하는 것이라도 어떤 식의 보잘것없는 혀를 가지고 있으며,[11] 그것은 강에 사는 악어[12]와 상당히 비슷하다. 그들 대부분은 어떤 이치에 맞는 원인으로 혀를 가지고 있지 않은 것처럼 보인다. 즉 그러한 동물들은 모두 입 부분이 뾰족하게 되어 있어, 수생동물에서는 맛 감각을 얻을 수 있는 시간이 짧기 때문에, 혀의 사용이 미미한 것

대해 설명하고 있다.

10 게걸스럽게 먹는, 뱀의 습관에 대해서는『동물 탐구』제7권(8) 제4장 594a6 참조.

11 물고기의 보잘것없는 혀에 대한 설명은 질료적이며 목적론적이다. (1) 아가미와 같은 부위에서 발견되고, 아가미 형태의 가시 모양의 질료로 형성된다. (2) 물고기는 먹이를 빠르게 섭취하므로, 입 안의 물의 흐름으로 인해 먹이로부터 맛의 근원인 즙의 추출이 방지된다. 따라서 이용 가능한 질료적인 것을 고려할 때 혀는 이러한 종류임에 틀림이 없다. 또 물에 사는 것들의 영양 상태를 고려하면 다른 종류의 혀는 쓸모가 없을 것이다. 자연은 아무것도 헛되이 만들지 않을 테니까.

12 『동물 탐구』제2권 제10장 503a1-6 참조('이집트 악어', 헤로도토스,『역사』제2권 68 참조). 악어의 혀에 대해서는 제4권 제1장 690b20-23에서도 논의된다. 강 악어는「젊음과 늙음, 삶과 죽음, 호흡에 대하여」제10장(제16장) 475b28,『동물 탐구』제1권 제11장 492b23 및 제5권 제33장 558a15에서 육지 악어와 명시적으로 대조되고 있다. 이 책의 제4권 제11장 691b4-28('악어의 턱')에서도 강 악어가 언급되고 있다.

과 마찬가지로, 그것에 상응해 혀의 분화도 미미한 것이다. 또 영양물 즙을 빨아들이는 데 시간이 많이 들지 않기 때문에, 바로 위(胃)로 보내진다. [그렇지 않으면] 물이 함께 유입될 테니까. 따라서 입을 당겨서 열고 봐야 혀가 갈라진 부분처럼 보일 것이다. 그리고 그 부분이 뾰족한 것은, 아가미와 연결되어 있으며 아가미는 본성상 뾰족하기 때문이다.

악어는 움직이지 않는 아래턱을 가짐으로써 그 부분[혀]이 불구의 상태가 되어 있다. 그것은 혀가 아래턱과 융합되어 있고, 위턱과 아래턱이 다른 동물과는 거꾸로 되어 있는 것과 같기 때문이다. 실제로 다른 동물에서는 위턱이 움직이지 않는다. 그렇지만 악어의 혀가 위턱에 붙어 있으면, 영양물이 섭취되는 [아래쪽의] 입구에 대해 위치가 반대로 되어 버리기 때문에, 악어의 혀는 위턱에 붙어 있지 않고, 위턱이 [아래턱과] 치환된 것과 같기 때문에 혀가 아래턱에 붙어 있는 것이다. 더욱이 악어는 육생동물이면서도 물고기의 생활을 영위하게 되므로, 필연적으로 악어의 그 부분[혀]이 미분화 상태에 있는 것이다.

물고기도 대부분 입천장이 살집이며, 민물고기 중 어떤 것은, 예를 들어 잉어(kuprinos, carp)라고 불리는 물고기처럼, 그곳이 매우 살집이고 부드러워, 그 결과 정밀하게 조사하지 않는 사람들이 거기에 혀가 있다고 생각할 정도이다. 그러나 물고기는 앞서 말한 이유로, 혀가 있지만 혀의 분화는 명료하지 않다. 그리고 이 미각이 맛이 나는 것에 포함된 영양물의 섭취를 위해 있는 것이므로,[13] 물고기는 혀와 같은 부분을 가지고 있지만, 그 전체에 걸쳐 똑같이 감각하는 것이 아니라, 주로 그 끝에서

13 『혼에 대하여』 제2권 제3장 414b6-11, 제10장 422a8-11, 제3권 제12장 434b17-24 참조.

감각한다. 이 때문에 물고기의 경우에는 이 끝[14]만이 갈라져 있는 것이다.

모든 동물은 영양물에서 생기는 쾌감을 느낄 수 있는 한에서 영양물에 대한 욕구를 갖는다. 욕구는 즐거운 것으로 향하는 것이니까.[15] 그러나 영양물을 감각하는 부분[혀]이 모든 동물에서 같은 것은 아니다. 어떤 것은 [구강 아래에서] 떨어져 있고,[16] 어떤 것은 달라붙어 있지만, 음성을 내는 기능은 전혀 맞지 않는다. 또 후자의 혀는 단단하고, 전자의 혀는 부드럽고 살집이다. 그러므로 예를 들어 왕새우(karabos)나 그러한 종류의 연각동물(軟角動物)[17]에서는 입 안에 뭔가 혀와 같은 부분이 갖추어져 있다. 오징어, 문어와 같은 연체동물에 대해서도 마찬가지다.

마디동물들[18] 중에서 예를 들어 개미류와 같은 것은 안쪽에 그런 부분을 가지고 있으며, 각피동물의 상당수도 마찬가지다. 한편 바깥쪽에 그러한 부분을 가지는 것도 있는데, 예를 들어 [곤충의] 바늘이 그렇고, 그것의 자연적 구성은 스펀지이고 비어 있으며, 그로 인해 맛보기와 영양물 흡입이 동시에 가능하다. 이 점은 파리나 꿀벌이나 그와 같은 종류의 모든 것에서 분명하며, 나아가 각피(殼皮)동물의 일부에 대해서도 그렇다. 즉 뿔고둥[19]의 경우, 그 부분(이빨혀)[20]이 작은 조개껍데기를 뚫고 들

14 구강의 아랫부분.

15 『혼에 대하여』 제2권 제3장 414b5-6 참조.

16 혀가 자유롭게 움직인다는 의미이다.

17 갑각류(crustacea).

18 주로 절지동물에 속하는 곤충을 말한다.

19 뿔고둥(strombos, purpura)에 대해서는 『동물 탐구』 제1권 제11장 492a17 참조.

20 이빨혀[齒舌]는 쌍각류(雙殼類, 대합, 바지락조개)를 제외한 연체동물 구강 내에 있는 다수의 잔니가 나란히 줄 모양으로 된 치아(齒牙)를 말한다. 이걸로 먹이를 긁어낸다.

어갈 만한 강도의 힘을 가지고 있다.[21] 예를 들어 이것들을 잡기 위해 미끼로 사용되는 소라고둥이라도 꿰뚫는다. 게다가 대모등에붙이(사슴파리)나 말파리[22]에 대해서 말하자면, 전자는 사람의, 후자는 사람 이외의 동물 가죽(피부)도 뚫을 수 있다. 이 동물들에서 그 혀는 자연적으로 그렇게 만들어진 것이다. 그것은 바로 코끼리 코와 정반대의 모습이다. 코끼리의 경우에 코는 방어를 위한 것인 데 반해, 이 동물들에서는 혀가 침을 대신하기 때문이다. 그러나 다른 동물의 경우에 혀는 모두 우리가 말한 것과 같다.

21 제4권 제5장 679b15-20 참조. 이것들의 강력한 주둥이의 세기는 『동물 탐구』 제4권 제4장 528b30, 제7장 532a9에서 언급된다.

22 모두 '소등에'의 일종. 『동물 탐구』 제4권 제4장 528b30-33 참조. 여기서는 이빨, 혀의 세기를 설명하기 위해 이 곤충들을 끌어들이고 있다.

제3권

제1장 유혈동물의 비동질 부분: 이빨

지금까지 말한 것에 이어[1] 논의할 주제는 동물의 이빨들로 구성된 것으로,[2] 이빨들로 둘러싸여 이빨들로 조합되어 있는 입이다.

그런데 사람 이외의 동물에서 [위아래] 이빨이 갖추어져 있는 것은 661b
먹이를 씹기 위해서라는 점은 공통적이지만, 그 외의 점에서는 동물의 유에 따라 개별적으로 다르다. 어떤 동물은 힘의 세기를 위해서 그것이 있는 것인데, 그 힘의 세기도 공격하기 위한 세기와 공격을 피하려는 세기로 구별된다.[3] 즉 한편으로는 그 양쪽의 힘의 세기 때문에 이빨을 가진

1 원어로는 echomenon(… 다음에 이어서)인데, 설명의 순서와 다른 부분에 대한 한 부분의 위치를 가리킬 수 있다. 아리스토텔레스의 설명의 순서는 인간의 경우에 위로부터 아래로의 위치상의 순서로서 부분들을 취함으로써 결정된다.

2 이빨의 본질. 이빨의 영양 섭취 기능은 모든 동물에게 공통된 것이고(b6-7), 어떤 동물은 오직 이 기능밖에 없으며(661b16-17), 다른 동물에게서는 그 밖의 다른 기능(싸움의 기능, 발성의 기능)도 찾아진다(『동물의 발생에 대하여』 제5권 제8장 788b3-6 참조). 이빨의 분할은 질료적이거나 그 구조적 차이보다는 '기능'에 따른 구분이다. 또 낱개의 이빨이 아닌 입안의 아래위로 이루어진 이빨 전체를 가리킨다. 여기서 언급되거나, 언급되지 않는 각 동물의 이빨 특징(데이터)에 대해서는 『동물 탐구』 제2권 제1장 501a8-제5장 502a3에서 논의되고 있다. 이빨 형성에 대해서는 『동물의 발생에 대하여』 제5권 제8장 참조.

3 이빨, 엄니, 뿔, 부리, 갈고리발톱 등도 힘의 '세기'라는 관점에서 논의된다.

것이 있으며, 예컨대 야생동물 중 육식을 그 본성으로 하고 있는 것들과 다른 한편으로는 방어를 위해 이빨을 가지고 있는 것도 있으며, 야생동물이나 가축동물의 대부분이 그렇다.

반면 사람의 이빨은 다른 동물들과 [같이] 공통적으로, 사용하기[4] 위해 본성적으로 잘 만들어져 있는데, 앞니는 자르기 위해 날카롭고, 어금니는 으깨기 위해 평평하게 되어 있다.[5] 개의 이빨은 그 둘을 갈라놓듯이 하고 있으며, 그 본성은 그 둘의 중간적인 것이다. 즉 중간적인 것은 양극단의 성질을 분유하는 것이며, 개의 이빨은 한편으로는 날카롭고 다른 한편으로는 평평한 데도 있다.[6] 사람 이외에 이빨이 모두 날카롭지 않은 동물의 경우도 마찬가지다. 그러나 특히 사람의 경우 이빨의 성질이나 숫자가 이런 만큼의 수가 실제 있는 것은 대화를 위해서다. 실제로 앞니는 낱소리(음소)를 발성하는 데[7] 큰 도움이 된다.

동물들 중 어떤 것은 앞서 말했듯 음식 가공을 위해서만 이빨을 가지고 있다. 한편 방어와 힘의 세기를 위해서 이빨을 지니는 것들의 경우, 돼지처럼[8] 송곳니(엄니)를 가진 것이나, 날카롭고 위아래가 [서로 어긋나] 잘 맞물리게 되어 있는, '톱니 모양의 이빨을 한 것'[9]이라고 불리게 되는 이빨을 가진 것도 있다.[10] 왜냐하면 그 동물들의 힘의 원천은 이빨

4 음식을 씹는 것.

5 사람의 '이'가 비교의 기준점이 되고 있다. 이빨은 뼈와 같은 본성을 가졌고 뼈로부터 형성되었다(『동물의 발생에 대하여』 제2권 제6장 745a18-b16 참조).

6 『동물 탐구』 제2권 제3장 501b18-19에서는 그 뿌리 쪽은 평평하고 끝 쪽은 날카롭다고 설명하고 있다.

7 즉 분절된 소리를 내는데.

8 가축화한 돼지는 송곳니가 없는데, 이는 생후 얼마 되지 않아 이빨을 깎기 때문이다.

9 『동물 탐구』 제2권 제1장 501a16-17에서는 사자, 표범, 개를 그 예로 들고 있다.

10 이빨은 공통의 목적을 갖지만 그 구조의 차이가 기능의 차이를 가져온다.

에 있으며, 이빨이 날카로워야 가능하기 때문에, 힘의 세기를 위해 도움이 되는 이빨이 서로 어긋나 마모되지 않도록 [위아래가 맞물리듯] 서로 다르게 자라기 때문이다. 동물들 중 '톱니 모양의 이빨'과 '송곳니'를 함께 지닌 것은 없다. 자연은 결코 무엇 하나 헛된 일이나 쓸데없는 짓을 하지 않으니까.[11] 후자에서의 방어는 찌르는 것에 의한 것이고, 전자에서의 방어는 물어뜯는 것에 의한 것이다. 그래서 암퇘지는 물어뜯는다. 송곳니(엄니)를 가지고 있지 않으니까.

그런데 파악하고 있어야만 할 보편적 사항이 있다. 그것은 지금의 일이나 앞으로 말할 많은 일에 대해서도 유용할 것이다. 즉 자연은 강함과 방어를 위한 도구가 되는 부분을 각각 그것을 이용할 수 있는 동물들에게만 주거나 혹은 더 많이 주거나, 가장 잘 이용할 수 있는 동물들에게 가장 많이 준다. 예를 들어 침, 발톱, 뿔, 송곳니, 만일 있다면 그 밖에 그와 다른 유사한 것이 그렇다. 그리고 수컷이 더 힘이 세고, 더 성미가 강하기 때문에, 어떤 동물에서는 수컷만이 그런 부분을 갖고, 또 어떤 동물에서는 수컷이 [암컷보다] 더 많이 갖는다.[12] 암컷도 가질 필요가 있는 부분, 예를 들어 영양 섭취에 도움이 되는 부분[13]은 암컷도 갖고 있지만 수컷에 비하면 작다. 한편, 사는 데 필요한 일에 전혀 도움이 되지 않는

11 그래서 어떤 것도 폐와 아가미를 동시에 갖지 않는다. 폐는 공기를 통한 냉각을 목적으로 고안되었고, 아가미는 물을 통해 냉각하는 것과 관련된다. 하나의 목적을 위해서는 하나의 기관이 적합하며, 하나의 냉각 수단이 모든 경우에 충분하다(「장수와 단명에 대하여」 제10장(제16장) 476a6-15 참조).

12 아리스토텔레스는 침, 발톱, 뿔, 송곳니와 같은 부분이 암컷에게도 있다는 점을 부정하지는 않지만, 수컷과의 차이를 단지 "수컷이 더 힘이 세고, 더 성미가 강하기 때문에"라고 설명하고 있다. 이런 까닭에 수컷이 공격과 방어의 부분들을 더 잘 사용할 수 있다는 것이다.

13 이빨이 그렇다.

662a 부분은 가지고 있지 않다. 바로 이것 때문에, 사슴 수컷에게는 뿔이 있는데, 암컷에게는 없는 것이다. 또한 암소 뿔과 황소 뿔도 다르다. 그것은 양(羊)도 마찬가지다. 또한 발톱은 수컷이 가지고 있는 반면 많은 암컷은 가지고 있지 않다. 이는 다른 동류의 동물에게서도 마찬가지로 볼 수 있다.

물고기는 '비늘돔'(scarus)[14]이라 불리는 한 종류를 제외하고, 모든 물고기는 톱니 모양의 이빨이다. 많은 물고기가 혀에도 입천장에도 이빨이 있다. 왜냐하면 물고기는 물속에 살아야 하므로 필연적으로 먹이와 함께 물을 먹고는 그 즉시 물을 토해 내야 하기 때문이다. 즉 시간을 들여 으깨지 못한다. 시간을 들이다 보면 물이 위 속으로 흘러 들어가기 때문이다. 이 때문에 물고기의 이빨은 모두 먹이를 물어뜯기 위해 날카로운 것이다. 그리고 또 으깨는 대신 수많은 이빨로 인해 먹이를 다수의 미세 조각으로 잘라 낼 수 있도록 많은 이빨이 많은 곳에 있는 것이다.[15] 물고기가 가진 힘의 세기가 거의 모든 것의 이빨들에 달려 있으므로 [그것에 편리하도록] 이빨은 구부러져 있다.

동물이 입이라는 구조도 그렇게 갖추고 있는 것은 [지금 말한 바와 같은] 그런 작용을 위해서이며, 게다가 호흡을 하며 밖으로부터 냉각을 하

14 톱니 모양의 이빨이 없는 scarus(parrot-fish, parrot-wrasse)는 이빨이 융합해서 앵무새와 비슷한 부리를 형성하고 있다. 또한 물고기의 이빨 모양에 관해서는 실제로 이 물고기만이 예외인 것은 아니다. 675a3 참조. 몸길이 보통 30cm 내외, 최대 50cm 정도로 성장하는 비늘돔으로, 수심 20~50m 사이의 아열대 해역에서 서식한다. 연안의 얕은 바위 지대에서 발견되며 먹이로 조류나 작은 무척추동물을 섭취한다. 체표는 매우 큰 비늘로 덮여 있고 꼬리지느러미는 부채꼴로서 둥글다. pharyngeal bones(인두골)이라고 하는 특수 구조를 가진 초식 성향의 물고기이다.

15 아리스토텔레스는 그 이빨의 양과 형태를 수생의 방식에 요구되는 것('조건적 필요')으로서 설명한다.

는[16] 동물의 경우에는 호흡을 위해서다. 즉 이미 말했듯이 자연 그 자체가 모든 동물에게 공통되는 부분을 각 동물에게 고유한 많은 기능을 위해서도 활용하고 있다.[17] 예를 들어 입의 경우 영양 섭취는 모든 동물에게 공통적이지만,[18] 어떤 동물에게는 힘이 고유하고 다른 동물에게는 말이 고유하며, 심지어 호흡도 모든 동물에게 공통적인 것은 아니다. 그러나 자연은 모든 것을 하나로 묶어, 하는 일들의 차이에 대응하여 그 부분에 차이를 만들어 내고 있는 것이다. 그래서 입이 비교적 좁은 것도 있고 입이 큰 것도 있다.[19] 즉 입이 영양 섭취와 호흡과 말을 위해 있을 경우에 입은 좁고, 다른 한편 입이 방어를 위해 있는 것들 중 톱니 모양의 이빨인 것은 모두 입이 넓게 열려 있다. 그것들의 힘은 씹는 데 있으므로, 입이 크게 벌어지는 것이 편리하기 때문이다. 즉 입을 크게 벌릴수록 더 많은 이빨로 더 광범위하게 물어뜯을 수 있는 것이다.

물고기 중에서도 물어뜯는 육식어는 그런 입을 가지고 있지만, 육식이 아닌 것은 입 끝이 뾰족하다. 그렇게 입꼬리가 가는 것은 그것들에게 후자와 같은 입이 도움이 되지만, 전자와 같은 넓은 입은 도움이 되지 않기 때문이다.

16 아리스토텔레스에 따르면, 호흡의 기능은 공기를 흡입해서 심장을 냉각하는 것(제2권 제6장 668b33-35 참조)이기 때문이다. 이 경우 물고기는 물을 흡입해서 그 기능을 수행한다.

17 하나의 부분을 하나 이상으로 사용하는 것에 대해서는 659a12 참조.

18 『동물 탐구』 제1권 제2장 488b29-32 참조.

19 입들의 물리적 차이를 기능적 차이로 설명하고 있다. '설명되어야 할 것'(ecplananda)은 입이 열리는 크기이다. 적어도 톱니가 있는 경우에는 넓은 개구부(開口部)가 물어뜯기에 더 효과적이다. 이것은 진화생물학의 어떤 '최적 설계' 설명과 유사하다. 여기서는 공학적 원리에 따라, 해당 작업이 주어졌을 때, 구조에 대한 최상의 설계를 추정한 다음, 이것을 자연에서 발견되는 것 — 적응을 보여 주는 적합의 근접성 — 과 비교하는 것이다(Beatty[1980], pp. 532~556).

새의 경우에는 '부리'[20]라고 불리는 것이 입에 해당한다. 왜냐하면 입
662b 술과 이빨 대신 부리를 가지고 있기 때문이다.[21] 그리고 그것은 용도와 방어 방법에 따라 차이가 있다. 즉 '갈고리발톱의 새'[맹금류]라고 불리는 것은 모두 육식으로 열매를 전혀 먹지 않으므로 부리가 갈고리처럼 휘어져 있다.

사냥감을 제압하는 데는 그런 구조라면 편리하고 다른 것보다 더 강할 수 있기 때문이다. 그들의 힘은 그 부리와 발톱에 존재하며, 그래서 발톱이 갈고리처럼 다른 새들보다 더 휘어진 것이다.

다른 새들은 각각 부리가 그 생활 형태에 대응하여 그것에 도움이 되도록 되어 있다. 예를 들어 딱따구리에서는 부리가 강하고 단단하며, 까마귀나 까마귀 부류의 새들[22]도 그렇다. 한편, 작은 새에서는 열매를 모으고 작은 벌레를 잡기 위해 [부리가] 화려하게 만들어진다. 초식 새나 늪지대에 서식하는 새들, 예를 들어 물새나 물갈퀴가 있는 새들 중에는 다른 방식으로 부리가 도움이 되는 것도 있고, 어떤 것들은 평평한 부리를 가지고 있는 것도 있다. 부리가 평평하게 되어 있으면, 네발동물들 중에서 돼지의 콧등이 그렇듯 쉽게 땅을 파헤칠 수 있기 때문이다. 실제로 돼지도 식물의 뿌리를 먹는 동물이다. 게다가 뿌리를 먹는 새나 그와 비슷한 생활을 하는 새들 중 일부는 부리 끝이 깔쭉깔쭉하다. 초식 새의 부

20 659b4-13, b21-27 참조.

21 아리스토텔레스는 '새의 경우에서만' 생활방식의 다양성에 기초해서 입의 차이를 설명하고 있다(662b7; "다른 새들은 각각 부리가 그 생활 형태에 대응하여"). 먹이를 구하는 방식이 그 설명의 차이가 되고 있다. 즉 부리 및 새들에게서 부리 모양의 것이 종차가 되고 있다. 부리에 대한 논의는 제4권 제12장 참조.

22 '까마귀'(korax)는 고래까마귀(Corvus corax)를 말하며, '까마귀 부류의 새들'은 갈까마귀(Corvus monedula), 떼까마귀(Corvus frugilegus), 중간 정도 크기의 참새목에 속하는 까마귀(Corvus corone) 등을 가리킨다.

리가 그렇게 되어 있으면, 먹이 섭취가 용이하기 때문이다.

그런데 머리의 다른 부분에 대해서는 거의 다 말한 셈이다. 사람의 경우 정수리와 목 사이는 '얼굴'(prosōpon)이라고 부른다.[23] 생각건대 그 이름은 그 활동 형태에 따라 그렇게 불린 것으로 보인다. 왜냐하면 동물 가운데 사람만이 직립해 있기 때문에, 앞쪽(prosthen)[24]을 보고(opōpe), 목소리를 앞쪽(to prosō)으로 내보내기 때문이다.[25]

23 『동물 탐구』 제1권 제8장 491b8-10 참조("두개골 아랫부분을 얼굴이라고 부른다, 단 인간의 경우에만 (…)").

24 Küllmann에 따라 prosōthen(멀리) 대신에 prosthen으로 읽는다.

25 아리스토텔레스식의 어원 풀이가 자신에게는 그럴듯하게 보인다는 것이다.

제2장 유혈동물의 비동질 부분: 뿔

또, 뿔에 대해 이야기해야 한다. 왜냐하면 뿔이 있는 동물에서 그것 또한 머리에 나 있기 때문이다. 태생이 아닌 동물에게는 뿔이 없다. 그렇지만 그 이외의 동물이라도 어떤 것에 대해서는 뿔과의 유사성이나 '뿔'이라는 단어의 의미 전용(轉用)에 의해[1] 뿔이 있다고 말한다.[2] 그러나 그것들 중 어느 것에도 뿔의 작용은 갖추어져 있지 않다. 즉 태생동물에게 뿔이 있는 것은 방어와 힘의 세기 때문이며, 뿔을 가지고 있다고 '말해지는' 다른 종류의 동물들에서는 그러한 작용이 결코 들어맞지 않는다. 왜냐하면 그것들이 뿔을 사용하는 것은 자신을 보호하기 위해서도 상대를 제압하기 위해서도 아니지만, 바로 그것들이 힘의 작용에 불과하기 때문이다.

그런데 발가락이 여럿으로 갈라져 있는 동물에게는 뿔이 없다.[3] 그 원

1 원어로는 kath' homoiotēta kai metaphoran. 유기체의 부분이 외형적으로 상이하게 보이지만, 기능에 따라 동일한 이름을 갖는 것을 말한다. '뿔'이란 말이 갑각류의 머리에 나 있는 부속물인 '더듬이'로까지 확장되고 있다(『동물 탐구』 제4권 제2장 526a6-8). 외형 때문이긴 하지만 이것들은 뿔과 같은 기능을 하고 있지 않다(640b36-641a7).

2 『동물 탐구』 제2권 제1장 500a4-5에서는, "아이귑토스(이집트)인들은 테바이 부근에서 발견된 뱀에게서 난 충분히 큰 돌기 형태를 '뿔'이라 말한다"라고 적고 있는데, 이는 아마 사막뿔살무사(horned desert viper) 혹은 사하라뿔살무사(Saharan horned viper)일 것이다. 학명으로는 Cerastes cerastes이다(Aubert-Wimmer[1868], I, p. 257). 그 밖에도 예를 들어 왕새우의 촉각기관도 '뿔'이라 불리고 있다(『동물 탐구』 제4권 제2장 526a6).

3 자연은 쓸데없는 일을 하지 않으니까. 뿔이 없는 방어 수단에 대해서는 663a17-18에서 언급된다.

인은 뿔은 방어를 위해 있지만, 발가락이 여럿으로 갈라져 있는 동물에게는 다른 방어 수단이 갖추어져 있기 때문이다. 즉 자연은 어떤 것에는 발굽을 주고, 어떤 것에는 싸움에 적합한 이빨을 주고, 또 어떤 것에는 몸을 보호하기에 충분한 다른 부분을 주고 있다.

두 갈래 굽을 가진 동물들[4] 대부분은 힘의 세기 때문에 뿔을 갖고 있지만(외굽을 가진 단제류[單蹄類][5]의 일부도 그렇다), 방호를 위해 뿔을 가지고 있는 것들도 있다. 또한 몸을 보호하기 위해 자연이 다른 힘을 부여하는 것이 있는데, 예를 들어 말이 몸을 보호하듯 몸놀림의 민첩성이 부여된 것이나, 예를 들어 낙타처럼 몸 크기가 주어진 것이 있는데, 즉 압도적으로 크면 다른 동물에게 당하는 일을 피할 수 있는 것이다. 그 일은 낙타에게도 일어나며, 특히 코끼리에게도 해당된다. 그리고 여러 돼지류와 같은 송곳니가 있는 동물은 쌍제류(雙蹄類)이다.

뿔은 두드러지지만 그것이 애초 쓸모가 없는 동물[6]에 대해서는, 자연이 이것에 다른 방어 수단을 덧붙였다. 예를 들어 사슴에게는 민첩함을 주고(실제로 그 뿔이 크고 많은 부분으로 갈라져 있는 것은 그들에게 도움이 되기보다는 오히려 해롭다), 영양과 가젤에게도 민첩함을 주었다(그것들은 어떤 것에 대해서는 뿔로 맞서 자신을 보호하되, 사나우며 공격적인 동물에게서는 도망친다), [유럽적] 들소(bonausus, bison)에서는 뿔이 원래 서로 마주 보도록 휘어져 있어 방어에 도움이 되지 않기 때문에, 배설물[똥]의 분출이 주어지고 있다.[7] 즉 두려움을 느낄 때는 그것으로

4 쌍제류(雙蹄類)로 소와 같은 우제류(偶蹄類).

5 말, 물소, 코뿔소, 낙타와 같은 기제류(奇蹄類).

6 뿔이 없는 것을 자연적 성장으로 설명하는 사슴의 경우(664a5-6), 여기와는 달리 일관적 설명이 적용되지 않는 것으로 보인다.

7 『동물 탐구』 제8권(9권) 제45장 630b8-13. 그것은 8m가량 날아가고, 개의 털을 태운

스스로를 보호하는 것이다. 그 밖에도 그와 같은 분출로 자신을 보호하는 동물이 있다.[8] 자연은 충분한 방어를 해 주되 그 이상의 것은 주지 않는다.

뿔 달린 동물의 대부분은 쌍제(雙蹄)인데, '인도의 당나귀'[9]라고 불리는, 단제(單蹄)인 것도 있다고 한다. 그래서 그 대부분은 동물이 몸을 움직이는 데 사용하는 몸의 부분이 오른쪽과 왼쪽으로 나뉘듯이, 그와 동일한 이유로 원래 뿔이 두 개인 것이다. 그러나 하나의 뿔을 갖는 동물도 있는데, 예를 들어 오릭스(orux)[10]나 인도의 당나귀라고 불리는 것이 그렇다. 오릭스는 발굽이 두 개로 갈라져 있고, 인도 당나귀는 하나의 발굽이다.

뿔이 한 개인 동물은 머리 한가운데에 뿔이 있다. 왜냐하면 그렇게 되어 있으면 [몸의 좌우] 부분 각각이 그 뿔을 가장 잘 지탱할 수 있기 때문이다. 중앙은 양쪽 끝에 똑같이 공통적인 곳에 있으니까. 외뿔인 것이 쌍제동물보다 단제동물 쪽에 많다는 것은 이치에 맞게 보일 것이다. 왜냐하면 단제든 쌍제든 발굽은 뿔과 동일한 본성을 가지며, 따라서 발굽의 갈라짐과 뿔의 갈라짐이 동시에 동일한 동물에게 일어나기 때문이다.

다고 한다.

8 오징어나 문어가 하는 먹물의 방출(제4권 제5장 678b36-679a30 참조).

9 인도코뿔소(Rhinoceros unicornis)를 가리키는 것으로 추정된다. 실상 '단제'는 아니라고 한다. 『동물 탐구』 제2권 제1장 499b17-21 참조. 기원전 5세기 후반에서 기원전 4세기 초의 의사이자 역사가였던 크테시아스(Ktēsias, 카리아 크니도스 출신으로 『인디카』 [*Indica*]를 저술. Photius, *Bibliotheca* 72, 48b18 참조)의 보고에 근거한 것으로 보인다.

10 아프리카 영양(羚羊)의 일종. Ogle은 북아프리카의 긴칼뿔오릭스(scimitar-horned oryx, Oryx dammah; 소목 소과의 포유류. 몸길이 170cm, 어깨높이 120cm, 뿔 길이 102~127cm, 몸무게 204kg)로 추측한다. 실제로 오릭스의 뿔은 두 개인데 각도에 따라 한 개로 보이거나 뿔의 한쪽이 탈락한 채 있는 개체로 관찰되기도 하여 일각수로 생각했을 것으로 추정한다.

게다가 발굽의 갈라짐, 즉 쌍발굽은 [그것을 구성하는] 자연물(질료)의 부족으로 말미암은 것이며, 따라서 단제동물에 대하여 자연은 그 발굽 부분에는 남는 것을 주고, 그만큼을 위쪽[머리쪽]에서 떼어다가 하나의 뿔로 만들었다는 것이 이치에 맞는다.

또, 자연은 뿔이라는 것을 머리에 만들었는데, 아이소포스[이솝]의 모모스[11]가 수컷 황소에게 트집을 잡은 것처럼 그렇게 만들지 않은 것은 옳았다. 즉 모모스는 어깨에 뿔이 있었다면, 가장 강력한 타격을 만들어 663b
낼 수 있었을 텐데, 가장 약한 부분인 머리에 뿔이 있다고 수컷 소를 비난했던 것이다. 모모스는 사물을 예리하게 꿰뚫어 보지 못하고 이런 비난을 한 것이다. 왜냐하면 만일 뿔이 신체의 다른 곳에 자랐다면, 무거워질 수는 있지만 그것은 다른 어떤 것에도 도움이 되지 않고, 뿔 달린 동물 대부분에서 그 활동에 방해가 되었을 것이다. 어깨에 뿔이 나 있었더라도 그와 같았을 것이다. 그것은 어디에서 자라는 것이 더 강력한 타격을 주는가 하는 것뿐만 아니라, 어디에 자라고 있으면 보다 멀리까지 그것이 닿을 수 있을지도 생각해야 하는 것이다. 따라서 수컷 소에게는 손도 없고, 또 다리에 뿔이 있는 것도 불가능하여, 만일 무릎에 있었다면 구부리는 데 방해가 되었을 것이므로, 필연적으로 지금처럼 뿔은 머리

11 모든 일에 트집을 잡는 신으로, 그로 인해 올림포스산에서 쫓겨났다. 그의 이름(Mōmos)에는 '비난하다', '꾸짖다', '망신시키다'라는 의미가 담겨 있다. 헤시오도스, 『신통기』 214행 및 플라톤, 『국가』 487a 참조. 인구가 많이 늘어나, 대지가 그 무게를 지탱할 수 없게 되자, 뉙스('밤의 신')의 아들 모모스가 제우스에게 인구를 줄이라고 권고하게 되고, 이것이 결국 트로이아 전쟁의 원인이 되었다고 한다. 아이소포스(이솝)의 『우화집』(59. 6-10) '제우스, 프로메테우스, 아테나와 모모스', Perry Index가 전하는 이야기(100번째)는 이 부분의 기술과는 조금 다르다. 즉 제우스가 창조한 수컷 황소에 대해 '눈을 뿔 끝에 붙이고 찌르는 끝이 보이게 해두면 좋았을 텐데'라며 모모스가 트집을 잡았다는 것이다. 또 그는 집에 대해서는 말썽을 피우는 이웃을 피할 수 있도록 하는 바퀴가 없다는 트집을 잡았다고 한다.

에 있어야 하는 것이다. 이와 동시에 또한 뿔이 특히 그런 위치에 있으면 본성적으로 몸의 다른 움직임을 방해하는 일이 가장 적은 것이다.

또한, 뿔이 그 전체를 통해 딱딱한 것은 사슴뿐이며, 사슴만이 뿔을 탈락시킨다.[12] 뿔이 탈락하는 것은 가벼워지면 유리하기 때문이고, 또 그 무게 때문에 필연적으로 뿔을 떨어뜨리는 것이다. 다른 동물의 뿔은 어느 곳까지는 비어 있고, 그 끝자락이 찌르기에 편리하도록 딱딱하게 되어 있다. 그리고 공동 부분이 약해지지 않도록, 뿔은 피부에서 나도록 되어 있고, 또 그 내부에는 뼈에서 난 단단한 부분이 끼어 있게 되는 것이다.[13] 뿔이 그렇게 되면 힘을 발휘하는 데 가장 편리하고, 다른 생활 활동에도 지장이 없기 때문이다.

그런데 무엇 때문에 뿔이라는 것이 있어야 하는지, 그리고 그런 것이 있는 동물도 있고 없는 동물도 있는 것은 어떤 원인 때문인지를 말해 왔다. 이제 '필연이라는 의미에서의 자연'[14]이 어떠할 때, '본질 규정에 대응하는 의미에서의 자연'[15]이 필연적으로 동물과 관련되어 있는 무언가

12 목적론적, 질료적 설명 방식. 『동물 탐구』 제2권 제1장 500a10-11("사슴은 그 뿔을 탈락시키는 유일한 동물이다. 해마다 그렇게 하는 것이다. 두 살에 도달한 다음, 다시 그것을 새롭게 한다"), 제3권 제9장 517a24-28 참조.

13 『동물 탐구』 제2권 제1장 500a6-9 참조.

14 질료라는 의미에서의 자연.

15 '형상이라는 의미에서의 자연.' 두 자연의 관계를 언급하고 있는 이 부분의 해석에 대해서는 Lennox(1997), "Nature does Nothing in Vain (…)", pp. 199~214, in Günther & Rengakos(eds.), 1997 참조. '활용하다'라는 동사의 주어는 '본질 규정[설명식]에 대응하는 의미에서의 자연'(hē kata ton logon phusis, 663b23)이고, 목적어는 '필연적 자연'이다. '무언가를 위해'는 주동사 '활용하다'를 수식한다. 이어지는 뿔 만듦에 대한 논의는 '설명식에 대응하는' 것은 논의 중인 동물의 형상적 설명식에 명시된 자연을 의미함을 강력하게 암시한다. 특정 목적을 위해 필연적 자연을 사용하는 것이 바로 이러한 형상적 자연이다. 아리스토텔레스가 동물의 형상적 본성이 다양한 목적을 위해 재료를 '사용'했거나 '사용하고 있는' 사례를 논의할 때, 그는 일종의 간접 목적의 형상을 염두

를 위해 활용하고 있는지를 말해 보자. 첫째, 몸집이 큰 동물은 물체적이고 흙인 것을 더 많이 포함하고 있으며, 우리는 뿔을 가진 것으로 소형인 것을 전혀 알지 못한다. 실제로 우리에게 알려진 뿔을 가진 동물 중 가장 작은 것은 가젤이다. 그러나 많은 것에 눈을 돌려 자연을 연구해야 한다. 왜냐하면 '자연 본성에 근거하고 있다'라는 것은, '모든 경우에 그렇게 되어 있다' 혹은 '대부분의 경우에 성립되어 있다'라는 것이기 때문이다.[16] 그리고 동물의 몸속과 관련된 골질의 것은 토질이다. 그러므로 대부분의 경우에 이루어진 것을 관찰한 뒤 말한다면, 흙인 것을 가장 많이 포함한 것[17]은 가장 큰 동물이다. 그러면 이런 종류의 물질 잉여물이 초과되는 것은 동물 중에서도 큰 것일수록 더 흔히 볼 수 있으며, 자연은 방어하거나 도움을 주기 위해 그것을 활용하는 것이며, 필연적으로 위쪽 장소로 흘러간 그 초과분을 자연은 어떤 동물에서는 이빨이나 송곳니에 할당하고, 다른 동물에서는 뿔에 할당하는 것이다. 이런 까닭에 뿔이 있는 동물에는 위아래 턱에 가지런히 나는 완전한 이빨[자르는 이빨]이 없는 것이다. 그것들은 위턱에 앞니가 없으니까. 즉 자연은 거기에서 664a

에 두고 있었을 것이다. 어떤 경우에는 유익한 목적으로 향하는 질료가 어떤 식으로든 잔류하거나 지나치기도 한다. 다른 경우에는 일차적 기능을 가진 부분이 다른 기능을 위해 '사용'된다. 아마도 이것은 동질적 부분이 생기게 되는 생물학적 기능의 주요 기관의 만듦과 대조될 것이다(655a26-28에서는 자연이 동일한 과잉 질료를 동시에 많은 장소에 분배할 수 없다고 말하는 것에 주목하라). 이것은, 왜 뿔이 있는지, 왜 어떤 동물에게는 뿔이 있고 어떤 동물에게는 없는지에 대한 논의의 일부임을 명백히 부인하는 것이다. 이는 이미 여러 번 사용된 어떤 유형의 설명 — 목적론의 기계론 — 을 명확하게 인식한 것이다. 657a20, 658a23-26, 658b22-26, 659a12, a21, a34-35 참조.

16 『자연학』 제2권 제5장 196b10-17, 제8장 198b35-199a1, 『형이상학』 제6권 제2장 1026b35, 1027a19-27 참조.

17 잉여물 중 토질의 비율이 가장 높다는 것. 흙은 본성상 아래로 운동한다. Leroi[2010], p. 267 참조.

[질료를] 떼어 와서 뿔에 덧붙인 것이며, 그 이빨에 할당되어야 할 영양분을 뿔의 성장을 위해 다 써 버리고 있다.[18]

그러나 암사슴은 뿔이 없는데도, 이빨에 관해서는 수컷과 같은 원인은 수컷과 암컷 모두 뿔이 있는 동물이라는 동일한 자연 본성의 것이기 때문이다. 암사슴에게서 뿔을 빼앗은 이유는, 수컷에게도 뿔은 필요하지 않지만 수컷은 힘이 강하기 때문에 뿔이 있어도 그다지 해가 되지 않기 때문이다.

다른 동물들 가운데, 몸의 그것과 비슷한 부분이 뿔로 되어 있지 않은 것들 중에는, 그 이빨의 크기를 모두 똑같이 증대시키는 것도 있지만, 뿔과 같은 송곳니를 턱에서부터 기르는 것도 있다.[19]

이렇게 해서 머리에 있는 모든 부분에 대한 설명이 규정된 것으로 해두자.[20]

18 쿨만(Küllmann)은 아리스토텔레스가 지적하는 것, 즉 자연이 어떤 부분 대신 다른 부분을 마련한다고 말하는 것을 보상 법칙(Kompensations gesetz)이라고 부른다(pp. 509~511 참조).

19 이 대목의 주어는 '자연'일 것이다.

20 벡커판과 달리 편집자에 따라서는 이 문장을 다음 장 첫머리로 옮기기도 한다.

제3장 유혈동물의 비동질 부분: 목(후두와 식도)

한편, 목이 있는 동물에서 목은 자연 본성상 머리 아래에 있다고 하는 것도, ['목이 있는 동물에서'라는 말은] 모든 동물에 목이 있는 것은 아니고, 목이 있는 것은 목이 본래 목적으로 하는 바를 가지고 있는 것뿐이기 때문이다. 그것은 곧 후두[1]와 이른바 '식도'이다.[2]

1 여기서 '후두'(pharugx)는 영어 pharynx(咽頭, 목구멍)의 어원이 되는 말이다. 이 맥락에서는 후두(喉頭, larynx)를 가리킨다. '목구멍'를 가리키는 경우에도 이 말을 사용한다. 이 단어에 대해서는 이하의 각주 5 참조.

2 '목적론적 관련성'의 복잡성에 대해서는 제1권 제5장 645b28-33 참조. 즉 하나의 기관인 '목'은 후두와 식도라는 두 기관을 위해 있다. 후두라는 기관은 호흡 활동을 위한 것이다. 숨을 들이쉬고 내쉬는 활동도 호흡을 위한 활동으로, 또 다른 보다 근본적인 활동이다. 그리고 살과 힘줄과 관련된 파토스(상태; 탄력 있고 부드럽고 유연함)는 식도와 기관(숨통, 氣管) 및 그들이 수행하는 활동을 위한 것이다. 레녹스(Lennox)가 소개한 이 논증의 형식적 구조는 이렇다.

(S1): Barbara(664a12-16)
(P1) 목은 자연 본성적으로 목이 목적으로 하는 모든 것에 속한다.
(P2) 목이 있는 것은 후두와 식도를 가진 모든 것에 속한다.
(C1) 목은 후두와 식도를 가진 모든 것에 속한다.

보충(664a20-22)
(CO) 목이 없는 것은 숨통과 식도가 없는 모든 것이다.

이것은 귀납적으로 정당화되는 추가 전제일 수 있다. 그러나 자연은 헛된 일을 하지 않고, 목은 숨통과 식도를 보호하기 위해서만 존재하므로, 후자가 없는 것에는 전자가 결여될 것이라는 점을 아리스토텔레스가 염두에 두고 있는 것 같다.

그런데 후두는 본래 숨쉬기 위해서 있는 것이다. 즉 이를 통해 동물은 숨을 들이마시고 내쉬며 숨을 끌어들이고 내보내는 것이다. 그래서 폐[3]가 없는 동물에게는, 예를 들어 어류처럼 목이 없다.

한편, 식도는 그것을 통해 영양물을 위까지 운반하는 통로다. 따라서 목이 없는 동물은 명확하게 드러난 식도를 갖지 않는다. 하지만 꼭 영양물 때문에 식도가 반드시 있어야 하는 것은 아니다. 그것은 영양물에 대해 [숙성을 위한] 어떠한 준비를 하는 것이 아니기 때문이다. 게다가 위가 입이 있는 위치 바로 뒤에 놓이는 것은 가능하지만, 폐에 대해서는 이것이 가능하지 않다. 왜냐하면 숨은 기관지(氣管支)에 의해 가느다란 관

(S2) Barbara(664a17-20)
(P1) 호흡을 위해 존재하는 것은 숨을 들이쉬고 내쉬는 모든 것에 속한다.
(P2) 들숨과 날숨은 모든 후두에 속한다.
(C2) 호흡을 위해 존재하는 것은 모든 후두에 속한다.

(S3) Camestres(664a19-20)
(P1) 목은 폐를 가지고 있는 모든 것에 속한다.
(P2) 폐를 가지고 있는 것은 어떤 물고기에게도 속하지 않는다.
(C3) 목은 어떤 물고기에도 속하지 않는다.

호흡을 전달하는 기관(氣管)의 기능과 폐의 소유(아리스토텔레스의 경우 두 갈래로 갈라진 단일 기관) 사이의 연결은 아직 설명되지 않았으므로, (S3)은 아직 정당화되지 않은 대전제에 도움이 된다.

(S4) Camestres (664a21-23)
(P1) 식도는 입과 위 사이에 거리가 있는 모든 동물에 속한다.
(P2) 입과 배 사이에 거리가 있는 것은 어떤 목 없는 동물에도 속하지 않는다.
(C4) 식도는 어떤 목이 없는 동물에도 속하지 않는다.

3 폐에 대해서는 668b33-669b12 참조. '하나의 두 갈래로 갈라진 기관'인 폐의 주요한 기능은 심장에서 발생한 열을 조절하는 것이다. 아리스토텔레스는 난생동물 중에는 폐가 두 개로 된 것도 있을 수 있다고 인정한다(669b13-25).

으로 분배되는데, 그 숨기운이 지나가는 두 갈래로 나뉘는 무언가 공통의 관과 같은 부분[숨통, 기관(氣管)]이 있어야 하기 때문이다. 이러한 방식으로 폐는 들이마심과 토해 내기를 가장 잘 해내는 것이다. 호흡과 관련된 기관(器官)은 필연적으로 길이가 있어야 하므로, 필연적으로 입과 위 사이에 식도가 있어야 한다.[4] 식도는 살집으로서 힘줄의 신축성이 있어야 하는데, 그것이 힘줄로 되어 있는 것은 음식물이 들어왔을 때 팽창할 수 있도록 하기 위함이고, 살집인 것은 식도가 연하고 부드럽게 통하며, 게다가 위에서 내려온 것[영양물]을 분쇄해서 손상되지 않게 하기 위해서다.

후두라고 불리는 것과 기관(氣管)은 연골질 물체로 구성되어 있다.[5]
왜냐하면 그것은 호흡을 위해서만이 아니라 목소리를 내기 위한 것이기 664b
도 하므로, 소리를 내려면 부드럽고 단단해야 하기 때문이다. 숨통은 식도가 영양물을 받아들이는 데 방해가 되는데도 식도 앞쪽에 위치해 있

4 위가 입 바로 옆에 있을 수 있기 때문에, 식도는 영양물을 필요로 하지 않는다(664a22-24). 또한 그것은 어떤 식으로든 영양물을 개선하는 것 같지도 않아, '더 나은 것을 위해서'라고 말할 수도 없다. 따라서 식도에 대한 '어떤 목적론적 설명'도 주어지지 않는다. 그래서 "호흡과 관련된 기관(器官)은 **필연적으로** 길이가 있어야 하므로, **필연적으로** 입과 위 사이에 식도가 있어야 한다"(664a29-31)라고 말하는 것이다.

5 후두(pharunx)가 숨통(氣管, artēria)과 구별될 때, 아리스토텔레스는 그것을 후두(larynx)라고 부른다. 아리스토텔레스는 larunx(이 말에서 영어 larynx가 유래했다)로 동일한 기관('후두')을 가리키기도 한다(『동물 탐구』 제1권 제12장 493a6, 제2권 제1장 499a1, 제4권 제9장 545a32). 664a16, b26, 665a10에서는 '호흡하는 통로' 전체를, 그러나 664a35-36, 665a19-20에서는 두 개가 별개인 것인 것처럼, pharunx와 artēria가 결합하기도 한다. artēria는 664a27-28에서 복수형으로 사용되어 폐 바로 위의 호흡 장치의 분기점을 나타내지만, 664b3, b20, b29, 665a4, a7-8, a18에서는 전체 호흡 통로를 가리키는 것으로서 단수형으로 사용된다. 이 세 용어는 모두 유동적이고 불안정한 방식으로 쓰이고 있다. 그 밖에도 artēria는 '동맥', '요도'를 가리키기도 한다.

다. [방해가 된다는 것은] 뭔가 마르고 건조한 것[6]이나 액상(液狀)의 것이 실수로 숨통에 들어가면, 목이 메거나, 괴롭거나, 심한 기침을 유발하기도 하기 때문이다.[7] 동물은 음료를 숨통에 의해 섭취한다고 주장하는 사람들[8] 중에는, 분명 이 일을 의아하게 여기는 사람이 있을 것이다. 그것은, 지금 말한 것과 같은 일은 분명히 어느 동물이라도, 음식의 무언가가 잘못해서 숨통에 들어갔을 때 일어나기 때문이다.[9] 동물이 숨통에 의해 음료를 섭취한다는 것은 여러 점에서 터무니없는 주장이다. 입에서 위로 이어지는 식도는 우리가 볼 수 있지만, 폐에서 위로 이어지는 관은 없기 때문이다. 게다가 토하거나 뱃멀미가 날 경우 액상의 것이 복받치는데, 그것이 어디에서 온 것인지에 대해서는 불분명한 구석이 전혀 없다. 액상인 것이 방광에 직접 모이는 일은 없고, 그보다 먼저 위에 모여 있다는 것은 분명하다. 왜냐하면 [위에서 토해 낸] 위의 잉여물이 검은 포도주의 찌꺼기 색을 내는 것을 볼 수 있기 때문이다. 위에 상처가 생긴 경우에도 이 사실은 종종 밝혀진다. 그러나 어처구니없는 설명에 대해 자세히 검토하는 것은 아마 어리석은 일일 것이다.

앞서 말했듯 숨통이 식도 앞쪽에 위치하기에 음식물이 골칫거리를 만든다. 그러나 자연은 그것에 대해 후두개(喉頭蓋)를 고안해 냈다. 그것이 태생동물 모두에 있는 것은 아니며, 그것이 어울리는 것은 폐가 있고,

6 즉 고체의 것.

7 플라톤, 『티마이오스』 70c 참조.

8 플라톤, 『티마이오스』 70c-d 참조("폐가 숨과 음료를 받아들여 심장을 식혀 줌으로써").

9 아래에 제기된 반박은 기관의 기능을 결정하는 아리스토텔레스의 방법 중 일부이다. 세 가지 이유로 반박한다. (1) 폐와 위 사이에는 연결이 없다. (2) 액체 토사물이 장에서 나오는 것을 볼 수 있다. (3) 액체 영양분이 방광으로 직접 가지 않고 먼저 장으로 가는 일련의 징표가 있다. (2)와 (3)은 (1)을 지지한다.

피부에 털이 나 있으며, 뿔비늘이나 날개 없이 만들어져 있는 동물이다. 뿔비늘이나 날개가 있는 동물의 경우 후두개 대신에 다른 동물이라면 후두개가 닫혔다 열렸다 하는 방식으로 후두가 좁아지거나 넓어진다. 즉 후두개는 숨이 드나들 때 열리고, 음식물이 들어올 때에는 실수로 무언가가 흘러나와 막히지 않도록 닫히는 것이다. 만일 숨통이 실수로 그러한 움직임을 놓쳐서 음식이 들어올 때 누군가가 호흡을 하면, 앞서 말한 것처럼 기침을 해서 숨이 막히게 되는 것이다. 그러나 후두개의 움직임이나 혀의 움직임도 잘 고안되어 있어, 그래서 입 안에서 음식물이 으깨질 때 이빨로 혀를 씹는 일은 드물고, 무언가가 후두개 옆을 통과할 때 숨통(氣管)으로 흘러드는 일도 드물다.

앞에서 말한 [뿔비늘이나 날개가 있는] 동물이 후두개를 가지고 있지 665a
않은 것은 그것들의 살이 말라 있고 피부가 딱딱하기 때문이며, 그래서 그 동물들은 [후두개를 가지고 있다면] 그에 해당하는 부분이 마른 살과 단단한 피부로 구성되기 때문에 잘 움직이지 않을 것이다. 오히려 털을 가진 동물에 있는, 고유한 살로 구성된 후두개보다 숨통 자체의 말단을 오므리는 것이 더 빠르게 이루어질 것이다.

어떤 원인으로 동물들 가운데 어떤 것에는 후두개가 있고 어떤 것에는 없는지, 그리고 왜 자연은 숨통의 위치상의 불편한 점을 '후두개'라고 불리는 것을 고안함으로써 교정하고 있는지에 대해서 이상과 같이 우리가 말한 것으로 하자.[10]

10 왜 자연은 '후두개'를 고안했을까? 자연은 완벽한 것이 아닌가? '교정하고 있는지'(iatrein, '의학적 처치')라는 말은 숨통의 위치가 보다 기본적인 구조상의 위치 지정이 필요하고, 이상적이지 않다는 것을 말한다. 아리스토텔레스는 '팡글로스 패러다임'(Panglossian Paradigm)("이 경우에 최선이라면 모든 가능한 세계의 경우에서도 최선이다"; 대니얼 데닛와 스티븐 제이 굴드의 비판적 입장 참조)의 옹호자는 아니다. 팡글

후두는 필연적으로 식도보다 앞쪽에 놓인다. 심장은 동물의 생명과 모든 움직임, 감각의 시원(아르케)이 존재하는 곳이라고 우리는 주장하고 있지만, 그것은 몸의 앞쪽 한가운데에 위치해 있으며('몸의 앞쪽'이라 불리는 곳으로 감각과 움직임은 향하고 있다. 실제로 '앞쪽'과 '뒤쪽'은 바로 이러한 설명에 의해 정의되었다[11]), 한편 폐[12]는 심장이 있는 곳으로 그것을 둘러싸듯 자리하고 있는데, 폐 때문에 또 심장 안에 존재하는 시원(아르케)이기 때문에 호흡이 이루어지는 것이다.

동물이 호흡을 하는 것은 숨통을 통해서이다. 따라서 심장은 첫 번째 것으로 앞쪽에 놓이는 것이 필연이므로, 후두와 숨통도 그 위치가 식도보다 앞쪽인 것은 필연적이다. 전자[후두와 숨통]는 폐와 심장 쪽으로 뻗어 있고, 후자[식도]는 위(胃) 쪽으로 뻗어 있기 때문이다. 대체로 더 나은 것과 더 고귀한 것은 항상 더 중대한 것에 방해받지 않는 경우에는 위냐 아래냐 하는 경우에 더 위쪽에, 앞쪽이냐 뒤쪽이냐 하는 경우에 더 앞쪽에, 오른쪽이냐 왼쪽이냐 하는 경우에 더 오른쪽에 있다.

목과 식도와 숨통에 대해 말했다. 그 뒤를 잇는 것은 내장에 대해 말하는 것이다.[13]

로스는 볼테르의 『캉디드』에 나오는, 별다른 증명 없이 '낙관주의'를 주창하는 무식한 학자다.

11 『동물의 진행에 대하여』 제4장 705b10-13 참조.

12 touton으로 읽는다.

13 편집자에 따라서는 이 문장을 다음 장으로 옮기기도 한다.

제4장 유혈동물의 비동질 부분: 심장

그것들은 유혈동물에 고유한 것이며, 어떤 것들은 그 모든 것을 가지고 있고, 다른 것들은 그것들을 가지고 있지 않다. 한편, 무혈동물에는 내장이 없다.[1]

데모크리토스가 무혈동물은 너무 작기 때문에 그 내장이 불명확하다고 생각했다면, 그는 내장에 대해 적절히 포착해 내지 못한 것으로 생각된다.[2] 그 이유는 유혈동물에서는 몸이 만들어진 직후에 극히 작더라도 심장과 간장이 명료하게 갖추어져 있기 때문이다.[3] 알이 사흘째 되었을
때, 그 안에 점만 한 크기의 내장이 관찰되기도 하고,[4] 또 유산된 태아(배 665b
아)에서도 아주 작은 것을 볼 수 있다.[5]

게다가 [몸의] 외부 부분은, 모든 동물이 동일한 부분을 활용하는 것

1 여기서 말하는 '내장'은 이어지는 설명에서도 알 수 있듯 피와 같은 색을 띤 것으로 한정되며(제2권 제1장 647a30-b9 참조), 무혈동물의 내장은 그 유비물로 간주되고 있다. 내장은 유혈동물에게 고유한 것으로, 유혈동물은 심장, 간, 횡격막을 가지고 있으며(672a13-14), 물고기는 폐가 없고(669a36), 어떤 난생동물은 방광(670b3-4, 670b33-34)과 신장(671a26-28)이 없다.

2 데모크리토스, *DK* 68A148.

3 『동물의 발생에 대하여』 제2권 제1장 734a21-25, 제5권 741b15-24 참조('초기 태아에서 보여지는 심장, 폐의 모습').

4 『동물 탐구』 제6권 제3장(561a4-562a21)에 새알('배아')의 성장 과정이 상세히 기술되어 있다. 3일째에 처음으로 배아가 나타나며 이때 심장은 피의 반점같이 보인다.

5 『자연학 소론집』에 실린 「젊음과 늙음, 삶과 죽음, 호흡에 대하여」 제3장 468b28-30 참조.

은 아니며 그 생활방식이나 움직임에 따라 각각의 동물에게 고유한 방식으로 부여되어 있듯, 내부의 여러 부분도 동물이 다름에 따라 다른 것은 자연스러운 일이다. 내장은 유혈동물에게 고유한 것이며, 따라서 내장은 각각 피의 성질의 질료로 구성되어 있다.[6] 이 점은 갓 태어난 것들을 보면 분명하다. 왜냐하면 그들의 내장은 피를 더 많이 함유하고 있고, [몸 전체에서 차지하는] 그 비율로 볼 때 가장 큰 것은 그 질료의 형상[7] 및 양이 배아가 형성되는 초기 단계에서 가장 두드러지기 때문이다.

그런데 심장은 모든 유혈동물에게 있다. 그 원인에 대해서는 앞에서도 말했다.[8] 즉 유혈동물에게 피가 있는 것이 필연적임은 분명하다. 피는 액상이므로 필연적으로 그 용기가 있어야 하고, 자연은 바로 이를 위해 혈관을 고안한 것으로 보인다. 그리고 그것들의 시원이 하나인 것은 필연적이다. 왜냐하면 시원은 가능하면 여럿인 것보다 하나인 것이 더 낫기 때문이다.[9] 그리고 심장은 혈관의 시작점이다. 실제로 혈관은 심장에

6 제2권 제2장 647a30-647b9, 제3권 제10장 673a32-b3. 내장(splanchnon/splagchnon)이란 말은 호메로스 때부터 사용되었으며, 희생 제의나 점을 치는 데 사용된 내장 기관을 가리킨다.

7 내장의 질료인 피의 자연 본성.

8 제2권 제1장 647b2-8, 654b8-12, 『동물 탐구』 제3권 제3장 513a22-26.

9 666a14 참조. 아리스토텔레스의 주요 관심은 통일성일 텐데, 그는 이 점에 대한 특별한 이유와 설명을 내놓고 있지는 않다. 유기체가 통합된 방식으로 이루어지려면 피의 단일한 시원 — 감각, 장소 이동, 영양의 원천 — 이 선호될 것이다. 아리스토텔레스는 "그러한 한 가지 원리에 우주와 자연이 의존하고 있다"(『형이상학』 제12권 제7장 1072b14-15)라면서, 여러 기원을 가지고 우주를 설명하는 사람들을 비난한 뒤 그 장의 맨 끝에 이르러 "다수의 지배는 좋지 않다. 한 명의 지배자로 족하다"(호메로스, 『일리아스』 제2권 204행)라는 말로 끝맺음을 하고 있다(1076a). "자연은 모든 동물에서 그런 부분을 하나로 하려고 하고 있지만, 그것이 불가능한 경우에는 활동실현상태로서는 그것이 하나뿐이지만, 그 가능상태로는 다수가 되도록 한 것이다"(제4권 제5장 682a6-8).

서 나오는 것이지 심장을 관통하는 것이 아님은 분명하며, 그 본성[10]이 혈관과 같아 마치 그것과 동류(同類)인 셈이다. 또한 그 위치도 시작점에 걸맞은 자리를 차지하고 있다. 즉 몸의 중심 부근에 있으며, 어느 쪽인가 하면 아래쪽보다는 위쪽으로, 뒤쪽보다는 앞쪽으로, 자연은 그것보다 더 중대하고, 지장이 되지 않는 한 고귀한 것일수록 더 고귀한 곳에 두기 때문이다.[11] 그리고 앞서 말한 바는 인간의 경우에 가장 분명하며, 다른 동물에서도 동일한 방식으로 심장은 [생존에] 필수적인 몸[12]의 중심에 놓이는 경향이 있다. (또 필수적인 신체의 맨 끄트머리는 잉여물이 배출되는 곳이다. 반면에 사지(四肢)는 다른 동물에서 다르게 만들어져 있으며, 살기 위해 필수적인 것이 아니다. 그러므로 그것을 빼앗겨도 계속 살아 있으며, 사지를 덧붙인다고 해서 망쳐지지도 않는다.[13]

혈관의 시작점이 머리에 있다고 주장하는 자들[14]은 제대로 이해하지 못했다. 왜냐하면 첫째, 그들은 많은 시원을 뿔뿔이 흩어져 존재하도록

10 심장의 구성.

11 665a9-26 참조.

12 생활에 필수적인 기능이 놓여 있는 몸의 부분.

13 이것은 일종의 농담일 것이다. 각 동물의 손발이 각각에게 최적인 것이라면, 그것이 늘어나든 줄어들든 지장은 줄 테지만, 생존에 직접적 관여가 될 정도는 아니라는 것이다. 아리스토텔레스는 재생 능력의 예로 도마뱀과 뱀의 꼬리를 들고 있다(『동물 탐구』 제2권 제17장 508b4-8).

14 『동물 탐구』 제3권 제2장 511b10-제3장 513a15에는 혈관에 대한 다른 자연학자들의 설명이 소개된다. 즉 퀴프로스섬의 의사 쉬엔네시스, 아폴로니아의 디오게네스, 힙포크라테스의 사위 폴뤼보스의 견해가 소개되었으며, 그들이 혈관의 시작점이 머리와 뇌에 있다고 말한 것을 비판하고 있다. 아마 당시에는 혈관이 뇌 주위에서 기원했다는 것이 통념이었던 것 같다. 예외적인 경우인 힙포크라테스의 견해(『심장에 대하여』)는 아리스토텔레스의 이후일 것이다. 『동물 탐구』에 등장하는 앞선 인물들의 인용 구절은 힙포크라테스의 『인간의 본성에 대하여』, 『뼈의 본질에 대하여』에서 나타난다.

하고 있으며, 게다가 시원을 차가운 곳에 두고 있기 때문이다.[15] 하지만 심장 부근이 추위에 약하니 머리와 정반대인 것은 분명하다.[16] 그리고 앞서 말했듯[17] 다른 내장의 경우에는 혈관들이 그것을 관통하며 뻗어 있지만, 심장을 관통하며 뻗어 있는 혈관은 없다. 그런 점에서도 심장이 혈관의 한 부분이며 시작점임은 분명하다. 그리고 이러한 일이 이치에 맞는다.[18] 즉 심장의 중심은 그 신체가 조밀하고 공동(空洞) 형태로 되어 있으며, 혈관이 거기서 시작되는 한, 피로 채워져 있다. 공동으로 되어 있는 것은 피를 받아들이기 위해서이고, 조밀한 것은 열의 시원을 지키기 위해서이다. 내장 및 몸속에서 오직 심장에서만 그것을 관통하는 혈관 없이도 피가 존재하며, 다른 부분의 각각에는 그것을 관통하는 혈관 속에 피가 있다. 이 일 역시 이치에 맞는다. 즉 피는 심장에서 혈관으로 흐르는 것이지, 다른 곳에서 심장으로 흐르는 것이 아니다.[19] 왜냐하면 심장은 피의 시원 내지는 원천이며, 첫 번째 수용기(受容器)이기 때문이다.

15 뇌를 차가운 기관으로 보는 것에 대해서는, 골수와는 반대로 "뇌는 체내의 여러 부분 중 가장 차가운 반면, 골수는 그 본성상 뜨겁기 때문이다"(제2권 제7장 652a28-30)를 참조.

16 뇌 주위에서 혈관이 기원했다는 것에 대한 반론은 이렇게 정리된다. (1) 두 개의 큰 혈관이 뻗어 나가는 통일적인 심장과 달리, 머리에서 찾아지는 것은 그 어떤 통일적인 기원이 없는 작은 혈관들의 복잡한 체계이다. 따라서 그러한 생각은 혈관에 대한 다양한 기원을 포함한다. (2) 피는 몸에서 따뜻함을 유지하고 있어야 하기에, 따라서 따뜻한 곳에서 피가 유래한다고 가정할 수 있다. 혈관은 피를 위한 용기이기에 혈관이 차가운 곳이 아니라 따뜻한 곳에서 유래했다고 우리는 기대할 수 있다. 하지만 뇌는 몸에서 가장 차가운 기관이다.

17 655b16-17.

18 아리스토텔레스가 알지 못했던 '피의 순환'은 아리스토텔레스주의자였던 윌리엄 하비가 16세기 말에 찾아냈다. 하비는 갈레노스주의자들의 '간 중심' 생리학을 거부했지만, 그렇다고 피의 순환 가설을 아리스토텔레스에게서 얻은 것은 아니다.

19 이 설명에서 명백히 드러나듯 아리스토텔레스는 혈액 순환을 상정하고 있지 않다.

해부에 근거해서도, 동물의 발생[형성 과정][20]에 근거해도 이는 한층 분명하다. 왜냐하면 모든 부분들 중 심장이 최초로 생기고, 발생하자마자 피로 채워지기 때문이다.

더욱이 쾌락과 고통의 움직임, 일반적으로 모든 감각의 움직임은 분명 심장에서 시작해 거기서 끝난다. 그렇게 되어 있다는 것은 이치에 맞는다. 왜냐하면 시원은 가능하다면 하나여야 하기 때문이다. 그리고 여러 장소 가운데서 중심이 자연 본성에 가장 적합한 곳이다. 왜냐하면 중심은 하나이고, 어느 방향에 대해서도 균등하거나 그에 가까운 상태에서 접근 가능하기 때문이다. 게다가 피가 없는 부분 중 어느 것도 감각 능력을 갖지 못하고, 피도 감각 능력을 갖지 않는 것으로 보아, 피를 마치 용기 안에 넣고 있는 것처럼 최초로 포함하는 것이 필연적으로 시원임은 분명하다. 그렇게 되어 있다고 생각하는 것이 이치에 맞을 뿐 아니라 감각에 의한 관찰에도 부합한다. 즉 태아에서는 여러 부분이 있는 가운데, 심장은 발생하자마자 마치 그것이 하나의 동물인 것처럼, 곧장 움직이는 것이 관찰되는 것이다. 그것은 유혈동물에게 심장이 자연 본성의 시원인 것과 같다.

또, 앞에서 말한 바의 증거로 보아, 모든 유혈동물에 심장이 붙어 있다는 것도 알 수 있다. 즉 유혈동물에서는 필연적으로 피의 시원이 있어야 한다. 간도 모든 유혈동물에 속한다. 그러나 간이 몸 전체나 피의 근원이라고 주장하는 자는 아무도 없을 것이다. 그것은 시작점에 걸맞은 위치에 놓여 있지도 않고, 또 가장 완성된 동물에서는 마치 그것과 어울리기 위한 평행 추처럼 비장(脾臟)이 있기 때문이다.[21] 게다가 심장과 달

20 『동물의 발생에 대하여』 제2권 제1장 734a23-29, 제2권 제6장 743a1-3 참조.

21 제3권 제7장 669b26-670a2 참조.

리 간에는 피를 담은 용기가 없고, 다른 내장과 마찬가지로 피는 혈관 속에 있다. 게다가 혈관은 간을 통과하여 뻗어 나가지만 어떤 혈관도 심장을 뚫고 뻗어나가지는 않는다. 모든 혈관의 시작이 심장에서부터이기 때문이다. 실제로 심장과 간 중 어느 쪽이든 한쪽이 시원인 것은 필연적인데, 간은 그에 해당하지 않으므로 필연적으로 심장이 피의 시원이기도 한 셈이다. 사실 동물은 감각을 가진 것으로 정의되는데,[22] 처음에 감각 능력을 가진 부분이라는 것은 첫 번째로 피를 포함하는 부분이고, 그
666b 런 부분이 심장인 것이다. 즉 심장은 피의 시원이자 최초로 피를 포함하는 부분이기 때문이다.

심장의 끝부분은 뾰족하고, 다른 것보다 단단하며, 가슴 쪽을 향하고 있으며, 대체로 몸 앞쪽에 위치한다. 이는 가슴이 차갑지 않도록 하기 위함이다. 모든 유혈동물에서 가슴은 다른 것보다 살집이 적고, 살집은 뒤쪽에 많이 붙어 있는데, 이는 뒤쪽은 열을 보전하기 위한 덮개가 많기 때문이다. 사람 이외의 동물들에서 심장은 가슴 부분의 중심에 위치하고 있으나, 사람의 경우에는 약간 왼쪽으로 기울어져서 왼쪽이 차가워지는 데 반해 [오른쪽과] 균형을 이룰 수 있게 되어 있다. 사람은 다른 동물보다 특히 왼쪽이 차갑기 때문이다.[23] 한편, 물고기에서도 심장의 위치가 같아진다는 것과 왜 같지 않아 보이느냐 하는 것은 앞서 말했다.[24] 뾰족한 부분이 머리 쪽을 향하고 있고, 머리가 [물고기에게는] 앞쪽이기[25] 때

22 제2권 제8장 653b22-23 참조.

23 이 대전제를 지지하는 증거를 내놓고 있지 않다.

24 『자연학 소론집』 가운데 「젊음과 늙음, 삶과 죽음, 호흡에 대하여」 제16장 478b2-13, 『동물 탐구』 제2권 제17장 507a2-10 참조.

25 따라서 심장의 뾰족한 부분은 다른 동물들과 마찬가지로 앞쪽에 위치한다고 할 수 있다.

문이다. 왜냐하면 물고기의 움직임은 머리 쪽으로 향하기 때문이다.

심장은 힘줄[26]을 많이 포함하고 있는데, 이것이 이치에 맞는다. 그것은 움직임이 심장에서 나와서 줄이거나 느슨하게 함으로써 그 움직임을 수행하기 때문이다.[27] 그래서 심장은 그런 장비와 강인함을 필요로 한다. 앞서도 말했듯[28] 심장은 본래 그것을 가지고 있는 동물들의 체내에서 마치 [그 자체가] 어떤 종류의 동물인 것처럼 있다. 말(馬)이나 어떤 종류의 소(牛)를 제외하면,[29] 우리가 관찰한 모든 동물에서 심장에는 뼈가 없다. 그 예외적 동물의 경우, 심장이 크기 때문에 몸 전체를 뼈[골격]가 지지하고 있듯, 말하자면 지탱을 위해 뼈가 묻혀 있는 것이다.

큰 동물들의 심장에는 세 개의 '빈방'[腔所]이 있고,[30] 그보다 작은 동

26 아리스토텔레스의 경우에 neura(힘줄, 근육)는 '힘줄', '인대', '신경'을 가리킨다. 그는 심장의 많은 힘줄이 운동의 시원으로서 갖는 그 역할을 언급한다.

27 "사실 우리는 그 부분[심장]에 감각 능력이 존재한다고 주장하는 것이고, 그 결과 감각 때문에 시원[심장 속에 있는 혼] 주변 장소가 성질 변화를 입어 달라짐으로써 [거기에] 밀착되어 있는 여러 부분도 이에 따른 변화를 일으켜서 확장하거나 수축하는데, 결과적으로 이 변화 때문에 동물에게는 필연적으로 운동이 생기기 때문이다"(『동물의 운동에 대하여』 제9장 702b20-25). 감각에 의해 심장의 영역에서 만들어진 변화는 몸의 힘줄을 확장하거나 수축하게 해서 심장의 운동에 의해 동물의 운동으로 바뀌게 되는 것이다. 이것은 심장이 이러한 운동을 전달하는 동일한 종류의 질료와 능력을 가질 것을 요구한다. 『동물의 운동에 대하여』에서의 이 대목은 심장이 지각의 기원이자 운동의 기원으로서 이 두 개를 연결시킨다는 점을 보여 준다.

28 666a20.

29 『동물 탐구』 제2권 제15장 506a8-10, 『동물의 발생에 대하여』 제5권 제7장 787b17-19에도 같은 설명이 나온다. 즉 '소와 말은 심장 안에 뼈를 가지고 있다'. "대형 포유류, 특히 후피동물(厚皮動物)[코끼리, 하마 등]과 반추동물(反芻動物)에서 대동맥(aorta)의 시원 아래, 심장에서 십자형 골화(骨化)를 발견하는 것은 드문 일이 아니다. 소의 경우, 수사슴과 마찬가지로 정상적인 형성이다. 그러나 후피동물이나 적어도 말에서는 늙은 개체에게서만 골화가 발견되며 이는 병리학적 퇴행의 결과로 보인다"(Ogle[1912] 666b21 각주 2).

30 『동물 탐구』 제1권 제17장 496a4, 20-23, 제3권 제3장 513a30에도 같은 [관찰된] 설명

물의 심장에는 두 개의 '빈방'이 있다. 어떤 동물이라도 '빈방'이 적어도 하나는 있다. 어떤 원인으로 그렇게 되었는지는 이미 말했다.[31] 즉 심장에는 어떤 장소, 즉 첫 번째 피를 수용하는 곳이 있어야 한다. (피가 최초에 심장에서 생긴다는 것은 여러 번 말해 왔다.) 시원이 되는 혈관은 두 개, 즉 '대혈관'이라 불리는 것과 '아오르테'라 불리는 것이 있으며[32](실제로[33] 이것들 각각이 혈관의 시원이며, 그것들에는 나중에 말하게 될[34] 차이가 있으므로 양자의 시원이 따로 있는 것이 더 좋다. 그 피들이 다르고 나뉘어 있다면 그렇게 될 것이다),[35] 그러므로 가능한 경우, 피를 수용하는 장소는 두 곳이다. 큰 동물에서는 이것이 가능하다. 그것들은 심장도 크기 때문이다. 게다가 '빈방'이 세 개 있으면 공통적 시원이 하나 있게 되므로 더욱 바람직하다. 중간 홀수 번째[쌍이 되는 것이 없는]의 것이 그 시원이다. 따라서 그 심장 크기는 항상 더 커야 하는 셈이다. 그러므로 가장 큰 심장만이 세 개의 '빈방'을 갖는다.[36]

667a 그 '빈방'들 가운데 오른쪽 것은 피가 가장 많고, 가장 뜨겁고(그런 까닭에 몸의 부분 중에서도 오른쪽 부분이 더 뜨겁다), 왼쪽 것은 피가 더 적

이 나온다. 그러나 원래 심장의 방(kolia, '빈 곳')은 네 개이기 때문에 잘못된 관찰에 의한 것으로 생각된다. Huxley도 같은 견해이며, Ogle(1882)은 세 구멍(빈 곳)을 우심실, 좌심실, 좌심방(auricle)을 가리키는 것으로 추정한다. 그에 따르면 '중간의'(666b33) '빈 것'은 좌심실이 된다.

31 666a6-11. 즉 '빈방'이 있는지를.

32 이 두 종류의 혈관에 대해서는 다음 장에서 논의한다. 그것은 대정맥과 대동맥에 상당한다고 생각되지만, 혈액 순환이 상정되어 있지 않기 때문에 양자의 기능상 차이는 인식되지 못했다.

33 gar를 삭제하고 읽는다(Ogle).

34 혹자는 제3권 제5장 667b15 아래를 지적하지만, 피의 차이에 대한 설명은 없다(Ogle[1912], Düring).

35 26~30행까지를 ( )로 해서, 한 문장으로 읽었다.

고, 더 차갑고, 그리고 중간 것은 피가 양에서든 뜨거움에서든 중간적이지만 가장 순수하다. 시원은 유난히 정적(靜的)이어야 하며, 그것이 가능하게 되는 것은 피가 순수하고, 양이란 점에서도 뜨거움이란 점에서도 중간적인 경우이기 때문이다.[37]

심장에는 [두개골] 봉합선과 비슷한 어떤 분절된 것이 있다.[38] 심장은 많은 것이 결합되어 무언가가 생겨나고 있다는 의미에서의 복합물이 아니라, 오히려 지금 말한 것과 같은 [하나의 것이] 분절화된 데 따른 복합물이다. 감각이 날카로운 동물의 심장은 더 분절화되어 있지만, 더 둔감한 동물일수록 그 심장은 돼지의 심장처럼 덜 분절화되어 있다.

또한 심장은 크기가 크고 작으며, 단단하고 부드럽다는 점에서 차이가 있는데, 그 차이는 어느 정도 그 동물의 성격에도 영향을 미친다.[39] 즉 감각이 둔한 동물은 심장이 단단하고 조밀하며, 또 감각이 날카로운 동

36

설명되어야 할 사항	설명하는 것
① 모든 심장은 적어도 하나의 빈 것이 있다.	① 첫 번째로 생산된 혈액을 담는 용기가 필연적으로 있어야 한다.
② 큰 심장에는 두 개의 빈 것이 있다.	② 서로 다른 두 개의 다른 혈관이 있기 때문에, 두 개의 서로 다른 혈관의 시원을 갖는 것이 더 낫다. 그러나 이것은 더 큰 동물에서 가능하다. 자연은 가능한 한 최선의 것을 행한다.
③ 가장 큰 심장은 세 개가 빈 것을 갖는다.	③ 세 번째 방이 있고, 다른 빈 구멍에 있는 혈액의 공통 시원이 된다면 더 낫다. 그러나 이것은 가장 큰 동물에서나 가능하다. 자연은 가능한 한 최선의 것을 행한다.

37 『자연학 소론집』 가운데 「잠과 깸에 대하여」 제3장 458a13-19 참조.

38 심장 표면에는 심방이나 심실 간의 경계에 홈이 있다. 653a37-b3, 658b4 참조.

39 648a2-19, 650b19-651a19 참조.

물은 심장이 비교적 부드럽다. 그리고 심장이 큰 것[40]은 겁이 많고, 심장이 상대적으로 작거나 중간 정도의 것은 더 대담하다. 전자와 같은 동물에게는 공포를 느끼는 데서 생기는 성질(파토스)이 미리 갖추어져 있기 때문이다. 즉 심장의 열이 그 심장[크기]과 균형이 잡혀 있지 않기에, 큰 것들 속에 있으면서 그 열이 작기 때문에 약해져 있어서 피가 [다른 동물에 비해] 더 차갑다는 것이다.[41] 심장이 큰 동물로는 토끼, 사슴, 쥐, 하이에나, 당나귀, 표범, 족제비가 있으며, 그 밖에도 분명히 겁이 많거나 공포 때문에 실제로 나쁜 짓을 하는 것들은 거의 다 그런 것이다.

혈관과 '빈방'에 대해서도 그에 가까운 것이 해당될 수 있다. 즉 대혈관이나 '빈방'은 차갑다. 왜냐하면 작은 방과 큰방에 같은 양의 불이 있다면 큰방은 좀처럼 따뜻해지지 않는 것처럼, 그와 같은 것이 혈관이나 '빈방'에서의 열에도 해당되기 때문이다. 왜냐하면 혈관도 빈방도 용기이기 때문이다. 더욱이 외부로부터의 움직임은 각각의 열을 식히고, 다른 한편 장소가 넓어질수록 호흡(숨결)의 양은 많아지고, 그 힘도 강해진다. 이런 까닭에 큰 '빈방'이 있는 동물도 큰 혈관을 가진 동물도 살집 부분은 지방질이 아니며,[42] 살집 부분이 지방질인 동물의 전부 내지 대부분은 혈관이 불명료하거나 '빈방'이 작은 것이 관찰되는 것이다.

내장 중에서 대체로 몸 내부의 여러 부분들 가운데 심장만이 심각한 [병적인] 겪음(파토스)을 견딜 수 없다.[43] 이것은 이치에 맞는다. 왜냐하
667b 면 일단 시원이 파괴되어 버리면, 그것에 의존하는 다른 부분들도 도움

40 몸의 크기에 비해 크다는 것이다.

41 제4권 제1장 692a23-24에서는 공포가 피의 적음과 뜨거움의 결핍 때문에 일어나는 '냉각'이라고 규정되어 있다.

42 숙성에 필요한 열이 적기 때문이다. 이하 제6장 669b3-4 참조.

43 다른 내장과 달리 심장 질환은 치명적일 것이다(Ogle).

을 얻을 수 있는 것이 더 이상 없기 때문이다. 심장이 그 겪음(파토스)을 허용하지 않는다는 증거[44]로는, 공적 희생물로 바쳐진 동물의 체내[45]의 심장 부근에는 다른 내장에서 볼 수 있는 그런 겪음을 받은 것이 관찰되지 않았다는 것이 있다. 즉 그 콩팥이나 간은 종종 돌이나 종양이나 종기로 가득 차 있을 수 있으며, 폐도 마찬가지이고, 비장은 특히 그렇다. 그러한 장기(臟器) 부근에서는 많은 다양한 겪음이 발생한 것을 볼 수 있지만, 폐에서는 숨통 근처에서 잘 보이지 않고, 간에서는 대혈관과의 접합부 근처에서 별로 볼 수 없다. 이것은 이치에 맞는 것이다. 왜냐하면 특히 거기서 심장과 연결되어 있기 때문이다. 그러나 병이나 그와 유사한 병적 겪음 때문에 죽는다. 질병이나 그와 유사한 병적 겪음 때문에 죽은 것이 분명한 동물을 절개해 보면, 심장 부근에서 병적 겪음(파토스)이 관찰된다.

그리고 심장에 대해, 그것이 어떤 종류이며, 그것을 지닌 동물에게 그것이 있는 것은 무엇 때문이며, 어떤 원인에 의한 것인지는 이 정도로 말하는 것으로 해 두자.[46]

44 원어 sēmeia는 귀납추리에서 사용되는 개념이다. 징표는 그것이 의미하는 바를 나타내지만 그것에 대한 직접적 증거는 아니다. 669b4, 672b28, 679a21, 680a31, 681a7, 680b10 참조. 다른 사용법에 대해서는 669b29, 670b12 참조('징표로서', charin sēmeiou).

45 이 경우는 667b10-11에서 언급되는 바와 같이, 질병 등으로 죽은 동물이 아니다.

46 Bekker 판과 달리 이 문장을 다음 장의 첫 부분으로 옮기기도 한다. 심장에 대한 과학적 정의는 '심장이 무엇인지', 그리고 '심장을 가진 동물이 심장을 갖게 되는 목적론적 설명의 원인'을 밝혀 준다. 실제로 이 장에서 심장에 대한 아리스토텔레스의 일반적인 설명은 (i) 심장은 피의 시원을 위해 존재하며, (ii) 따라서 심장은 혼의 감각 능력, 즉 동물임의 본질적인 능력의 일차적 기관이라는 결론을 내린다(제3장 제4장 666a34-36). 심장의 정의는 심장을 가진 동물이 심장을 갖는 이유에 대한 '목적론적 설명'에 기초하고 있다.

제5장 유혈동물의 비동질 부분: 혈관

이어서 혈관, 즉 대혈관과 아오르테에 대해서도 이야기하게 될 것이다.[1] 왜냐하면 그것들은 심장으로부터 최초로 피를 받아들이는 것이고, 그 밖의 혈관은 그것들로부터 뻗어 나온 것[2]이기 때문이다. 그런데 그것들이 피를 위해서 있다는 것은 앞에서 말한 바이다.[3] 왜냐하면 액상(液狀)인 것은 모두 용기(容器)를 필요로 하고,[4] 혈관으로 이루어지는 유(類)는 용기(容器)이며, 피는 그 안에 있기 때문이다. 왜 두 혈관이 하나의 시원으로부터 몸 전체에 걸쳐 뻗어 나가는지를 말할 필요가 있다.

그런데 혈관이 하나의 시원으로 종결되고, 하나의 시원에서 시작되는 것의 원인은 모든 동물이 지닌 감각적 혼의 활동실현상태(에네르게이아)에서는 하나이며, 그 결과 그 혼을 첫 번째로 가지고 있는 부분 또한 하나로—단, 유혈동물에서는 가능상태로도 또 활동실현상태로도 하나이지만,[5] 무혈동물들 중에 어떤 것은 오직 활동실현상태에서만 하

1 대혈관과 아오르테가 어떻게 만들어지는지에 대해서는 『동물 탐구』 제3권 제3장 513a15 이하부터 제4장까지 상세히 논의되고 있다.

2 즉 '가지'처럼 갈라져 나온 것(유래한 것).

3 665b12-18 참조. 비동질 부분이 동질 부분을 위해서 있다. 그 반대 관계에 대해서는 제2권 제1장 646b10-27 참조.

4 "액상은 일정한 형태가 없지만, 쉽게 적응할 수 있고 그것과 접촉하는 것의 윤곽을 따르기 때문에, 채워지는 것 같은 특징을 가진다"(『생성과 소멸에 대하여』 제2권 제2장 329b34-330a1).

5 가능상태로서는 둘 이상의 혼을 가지고 있다고 말할 수 있는 것. 가령 일부 마디가 있

나라는 것이다.[6] 그러므로 열의 시원도 필연적으로 같은 장소에 존재한다. 그것이 피가 액상이며 뜨거운 원인이다. 그래서 감각 능력의 시원(원리)과 열의 시원이 한 부분에 있으므로, 피의 하나임도 한 시원으로부터 유래한 것이고,[7] 피가 하나[8]이기 때문에, 여러 혈관의 하나임도 한 시원에서 유래한 것이다. 그러나 혈관이 [대혈관과 아오르테로] 두 가지인 것은 유혈이면서 이동 능력을 갖는 동물의 몸이 짝을 이루는 부분으로 이루어져 있기 때문이다. 즉 그러한 동물은 모두 앞과 뒤, 오른쪽과 왼쪽, 위와 아래라는 구별이 있다. 그리고 앞쪽이 뒤쪽보다 고귀하고 주도적인 것과 같은 정도로, 대혈관은 아오르테보다 고귀하고 주도적이다. 왜냐하면 전자는 앞쪽에, 후자는 뒤쪽에 있으며, 대혈관이 모든 유혈동물에게 갖추어져 있음은 분명하지만, 아오르테에 대해서는 어떤 것은 불분명하게 갖고 있으며, 다른 어떤 것 중에는 갖고 있는지조차 확실하

는 동물(곤충)은 절단되더라도 일정 시간 동안 각각의 부분이 살아간다는 점을 염두에 둔 말이다. 『혼에 대하여』 제1권 제5장 411b19-30, 『형이상학』 제7권 제16장 1040b10-16, 「장수와 단명에 대하여」 제2장 468a21-b16 참조.

6 가능상태(뒤나미스)에서 둘 이상의 혼을 가진다는 것은, 혼이 전체 유기체를 위한 통일성의 기원이라는 원리에 대한 도전일 수 있으나, 이에 대하여 아리스토텔레스는 '가능상태로는 여럿이지만 활동실현상태로는 하나의 혼을 갖는다'라는 주장을 편다. 『혼에 대하여』에서 숫자로는 구별되는 혼이지만, 그것들 각각은 형상적으로는 하나라고 주장한다. (영양 섭취, 번식, 감각, 장소 이동을 능력으로 이루어진) 전체 혼은 각각의 분할된 조각에서 현실화될 수 있다(『혼에 대하여』 제1권 제5장 411b19-23 참조).

7 원문에서 '피의 그것'의 '그것'이 단수형(여성 정관사)의 '시원'(아르케)을 의미한다고 해석할 경우, 이 부분은 동어반복처럼 보인다. 그래서 '그것'을 다음 문장의 '하나인 것'(unity)으로 보는 해석(Lennox), 혹은 '뜨거움'으로 하는 해석(Pellegrin)이 있다. 이 부분의 논의 전개를 고려한다면, 쿨만(Küllmann)에 따라 표현상의 동어 반복을 받아들여야 할 것이다. 감각과 열의 시원이 하나이므로, 피의 시원도 하나이고, 시원이 하나인 피는 하나가 되고, 따라서 혈관의 시원도 하나라는 논의가 이루어지고 있다.

8 henotēs(하나임, 통일성).

지 않은 것도 있기 때문이다.

혈관이 몸 전체에 걸쳐 있는 것의 원인은, 피와 무혈동물에서는 그 유비물[9]이 몸 전체의 질료이며,[10] 이 질료들은 혈관이나 그 유비물 속에 놓여 있기 때문이다. 동물이 어떻게 길러지고, 무엇으로부터 어떤 방법으로 위장으로부터 영양을 받아들이고 있는지는, 오히려 발생에 대한 논의 속에서[11] 고찰하고 설명하는 것이 적절하다. 하지만 지금 말한 것처럼 몸의 여러 부분은 피로 구성되어 있기 때문에, 피의 흐름이 몸 전체를 관통하도록 자연적으로 되어 있는 것은 이치에 맞는다. 왜냐하면 여러 부분의 각각이 피로 구성되어 있다면, 피도 모든 것을 통과해 모든 것에 골고루 퍼져 있어야 하기 때문이다.

그것은 비유하자면 이런 것이다. 즉 정원에서 송수로(送水路)는 하나의 시원, 즉 샘으로부터 많은 다른 수로로 나뉘어 항상 곳곳에 물을 나눠 주도록 설치되어 있다. 또한 집 건축에서도 집의 토대 윤곽 전체를 따라서 돌이 놓인다.[12] 왜 그러냐면, 전자의 경우 정원에서 재배되는 식물은 물로부터 자라기 때문이며, 후자의 경우 토대가 돌로 만들어지기 때문이다. 그와 동일한 방식으로 피가 본래 몸 전체의 질료이기 때문에, 자연

9 즉 피에 상응하는 유비물.

10 이 주장에 대해서는 651a14-15, 668a21 참조.

11 『동물의 발생에 대하여』 제2권 제4장 740a21-b12, 제6장 743a8, 제7장 746a28 참조. 단, 위장으로부터 영양을 받아들이는 방법에 대해서는 『동물의 발생에 대하여』에서 그에 대응하는 부분이 보이지 않으며, 현존 저작 중에서는 『자연학 소론집』 가운데 「잠과 깸에 대하여」 제3장 456b2-5에 관련 설명이 나온다.

12 관개와 건축의 비유는 질료가 분배됨을 강조하는 것이다. 단일한 기원을 갖고, 액체를 분배하고 통로 체제를 통한 영양과 성장을 위한 관개는 더욱 풍부한 유비를 보여 주고 있다.

도 피가 몸 전체를 둘러싸고 공급되도록 하고 있는 것이다.[13] 이는 극도로 여윈 사람들의 경우에 분명하다. 실제로 그 경우에는 혈관 이외의 것은 명확하게 보이지 않으며, 그것은 포도나 무화과나 기타 그러한 식물의 잎에서 볼 수 있는 것과 같다. 즉 그 잎이 모두 시들면 잎맥밖에 남지 않는다.[14]

이러한 일의 원인은, 피도 그 유비물도 가능상태로서는 몸이나 고기 혹은 그 유비물이기 때문이다. 그리고 관개(灌漑)에서 아주 큰 도랑은 남고, 아주 작은 것은 진흙 때문에 처음에 금방 묻혀 버리지만, 흙이 제거되면 다시 뚜렷하게 나타난다. 그와 동일한 방식으로 혈관 중에 아주 큰 것은 남지만, 매우 작은 것은, 활동실현상태로서는 살집이지만, 가능상태로서는 못지않게 혈관이기도 하다.[15] 그러므로 살집이 어떤 식으로든 유지되는 경우에는 잘리게 되면 피가 흘러나온다. 그렇지만 혈관이 없으면 피도 없는데, 소혈관조차 분명치 않은 것이다.[16] 그것은 마치 수로

13 혈관을 정원의 관개 시설에 비유하는 것은 플라톤, 『티마이오스』 77c-d에서도 볼 수 있다("마치 물길을 내듯이, 우리 몸 자체를 째고는 관을 냈으니. (…) 피부와 살집의 접합부 아래에 숨겨진 관들로서 두 갈래의 혈관을 등 줄기를 따라서 뚫었는데, 이것들이 쌍으로 되어 있는 이유는 몸이 오른쪽과 왼쪽으로 되어 있기 때문이지요"). 관개(灌漑)의 유비에 대해서는 『동물 탐구』 제3장 제4장 515a23-25 참조.

14 아리스토텔레스는 혈관 체계를 탐구하기 위한 수단으로, 마를 때까지 동물을 굶긴 뒤 교살에 의해 죽이는 것을 추천한다(『동물 탐구』 제3권 제3장 513a12-14 참조).

15 아리스토텔레스에게 피가 체내를 순환한다는 생각은 없으며(W. Harvey가 1628년 혈액순환설을 발표할 때까지), 혈관이 몸 전체를 통해 뻗어 나가고, 끝이 살집으로 되어 있다고 생각했으며, 여기서는 살집도 어떻게 보면 혈관이라고 말하고 있는 것이다. "근육의 본질이 연속적이라면, 그것들 모두의 연속성은 여윈 동물에서 뚜렷해진다"(『동물 탐구』 제3권 제5장 515b5-6).

16 따라서 살집은 가능상태적으로는 혈관이기 때문에, 현실적 혈관이 잘린 것은 아니더라도 살집이 잘리면 혈관이 잘렸을 때와 마찬가지로 피가 난다고 봐야 한다. 『동물 탐구』 제3권 제5장 515b1-3도 마찬가지의 모호성을 가지고 있다. 아무튼 이 대목과 『동

의 도랑이 진흙을 제거하기 전까지는 도랑이 분명하지 않은 것과 마찬가지다.

668b 혈관은 항상 더 굵은 혈관에서 더 가는 혈관으로 나아가고, 끝에 가서는 관이 피의 농도에 대응할 수 없을 정도로 가늘어진다. 그런 혈관을 피가 통과할 수는 없지만, 액상의 분비물인 잉여물(찌꺼기)은 통과할 수 있다. 그 잉여물은 우리가 땀이라고 부르는 것으로, 몸이 뜨거워지면서 소혈관 끝의 입이 벌어지면 나온다. 몸 상태가 좋지 않아, 피 같은 잉여물이 땀으로 배어 나오는 사람도 있었지만,[17] 그 일이 일어나는 것은 몸이 늘어지고 헐거워진 반면에 피가 숙성되지 않아 묽어지고, 소혈관 속의 열이 줄어들어 피를 숙성시키지 못하기 때문이다. 실제로 흙과 물을 모두 가진 것은 숙성되면 모두 응고되지만, 영양물도 피도 이 둘이 혼합된 것임은 이미 말했다.[18] 열이 그것들을 숙성시키지 못하게 하는 것은 열의 결핍 때문인 경우도 있지만, 도입된 영양물의 양이 많거나 과다하기 때문이기도 하다. 영양물의 양에 비교해 열이 적은 것이다. 또 과다에는 두 종류가 있다. 즉 양이란 점에서의 과다와 질이란 점에서의 과다이다. 사실 모든 것이 같은 정도로 잘 숙성되는 것은 아니다. 한편, 피는 특히 가장 넓은 관을 따라 흐른다. 그러므로 콧구멍이나 잇몸이나 항문에서 출혈이 생기는 것이고, 때로는 입에서도 통증 없는 출혈이 일어나는

물 탐구』의 해당 구절은 '아주 작은 핏줄은 살이지만, 굵어서 살이 빠졌을 때 어떤 식으로든 혈관이 복원된다는 생각을 표현하고자 한 것이다. 『동물의 발생에 대하여』 제2권 제6장에서는 단지 피가 혈관 속에서 통로를 통해 흐르다가 차가워짐으로써 살로 응고된다고만 주장한다. "그러면 영양분은 마치 굽지 않은 항아리의 물처럼, 혈관과 각 부분의 통로를 통해 흘러나와 살이나 그 유사물이 되고 차가움에 의해 응고되는데, 그것이 불에 의해서도 용해되는 이유이다"(743a8-11).

17 『동물 탐구』 제3권 제19장 521a12-14 참조.

18 제2권 제2장 649a30-34, 제7장 653a22-27, 『기상학』 제4권 제6장 383a13-27 참조.

데, 이는 숨통(氣管)으로부터의 심한 출혈과는 다르다.

대혈관과 아오르테는 위쪽에서 나뉘고, 아래쪽에서 교차하면서 함께 몸을 묶는다. 즉 그것들은 앞서감에 따라 다리가 쌍으로 갈리는 곳에 따라서 나뉘고, 한쪽은 앞쪽에서 뒤쪽으로 가고, 다른 쪽은 뒤쪽에서 앞쪽으로 나아가 몸을 하나로 묶고 있다. 즉 짜인[꼬인] 것들에서는 연속성이 한층 증가하고 있는 것과 마찬가지로, 혈관 교차를 통해 몸의 앞쪽과 뒤쪽이 연결되는 것이다. 또한 심장으로부터 시작되는 혈관도 위쪽 영역에서 마찬가지 방식으로 [교차가] 일어나게 되어 있다.[19] 그러나 여러 혈관이 서로 정확히 어떤 관계에 있는지에 대해서는 해부와 동물에 대한 탐구[20]를 바탕으로 고찰되어야 한다.

이렇게 해서 혈관과 심장에 대해 말한 것으로 하자. 다른 내장에 대해서도 똑같은 방법으로 탐구해야 한다.

19 여기서 기본적인 해부학적 구조는 현대의 설명과 일치하는 것으로 보인다. 즉 하대정맥은 하동맥보다 더 앞쪽에 위치하지만, 쇄골하정맥(인간의 어깨와 상지의 정맥)은 동맥 뒤에서 움직인다(Ogle[1912] 해당 각주[n.1] 참조). 짜인(꼬인) 것과의 비유는 증가된 물리적 연속성을 강조하기 위한 것으로 보이지만, 이 시스템이 제공하는 기본 생리학적 역할을 고려할 때 아리스토텔레스도 움직임과 지각의 증가된 연속성을 염두에 두었을 가능성이 있다(Lennox 참조).

20 『해부집』(현존하지 않는 저작) 및 『동물 탐구』를 가리키는 것으로 해석한다면 후자는 『동물 탐구』 제3권 제2~4장이 될 것이다.

제6장 유혈동물의 비동질 부분: 폐

그런데 어떤 종류의 동물은 육생동물이기에 폐를 갖추고 있다. 왜냐하면 그 신체의 열은 필연적으로 냉각될 필요가 있고, 유혈동물은 밖에서
669a 냉각이 이루어져야만 하기 때문이다. 그것들은 열을 가지고 있으니까. 유혈이 아닌 것은 타고난 호흡에 의해서도 냉각될 수 있다. 그리고 밖에서 냉각하는 것은 반드시 물이나 공기에 의한 것이어야 한다. 그러므로 호흡에 관한 논의에서 말했듯[1] 물고기는 폐가 없고 그 대신 아가미가 있다. 즉 물고기는 물에 의해 냉각되는 반면, 숨 쉬는 동물은 공기에 의해 냉각되는 것이다. 그러므로 호흡하는 것들은 모두 폐를 가지고 있는 것이다.

모든 육생동물은 호흡을 하는데, 수생동물 중에도 고래, 돌고래, 바닷물을 내뿜는 고래인 것의 모든 것처럼 호흡하는 동물도 있다. 실제로 많은 동물은 그 자연 본성이 [육생과 수생] 양쪽의 특징을 다 갖추고 있어, 육지에 살면서 공기를 흡입하는 것이라 해도 그 몸의 혼화 상태[2] 때문에 물속에서 장시간 지내는 것이 있다. 물속에 사는 동물이라도 생존이라는 목적의 실현이 호흡에 달려 있다고 할 정도로 육생동물의 본성을 분유하는 것이 있다.

1 『자연학 소론집』 가운데 「젊음과 늙음, 삶과 죽음, 호흡에 대하여」 제16장(제10장) 476a1-15 참조.

2 몸을 구성하는 물질에서의 열과 냉의 혼합 비율을 말한다. 이 경우는 열의 비율이 높기에 물속에서 식힐 필요가 있다는 것이다.

호흡 기관이 폐이고, 운동의 시원은 심장에 있으며, 폐는 스펀지 모양으로 크기 때문에 숨이 유입되기 위한 충분한 넓은 공간을 확보하고 있다. 즉 폐가 부풀면 숨이 흘러들고, 오그라들면 숨은 다시 밖으로 나간다.[3] 하지만 폐가 심장의 진동(뜀)에 대처하기 위해 [완충기로] 있다는 것은 적절한 설명이 아니다.[4] 사실상 미래에 대해 희망이나 기대를 품는 것은 사람뿐이기에, 가슴 뜀(두근거림)[5]이란, 말하자면 사람에게만 일어나는 일이라고 해야 하며, 대부분의 동물은 심장이 폐에서 상당히 떨어진 곳에 있고, 폐보다 위에 위치하고 있어서,[6] 결국 폐는 심장의 뜀(두근거림)에 대해 [완충기로서] 아무런 도움이 되지 않는다.[7]

또, 폐는 동물에 따라 차이가 크다. 즉 어떤 동물은 유혈로 큰 폐를 가진 것이 있는가 하면, 비교적 작고 스펀지 모양의 폐를 가진 것도 있으며, 또 태생동물은 그 자연 본성의 뜨거움 때문에 폐가 크고 피를 많이 포함하며, 난생동물은 폐가 말라 작지만 호흡할 때는 크게 펼칠 수 있다.

3 심장의 역할은 다음과 같다. 심장이 폐를 따뜻하게 하여 폐를 확장시킨다. 이것이 차가운 공기의 유입을 허용하여 심장을 식히고, 폐는 수축된다. 심장이 다시 따뜻해지면서 이 과정은 반복된다. 「젊음과 늙음, 삶과 죽음, 호흡에 대하여」 제21장. Ogle[1912] 해당 각주[n.2] 참조.

4 플라톤, 『티마이오스』 70c-d 참조.

5 심장 박동을 말하는 게 아니고, 박동이 증가하는 것을 가리킨다. 플라톤은 인간에 대해서만 논의했지만, 아리스토텔레스의 요점은 폐의 목적이 심장 박동을 약화하는 것이라면 폐가 있는 모든 동물에서 이러한 현상을 발견해야 한다는 것이다.

6 이대로라면 실제 심장과 폐의 위치 관계와는 다른 서술이기 때문에, Ogle[1882]은 새의 공기 주머니(氣囊)를 폐로 잘못 본 것이 아닌가 추측했다. Ogle[1912]에서는 669a22(n.1)의 tou pleumonos를 tēs kardias로 수정하고, 이 부분을 "폐는 심장에서 상당히 떨어진 곳에 있고, 심장보다 위에 위치해 있어서"라고 번역하고 있다. 레녹스는 다른 동물의 폐와 심장의 상대적 위치에 관한 언급이 너무도 간결해서 Ogle이 제안한 급진적인 수정을 강요하기 어렵다고 말한다.

7 자세의 차이 때문에, 네발동물에서 폐는 심장보다 위에 있지만, 인간은 그렇지 않다.

후자는 육생동물 중 난생의 네발동물에게서 볼 수 있는 것으로, 예를 들어 도마뱀, 거북이 및 그와 비슷한 유(類) 모두가 이에 해당하며, 나아가 비행하는 '새'라고 불리는 것도 그렇다. 실제로 그 동물들 모두에게서, 그 폐는 스펀지 모양으로 거품과 비슷하다. 즉 거품은 휘저으면 컸던 것이 작아지는데, 이런 동물들의 폐들도 작으며 막(膜) 모양으로 되어 있다. 그러므로 그 동물들은 모두 [목이 쉽게] 마르지 않아 단지 조금만 마시고도 물속에 오래 머물 수 있다. 왜냐하면 작은 열만을 갖기 때문에, 폐 — 그것은 공기를 포함하며 비어 있기에 — 움직임 자체에 의해 장 669b 시간 동안 충분히 차가워지기 때문이다. 또한 일반적으로 말하면, 이것들은 그 [몸의] 크기도 동물 중에서는 작은 편이다. 왜냐하면 열은 성장을 촉진하고, 피가 많다는 것은 뜨거움의 징표이기 때문이다. 더욱이 그러한 [피가 많은] 동물의 몸은 비교적 올곧으며, 그러므로 사람은 다른 동물에 비해 가장 올곧으며, 사람 이외의 네발동물들 중에서는 태생동물이 가장 올곧은 것이다. 실제로 태생동물들 중 어떤 것도, 다리가 없는 것이든[8] 보행하는 것이든 [난생동물과] 마찬가지로 구덩이에 살지는 않기 때문이다.

그런데 일반적으로 폐는 호흡을 위해서 있고, 그리고 어떤 유(類)의 동물[의 호흡]을 위해서는[9] 그것이 무혈이라는 점은 앞서 말한 것과 같다.[10] 그러나 이러한 동물[즉 폐를 가진 동물]들에게는 공통 명칭이 없다. 동물의 어떤 유에 대해 '새'라는 이름이 부여된 방식으로는 그것들에게

8 태생동물 가운데 다리가 없는 것은 딱정벌레이다(단, 난태생이다).

9 앞서 669a27-35에서 설명된 바와 같은 동물이 이에 해당한다.

10 플라톤, 『티마이오스』 70c. 플라톤은 해면에 뚫린 구멍들처럼 안에 작은 구멍들을 가지고 있는 폐는 무혈이라고 말하는데, 여기서는 669a23 아래에서 동물에 따라 폐의 차이가 크다고 설명됨에 따라 특정 동물에 한해서만 이 점을 인정하고 있다.

명칭이 없다. 그러므로 새에게 '새인 것'[11]이 무엇인가로 이루어진 것처럼 이 동물들의 본질적인 것에는 폐를 갖는다는 것도 포함되어 있다.[12]

11 새에 본질적인 것.

12 이해 가능한 범위 안에서 생각해 보자면 이렇다. 폐를 가진 동물을 하나로 묶어 '폐를 가진 동물'이라는 명칭을 인위적으로 만들 수는 있지만, 그것은 '새'와 같은 명칭과는 달리 동물종을 구분하기에 적당하지 않다(제1권 제2장 642b10-20, 제4장 644b1-7 참조)는 것이다. 하지만 새의 본질을 나타내는 정의가 동물이나 날개 등 다양한 요소로 이루어져 있듯이 '폐를 가진다'라는 것은 폐를 가진 동물의 본질적 모습 속에 포함되어 있다고 생각할 수 있다는 것이다.

제7장 유혈동물의 비동질 부분: 간과 비장

내장 중에는 심장이나 폐[1]처럼 본래 하나인 것도 있고, 콩팥처럼 둘로 짝을 이루는 것도 있는데, 반면에 어느 쪽인지 모르는 것도 있다. 간과 비장은 두 가지 특징을 모두 갖춘 것처럼 보일지도 모르기 때문이다. 그것들은 각각 본래 하나의 것이고, 하나가 있는 대신 비슷한 본성을 지닌 두 가지[즉 쌍을 이루는] 것으로도 보이기 때문이다. 그러나 모든 내장은 둘로 짝을 이루어야 하는 것이다. 이것의 원인은 신체의 분절 구조가 둘로 쌍을 이루도록 되어 있어 하나의 시원과 연결된다는 것이다. 즉 위와 아래, 앞과 뒤, 오른쪽과 왼쪽이다.[2] 그러므로 뇌와 각각의 감각기관도 모든 동물에서 두 부분으로 이루어지는 경향이 있다. 심장도 그 빈 구멍에 주목해 보면 동일한 이치다. 폐는 난생동물에서는 그것들이 두 개의 폐를 가지고 있다고 생각될 정도로 나뉘어 있다. 콩팥이 쌍이라는 것도 모든 동물에서 분명하다.

1 폐는 좌우 쌍을 이루는 부분으로 이루어진 하나의 장기로 간주되고, 단수형으로 표기된다(『동물 탐구』 제1권 제16장 495a32-b5 참조). 내장은 직접적으로 피로 이루어져 있으며(제2권 제1장 647a31-b4), 따라서 유혈동물에 한정된다(제4권 제5장 678a28-29).

2 아리스토텔레스는 차가움과 왼쪽을 반대 쌍의 목록(sustoichia)에서 같은 편에 놓는다(670b21-23). 원리를 열 가지로 말하며 목록을 만들고 있는 퓌타고라스의 예를 참조(『형이상학』 제1권 제5장 986a15-34). 그런데 아리스토텔레스에게서 왼쪽과 오른쪽은 생물학적 용어로 감각기관의 방향성과 운동의 방향(위와 아래)에서 유래한다. 감각기관의 '양쪽'(이중의) 본성에 대한 설명에 대해서는 제2권 제10장 656b22-657a11, 669b22-23 참조.

간과 비장에 관해서는 의문을 갖는 것이 당연할 수 있다. 이것의 원인은 필연적으로 비장을 가진 동물에서는 비장이 이른바 의붓간[3]인 것처럼 여겨질 수 있지만, 다른 한편 필연적으로 그것을 갖지 않고 하나의 징표 정도로 매우 작은 비장이 있는 동물에서는 간이 분명히 두 부분으로 이루어져 있는데, 그 한쪽은 오른쪽에, 다른 쪽은 더 작은 것으로 왼쪽에 위치하는 경향이 있기 때문이라는 것이다. 하지만 난생동물에게서도, 지금 말한 것과 같은 동물만큼 확실한 것은 아니지만, 어떤 태생동물의 경우처럼 뚜렷하게 나뉘어 있는 것이 있다. 예를 들어 어떤 지역에서는 토끼가 연골어류나 그 밖의 어떤 종류의 물고기처럼 간을 두 개 가진 것으로 생각된다.[4] 그리고 간이 비교적 오른쪽에 위치하기 때문에 비장이 670a
라는 것이 생겨나는 것이며, 그러므로 그것[비장]이 있는 것은 어떤 의미에서 필수적이지만, 모든 동물에게 반드시 있어야 하는 것은 아니다.

그런데 내장이라는 것이 본래 둘로 짝을 이루는 원인은, 이미 말했듯이 오른쪽과 왼쪽이라는 이중성이 있기 때문이다. 각각 자신과 같은 것을 추구하기 때문이다. 마치 간과 비장이 서로 본성이 가깝고 또 둘로 짝을 이루는 경향을 갖고 있는 것처럼 말이다. 그것들이 둘씩 짝으로 되어 있으면서 연결되어 있고 또 하나로 결합되어 있는 것처럼, 내장 각각에 대해서도 마찬가지로 해당된다.

횡격막보다 아래에 있는 내장은 공통적으로 모두 혈관을 위해 존재하는 것이며, 혈관은 그것만으로는 허공에 매달리지만 내장에 의해 몸에 연결되어 그 자리를 확보할 수 있게 되어 있다. 즉 혈관은 말하자면

3 유사(類似) 혹은 의사(擬似) 간.

4 『동물 탐구』 제2권 제17장 507a16-19에서는 '무화과 지역'이라는 불리는 볼베 호수 부근의 토끼가 이야기되고 있다.

[배에서 몇 개의] 닻이 던져진 것처럼, 뻗어 나간 부분[격막]을 통해 몸에 묶여 있는 것이다.[5] 그 뻗은 부분은 대혈관으로부터 간과 비장에 걸쳐 있다(실제로 이 내장의 자연 본성이 못처럼 대혈관을 몸에 박고 있다. 신체의 측면에서는 간과 비장이 대혈관을 박고 있으며, — 혈관은 대혈관으로부터 이 부분으로만 뻗어 나가니까 — 그 뒷면에는 콩팥이 박고 있는 것이다). 콩팥에는 대혈관뿐만 아니라 아오르테로부터도 [좌우] 각각의 콩팥에 혈관이 뻗어 있다. 이것에 따라 동물의 몸 구조는 그렇게 되어 있는 것이다. 그리고 간과 비장은 영양물의 숙성을 돕는다. 그것들은 피를 지니고 있기에 그 자연 본성이 뜨거우니까. 한편, 콩팥은 잉여물이 분비되어 방광까지 운반되는 것을 돕고 있다.

그런데 심장과 간은 모든 [유혈]동물에게 필연적으로 있어야 한다. 심장은 열의 시원이기 때문에 필요하며(즉 그 안에 동물의 자연 본성을 불타오르게 하는 것이 놓이는, 무언가 화덕과 같은 것이 있어야 하며, 그것은 몸의 아크로폴리스(城砦)[6]인 것처럼 잘 지켜져야 한다), 간은 [영양물의] 숙성을 위해 필요하다. 모든 유혈동물은 이들 두 가지를 필요로 하며, 따라서 모든 유혈동물은 적어도 그 두 가지 내장만은 갖추고 있어야 한다. 그리고 호흡하는 동물이라면, 세 번째 것으로서 폐가 함께 있어야 한다.

비장은 위나 방광 속의 잉여물과 마찬가지로, 그것을 가진 동물에게 부수적이기는 하지만 필연적으로 붙어 있다. 그래서 어떤 동물에서는

5 이 비유는 좀 모호해서 대응 관계를 알기 어렵다. Ogle은 대혈관을 배로, 즉 닻줄을 쭉 뻗은 것으로, 내장을 닻으로 비유하는 것으로 해석한다. 퀼만(Küllmann)은 내장이 닻의 축, 뻗은 부분에 달려 있는 혈관이 닻줄에 대응한다고 설명한다.

6 플라톤은 심장이 '아크로폴리스로부터', 즉 뇌의 영역으로부터 오는 명령을 수행하도록 돕는 일을 한다고 말한다(『티마이오스』 70c).

그 크기에서 부족할 수 있다. 예를 들어 날개가 있는 동물 중의 어떤 것, 다시 말해 비둘기, 매, 솔개와 같이 위가 뜨거운 것이 그렇다. 그리고 난 670b 생의 네발동물도 마찬가지다(실제로 그것들은 비장이 매우 작다). 부드러운 비늘이 있는 동물[물고기]도 대부분 그렇다. 그것들은 잉여물을 구멍이 많은 살을 통해 날개나 비늘로 돌리고 있으므로 방광이 없다. 실제로 비장은 위에서 잉여 분비액으로 있는 것을 빼내는데, 비장은 혈액질이므로 숙성에 도움을 줄 수 있다. 하지만 잉여물이 너무 많거나[7] 비장의 열기가 적기라도 하면, 위는 영양물로 가득 차 병에 걸리기 쉽다.[8] 그리고 비장병에 걸린 사람들[9] 중 상당수는 거기에 액상인 것이 역류하여 위가 굳어진다. 마치 심한 오줌병을 앓는 사람[10]에게 액상인 것이 위로 돌아가 버리기 때문에 그렇게 되는 것과 같다.

새나 물고기처럼 잉여물이 조금밖에 생기지 않는 동물의 경우에는 비장이 크지 않거나, 징표 정도밖에 되지 않는 것도 있다. 또한 난생의 네발동물에서 비장은 작고 조밀해, 마치 콩팥[11]과 같다. 그것들의 폐는 스펀지 모양이고, 수분을 겨우 섭취해, 잉여물이 생기더라도 새들의 경우 날개로 돌려지는 것과 마찬가지로 몸이나 딱딱한 비늘로 돌려지기 때문이다. 그러나 방광이 있고 폐에 피가 함유된 동물의 경우에 비장은 축축하다. 앞서 언급한 원인이나 왼쪽에 있는 것이 자연 본성으로 보아 대체로 비교적 습하고 차갑기 때문이다. 왜냐하면 서로 대립되는 것의

7 pleion 혹은 plērēs(가득 차).

8 비장의 질병에 대한 기능과 관련해서는 플라톤, 『티마이오스』 72c-d 참조(힙포크라테스의 질병 진단법).

9 혹은 동물들.

10 혹은 동물.

11 콩팥에 관한 설명은 671a26-672b9에서 이루어진다.

각각은 동류 계열로 나뉘는데, 예를 들어 오른쪽은 왼쪽에 대립하고 열은 냉과 대립하게 되어 있다.[12] 즉 서로 쌍을 이루는 계열은 지금 말한 것과 같은 관계에 있는 것이다.

콩팥을 가진 동물에게 그것이 있는 것은 필연에 의한 것이 아니라, 좋게 또 잘 그 기능을 발휘하기 위해서다. 즉 잉여물이 생성되고 그것이 방광으로 모이는 것을 위해서, 고유의 자연 본성에 따라서 잉여물이 되는 침전물이 다른 것보다 많이 생기는 동물의 경우에는 방광이 그 자신의 기능을 더 잘 발휘하도록 하기 위함이다.

같은 필요를 위해 동물은 콩팥과 방광을 갖게 되었으니, 이제 방광에 대해 말해야 한다. (이는 각 부분을 위쪽에서 아래쪽으로 순서대로 설명하는 순서에서 벗어나게 되는 것이다.) 설명 순서에서 벗어나게 되는 것은, 횡격막에 대해 아직 아무것도 설명하지 않았지만, 이것이 내장 부근의 여러 부분들 중 하나이기 때문이다.

12 퓌타고라스학파가 했던 것처럼 상반된 대립 성질을 두 계열로 나누고 있다(『형이상학』 제1권 제5장 986a22 아래 참조). 여기서는 오른쪽과 열(熱)이 한쪽 계열에 속하며, 왼쪽과 차가움이 다른 쪽 계열에 속하는 것으로 말하고 있다.

제8장 유혈동물의 비동질 부분: 방광

방광이 모든 동물에 있는 것은 아니지만, 자연은 피가 함유된 폐를 가진 동물에게만 그것을 주고자 했던 것 같고, 그 동물들에 대해서는 이치에 671a 맞는다. 그것들이 그 부분[폐] 안에 자연 본성적으로 붙어 있는 것이 과잉[1]이기 때문에, 이것들은 동물 중에서 특히 목마르기 쉬운 것들에 있으며, 또 마른[고체의] 영양물뿐만 아니라 액상 영양물도 더 많이 필요로 한다. 그래서 필연적으로 잉여물도 더 많이 생기고, 위에서 숙성되어, 위 잉여물과 더불어 배출할 수 있는 양을 초과하게 된다. 그래서 필연적으로 이 잉여물도 받아들이는 어떤 부분이 있어야 한다.[2] 이런 이유로 그런 종류의 폐를 가진 동물들은 모두 방광을 갖추고 있는 것이다. 한편, 그러한 폐를 가지고 있지 않은 것들은 폐가 스펀지 상태이기 때문에, 약간의 수분을 섭취하는 것이나, 예를 들어 마디동물(절지동물)이나 물고기와 같이 대체로 수분을 섭취하는 것이 마시기 위해서가 아니라 영양 섭취를 위해서이기도 한 경우,[3] 게다가 날개가 있는 것, 부드러운 비늘이 있는 것, 뿔비늘이 있는 것의 경우에는 수분 섭취가 적고, 그리고 잉여물이 생겨도 그 부분[날개나 비늘 등]에 돌려지기 때문에, 그 동물들에게

1 폐 안의 '열'의 과잉.

2 667b18-20, 671a22-23 참조.

3 수분을 영양물로 섭취하거나(마디가 있는 동물), 영양물을 섭취할 때 수분도 동시에 섭취하는(물고기) 경우.

는 모두 방광이 없다.[4] 단, 뿔비늘이 있는 동물들 중 거북이는 예외이다. 거북이의 경우에는 몸의 구조가 손상되어 있을 뿐이다. 그 원인은 바다거북의 폐는 살집이고 피를 가지고 있어 소의 그것과 비슷하며, 육지거북의 폐는 몸 크기에 비해 비교적 크다는 것이다.[5] 게다가 몸에 뒤집어쓰고 있는 것이 조개껍데기처럼 조밀하기 때문에 새나 뱀이나 다른 뿔비늘 동물들처럼 구멍 난 살을 통해 수분이 증발하지 않으므로 생기는 침전물의 양도 많아서, 그 거북이들의 본성[6]은 그것을 받아 담는 용기가 되는 부분이 필요할 정도가 되는 것이다. 뿔비늘이 있는 동물들 중 거북이만 방광을 가지고 있는 것은 이런 이유에서 비롯된 것이며, 바다거북의 방광은 크고, 여러 육지거북의 방광은 매우 작다.[7]

4 방광이 없는 것들은 이런 것들이다. (1) 피가 아니라 스펀지 폐를 가지고 있는 것들, (2) 곤충이나 물고기처럼 폐가 없는 것들은 물을 마시지는 않고 영양 섭취를 위해 물을 취한다. (3) 날개나 비늘이 있는 것, 뿔비늘이 있는 것들은 폐를 가질 수도 있다. 아리스토텔레스는 폐를 가진 동물 중에서 방광이 없는 경우와 많은 물을 마시지만 방광이 필요하지 않은 것들, 날개와 비늘을 가진 것들 중에 방광이 없는 것들을 구별하고자 했던 것 같다. 새와 대부분의 파충류, 양서류는 실제로 방광이 없다.

5 거북의 폐는 그 크기가 대부분의 도마뱀이나 양서류보다 크다. Ogle(1912, 671a n.1)은 그것들의 폐에 대한 아리스토텔레스의 주장이 대략적으로 올바르다고 지적한다.

6 거북이가 됨.

7 전자는 단수이고, 후자는 복수이다. 한 종류의 바다거북과 여러 종류의 육지거북을 가리키는 것이다. Ogle(1912)은 거북이의 방광 크기는 여기서 기술한 것과 반대로 보통 바다거북보다 육지거북의 방광이 더 큼을 지적하고 있다. 그러나 아리스토텔레스가 구체적으로 어떤 종류의 거북이를 염두에 두고 있는지 확정할 수 없어, 이를 명백한 오류로 확정하기도 어렵다.

제9장 유혈동물의 비동질 부분: 콩팥(신장)

콩팥에 대해서도 사정은 마찬가지다. 즉 날개가 있는 동물, 비늘이 있는 동물, 뿔비늘이 있는 동물 등은 바다거북과 육지거북을 제외하면 콩팥이 없다.[1] 이와 달리 어떤 종류의 새에서는 콩팥에 할당되어야 할 살집이 그것이 있어야 할 적절한 자리가 없어서 많은 부분에 뿌려진 것처럼, 폭이 넓은 콩팥 같은 것이 있다. 헤뮈스[2]는 방광도 콩팥도 없다. 그 등딱지의 부드러움 때문에 습기가 쉽게 발산되도록 되어 있기 때문이다. 그 원인으로 해서 헤뮈스는 해당하는 부분[방광과 콩팥]을 모두 갖지 못하는 것이다. 한편, 앞서 말했듯이 피를 포함하는 폐를 가진 다른 동물들은 모두 콩팥을 가지게 된다. 자연은 동시에 혈관을 위해서도 또 액상 잉여물 671b 배출을 위해서도 콩팥을 활용하기 때문이다.[3] 실제로 콩팥으로 통하는

1 실제로는 이것들에게도 콩팥이 있다. Ogle은 그들에게 방광이 없다는 사실로 보아 방광의 보조적 역할을 하는 콩팥도 당연히 없을 것이라, 아리스토텔레스가 추론한 것으로 추측한다(제3권 제7장 670b23-27 참조).

2 헤뮈스(emus)는 『동물 탐구』 제2권 제15장 506a19, 제5권 제33장 558a8, 제7권(8) 제2장 589a28, 제17장 600b22에서 언급되고 있다. 『동물 탐구』에서는 방광 없는 거북과 콩팥과 방광 문제로 헤뮈스를 논하지는 않는다. 보통은 '거북'을 가리키는데(제2권 제8장 654a8 참조), 여기서 말해진 바로는 '자라'를 말하는 것으로 생각된다. 이 설명에 정확히 들어맞는 종을 특정하기란 곤란하지만 혹자는 freshwater tortoise(민물거북)으로 보기도 한다. 퀼만(Küllmann)은 열대산 자라의 일종인 나일 자라(Trionyx triunguis, Nile softshell turtle)로 오인될 가능성이 있다는 Scharfenberg의 의견을 소개하고 있다.

3 '자연은 (…) 활용하기 때문이다'란 표현은 동일한 기관이 일차적 기능과 이차적 기능 모두를 위해 사용된다고 말하는 대목에서도 나타난다(670a16-23). 여기서는 대혈관에서 콩팥으로 뻗어 나가는 통로에 대해 논의한다.

관은 대혈관에서 나온 것이다.

모든 콩팥은 크든 작든 빈 곳[腎盂][4]을 가진다. 다만 바다표범은 예외인데, 그 콩팥은 소의 그것과 비슷하여 모든 동물 중 가장 단단하다. 사람의 콩팥도 소의 콩팥과 비슷하다. 즉 그것은 마치 많은 작은 콩팥으로 구성된 것처럼,[5] 양의 콩팥과 다른 네발동물의 콩팥처럼 표면이 균질하지 않다. 따라서 사람의 경우 일단 병에 걸리면 콩팥 질환은 좀처럼 낫지 않는다. 왜냐하면 그것은 많은 콩팥이 병에 걸린 것과 같고, 콩팥 하나가 병에 걸린 경우보다 치료가 어렵기 때문이며, 혈관[대혈관]에서 뻗어 있는 관[콩팥정맥]은 콩팥의 '빈 곳'으로 이어져 끝나는 것이 아니라 그대로 콩팥의 조직(실체)으로 흡수된다.[6] 그러므로 그 '빈 곳'에는 피가 생기지 않고, 또 죽었을 때에도 응고되지 않는다. 콩팥의 '빈 곳'에서는 피를 포함하지 않는 튼튼한 두 개의 관[오줌관]이 각각에서 하나씩 방광까지 뻗어 있으며, 또 아오르테에서는 또 다른 강하고 계속되는 관[7]이 있다. 그것들이 그렇게 되어 있는 것은 습기의 잉여물이 혈관에서 콩팥까지 이동하여 콩팥으로부터 액체가 전달되어 그 침전물이 생기고, 콩

4 척추동물의 콩팥 안에 있는 '빈 곳'(lumen). 오줌이 이곳에 모였다가 방광으로 빠진다.

5 소의 콩팥은 여러 갈래로 갈라져 있다. Ogle(1912)은 이런 형태가 성인의 콩팥에는 해당되지 않는 것으로 보아, 아마 아리스토텔레스가 태아의 콩팥을 관찰한 것이 아닐까 추정한다.

6 관이 콩팥의 '빈 곳'[신우]에 직접 연결되지 않고, 관이 그대로 콩팥의 조직으로 이어져 일체화되어 있는 것. 『동물 탐구』 제1권 제17장 496b34-497a10 참조. 『동물 탐구』에서 해당 관은 대혈관과 아오르테에서 나왔다고 하는데(콩팥정맥과 콩팥동맥), 여기서는 전자(콩팥정맥)만이 언급되고 있다.

7 『동물 탐구』 제1권 제17장 497a12-13, 제3권 제4장 514b33-34에도 같은 설명이 나온다(후자에서는 '방광으로 뻗어 있다'라고 한다). 고환거근동맥(睾丸擧筋動脈) 혹은 고환올림근동맥(Frantzius, Thompson 1910, 497a13 주 참조), 콩팥동맥(Ogle), 회장동맥(Aubert-Wimmer, I pp. 242~243) 등의 추정이 있으나 확정하기 어렵다.

팥의 조직을 지나 그것이 중심 부분으로 — 대부분의 콩팥에는 거기에 '빈 것'이 있는데 — 흘러 모이게 하기 위해서다. 이런 이유로 내장 중 콩팥은 가장 심한 냄새가 나는 것이다. 콩팥 중심부에서는 이들 관을 통해 잉여의 정도가 더욱 높아진 것이 방광으로 분비된다. 또 방광은 콩팥에 매달려 있는 셈이다. 이미 말했듯이 [콩팥에서] 방광으로 강한 관이 뻗어 있다. 그런데 바로 이러한 원인으로 해서 콩팥은 존재하는 것이며, 지금 말한 것과 같은 [기능적] 능력[8]을 갖추고 있는 것이다.

콩팥이 있는 동물의 전부에서 오른쪽 콩팥이 왼쪽 콩팥보다 높은 위치에 있다. 왜냐하면 동물의 움직임은 오른쪽으로부터 시작하고,[9] 오른쪽이 더 강하게 만들어졌기 때문에 그 움직임으로 인해 모두 오른쪽에 있는 부분이 다 위로 향하지 않을 수 없기 때문이다. 그 일은 오른쪽 눈썹이 왼쪽 눈썹보다 치켜 올라가 휘어진 데에서도 알 수 있다. 그리고 오른쪽 콩팥 쪽이 위로 더 당겨져 있기 때문에 콩팥이 있는 모든 동물의 간이 오른쪽 콩팥과 접촉하는 것이다. 간이 오른쪽에 있으니까. 672a

콩팥은 내장 중에서 특히 기름기가 많은 부위로 잉여물이 콩팥을 통해 걸러지므로 필연적으로 그렇게 된다. 왜냐하면 거르고 남은 피는 순수하기에 숙성되기가 쉽고, 그리고 피가 잘 숙성된 마지막 것이 연한 지방과 굳은 지방이기 때문이다. 예를 들어 재와 같이 불에 탄 후 고체 형태인 것들 중에는 어떤 불이 잔존하고 있는데, 마찬가지로 그 같은 것

8 이 경우의 기능적 능력이란 혈액에서 잔류물을 걸러내고 방광으로 흘러가기 전에 이를 저장하고 준비하는 능력을 말한다.

9 아리스토텔레스는 오른편이 '더 강하고', 거기에서 운동이 시작된다고 주장한다. 그렇다고 그것이 오른편 콩팥이 왼쪽보다 더 높이 있음을 설명해 주는 것은 아니다. 『동물의 진행에 대하여』 제4장 705b29-706a26, 『천계에 대하여』 제2권 제2장 284b27-29 참조.

이 숙성된 후 액상으로 있는 것에서도 볼 수 있다. 즉 숙성된 열의 일부가 잔존하는 것이다. 그래서 기름진 것은 가볍고[10] 액상인 것의 표면에 뜨는 것이다. 그런데 콩팥 자체는 그 내장이 조밀하기 때문에 그 내부에 지방질[油質]이 생기는 일은 없고, 그 바깥쪽에 부드러운 지방질이 있는 동물에게는 부드러운 기름이, 굳은 지방질이 있는 동물에게는 굳은 기름이 생긴다. 그 지방질의 차이에 대해서는 다른 곳에서, 앞서 말한 바 있다.[11]

그런데 콩팥이 지방질로 되어 있는 것은 이러한 원인 때문에, 즉 콩팥을 가진 동물들에 필연적으로 부수되는 일로부터 필연적으로 그렇게 되어 있는 것이며, 다른 한편으로는 콩팥을 보전하기 위해 콩팥의 자연 본성이 뜨겁기 때문이다.[12] 즉 콩팥은 몸의 끝에[13] 있으므로 더 많은 열을 필요로 한다. 실제로 등은 심장 부근 내장의 방호벽이 되기 위해서 살집인 것이며, 한편 허리에는 살이 없다. (사실 어떤 동물이라도 관절에는 살이 없다.) 그래서 살 대신 기름기가 콩팥의 방호벽이 되는 것이다. 게다가 기름기여서 습기를 더욱 분리하고 숙성시킨다. 기름진 것은 뜨겁고 열은 숙성시키기 때문이다.

그래서 이러한 원인으로 콩팥은 지방질이며, 모든 동물에서 오른쪽 콩팥 쪽이 기름기가 더 적다. 그 원인은 몸 오른쪽의 자연 본성이 마른 것이어서 움직이기가 더 쉽지만, 동물이 움직인다는 것은 [기름과는] 반

10 불은 위쪽으로 향하는 본성을 갖는 것으로, 기름진 것은 불을 포함하고 있기에 가벼워진다.

11 제2권 제5장, 『동물 탐구』 제3장 제17장 참조.

12 구조적으로 콩팥이 지방질로 되어 있는 것은, 지방질의 기능이 콩팥의 열을 보존하기 위한 것이기 때문이다(목적론적 설명).

13 몸의 표면 가까이에 있어 차가워지기 쉽다.

대라는 것이다. 즉 움직임은 오히려 지방을 녹인다.

그런데 양 이외의 다른 동물에서는 콩팥이 지방질인 것이 유용하며 종종 콩팥 전체가 지방질이다. 그러나 양의 경우에는 그렇게 되면 죽고 만다. 콩팥이 상당한 정도로 지방질이라 하더라도 지방에 어떤 부족함이 있으며, 좌우 양쪽은 아니더라도 적어도 오른쪽에는 부족함이 있다. 양에만, 혹은 특히 양에만 이렇게 되는 원인은 부드러운 지방질의 동물에서는 기름기가 축축하고,[14] 그 결과 양과 마찬가지로 숨이 지방에 에워싸여 고통을 일으키지 않게 되기 때문이다(괴저[壞疽]의 원인은 지방에 에워싸이는 것이다. 그러므로 콩팥이 아픈 사람들에게, 물론 콩팥이 지방질이 되는 것이 유용하기는 하지만, 콩팥이 지나치게 지방질이 되면 죽을 것 같은 통증이 생기는 것이다).

양 이외의 동물들 가운데 굳은 지방질이 많은 것은, 그 굳은 지방질 672b
이 양만큼은 조밀하지 않다. 그리고 양은 그 양이란 점에서 다른 동물들보다는 지방질이 훨씬 많다. 왜냐하면 모든 동물 중 콩팥 부근에 기름기가 가장 빨리 달라붙는 것이 양이기 때문이다. 그래서 습기와 숨이 [기름에] 에워싸이면 괴저(壞疽) 때문에, 양은 금방 죽고 만다. 아오르테와 [대]혈관을 통해 그 병적 양상은 곧장 심장에까지 도달하기 때문이다. 그리고 그 혈관들에서 콩팥까지 연결된 관이 있다.

이렇게 해서 심장과 폐에 대해 말했으며, 간과 비장과 콩팥에 대해서도 말했다.

14 즉 유동적인 상태로 되어 있고.

제10장 유혈동물의 비동질 부분: 횡격막

이것들, 즉 심장과 폐는 간, 비장, 콩팥과는 횡격막으로 구분되어 있다. 이 횡격막을 '프레네스'(phrenes)라고 부르는 사람이 있다.[1] 그것은 폐와 심장을 내장의 다른 것들로부터 구분한다. 그 횡격막은 유혈동물들의 경우에는, 지금 말한 것처럼 '프레네스'라고 불린다. 모든 유혈동물은 심장이나 간이 있는 것과 마찬가지로 횡격막을 가진다. 이것의 원인은 위 부근 영역과 심장 부근 영역을 구분하기 위해서이며, 감각하는 혼의 시원이 다른 곳의 영향을 받지 않고, 영양 섭취에서 생긴 증기와 체외로부터 온 다량의 열로 인해 금방 압도되지 않도록 하려는 것이다. 이에 대해 자연은 '격벽'(隔壁) 내지 '울타리' 같은 것으로서 프레네스를 만들고, 그것을 구분하여, 상부와 하부라는 구별을 할 수 있는 동물에 대해서는 보다 고귀한 것과 덜 고귀한 것을 구분하였다. 상부는 하부의 '그것을 위해서'라는 목적이 되는 것으로 더 나은 것인 데 반해, 하부는 상부를 위해 있고, 음식을 수용하는 것으로서 필연적으로 있어야 하는 것이기 때

1 672b20, b30-33, 673a11, a28 참조. 플라톤과 아리스토텔레스는 여기를 '마음'의 자리로 생각했다(『티마이오스』 70a). 아리스토텔레스는 횡격막(橫膈膜)에 대해 to diazōma라는 말을 쓰기도 한다. 플라톤은 diaphragma(칸막이, 분할, 장벽, 672b30-33 참조)를 사용한다, 호메로스, 『일리아스』 제9권 186행, 제10권 10행 등에서는 프레네스가 '마음'이나 '감정'의 자리로서, '욕망'과 같은 것이 기원하는 자리로서 이야기되고 있다. 호메로스에게서 phrēn, phrenes의 의미에 대해서는 김재홍, 「호메로스의 시가를 통해서 본 자아와 행위의 문제」(『철학』 38집, 한국철학회 1992) 참조(브루노 스넬, 『정신의 발견』, 그린비, 2020, 제1장 '호메로스의 인간 이해' 참조).

문이다.[2]

횡격막은 늑골 쪽이 더 살집이 많으며 더 강인하고, 반면에 중심 부근은 다른 곳에 비해 더 막과 같은 모양을 형성한다. 그렇게 되어 있으면, 강도와 신축성 면에서 더욱 유용하기 때문이다. 하부로부터의 열에 대해서, 이러한 것, 말하자면 '움돋이' 같은 것[부속지]이 있는[3] 이유는 실제로 그런 일이 일어나고 있음을 근거로 하여 징표로 나타낼 수 있다. 즉 위와 근접해 있기 때문에 횡격막이 [위에서] 뜨거운 잉여의 습기를 끌어들였을 때, 곧 사고와 감각에 명백한 혼란이 생긴다. 그런 이유로, 횡격막은 '사고하는 것'(tou pronein)과 어떤 관계를 맺는 것으로서 '프레네스'라고 불리는 것이다. 그러나 횡격막은 아무런 사고에도 관여하지 않고, 그것과 관련된 부분[심장]에 가깝기 때문에 사고의 명백한 변화를 일으키는 것이다. 그렇기에 그 중심 부근이 얇아져 있는데, 이는 거기에 살이 붙어 있으면, 갈비뼈 쪽 횡격막은 필연적으로 그 이상으로 살이 붙게 된다는 필연에 의한 것일 뿐만 아니라, 가능한 한 분비액을 포함하는

2 플라톤은 이성적 인식을 뇌에 놓고 기개는 심장에 위치시킨다. 이렇게 되면 윗부분인 정신이 아랫부분인 욕망에 의해 영향받기 쉽다. 따라서 횡격막은 감정이 욕망에 의해 지배되는 것을 방지하는 데 도움이 된다(『티마이오스』 70 a-c, 84d-e). 반면, 아리스토텔레스에게서는 심장이 인식의 유기적 중심이기 때문에 그는 횡격막이 소화관에서 나오는 뜨거운 연기나 증기에 의한 지각의 직접적 붕괴를 방지하는 것으로 본다. 플라톤이나 아리스토텔레스 둘 다 호흡에서 횡격막의 역할을 깨닫고 있지 못한 것이다. 횡격막 위의 구조가 아래의 구조보다 더 가치 있고 낫다는 결론은, 감각이 동물의 본질적 특징이며, 인식의 한 형태로서 단순한 영양 섭취 능력보다 낫다는 아리스토텔레스의 근본적인 믿음을 나타낸다(『동물의 발생에 대하여』 제1권 제23장 731a15-18). 아리스토텔레스의 입장은 『티마이오스』의 변형이라 할 수 있는데, 횡격막이 더 나은 것을 더 나쁜 것으로부터 분리하는 것으로 본다는 점에서 그렇다.

3 여기서 '움돋이'('초목의 뿌리나 베어 낸 곳에서 나온 싹')로 옮긴 'paraphuas'(직역하면 '곁에서 자란')는 『동물 탐구』 제4권 제2장 526a29에서는 바닷가재의 부속지(附屬肢, appendage)를 나타내는 데 쓰이는 표현이다.

673a 것을 적게 하기 위해서이기도 하다. 살집이었다면 더 많은 분비액을 함유하고 흡수하게 되었을 것이기 때문이다.

횡격막이 급속히 가열되면 분명히 감각을 만들어 내는 것에는, 웃음과 관련해 일어나는 일도 그 징표가 된다.[4] 사실 사람이 간지럼을 타면 금방 웃음을 터뜨리는 것은, 그 움직임이 곧바로 그 장소[횡격막]까지 도달하기 때문이며, 그 움직임이 그 장소를 약간 달궈도 역시 그 작용은 분명하고, 뜻에 반하여[5] 사고를 만들어 내며 움직이기 때문이다. 단지 사람만이 간지러워하는 원인은 피부가 얇다는 것과 동물들 중 사람만이 웃을 수 있는 동물이라는 데 있다. 그리고 경련미소는 겨드랑이 아랫부분의 그런 움직임 때문에 일어나는 웃음이다.

전장(戰場)에서 '프레네스' 부근에 타격을 받아 웃음이 날 수 있다고 하는데, 그것은 타격에서 비롯된 열 때문이다.[6] 실제로 목이 잘려도 지껄였다는 얘기에 비해 이쪽 얘기는 더 믿을 만한 사람에게서 들을 수 있다. 즉 어떤 사람들은 호메로스에게까지 이끌어 갔는데, 이와 관련해서 호메로스가 "그러자 그 머리는 [잘려져도] 말을 하면서 모래 먼지로 뒤덮

4 결과로부터 원인으로 거슬러 올라가 추론하는 '징표 추론'이다. 그 징표 추론의 좋은 예는 1) 간지럼과, 이른바 2) risus sardonicus(경련미소, 痙笑)라고 하는 두 종류의 비자발적 웃음이다. 후자도 간지럼이 웃음을 유발한다고 추론한 것과 동일한 메커니즘을 갖는다. 여기에서 주어지는 설명(673a1-31)은 인식에 대한 소화의 간섭을 방지하기 위해 횡격막이 존재한다는 점에서 보면 다소 특이하지만, 대부분의 논의가 그 최선이 이러한 간섭을 최소화하는 것이기에 일어나는 현상이라는 데 초점을 맞추고 있다.

5 para tēn prohairesin.

6 횡격막이 갑자기 파열되면 보통 즉사하는데, 이때 얼굴은 이른바 risus sardonicus라 불리는 독특한 표정이나 미소를 취한다고 한다. 이하에서는 흉곽에 타격을 가해 웃음을 자아낸다는 보고처럼, 직접적인 증거가 부족한 보고의 가능성을 평가하는 데 중점을 둔 여담을 다루고 있다.

였다"[7]라고 노래했지, "그가 말하자 [잘려 나간] 머리는 모래 먼지로 뒤덮혔다"라고는 노래하지 않았다는 것이다. 그리고 아르카디아 근처에서는[8] 이와 비슷한 일이 믿어져 그 땅에 사는 어떤 사람에 대해 재판에서 판결을 내리기까지 했다. 호프로스미오스 제우스(hoplosmios Dios; '무장한 제우스')의 신관이 죽었을 때 누구에게 살해되었는지 분명하지 않았는데, 어떤 사람이 그의 잘린 목이 여러 차례 '사람으로 사람을 죽인 것은 케르키다스'라고 말하는 것을 들었다고 주장했다. 그래서 그 지역에서 케르키다스라는 이름을 가진 자를 찾아내 판결을 내렸다. 그러나 숨통이 분리되어 폐로부터의 [숨결의] 움직임도 없는데 지껄이는 일은 있을 수 없다. 이방인들 사이에서는 한순간에 머리를 잘라 내지만, 그런 일은 전혀 일어나지 않았다. 게다가 다른 동물에게는 그런 일이 일어나지 않는 것은 어떤 원인 때문일까? 실제로 사람이 프레네스에 일격을 당하고 웃는 일은 있을 법한 주장이다. 다른 모든 동물에게는 웃음이 없으니까. 그러나 [사람 이외의 동물에 대하여] 머리가 분리되었는데도 몸이 앞으로 어느 정도 나아간다는 것은 불합리한 일이 아니다. 적어도 무혈동물은 [분리되더라도] 상당한 시간 동안 심지어 살아 있기도 하니까.[9]

7 호메로스, 『일리아스』 제10권 457행; 『오뒷세이아』 제22권 329행. 후자의 경우, 아리스토텔레스가 호메로스의 텍스트에서는 그렇게 노래하지 않는다고 여겨지는 쪽이 노래되고 있다("무슨 말을 하던 그자의 머리가 모래 먼지로 뒤덮였다"). 아리스토텔레스의 요점은, 이 사람들이 호메로스의 '실제의' 시구절이 모든 사람이 읽고 낭송하는 바와 다르다는 주장까지 하고 있으며, 호메로스의 실제 시가 그들의 주장을 뒷받침한다는 것이다.

8 Karian(카리아)으로 읽는 사본도 있으나 채택하지 않는다(Peck의 입장). 아르카디아는 펠로폰네소스반도의 중앙 구릉 지대를 가리키며, 그곳에 위치한 메튀드리온(Methudrion)에서는 호프로스미오스 제우스의 제사를 지냈다고 한다.

9 667a21-31 참조.

그 원인들에 대해서는 다른 곳에서 말했다.[10]

이렇게 해서 내장의 각각이 무엇 때문에 있는지에 대해 말했다. 한편, 그것들은 체내에서 혈관의 말단 부위에 필연적으로 생긴 것이다.[11] 즉
673b 분비액이 나오고, 그 분비액은 혈액질이고, 그것이 결합되어 응고됨으로써 내장의 실체(몸)가 생긴 것은 필연적이다. 그러므로 내장은 혈액질이며, 그 실체적인 자연 본성은 서로 유사하나, 다른 부분과는 유사하지 않다.[12]

10 673a28-31을 corrupta et inepta(파손이나 부적합한 것)로서 삭제하는 Peck(Loeb판)의 견해는 무시한다. 『혼에 대하여』 제1권 제5장 411b19-27 참조("식물, 동물들 가운데 어떤 곤충들은 분할된 채로도 사는 것으로 생각된다").

11 이것은 내장에 대한 전체 논의의 결론이다.

12 이 대목 외에 내장에 관한 요약은 제2권 제1장 647b1-8 참조.

제11장 유혈동물의 비동질 부분: 내장의 막

모든 내장은 막 안에 있다. 왜냐하면 다른 것의 작용을 받지 않도록 보호 덮개가 필요한데, 이는 가벼워야 하고 막의 자연 본성은 그런 종류의 것에 적합하기 때문이다.[1] 즉 보호가 될 정도로 조밀하지만, 다른 한편으로는 분비액을 끌어들이거나 유지하지 못하도록 살집이 없고, 또 가볍고 무거운 짐이 되지 않도록, 얇은 막 중에서 가장 크고 가장 강한 것은 심장 주위와 뇌 주위의 막으로, 이것은 이치에 맞는다. 왜냐하면 그 부분들은 가장 보호받을 필요가 있으며, 즉 보호는 주도적인 부분에 대해 이루어지는데, 그 부분들이 삶의 가장 주도적인 것이기 때문이다.

1 심장의 막은 심막(心膜)이고, 뇌의 막은 경뇌막(硬腦膜)이다. 내장의 보호를 위한 막의 사용에 대한 설명은 '조건적 필연'이다. 다시 말해, '내장이 보호되려면 그 보호 덮개는 조밀해야 한다. 이 보호가 그것들의 기능을 방해하지 않으려면, 그것은 가벼워야 한다. 즉 얇고 살집이 없어야 한다. 여기서 조건문의 '전건'은 필연적이라고 가정해야만 한다. 또 그 설명되는 바(explananda)는 조밀과 가벼움이라는 두 가지 물질적 차원의 능력이다.

제12장 유혈동물의 비동질 부분: 동물에 의한 내장의 차이

그런데 동물 중에는 내장을 모두 갖춘 것도 있지만, 어떤 것들은 모든 것을 갖추지 않은 것도 있다. 그것들이 어떤 종류의 동물인지, 그 원인이 무엇인지는 앞서 말했다.[1] 그리고 그것들을 갖추고 있는 것에도 아무래도 차이가 있다. 즉 심장을 가진 모든 것이 비슷한 심장을 가지고 있는 것은 아니다. 또, 다른 내장에 대해서도 전혀 닮지 않은 것도 있다. 사실 간을 예로 들어 보면 그것이 많은 부분으로 나뉘어 갈라진[복엽 간] 동물도 있는가 하면, 하나로 뭉쳐져 있는 것[단엽 간]도 있다. 이러한 차이는 우선 유혈 태생의 동물 사이에서 나타난다. 게다가 물고기나 난생의 네발동물의 간은 그들과 비교해도, 심지어 자기들끼리도 매우 다르다. 하지만 새의 간은 태생동물의 간과 훨씬 비슷하다. 즉 새의 간은 태생동물의 간과 마찬가지로 섞임이 없는[순전한] 핏빛을 띠고 있다. 그 원인은 그것들의 몸이 매우 좋은 향기를 풍기고, 열악한 잉여물은 그다지 포함하지 않는다는 것이다. 바로 그런 이유로, 태생동물 중에는 담낭[담즙]을 가지지 않는 것도 있다.[2] 왜냐하면 간은 체질의 양호함[3]과 건강에 기여하는 것이 상당히 크기 때문이다. 즉 그러한 목적의 실현은 특히 피의 어떠함에 달려 있고, 간은 내장 중에서 심장 다음으로 가장 혈액질이

1 제3권 제7장 670a23–b27.

2 아리스토텔레스는 담즙이 간에서 생긴 잉여물이라고 생각한다(제4권 제2장 참조).

3 원어 eukrasia는 문자적으로 '좋은 혼합'을 의미한다. 650b24, 677a19 아래 참조.

기 때문이다.[4] 네발의 난생동물이나 물고기의 대부분은 간이 노란색을 띠지만, 어떤 간, 예를 들어 두꺼비나 거북이 또는 그 밖에 이와 유사한 동물의 간은 그들의 몸 상태가 열악한[나쁜 혼합] 것처럼, 전혀 완성되지 않는다.

또한 비장(脾臟)은 염소나 양, 그 밖의 다른 뿔이 있는 [굽이 갈라진] 쌍제동물에서는 둥글둥글하다. 단, 몸의 크기 때문에 소의 비장처럼 세
로 방향으로 잘 성장하는 것은 별개의 경우다. 그러나 돼지나 사람, 개처 674a
럼 발끝이 많이 갈라져 있는 동물은 모두 비장이 가늘고 길다. 단제동물의 비장은 그것들 사이에서 두 가지 특징이 섞여 있다. 예를 들어 말이나 노새, 당나귀 같은 동물에서 볼 수 있듯 그 한쪽은 폭이 넓지만 다른 쪽은 좁아져 있다.[5]

4 간은 자체의 뜨거움과 혈액질 때문에 영양물의 숙성, 즉 영양분을 피로 바꾸기 위한 것이다(670a20-21, 27). 건강한 몸은 순수하고 잘 숙성된 피로 구성되어 있다. 그래서 간은 심장 다음으로 그 목적에 기여한다.

5 비장에 대해서는 669b27-30, 670a32-670b4, 670b10-12 참조.

제13장[1] 유혈동물의 비동질 부분: 내장과 살의 차이

내장이 살집과 다른 것은 그 몸집 덩어리뿐만 아니라 살집이 몸의 바깥쪽에 있는 데에 반해 내장은 안쪽에 있다는 것이다. 그 원인은 그것들의 실체(phusis)가 혈관과 공통적인 것을 나누어 가지고 있는데, 즉 어떤 내장[2]은 혈관을 위해서 존재하는 데 반해 어떤 내장[3]은 혈관 없이는 존재하지 못한다는 것이다.

1 제3권은 소화와 관련된 기관들을 논의하는 두 개의 장으로 끝나고 있는데, 제13장은 장으로 다루지 않아도 좋다.

2 횡격막 아래에 있는 내장. 제3권 제7장 670a8-23 참조.

3 횡격막 위에 있는 내장인 심장과 폐.

제14장 유혈동물의 비동질 부분: 위와 장

동물에게는 횡격막 아래에 위(胃)가 있는데, 식도가 있는 동물들의 경우에 [위는] 식도 부분의 종착점에 해당하며, 식도가 없는 동물들의 경우에는 입 바로 옆에 [위가] 있다.[1] 위에 이어서 장으로 불리는 부분이 있다. 어떤 원인 때문에 각 동물마다 그 부분을 갖고 있는지는 누가 봐도 분명하다. 왜냐하면 들어온 영양물은 받아들이고, 습기가 제거된 영양물은 내보내는 것이 필연적인데, 숙성되지 않은 것의 장소와 숙성된 것[잉여물]의 장소가 동일할 수는 없고, 영양물이 변화하는 장소가 필연적으로 어딘가에 있어야 하기 때문이다. 즉 한쪽에는 들어오는 영양물을 수용하는 부분이 있고, 다른 쪽에는 쓸모없는 잉여물을 수용하는 부분이 있게 된다. 이들 각각은 [작동하는] 시간에 차이가 있는 것처럼, 장소라는 점에서도 마찬가지로 양자가 나뉘어 있어야 한다. 그러나 이 부분들에 대한 규정은 발생과 영양물에 관한 논의에서[2] 다루는 것이 더 적합하다. 이제 위(胃)와 그것을 보조하는 여러 부분에 대해 고찰해야만 한다.

사실 동물의 위는 그 크기나 형태 면에서 서로 닮지 않았다. 그러나 유혈의 태생동물 중 위아래로 앞니가 가지런히 나 있는 것[위아래로 자

1 제3권 제3장 664a20-26 참조. 여기서 위로 번역한 hē koilia는 '전체 소화관'('위와 아래의 복강', 650a13), '창자'(소화기관)를 가리키기도 한다.

2 『동물의 발생에 대하여』 제2권 제6~7장을 염두에 둘 수 있지만, 이 대목의 논의에 완전히 대응하고 있지는 않다. 제2권 제3장 650b8-11에서도 같은 지적이 있었다.

르는 이빨이 있는 것]은, 사람이나 개나 사자나 그 밖의 손가락이 많은 동물에서 볼 수 있듯 위가 하나이며, 말이나 노새나 당나귀처럼 외발굽이거나 돼지처럼 쌍발굽으로서 위아래로 앞니가 가지런히 나 있는[위아래로 자르는 이가 있는] 동물도 위는 하나다. 단, [쌍발굽이라도] 예를 들어 낙타처럼 몸의 크기나 섭취하는 먹이의 특성 — 숙성이 어려운 것은 아니지만 가시가 있고 나무와 비슷한 것인 경우 — 때문에 흡사 뿔이 있는 동물이 그렇듯이 여러 개의 위를 가지고 있는 경우는 별개이다. 사실 뿔이 있는 동물은 위아래로 자르는 앞니가 가지런히 나 있는 동물이 아니다. 그렇기 때문에 뿔은 없지만, 낙타도 위아래로 자르는 이빨이 가지런히 나 있는 동물은 아닌데, 그 이유는 낙타에게 앞니가 가지런히 나 있는 것보다 위(胃)가 그렇게[복수로] 되어 있는 것이 더 필요하다는 것
674b 이다. 따라서 낙타가 갖고 있는 위는 아래위로 자르는 이빨이 없는 동물과 같으므로, 이빨의 측면에서도 앞니는 별로 도움이 되지 않기에 그것과 비슷한 모습을 하고 있다. 동시에 그 먹이에는 가시가 있는데, 혀는 반드시 육질(肉質)이어야 하므로, 자연은 입천장을 단단하게 하기 위해서 이빨로부터 유래한 토질의 것을 활용하는 것이다.

또 낙타는 뿔이 있는 동물과 위가 같기 때문에, 마찬가지로 되새김질을 하기도 한다. 뿔이 있는 동물들 각각은 위가 여러 개 있다. 예를 들어 양, 소, 염소, 사슴 및 그 밖의 같은 종류의 동물이 그렇다. 이빨의 부족으로 인해 입에서의 처리 능력이 영양물에 작용하는 측면에서 불충분하기 때문에, 여러 개의 위가 차례로 영양물을 받아들이고, 첫 번째 위에서는 미처리된 것을, 다음은 더 처리된 것을, 그다음은 완전히 처리된 것을, 그리고 마지막은 부드럽게 갈아진 것을 받아들이는 식으로 되어 있

는 것이다.[3] 그러므로 지금 언급한 것들과 같은 동물은 그 장소, 즉 부분을 여러 개 갖는 것이다. 그것들은 '코이리아'[제1의 위],[4] '케크뤼팔로스'[제2의 위], '에키노스'[제3의 위], '에뉘스트론'[제4의 위]으로 불리고 있다. 그것들이 위치나 형태와 관련해 서로 어떻게 관계되는지는 동물에 대한 탐구,[5] 즉 해부를 바탕으로 고찰되어야 한다.

또한 이와 동일한 원인으로[6] 조류에게도 영양물을 받아들이는 부분과 관련해서 차이가 있다. 즉 새는 입이 그 기능을 (이빨이 없기 때문에)

3 낙타에 대한 아리스토텔레스의 설명 방식을 Lennox에 따라 정리해 보면 다음과 같다. 여럿의 위를 갖는 더 큰 필요성은 낙타의 먹이에 가시와 나무가 많기 때문인 것으로 설명될 수 있다. 그러나 추가로 사용될 수 있는 토질이 있으며, 그것이 갈라진 발굽에는 사용되지 않았다. 아리스토텔레스는 '혀는 살집이 많은 게 필연이면서도 그 영양물에 가시가 많기 때문에, 자연은 입천장을 단단하게 만들기 위해 이빨에서 흙을 사용한다'라고 설명한다. 이 대목에서 아리스토텔레스의 설명에 대한 정당한 우려가 발생한다. 낙타는 오히려 네 개의 위와 위쪽 앞니 부분의 상관관계에 대한 아리스토텔레스의 인과적 설명을 강력히 부정하는 하나의 예인 것처럼 보이기 때문이다. 서로 관련되는 특징들 중 기본적인 원인 — 방어를 위한 뿔의 존재 — 은 없지만, 다른 상관적 특징은 있는 것이다. 그러나 아리스토텔레스는 이를 부정하기보다는 이러한 일련의 특징과 함께 발견되는 또 다른 원인이 있을 수 있다고 말한다. 그 동물이 완전한 이빨 이상으로 그 먹이 때문에 네 개의 위가 필요하며, 이 양자를 모두 가질 수 없다면('자연은 쓸데없는 것을 만들지 않는다'라는 자주 말해지는 원리에 따라), 위쪽 앞니는 부족해지는 것이다. 하지만 이것은 낙타의 갈라진 발굽은 설명해 주지 못한다. 결과적으로 아리스토텔레스는 서로 다른 주제에서 동일한 특징이 존재하는 것에 대해 두 개의 다른 인과적 설명을 허용하고 있는 셈이다.

(1) 낙타의 경우, 소화하기 어려운 먹이는 네 개의 위가 필요하므로, 완전한 윗니 전체가 쓸모없는 것이고 거기서 남은 단단한 질료는 입천장으로 사용된다.

(2) 뿔이 있는 동물의 경우, 방어를 위해 뿔이 필요하며, 이로 인해 위쪽의 자르는 앞니를 위한 질료가 없어지고, 결과적으로 여러 개의 위가 필요하게 된다.

4 일반적으로 '위'를 말한다.

5 『동물 탐구』 제2권 제17장 507a34-b14 참조.

6 즉 반추동물에서 다수의 위가 있는 것을 설명하는 동일한 원인인 소화에 부적절한 음식을 숙성하지 못하는 입.

충분히 할 수 없는데, 즉 영양물을 잘라 낼 수 없고 으깨는 것도 없으므로, 그래서 어떤 새는 입이 그 일을 하는 대신 위 앞에 '멀떠구니'(모이주머니)[7]라고 불리는 부분을 가지며, 다른 새에서는 식도가 넓고, 위 앞에 처리되지 않은 먹이를 저장하는 덩어리 형태의 부분이 있거나 위 자체의 부풀어 오른 부분이 있기도 하다. 게다가 위 자체가 튼튼한 육질로 되어 있어 영양물을 장시간 저장하고 으깨지 않은 채 숙성할 수 있도록 되어 있는 새도 있다. 즉 위의 힘과 열에 의해 자연은 입의 기능 부족을 보충한다. 한편, 다리가 길어서 늪지에 서식하는 새들은, 먹이가 축축하기 때문에 그런 것들을[8] 전혀 가지지 않고 오히려 긴 멀떠구니를 가진다. 그 원인은 그 새들은 어떤 새라도 먹이가 으깨지기 쉽기 때문이고, 그 결과 그것들 때문에, 즉 숙성 능력의 부족과 먹이[의 특성] 때문에 그러한 새들의 위도 축축해진다.

675a 또한 어류에는 이빨이 있는데, 거의 모든 것이 톱니 모양의 이빨[9]이라고 말할 수 있다. ['거의 모든 것이' 그렇다고 말하는 것은] 톱니 모양의 이빨이 아닌 소형 종류가 있기 때문으로, 예를 들어 '비늘돔[류의 물고기]'[10]이라고 불리는 것이 그렇다. 그 물고기만이 먹이를 되새기는 것으

7 prolobos(멀떠구니, crop)라는 모이주머니는 식도(食道)의 일부로, 먹은 것을 잠깐 저장해 소화하기 쉽도록 불려서 모래주머니로 보내는 곳이다.

8 바로 앞에서 언급한, 영양물을 오래 저장해 두는 '위'.

9 제3권 제1장 662a6-15 참조.

10 원어는 skaros(scarus, parrotfish or parrot-wrasse). 『동물 탐구』 제2권 제13장 505a28, 제17장 508b11-12, 제7권(제8권) 제2장 591b22, 제8권(제9권) 제5장 632b9-10 참조. 톱니 모양이 아닌 평평한 이빨이라서 반추동물처럼 씹는 기능이 없다. 그래서 이것들은 먹이를 되새김질한다. 물고기가 재빨리 먹이를 삼키는 이유에 관해서는 제3권 제1장 662a9-15 참조. skaros는 몸길이 보통 30cm 내외, 최대 50cm 정도로 성장하는 비늘돔이다. 수심 20~50m 사이의 아열대 해역에서 서식한다. 연안의 얕은 바위 지대에서 발견되며 그들의 이빨로 으깨기 쉬운 식물성 먹이와 산호나 조류, 소형 무척추동물(연체

로 생각되는데, 그것은 그 이빨 때문이라는 것이 이치에 맞는다. 즉 위아래로 톱니가 없는, 뿔이 있는 동물도 되새김질을 하기 때문이다.

또한 모든 물고기의 이빨이 날카로워 먹이를 씹을 수는 있지만, 불충분하게만 가능하다. 그것들은 시간을 들여 천천히 씹을 수 없기 때문이다. 그리고 그 이빨이 납작하지 않아서 으깨지도 못한다. 하긴 납작한 이빨을 가지고 있다 해도 소용없을 것이다. 게다가 일반적으로 물고기는 식도를 갖지 않고, 가지고 있어도 짧다. 그러나 숙성을 돕기 위해 어떤 물고기는, 예컨대 숭어[과의 어류]는 위가 새와 비슷한 육질의 것으로 되어 있는데, 많은 물고기는 위 옆에 무수한 부속물[11]이 있어, 이른바 저장실처럼 그 안에서 영양물을 쌓아 썩게 하고[12] 숙성시키도록 되어 있다. 그리고 물고기가 가진 그 부속물은 새의 경우와는 반대이다.[13] 즉 물고기는 위쪽 위 근처에 있는데, 부속물[14]을 가진 새에서는 아래쪽 장 끝부분쯤에 있다. 태생동물 중에서도 같은 원인으로 아래쪽에 장 부속물[15]을 가진 것도 있다.

어류는 모두 영양물 처리 능력이 부족하여 미숙성 상태로 배출하므

동물)을 먹이로 섭취한다. 체표는 매우 큰 비늘로 덮여 있고 꼬리지느러미는 부채꼴로 둥글다. pharyngeal bones(인두골)이라고 하는 특수한 구조를 지닌 초식성 물고기이다.

11 appendices pyloricae인데, 이것은 경골어류의 위(胃) 유문부와 창자가 시작되는 부위에 발달한 튜브형의 맹낭이며 이를 유문수(幽門垂, pyloric caeca)라 한다. 유문수는 소화 기능을 가지며 그 형태나 수가 종마다 달라서 종의 분류 형질로도 쓰인다. 뱀장어, 학꽁치는 유문수가 없고, 숭어는 2개, 감성돔 4개, 대구는 250~300개라고 한다. 유문수에 대해서는『동물 탐구』제2권 제17장 508b13-25, 509a16-25 참조.

12 Louis는 '부패시킨다'라는 말을 문자 그대로 취해서는 안 된다면서, 오히려 일상어로 '숙성시킨다'라는 말과 동의어라고 설명하고 있다.

13 『동물 탐구』제2권 제17장 508b12-25 참조.

14 맹장.

15 맹장과 충수.

로, 먹이에 대해 탐욕스럽고, 다른 모든 동물 중에서 장이 다른 것보다 곧은 것에서는[16] 특히 그 점이 현저하다. 왜냐하면 곧바로 배출이 되고, 그래서 [식사로] 쾌락을 느끼는 시간이 짧기 때문에, 필연적으로 욕구 또한 쉽사리 생기기 때문이다.[17]

위아래로 자르는 이빨을 가진 동물의 위가 작다는 것은 앞서 말했지만,[18] 그것들은 거의 모두 두 가지의 차이를 갖는 것으로 구분된다.[19] 즉 개의 위와 비슷한 위를 가진 것과 돼지의 위를 닮은 위를 가진 것이다.[20] 돼지의 위는 꽤 크고 적당히 주름이 잡혀 있어, 숙성에 시간이 걸리도록 되어 있는 데 반해, 개의 위는 그 크기가 작아 장에 비해 그리 크지 않고, 그 내부는 부드럽다.

모든 동물에서 위의 뒤쪽에는 일련의 장(腸)이 놓여 있다. 그 부분에서도 위의 경우와 마찬가지로 많은 차이가 있다.[21] 즉 장을 풀어 보면[22] 어떤 것은 단순하고 균질하지만, 또 어떤 것은 균질하지 않다. 즉 어떤

16 장이 꼬불꼬불하지 않고, 따라서 짧은 경우.

17 이 대목의 설명은 해부학적·생리학적·심리적 상태 간의 긴밀성을 보여 준다. 장이 곧아서 소화가 빈약하게 된 음식의 급속한 배출이 이루어지고, 그에 따라 미각의 쾌감은 짧게 되며, 그래서 재빠르게 음식에 대한 욕구로 되돌아간다는 것이다. 탐욕스러운 판단이 이루어지는 이러한 데이터에 대해서는 『동물 탐구』 제7권(제8권) 제2장 591a6-592a28 참조.

18 674a24-25에서는 위아래로 자르는 이빨을 가진 유혈의 태생동물은 위가 하나임을 지적하고 있을 뿐이다. 따라서 이 대목은 정확지 않은 설명이다. 물론 '하나의 위'가 '겹위'에 비해 전체적으로 작다고는 할 수 있다.

19 제1권 제3장 642b18, 643a12, 643b14 참조.

20 『동물 탐구』 제2권 제17장 507b15-27 참조

21 『동물 탐구』 제2권에서는 물고기 일부의 장(508b9-13)과 새의 장(509a16-17)을 기술하고 있다.

22 조사를 위해, 해부를 해서 내장을 길게 늘어놓는 것을 말한다.

것에서는 위 근처가 넓고 끝 부근에서는 좁아지는데(그래서 개는 배설물[대변]을 배출하는 데 어려움을 겪는 것이다), 대부분의 것에서는 위쪽 675b 이 좁고, 끝 부근이 넓어져 있다. 그러나 뿔이 있는 동물의 장은 다른 것보다 크고 겹겹이 구불구불하다. 그것들의 위와 장의 부피는 그 몸의 크기 때문에 다른 것보다 크다. 말하자면 뿔 달린 동물은 모두 [거기서] 먹이를 처리하기 때문에 큰 것이다. 장이 곧지 않은 모든 동물에서, 이 부분[장]은 진행됨에 따라 더 넓어지며, '결장'이라고 불리는 부위와 장이 막히면서 부풀어 오른 어떤 부위[맹장]가 있고, 게다가 거기서부터는 좁고 구불구불하다. 그 바로 뒤에는 잉여물의 출구로 곧장 연결되며, '항문'[23]이라고 불리는 그 부분에는 기름기가 붙어 있는 것도, 기름기가 붙어 있지 않은 것도 있다.

이 부분들은 모두 자연에 의해 영양물과 그로부터 생기는 잉여물을 적절히 처리할 수 있도록 되어 있다. 즉 잉여물이 앞서서 내려가고 나면 넓은 장소가 되고, 그리고 몸의 크기나 그 장소[위장]의 뜨거움 때문에, 더 잘 먹고 더 많은 영양물이 필요한 동물들에서는 잉여물이 변화하기 위해 그곳에 머무르는 것이다. 그 후, 바로 그 상부에 있는 위로부터 그보다 좁은 장[소장]이 받아들이는 것과 마찬가지로, 잉여물은 결장이나 하부 빈 곳에 있는 넓은 곳[맹장]으로부터 다시 더 좁은 곳으로 나아가며, 잉여물은 완전히 습기를 빼앗기고 구불구불한 곳에 이른다. 그것은 자연이 잉여물을 모아 배출이 한꺼번에 몰려서 일어나지 않도록 하기 위함이다.

그런데 동물 중에서 먹이 획득에 대해 보다 절도가 필요한 것[육식동물]에서는, 하부 위 근처의 넓은 장소가 크지 않고 더 구불구불하며 창

23 archos은 '직장', '항문'을 가리킨다. 원래 이 말은 '지배자', '지도자'를 의미한다,

자는 곧지 않다. 즉 넓은 공간이 있으면 많은 먹이를 얻고자 하는 욕구가 생기고, 장이 곧으면 그 욕구가 성급해진다. 그래서 동물들 중에는 잉여물의 수용기관이 단순한 것도 있고, 넓은 공간이 있는 것도 있는데, 후자는 탐욕스럽게 많이 먹으려고 하는 반면에, 전자는 빨리 먹으려고 한다.[24]

상부 위에 영양물이 처음 들어왔을 때는 필연적으로 그 영양물은 새롭지만 하부로 나아가면서 대변이 습기를 빼앗기게 된다. 그렇기에 필연적으로 뭔가 중간적인 부분도 있어야 하고, 그 단계에서 영양물은 변화의 진행 중에 있으며, 이제 그것은 신선하지 않게 되지만, 아직 똥[糞]이 아닌 상태에 있는 것이다. 이 때문에, 그러한 동물은 모두 '공장'(空腸, intestinum jejunum)[25]이라 불리는 것이 있는데, 그것은 위 다음에 이어지는 소장에 있다. 왜냐하면 이것은 숙성되지 않은 것이 들어 있는 상부와 이미 쓸모없는 찌꺼기(배설물)가 들어 있는 하부 사이 중간에 해당하기
676a 때문이다. 그리고 그것은 모든 동물들 가운데서 볼 수 있는데, 큰 동물이 공복(空腹) 상태에 있는 경우에는 분명하지만 음식을 먹은 상태에서는 분명하지 않다. 왜냐하면 공복 상태일 때 양쪽 사이의 중간 장소가 생기고, 음식을 먹었을 때는 그러한 변화에 소요되는 시간이 짧기 때문이다.

24 두 가지 소화기관의 유형 — 큰 하부 위 또는 곧은창자(675a18-24 참조) — 은 다른 형태의 대식(大食)으로 이끈다. 동물은 한 번에 많은 양을 먹어야 하거나, 아니면 빠르게 반복해서 먹어야 한다. 이 두 유형은 적당히 먹는, 장이 꾸불꾸불한 동물과 대조된다. 아리스토텔레스는 장의 꾸불꾸불함으로 인한 먹는 습관의 조절과 고환이 있음으로 인한 생식 행태에서의 조절을 비교하기도 한다(『동물의 발생에 대하여』 제1권 제4장 717a22-30 참조).

25 hē nēstis는 십이지장과 회장 사이의 작은 장의 부분이다. 해부했을 때, 혹은 죽은 뒤 보았을 때 종종 비어 있기 때문에 초기의 해부학자들은 그것을 '공장'이라 불렀다고 한다(Ogle[1912], n.3).

그런데 공장(空腸)은 암컷에서는 상부 장의 임의의 장소에 생기지만, 수컷은 맹장과 하부 '위'(빈 곳) 앞에 그것을 가지고 있다.[26]

26 해부학적으로는 옳은 말이 아니다(Ogle[1912]).

제15장 겹위 동물의 위에 있는 퓌에티아(응유효소)

'퓌에티아'[1](제4위의 내막)라고 불리는 것은 '겹위'[2]를 가진 동물 모두에게 있으며, 단일한 위를 가진 동물 가운데는 토끼에게 있다. 겹위를 가진 것들에게 퓌에티아가 있다고는 하지만, 그것이 있는 것은 큰 위[제1위] 중에도, 케크뤼팔로스[제2위] 중에도, 마지막 위인 에뉘스트론[제4위]도 아니고, 마지막 위와 처음 두 위 사이에 있는 '에키노스'[제3위]라고 불리는 것 가운데 있다.[3] 겹위를 가진 동물이 모두 퓌에티아를 가지고 있는 것은 젖의 농도와 밀도 때문이며, 단일한 위를 가진 동물이 그것을 갖지 않는 것은 단일한 위의 동물은 젖이 희박하기 때문이다. 그러므로 뿔을 가진 동물의 젖은 응고되지만, 뿔이 없는 동물의 젖은 응고되지 않는다. 한편, 토끼에 퓌에티아가 생기는 것은 무화과즙 같은 것을 포함한 풀[4]을 뜯기 때문이다. 그와 같은 풀액은 어린 짐승의 위 속에서 젖을 응고시키기 때문이다. 겹위를 가진 동물들에서 이 퓌에티아가 왜 에키노스에서 생기는지는 『문제집』에서 설명하였다.[5]

1 rennet를 가리키는데, 젖을 빠는 되새김질하는 위를 가진 염소, 송아지 따위의 제4위(胃)의 내막(內膜)을 가리킨다. 그 위 속의 응유(凝乳, curdle milk)가 추출되어 치즈 제조에 쓰인다. 응유효소(rennin)에 대해서는 『동물 탐구』 제3권 20-21장 522b2-12 참조.

2 겹위에 대해서는 『동물 탐구』 제2권 제17장 507a34-b12 참조.

3 이것은 잘못이며, 실제로는 제4위 안에 있다.

4 Ogle은 잎의 즙에 응유 작용이 있는 것으로서, 벌레잡이제비꽃(Pinguicula)과 솔나물(Galium verum)을 들고 있다.

5 현재 전해지는 『아리스토텔레스 저작집』(*Corpus Aristotelicum*)에 포함되어 있는 자연학

적 문제들』이라는 저작은 아리스토텔레스 이후에 편집된 것으로 생각되어, 일반적으로는 위서(僞書)로 간주된다. 또한 여기서 언급되는 논의도 그 저작에서는 찾을 수 없다. 혹자는 『문제집』에서' 부분을 삭제하기도 한다. 여하튼 현존하지 않는 아리스토텔레스 자신의 저작을 가리킬 가능성은 있다.

제1장 유혈동물의 비동질 부분: 뱀, 물고기, 거북이의 내장이나 위장

676a 내장과 위를 비롯하여 지금까지 언급한 모든 부분에 관한 것은, 네 발의 난생동물이든 뱀과 같은 무족(無足)동물이든 마찬가지다. 사실상 뱀의 실상(phusis)도 네발의 난생동물과 동류이기 때문이다. 뱀의 실상은 다리가 없는, 몸이 긴 도마뱀과 같다. 또한 이것들과 물고기는 매우 닮았다. 다만, 전자는 육상에서 생활하므로 폐가 있지만, 후자는 폐가 없고 폐 대신에 아가미가 있는 점이 다르다. 그리고 물고기에게도 그런 동물에게도 방광이 없다. 다만, 거북이는 예외다. 실상 거북이는 폐에 피가 없으므로 물을 조금밖에 마시지 않기 때문에 습기가 뿔비늘로 전환되는 것이다. 마치 새에서 습기가 날개로 전환되는 것과 마찬가지다. 방광이 없는 동물은 모두 새와 마찬가지로 그 배설물이 하얗다. 그러므로 방광이 있는 동물에게서 배설물[1]이 나오면 [오줌] 용기 속에 토질의 소금이 침전되어 있다. 왜냐하면 배설물이 달아서 마실 수 있는 것[불순물이 제거된 물]은 그 가벼움 때문에 살을 위해 사용되기 때문이다.

뱀 중에서 독사는 다른 뱀과 다르며, 그 차이는 물고기 가운데 연골어 676b

1 방광이 없는 동물의 경우에는 소변과 배설물이 함께 배출되지만, 방광이 있는 동물은 이 두 가지가 별개이므로 여기서 말하는 배설물이란 소변을 가리킨다.

와 다른 물고기와 다른 것과 같다. 연골어(軟骨漁)와 독사 모두 먼저 자신의 몸속에 알을 낳고는 몸 밖으로 새끼를 낳기 때문이다.[2]

그런 동물들은 모두 위아래로 자를 수 있는 이빨(앞니)이 있는 다른 동물과 마찬가지로 단일한 위를 가진다. 그 내장은 방광을 갖지 않는 동물들과 마찬가지로 매우 작다. 뱀은 몸의 모양이 길고 가늘기 때문에, 내장 형태도 다른 동물과 닮지 않았다. 뱀은 내장의 형태가 마치 틀에 박힌 것처럼 장소에 따른 제약을 받아 형성되었기 때문이다.

복막,[3] 장간막, 장(腸)이라는 기관 주변에 있는 여러 부분, 나아가 횡격막과 심장 등은 유혈동물이면 모두 가지고 있으며, 폐와 숨통도 물고기를 제외한 모든 것이 가지고 있다. 숨통과 식도의 위치는 앞서 언급한 원인 때문에,[4] 그것을 가진 모든 동물에서 동일하다.

2 알을 체내에서 부화시키는 난태생을 말한다. 다만, 모든 연골어류가 난태생인 것은 아니다.

3 그물과 같이 복막(腹膜)은 복부의 장기(臟器)를 감싸는 얇은 막인데, 모든 유혈동물이 가지고 있는 것은 아니고 포유류에만 있다.

4 제3권 제3장 665a10-26.

제2장 유혈동물의 비동질 부분: 담낭

유혈동물의 대부분은 담낭[담즙][1]이 있고, 그것이 간 부위에 있는 것도 있지만, 간에서 분리되어 장 부근에 있는 것도 있다. 그것은 그 자연 본성이 간뿐만 아니라 하부 복강에서도[2] 유래되었기 때문이다. 이것은 물고기의 경우에 가장 명백하다. 즉 물고기는 모두 담낭이 있고, 그 대부분은 장 근처에 있으며, 어떤 것에는 장 전체의 가장자리를 따라 그것이 부착되어 있다. 예를 들어 가다랑어(amia)[3]가 그렇다. 그리고 뱀도 대부분 동일한 방식으로 그것을 가지고 있다. 그러므로 담즙이란 본래 어떤 감각을 위해서 존재한다는 사람들의 주장은 적절하지 않다.[4] 왜냐하면 그들이 말하기를, 그것이 존재하는 것은 간 근처에 있는 혼의 부분을 담즙이 자극함으로써 그 부분을 수축시키고 담즙이 거기서 방출됨으로써 그

1 헬라스어로는 '담즙'도 그것을 저장 농축하는 기관인 '담낭'도 모두 kolē(콜레)라고 표현한다. 아리스토텔레스도 특별히 양자(기관과 그 액)를 구별하지 않는다(Lennox는 아리스토텔레스가 아마도 담낭을 응고시킨 담즙이라 생각했기 때문이 아닐까 추정한다). 맥락에 따라 이 말을 구분해서 사용해야 하지만, 그렇지 못할 경우는 함께 쓰는 것이 혼란을 피할 수 있겠다.

2 650a14 참조. 복강(腹腔)은 척추동물의 몸에서 위, 간, 장, 지라 등이 들어 있는 부분.

3 혹은 '참치'.

4 플라톤, 『티마이오스』 71d 참조. 복수로 표현한 것을 보면 아마도 플라톤의 아카데미아에서 나온 이론일 수 있다. 즉 담즙을 감각과 연결시키는 목적론적 입장에 대해, 아리스토텔레스는 1) 담즙을 갖고 있지 않은 많은 동물이 감각을 한다는 것, 2) 담낭이 항상 간 가까이 있다고 전제하는 것은 잘못이라고 비판하며 그 견해를 거부한다.

부분을 평온하게 하기 위함이라는 것이다.[5] 왜 이것이 적절하지 않냐면, 말, 노새, 당나귀, 사슴[붉은 사슴], 노루처럼 담낭[담즙]이 전혀 없는 것이 있기 때문이다. 낙타는 뚜렷이 구별되는 담낭을 가지고 있지 않으며, 오히려 담즙질의 소혈관이 있다. 바다표범도 [담낭은] 없고, 바다 동물 중 돌고래도 담낭이 없다.

같은 유라 해도, 예컨대 쥐류처럼 담낭이 있는 것도 있고 없는 것도 있다고 생각되는 것이 있다. 인간 또한 그런 종류에 속한다. 즉 어떤 사람에게는 분명히 간 부위에 담낭이 있는데, 어떤 사람에게는 분명히 없는 것이다. 그래서 유의 전체에 대해 [담낭의 유무를 놓고] 논란이 일어나기까지 한다. 그것들 중 하나를 우연히 마주친 사람들은 그런 유의 모든 것에 대해 그렇다고 생각하기 때문이다. 이런 일은 양이나 염소에 대
677a 해서도 일어난다. 실제로 이들 대부분은 담낭을 갖고 있지만, 어떤 곳, 예를 들어 낙소스섬에서는 그 크기가 보통을 넘어 터무니없다고 생각될 정도의 것이 있지만, 또 어떤 곳, 예를 들어 에우보이아섬의 칼키스에서는 그것들이 서식하는 지역의 어느 특정 장소에는 담낭이 전혀 없는 것도 있다.[6] 게다가 이미 말한 것처럼,[7] 물고기의 담낭은 간에서 상당히 떨어져 있다.

아낙사고라스학파 사람들이[8] 담즙을 급성 질병의 원인이라고 생각하

5 플라톤, 『티마이오스』 71c-d 참조("… 간 주위에 거처를 정한 혼의 부분을 순조롭고 기분 좋게 만들 것이다").

6 『동물 탐구』 제1권 제17장 496b24-29 참조. 거기에서는 [희생 제의에서 사용된 동물들을 보고] 담낭이 없는 양이라든가, 지나치게 큰 담낭(담즙)을 가진 네발동물들의 이런 특징이 자연 본성에 의한 것이 아니라, 동물들 자신에게 고유한 것의 징표라는 인상을 가질 수 있다고 말한다.

7 676b19-21.

8 아낙사고라스, *DK* 59A105 참조.

는 것은 옳지 않은 것 같다. 즉 담즙이 과잉되어, 폐나 혈관이나 갈비뼈로 흩어진다고 그들은 생각하고 있다. 이것이 왜 옳지 않느냐 하면 그런 병의 증상이 생긴 사람들은 대부분 담낭이 없기 때문이며, 그것은 해부로 분명해질 것이다.[9] 더욱이 병에 걸렸을 때 생기는 담즙의 양과 흩어지는 [담즙의] 양 사이에는 [한쪽이 늘어나면 다른 쪽도 그에 상응해서 늘어난다는] 상관관계가 없기 때문이다.

그러나 담즙은 그것이 몸의 다른 부분에서 생긴 경우에는 모종의 잉여물이나 융해액[10]과 같고, 그와 마찬가지로 간 속의 담즙도 잉여물이지, 무엇을 위해 있는 것은 아닌 것 같다. 그것은 마치 위나 장 속의 침전물과 같은 것이다.

그런데 자연은 때때로 유용한 것을 위해 잉여물을 활용하지만, 그렇다고 해서 모든 것에 대해 '무엇을 위해서'를 찾아서는 안 되며, 그와 반대로 어떤 것이 이것일 때, 그래서 다른 많은 이러한 것이 필연적으로 귀결되는 것이다.[11]

9 인체 해부를 한 것처럼 읽히지만, Ogle이 지적한 바와 같이 다른 동물을 해부함으로써 얻은 지식일 것이다. 담낭을 갖지 않는 동물에서 그 과다함으로 질병이 일어난다고 주장하니까.

10 『동물의 발생에 대하여』 제1권 제18장 724b26-28에서 '잉여물(perittōma)은 영양분 가운데 잉여로서 남겨진 것'이라고 말하고, '융해액'(suntēgma)은 '자연과 어긋난 분해를 통해 성장물에서 분리된 것'이라고 설명하고 있다. 즉 융해액은 몸의 조직이 분해되어 그것이 소변에 녹아든 것으로 생각한 것으로 보인다.

11 이 대목은 아리스토텔레스가 자연을 모두 '목적론적으로' 설명할 수 있다고 생각하지는 않았음을 보여 준다(『동물의 생성에 대하여』 제5권 제1장 778a29-b6 참조). 즉 모든 생물학적 부분이 목적론적 설명을 요구하지는 않는다는 것이다. 『동물의 생성에 대하여』(제5권 제1장)에서 이 문제를 명시적으로 다루는데, 거기서 아리스토텔레스는 어떤 유 K에 대해서, K를 위해 어떤 부분 p가 존재한다면, K의 모든 구성원에도 p가 존재해야 한다고 주장한다. 그는 또한 p가 다른 부분들과 일관된 관계가 없다면, p가 단일한 유기적 기능을 갖는지를 의심할 이유가 있다고 본다. 이 두 조건 모두가 담즙에 적

그런데 간의 구성이 건강해서 간으로 분비되는 피가 본성상 달콤한 동물에서는 간 근처에 담즙이 전혀 없거나, 그것이 소혈관 중에 있거나, 심지어 담즙이 있는 것도 있고 없는 것도 있다고 하는 경우가 있다. 그러므로 담낭[담즙]이 없는 동물의 간은 일반적으로 밝은색을 띠며 비교적 달콤하고, 그리고 담낭[담즙]이 있는 동물의 간은 담낭보다 아래쪽의 간 부분이 가장 달다. 반면, 덜 순수한 피로 구성된 동물의 담즙은 잉여물로서 생긴 것이다. 즉 잉여물은 영양물과 반대되는 성질을 띠는 경향이 있고, 쓰다는 달다에 대해 반대이므로 건전한 피는 달다. 그렇다면 담즙은 무엇을 위해 있는 것(tinos heneka)이 아니라, 정화의 찌꺼기[12]임이 분명하다.

이런 이유로, 옛날 사람들 중에 굽이 하나인 동물[13]과 사슴에 주목하여 장수의 원인은 담낭[담즙]이 없는 것이라고 주장하는 사람들[14]이 있는데, 그들은 매우 현명한 말을 하고 있다. 이 동물들은 담낭이 없어서, 장수하기 때문이다. 게다가 그들이 관찰하지 않은, 예를 들어 돌고래나 낙타 같은 동물도 담낭이 없으며, 장수한다. 간은 본성상 생명과 관련된
677b 중대한 것으로서 모든 유혈동물에게 필수적인 것이므로, 그것이 어떠한

용된다. 그러나 담즙에 대한 목적론적 설명에 반대하는 경우가 훨씬 더 강력한데, 왜냐하면 담즙은 생명에 해로운 것이니까(677a36-b5 참조). Lennox의 논의 참조(p. 289).

12 원어는 apokatharma('불순한 피의 찌꺼기'). 아리스토텔레스의 담즙의 이해는 비교적 정확하다. 그에 따르면 담즙은 '불순한 피의 찌꺼기'라는 것인데, 사실상 담즙의 색소는 이미 사용한 적혈구의 찌꺼기다. 그는 적어도 어떤 담즙이 간의 분비물이라는 것을 깨달았다. 간에서 지나친 담즙의 증가는 좋지 않은 건강의 징표다. 그는 분비된 이 담즙이 장에까지 들어간다는 것을 인지했다. 그는 그것이 지방 소화에 매우 중요한 역할을 한다는 것은 알지 못했다. 담즙의 목적론적 설명의 필요성을 거부한 셈이다.

13 단제동물.

14 Cherniss[1933, p. 265 n. 187]나 Louis는 아낙사고라스의 이름을 들고 있다,

지가 짧게 사느냐 오래 사느냐의 원인이라는 것은 이치에 맞기 때문이다. 그리고 그 내장[간]의 잉여물[담즙]은 그러한 것[15]이지만, 다른 내장의 잉여물은 그렇지 않음이 이치에 맞는다. 사실 그러한 체액은 어느 것도 심장에 가까이 가지 못하고(심장은 격렬한 작용을 전혀 받아들이지 않으니까), 또 다른 내장은 어느 것도 동물에게 필수적이지 않지만, 간만은 필수적이다. 그렇기 때문에 간에 대해서만 이 체액[담즙]이 생기는 것이다.[16] 그리고 위의 점액이나 침전물이 관찰된 경우 언제든지 그것 또한 분명히 잉여물이라고 인정하지 않는 것은 불합리한 일이듯, 담즙도 분명히 그렇다고 해야 하며, 또 그 장소에 따라 차이가 나지 않음은 분명하다.[17]

이렇게 해서 담낭[담즙]에 대해 어떤 원인 때문에 그것을 가진 동물과 갖지 못한 동물이 있는지를 말했다.[18]

15 건강이나 수명에 영향을 미치는 것.

16 Lennox가 정리한 논의는 다음과 같다.
(1) 모든 유혈동물의 생명 유지에 필수적인 기관은 심장과 간 둘뿐이다(제3권 제4장 666a19-b1 참조)
(2) 담즙은 심장 부근에서 발견될 수 없다. 담즙은 즉각적으로 치명적일 수 있으니까(667a33-b13).
(3) 담즙은 간 부근에서 발견되며, 우리는 간의 특성이 수명을 결정한다는 주장이 '이치에 맞는 것'으로 확립했다.
그러므로 간에서 찌꺼기인 잉여의 담즙은 수명의 명확한 지표이다.

17 Küllmann은 이 지적이 두 종류의 담즙을 상정하는 히포크라테스학파의 4체액설의 거부를 의미한다고 보았다. 이 대목을 통해(676b16-677b10) 우리는 아리스토텔레스가 기본 생물학과 의학 간의 관계를 어떻게 생각하는지를 파악할 수 있다.

18 이 문장을 제3장 처음으로 옮기는 사본도 있다.

제3장 유혈동물의 비동질 부분: 막

그러나 장간막과 복막에 대해 말할 것이 남아 있다. 그것들은 지금 말한 그 장소[복강]에, 또 앞서 언급한 부분과 함께 있기 때문이다.

복막[1]은 막이며, 굳은 기름을 가진 동물에서는 경지질(硬脂質)의 막이고, 부드러운 기름을 가진 동물에서는 연지질(軟脂質)의 막이다. 그 기름들 각각이 어떤 것인지는 이미 말했다.[2] 복막은 단일한 위를 가진 동물이든 겹위를 가진 동물이든 마찬가지로 위의 중심에서 시작해서 솔기처럼 그것에 그어진 선을 따라 있다. 그것은 유혈동물의 경우, 육생동물이든 수생동물이든 마찬가지로 위의 나머지 부분 및 장의 대부분을 덮고 있다.[3]

그런데 그 부분의 발생은 필연적으로 다음과 같은 방식으로 이루어진다. 즉 마른 것과 습한 것의 혼합물이 가열되면 그 표면은 항상 껍질이나 막과 같은 것이 되는데, 그[에 해당하는] 장소는 그러한 성질의 영양물로 채워져 있는 것이다. 게다가 막의 조밀함 때문에 혈액 상태의 영양물이 걸러져 필연적으로 기름기가 많아지고(기름진 것이 가장 희박하니까), 또 그 자리 부근이 뜨거워서 잘 숙성되어 필연적으로 육질이나 피

1 복막(腹膜)은 복부의 장기(臟器)를 그물처럼 싸고 있는 얇은 막인데, 모든 유혈동물이 가지고 있는 것은 아니고 포유류에만 있다.

2 제2권 제5장.

3 아리스토텔레스의 유혈동물 중에서는 태생의 두 발과 네 발의 동물만이 장막을 가지고 있다.

와 같은 구성물이 되는 대신 굳은 기름 또는 연성(軟性)의 기름이 되는 것이다.

그런데 복막의 형성은 이러한 이치에 따라 일어나고, 자연은 그것을 영양물의 숙성이 잘되도록, 즉 동물이 영양물을 보다 쉽고, 빠르게 숙성시킬 수 있도록 활용하는 것이다.[4] 다시 말해 뜨거운 것에는 숙성시키는 힘이 있고, 기름기는 뜨겁고, 또 복막은 기름기[脂質]이기 때문이다.[5] 그리고 복막이 위 한가운데에서 시작되는 것은, 그 중심 부분 위에 인접해 있는 간이 숙성을 돕기 때문이다. 이렇게 복막에 대하여 설명했다.

4 하나의 부분은 '필연'과 '무언가를 위해서' 생성된다는 아리스토텔레스의 전형적인 주장이다.

5 1) 뜨거운 것은 숙성시킬 수 있다. 2) 기름기는 뜨겁다. 3) 기름기는 숙성시킬 수 있다. 4) 장막은 기름기가 있다. 5) 장막은 숙성시킬 수 있다.

제4장 유혈동물의 비동질 부분: 장간막

한편 '장간막'이라 불리는 것은 막으로, 장의 확장 부분에서 대혈관과
678a 아오르테까지 연속적으로 펴져 있다. 그곳은 수많은 조밀한 혈관으로 막혀 있으며, 그 혈관들은 장에서부터 대혈관과 아오르테로 뻗어 있다.

그런데 그 발생이 다른 부분과 마찬가지로 필연에 의해서 일어나는 것을 우리는 발견할 것이다. 그리고 어떤 원인 때문에 그것이 유혈동물에 속하게 되었는지[1]는 잘 따져 보면 분명하다. 즉 동물은 필연적으로 외부에서 영양물을 섭취해야 하고, 나아가 그 영양물로부터 최종 단계의 영양 — 그것으로부터 여러 부분으로의 분배가 즉시 이루어지는데 — 이 생겨야 하기 때문에(그것은 무혈동물에서는 명칭이 없지만, 유혈동물에서는 '피'라고 불린다), 위로부터 혈관으로 통하는 '식물 뿌리와 같은' 영양을 운반하는 통로가 있어야 한다. 식물은 대지로 뻗어 나가는 뿌리를 가지고 있는 반면(식물은 대지로부터 영양을 얻어야 하니까), 동물의 경우에는 위와 장의 힘이, 식물이 거기에서 영양을 얻는 대지에 해당한다.[2] 이런 이유로 장간막의 본성[실체, phusis]은 식물이 뿌리를 가지듯 장간막을 관통하는 혈관을 갖추도록 되어 있는 것이다. 이렇게 해서 장간막이 무엇 때문에 존재하는지를 말했다. 또한 장간막이 어떤 방식으로 영양을 섭취하는지, 또 혈관을 통해 분배된 것이 체내에 들어온 영양

1 즉 어떤 목적으로 유혈동물과 연관되었는지.

2 위:땅=장간막:뿌리(제2권 제3장 650a20-27 참조).

물로부터 몸의 여러 부분으로, 어떻게 혈관을 통해 들어가는지에 대해서는 동물의 발생과 영양물에 대한 논의에서 이야기하게 될 것이다.[3]

그런데 유혈동물에 대해 여기까지 규정해 온 여러 부분에 관한 한, 그것들이 어떻게 되어 있는지, 또 어떤 원인에 의한 것인가를 말했다. 한편, 동물 발생에 관여하는 부분에서 수컷과 암컷이 구별되는 근거가 된다고 생각되는 것이 그 뒤를 잇는 이야기로 남아 있다. 하지만 [그걸 말하고자 한다면] 동물의 발생에 대해서도 이야기해야 할 필요가 있으므로 그러한 것들에 대해서는 발생과 관련된 것에 대한 고찰[4]에서 자세히 논하는 것이 적당하겠다.

3 제3권 제14장 674a19-21에서도 같은 언급이 있었다.

4 생식기관에 대해서는 『동물의 발생에 대하여』 제1권 제2~16장 참조.

제5장 무혈동물의 비동질 부분: 체내의 여러 부분

연체동물,[1] 연각동물라고 불리는 것은 유혈동물과 많이 다르다.[2] 우선, 여러 내장의 실체(phusis)가 전혀 없기 때문이다.[3] 게다가 다른 무혈동물에도 마찬가지로 내장이 없다(무혈동물 중에서 이야기를 남겨 둔 유는 두 가지, 즉 각피(殼皮)동물[조개류]과 유절(有節)동물[곤충류]이다). 그 동물들 중 어느 것도 내장의 실체를 구성하는 질료인 피를 가지고 있지 않기 때문이다. 그 이유는 내장이 그러한 파토스[상태]인 것이[4] 그것들의 본질적 실체의 일부라는 것이다. 실제로 어떤 동물이 유혈이라거나 어떤 동물이 무혈이라거나 하는 것은 그것들의 본질적 실체를 규정하는 설명 규정[로고스]에 포함될 것이다.[5] 더욱이 유혈동물이 내장을 가지는

1 '연체동물'(軟體動物, soft-bodied animals, 두족류)에 대해서는 『동물 탐구』 제4권 제1장 참조. 연각동물(軟殼動物, soft-shelled animals, 갑각류)에 대해서는 『동물 탐구』 제4권 제2장, 제3장 참조.

2 무혈동물에 대한 논의로 돌아서고 있다.

3 '내장'이라고 번역한 spla[n]gchnon(스프랑크논)은 유혈동물(붉은 피를 가진 동물)에게 고유한 것으로 여겨졌다(제3권 제4장 665a28-30).무혈동물에서도 내장에 [상응하는] '유비적인 것'(analogon)이 갖추어져 있다고 생각되었다. 내장이 피에 의존한다는 점은 제2권 제1장 647a34-b9에서 논의되었다.

4 무혈동물의 피가 없는 것. '무혈'이라는 결여 개념이 동물의 본질적인 실체를 보여 주는 파토스로 말해지는 것은 제1권 제2장, 제3장에서의 논의와 양립할 수 없을 것으로 보인다. 그래서 Lennox는 여기서의 파토스(그 자체의 이름을 갖지 않는다)를 피의 유비물(제4장 678a8-9)로 해석하고 있다.

5 1) 내장의 본질은 피로 구성되어 있다는 것이고, 어떤 무혈동물도 피를 갖지 않으므로, 그것들은 내장을 갖지 않는다. 2) 어떤 무혈동물도 피를 갖지 않는다. 피 없음은 무혈

목적은 그 무혈동물들에는 전혀 적용되지 않을 것이다.[6] 왜냐하면 그것 678b
들은 혈관도 방광도 없고, 숨도 쉬지 않으며,[7] 단지 심장에 유비적인 것이 필연적으로 있을 뿐이기 때문이다.[8] 왜냐하면 어떤 동물이든 몸과 그 여러 부분의 어떤 시원인 것에는 혼의 감각 능력과 생명의 원인이 함께 속하기 때문이다. 그리고 영양물과 관련된 부분은 필연적으로 모든 동물이 가지고 있다.[9] 그러나 그것이 있는 방식은 먹이를 섭취하는 장소의 차이 때문에 다른 것이다.

연체동물은 입이라 불리는 것 부근에 두 개의 이빨[10]이 있고, 입 안에는 혀 대신 육질인 무언가가 있어서, 그것으로 인해 먹는 것에서의 즐거움을 판단한다. 그와 마찬가지로 연각동물도 첫 번째 이빨[11]을 가지고

동물의 본질적 실체의 측면이다. 3) 유혈동물과 무혈동물의 본질적 실체에 대한 정의식은 하나는 유혈이고 다른 하나는 무혈이라는 사실을 포함할 것이다.

6 심장은 혈관의 시원이다(665b12-17). 신장은 방광을 돕기 위해 존재한다(670a22-23, 671b15-28). 폐는 혈관을 위해서 있다. 횡격막 아래의 모든 내장은 혈관을 위해 존재한다(670a8-19). 그래서 무혈동물은 내장의 질료인과 목적인이 없다.

7 아리스토텔레스에게서 '호흡'은 오로지 폐호흡을 말하며, 아가미 호흡은 포함되지 않는다. 이 부분들(혈관, 방광, 호흡)이 없다 하더라도, 여기서 무혈동물에게 이들에 상응하는 유비물이 왜 필요치 않은지를 말하는 것은 아니다.

8 왜? 무혈동물도 감각하고 운동하니까.

9 영양은 모든 살아 있는 것들에 공통된 기능이기 때문에 영양 섭취 부분은 모든 무혈동물에도 속해야만 한다. 무혈동물 유들에서의 영양 섭취 구조의 차이에 대해서는 678b6-681b12에서 논의된다. 681b12-682a8은 '심장에 유비적인 것'을 논의한다,

10 문어나 오징어의 위아래 턱에 해당하는 턱판. 연체동물의 내적 기관에 관한 논의는 『동물 탐구』 제4권 제1장 524b1-525a30 참조. 맛을 식별하는 육질의 기관이 혀와 유사한 것으로 여겨지는 반면 '이빨'은 그대로 이빨로 간주된다는 점은 당혹스럽다. 무척추동물의 '이빨'은 '혀'와 마찬가지로 척추동물의 이빨과 더 비슷하지 않다. 이는 아마도 이빨을 그렇게 지정하는 반면, 맛을 감각하는 육질의 기관을 혀로서 언급하지 않았기 때문일 것이다.

11 갑각류에서 볼 수 있는 한 쌍의 큰 턱.

있으며, 혀와 유비적인 육질인 것을 가지고 있다. 게다가 모든 각피동물도 그런 부분을 가지고 있는데, 유혈동물이 혀를 갖는 것과 같은 동일한 원인 때문에, 영양물을 감각하는 데 도움이 된다. [마디가 있는] 유절동물[곤충]도 마찬가지로 그 어떤 것, 예를 들어 꿀벌류나 파리류는 앞서 말했듯[12] 입에서 튀어나온 것[침, 튜브같이 생긴 주둥이]을 가지고 있다. 한편 전방에 침이 없는 유절동물, 예를 들어 개미류나 그 밖의 다른 그러한 동물들은 입 내부에 그와 유사한 부분[13]을 가지고 있다.

유절동물 중에는 이빨을 지닌 것이 있는데, 종류가 다른 이빨[큰 턱]이지만 예를 들면 개미류나 꿀벌류가 그렇다. 다른 액상의 것을 영양물로 사용하는 것[14]에는 [이빨이] 없다. 왜냐하면 대부분의 유절동물들은 영양물 때문이 아니라 힘[무기, 방어] 때문에 이빨을 가지기 때문이다.

껍데기가 있는 각피동물들(testacea)은 맨 처음 논의에서 말했듯[15] '강력한 혀'라 불리는 것을 가지고 있다. 하지만 '코크로스'[고둥, 골뱅이]는 연각동물과 마찬가지로 두 개의 이빨[16]도 가지고 있다. 연체동물에서는 입 다음으로 긴 식도가 있고, 그 뒤를 이어 새와 비슷한 멀떠구니[17]가 있으며, 거기에 이어 위[18]가 있으며, 그 뒤를 따라 단순한[19] 장 배출구까지

12 제2권 제17장 661a19-20. 『동물 탐구』 제4권 제4장 528b28-29 참조.

13 혀와 유비적인 부분.

14 비늘날개목 곤충

15 Ogle, Düring, Louis, Peck, Küllmann 등은 『동물 탐구』 제4권 제4장 528b30 아래를 가리키는 것으로 해석하는 반면, Lennox. Pellegrin은 제2권 제17장 661a20-24를 가리키는 것으로 해석한다.

16 각질로 된 한 쌍의 턱판.

17 현재 이 기관은 '위'이다.

18 현재 이 기관은 맹낭(盲囊, caecum)이라고 불리며 주로 영양분 흡수가 이루어진다.

19 너무 구불구불하지 않은 것이라는 의미다.

이어지고 있다.[20]

그런데 갑오징어와 문어는 위와 관련된 부분들은 형태도 촉감도 유사하다. 한편, '화살오징어'라고 불리는 것에는 마찬가지로 위와 같은 수용 기관이 두 개 있는데, 그 한쪽은 그다지 주머니답지 않아 앞서 말한 동물[갑오징어와 문어]과는 그 형태가 다른데, 그것은 바로 몸 전체가 더 부드러운 살로 이루어져 있기 때문이다. 그 부분들이 그런 것은 새의 경우와 같은 동일한 원인에 의한 것이다. 즉 그것들의 어떤 것도 먹이를 씹지 못하고, 그래서 위 바로 앞에 멀떠구니가 있는 것이다.

그것들은 방어와 보전을 위해 '먹물'(tholos)[21]이라고 불리는 것을 가지고 있으며, 이것은 막 모양의 자루[먹물주머니] 속에 생기고, 그 자루 679a
의 출구가 되는 말단은 위의 잉여물을 '깔때기'[관]라고 불리는 것으로 방출하는 바로 그곳에 있다. 그것은 배 쪽에 있다. 그런데 모든 연체동물은 이 부분을 고유의 것으로 가지며, 특히 갑오징어는 그 양이 많다. 실제로 두려워하거나 겁먹을 때, 몸 앞에 [방어의 수단으로서] 막(幕)을 치듯 물을 검게 먹물로 흐리게 한다.

그리고 오징어나 문어에서 먹물주머니는 위쪽,[22] 뮈티스[23] 부근에 있으며, 한편 갑오징어에서는 아래쪽, 위 근처에 있다. 자주 사용하므로,

20 갑오징어와 문어, 그리고 오징어 간 차이에 관한 상세한 논의에 대해서는『동물 탐구』제4권 제1장 참조.

21 원어 tholos는 먹물과 먹물주머니 양쪽 모두를 가리킬 수 있다.

22 여기서 '위쪽'은 진행 방향이라는 의미에서의 전방, 즉 다리 쪽을 가리킨다.

23 아리스토텔레스는 mutis(배설기관)를 심장과 유비적인 것으로 생각하지만(아래의 681b14-31 참조), 실제로는 중장선(中腸腺)에 상당한다. 간에 대응하는 연체동물의 부분(『동물 탐구』 524b15)인 중장선은 무척추동물의 중장(中腸)에 부속하는 선상(腺狀)의 구조로, 간단한 주머니 모양인 것도 있으나 연체동물이나 갑각류에서는 현저하게 발달되어 있다.

양이 더 많기 때문이다. 갑오징어의 경우 그렇게 되는 것은, 그 생활 영역이 해안 부근이며, 문어의 편리한 팔이나 체색(體色) 변화 — 그것은 먹물 방출과 마찬가지로 문어가 겁이 많기 때문에 일어난다 — 와 같은 다른 방어 수단을 갖지 못하기 때문이다. 한편, 오징어는 그것들 중 유일하게 심해(深海)에 서식한다.

그래서 갑오징어는 이에 대처하고자 먹물을 다른 것보다 많이 가지고 있으며, 그 양이 많으므로 먹물주머니는 아래쪽에 있다. 보다 많이 가짐으로써 쉽게, 멀리서 분출할 수 있는 것이다.

연체동물에게 먹물이 생기는 것은, 새의 경우 잉여물에 토질의 흰 침전물이 생기는 것과 마찬가지로, 연체동물 역시 [새와 같이] 방광을 갖지 않기 때문에 먹물이 생기는 것이다. 즉 잉여물의 가장 토질인 것이 먹물로 분비되고, 갑오징어는 토질인 것을 가장 많이 가지고 있으므로 먹물이 가장 많은 것이다. 이 사실의 징표는 갑오징어의 뼈[甲]가 그러한 토질이라는 점이다. 실제로, 문어는 '갑'을 가지고 있지 않지만 오징어는 연골질의 얇은 갑을 가지고 있다. (어떤 원인에서 한쪽은 그것을 갖고, 다른 쪽은 갖지 않는지, 가진 것은 각각 어떤 종류의 것을 갖고 있는지를 말했다.[24])

그것들은 무혈동물이며 그런 이유로 몸이 차갑고 겁이 많다. 그래서 공포를 느낄 때 어떤 동물은 위가 뒤집어지고, 다른 어떤 동물은 방광에서 배설물[오줌]이 흘러나오는 것과 같은 일이 일어난다. 배출하는 동물의 경우 방광에서 발사되듯이 겁을 집어먹어서 필연적으로 먹물의 발사가 일어나는 것이다. 자연은 그러한 배설물을 방어와 보전을 위해 동시

24 제2권 제8장 654a12-26 참조. 내부 부분들에 대해서는 아주 간략하게 되어 있고, 외부 부분들에 대해서는 다소 길게 논의된다(제4권 제8장).

에 활용하는 것이다.

왕새우류나 게 같은 연각동물들도 앞서도 말했듯[25] 첫 번째 이빨 두
개를 가지고 있는데,[26] 그 사이에 혀와 같은 살이 있다. 입에 바로 이어
식도가 있는데, 그것은 더 큰 것을 더 작은 것과 비교해 볼 때 몸의 크기
에 비해서 짧다. 그 뒤를 이어 위가 있으며, 왕새우나 어떤 종류의 게는
윗니[첫 번째 이빨]로 충분히 씹을 수 없으므로 윗부분에 또 다른 이빨
을[27] 가지고 있다. 그리고 위로부터 단순한 장이 곧장 배설물 배출구까 679b
지 이어지고 있다.

각피(殼皮)동물 각각에도 이러한 부분이 갖추어져 있으며, 비교적 분절되어 있는 것들도 있고, 그다지 분절되지 않은 것들도 있다. 비교적 큰 것에서는, 그러한 부분들 각각이 상당히 명료하다. 그런데 코크로스[고둥, 골뱅이]는 이미 말했듯[28] 이빨도 단단하고 날카로우며, 연체동물이나 연각동물과 마찬가지로 그 이빨 사이에 살집인 것이 있다. 이미 말했듯[29] 그것들은 침과 혀 사이에 주둥아리가 있고, 입에 이어 새의 멀떠구니(모이주머니)와 같은 것이 있으며, 그 뒤를 이어 식도가 있다. 그리고 거기에서 위가 계속되고 위 안에는 '메콘'(mēkōn)[30]이라고 불리는 것이

25 678b9-10.

26 『동물 탐구』 제4권 제2장 526b22-23, 527a1-6 참조.

27 갑각류의 위에는 키틴(갑각류의 등딱지, 곤충류의 표피, 균류의 세포막 등에 있는 다당류[多糖類]의 하나)이 부어올라 두껍게 된 윗니가 있다. 어쩌면 가재가 탈피 전 일시적으로 '위석'(胃石)을 형성한 것을 염두에 두고 한 말인지도 모른다.

28 678b11, 23-24.

29 제2권 제17장 661a20-21.

30 mēkōn은 무척추동물의 간췌장(肝膵臟)을 말하는 것으로 생각된다(679a9에서 논의된 연체동물의 '뮈티스'에 대응하는 것으로 보기도 한다[Peck]. 하지만 그는 특별한 이유를 제시하지는 않는다). 복족류(腹足類, 소라와 전복 따위)의 이 부분은 크기가 매우 크며, 대부분 위와 장의 첫 번째 부분을 완전히 감싸고 있으므로, 장의 첫 번째 부분이 장

있는데, 거기에서 단순한 장과 연결되어 있으며, 그 시작점은 메콘이다. 사실 모든 조개류는 잉여물이 있는데, 그것이 식용으로 매우 적합하다고 여겨진다.

다른 고둥, 예를 들어 뿔고둥이나 쇠고둥은 코크로스와 똑같이 되어 있다. 그러나 각피동물에는 유와 종이 많이 있다. 즉 지금 든 것이 그렇지만, 고둥류가 있고, 쌍각[31]의 패류와 단각(單殼)[32]의 패류가 있다. 어떻게 보면 고둥인 것은 쌍각의 패류와 비슷하다. 왜냐하면 그런 조개들, 예를 들면 뿔고둥, 쇠고둥, 조가비나 그런 유의 조개들은 모두 태어날 때부터 방호를 위해 살이 드러난 곳에는 뚜껑이 있기 때문이다. 즉 그것은 조개껍데기로 방어되지 않은 부분이므로, 외부에서 공격해 오는 것으로 그곳이 쉽게 훼손된다.

단각 — 예를 들어 '삿갓조개'라고 불리는 것은 [바위에] 부착되어 있어 조개껍데기가 등 쪽에서 몸을 보호하고 있으며, [조개껍데기와는] 다른 종류의 방벽을 설치함으로써, 어떻게 보면 쌍각으로 되어 있는 셈이다. 한편, 쌍각 — 예를 들어 가리비나 홍합은 두 개의 껍데기가 합쳐지며 몸을 보호하고 있는데, 고둥류들은 앞에서 설명한 뚜껑에 따라 단각에서 쌍각이 된 듯 몸을 보호하는 것이다. 그러나 성게는 특히 방어력이 좋다. 조개껍데기가 둥글게 그 주위를 덮고 가시가 박혀 있기 때문이다. 이는 앞서 말했듯[33] 조개류[각피동물] 중에서도 독특한 것이다.

에서 시작되는 것처럼 보인다. 실제로는 위의 안쪽이 아니라 위의 바깥에서 그것을 둘러싸듯이 있다. Ogle은 아리스토텔레스가 메콘이 위 내부에 있다고 말할 때, 그는 내장 덩어리의 외부 표면을 위벽으로 잘못 본 것이 아닌가 하고 추정한다.

31 대합이나 홍합처럼 껍데기가 두 개로 되어 있는 것.

32 전복처럼 껍데기가 하나인 것.

33 이 책에서 이 부분 이전에 성게를 다룬 곳은 없다. 『동물 탐구』 제4권 제5장 참조.

연각동물과 각피동물의 몸(phusis)은 연체동물과는 정반대로 만들어져 있다. 즉 한쪽은 살이 바깥쪽이고, 다른 쪽은 살이 안쪽이고 토질인 것이 바깥쪽에 있다. 그런데 성게는 살집인 것을 갖고 있지 않다.

이미 말했듯[34] 이들 모두 그리고 다른 각피동물은 입, 혀 같은 것, 위, 배설물 배출구를 가지고 있지만, 그 위치와 크기에는 차이가 있다.[35] 680a
이들 각각이 어떻게 되어 있는지는 동물에 대한 탐구[36] 및 해부를 바탕으로 고찰되어야만 한다. 왜냐하면 논의[로고스][37]를 통해 명확히 밝혀야 할 것이 있고, 오히려 그것들을 [직접] 봄으로써 명확히 밝혀야 할 것도 있기 때문이다.

각피동물(갑각류) 중 성게와 이른바 '멍게류'는 특유한 모습을 하고 있다.[38] 성게는 이빨이 다섯 개인데, 그들 사이에 앞서 언급한 모든 것과 마찬가지로 살집인 것이 있다. 그 뒤를 이어 식도가 있는데, 그것이 위로 이어져 있으며, 위는 여러 갈래로 나뉘어 있어, 마치 여러 개의 위를 가진 동물의 위와 같다.[39] 실제로 그것들은 따로따로 나뉘어 있고 잉여물로 채워져 있는데, 그들과 연결되는 식도는 하나이고, 하나의 배설물 배

34 678b21-23, 679b2-5.

35 아리스토텔레스가 일관적으로 다른 동물들을 하나의 종으로서 확인하는 기준은, 일련의 중요한 기관들을 그것들 모두가 공유하지만 위치, 크기 혹은 감각적 상태(색깔, 조직, 형태 등)에서 차이가 나는지 하는 것이다(『동물 탐구』 제2권 제15장 506a1-8 참조).

36 『동물 탐구』 제4권 제4장 참조.

37 즉 말로써 혹은 개념적으로.

38 성게에 대해서는 『동물 탐구』 제4권 제5장, 멍게에 대해서는 『동물 탐구』 제6장 531a8-30 참조.

39 성게의 소화기 계통은 식도에 이어 소장(식도와 위가 연결된 위)과 대장(幽門胃, 위의 말단부에서 십이지장에 연이은 부분)이 있으며, 그것들이 구부러지면서 각각 껍데기 내부를 한 바퀴 정도 돌고 있다. 식도와 소장의 경계에는 자루 모양의 맹낭(盲囊)이 있다. 그것들 중 일부를, 복수의 위가 이어져 있다고 보았을 것이다.

출구에서 끝이 난다. 이미 말했듯[40] 위를 별도로 하면, 살집인 것이 전혀 없어 '알'이라고 불리는 것[41]이 다수이고, 각각 다른 막 안에 있으며, 그리고 입 부분으로부터 몸을 에워싸듯 뭔가 검은 것이 뿔뿔이 흩어져 있는데,[42] 그것에는 이름이 없다. 성게에는 많은 유가 있으며(모든 성게를 묶는 하나의 종은 없기 때문이다[43]), 그것들 모두는 이러한 부분들을 가지고 있지만, 어느 성게나 '알'이라 불리는 것을 먹을 수 있는 것은 아니며, 흔한[44] 것을 빼고는 상당히 작다. 일반적으로 이 점은 다른 각피동물에 대해서도 해당한다. 즉 모든 것에서 똑같이 그 살을 먹을 수 있는 것은 아니며, '메콘'(mēkōn)이라고 불리는 잉여물 또한 먹을 수 있는 것도 있고 먹을 수 없는 것도 있다. 고둥에서는 메콘이 나선 모양 부분 안에 있고, 삿갓조개와 같은 단각[45]조개의 경우에는 바닥 부분에 그것이 있고, 쌍각조개[46]에서는 접합 부분 부근에 있다. '알'[47]이라고 불리는 것은 쌍각조개에서는 오른쪽에 있으며, 그 반대쪽에 잉여물 배출구가 있다.

그 부분을 알이라 부르기도 하는데 그렇게 부르는 것은 옳지 않다. 그것은 유혈동물이 잘 자랄 때의 지방과 같기 때문이다. 그렇기 때문에 연중(年中) 그것이 생기는 때는 봄과 가을, 즉 각피동물이 잘 자라는 계절인 것이다. 즉 추울 때나 더울 때는 모든 각피동물이 지내기가 힘들며,

40 679b34.

41 성게의 난소 내지는 정액.

42 『동물 탐구』 제4권 제5장 529a22, 530a34, 530b13-15, b31 참조. 무엇을 가리키는지는 분명치 않다.

43 683b14 참조.

44 즉 '주로 표면에 있는'.

45 전복처럼 껍데기가 하나인 조개.

46 쌍각류 조개(대합, 홍합처럼 껍데기가 두 개로 되어 있는 조개).

47 암컷의 생식 세포.

과도한 더위를 견딜 수 없다. 그 징표가 성게에게 일어난다. 즉 태어난 직후에 '알'을 가지고 있으며, 게다가 보름달이 떠 있는 동안에 더 많이 가지고 있는데, 이는 어떤 사람들이 생각하는 것처럼 먹을 것을 많이 섭취해서가 아니라 달빛으로 인해 밤이 더 따뜻해지기 때문이다. 즉 무혈이기 때문에 추위에 약하고 열을 필요로 하는 것이다. 그래서 특히 여름에는 성게가 어디서나 잘 자란다. 단, 퓌라만(灣)[48]의 성게는 제외하고, 680b
겨울에도 여름 못지않게 잘 자란다.[49] 그 원인은 그 계절 동안 물고기가 그 지역을 떠나기 때문에 그 무렵이 특히 먹이가 풍부한 데 있다.

모든 성게는 같은 수의 알을 가지고 있으며, 그 수는 홀수이다. 즉 다섯 개를 가지고 있다.[50] 이빨과 위도 동수(同數)다. 이 원인은 앞서 말했듯 '알'이라고 불리는 것이 알이 아니라, 동물의 영양 상태가 좋은 결과이기 때문이다. 그것은 [쌍각]조개류에서는 한쪽에서만 생긴다. 이 점은 성게에서도 같다. 그런데 성게는 구형으로 다른 조개류의 몸처럼 원이 하나가 아니다.[51] 그리고 원형인 곳과 원형 아닌 곳이 있는 것이 아니라,

48 퓌라만(euripos)은 레스보스섬의 만으로, 현재의 칼로니만(Gulf of Kallonē)을 가리킨다. 그곳의 석호(lagoon)에서 아리스토텔레스는 그 섬 출신인 테오프라스토스와 함께 생물을 관찰했을 것으로 생각된다(Leroi [2014], pp. 14~17, pp. 376~378 참조). 퓌라만의 물고기에 대한 논의는 『동물 탐구』 제6권 제15장 548a9, 제8권(제9권) 제37장 621b9-15 참조. 퓌라는 만의 동쪽 해안에 위치한 폴리스였는데, 기원전 231년 지진으로 파괴되어 현재는 바닷속에 잠겨 있다. Haralampos Harissis(Χαράλαμπος Χαρίσης), "The Location of the Euripus of Pyrrha in the Works of Aristotle and Strabo", 2017, *Acta Classica* 60, pp. 113~144 참조.

49 『동물 탐구』 제5권 제12장 544a21-24 참조.

50 극피동물(棘皮動物)에서 공통적으로 볼 수 있는 방사상(放射狀)의 몸. 예컨대 갯고사리, 성게, 불가사리, 해삼, 삼천발이 따위를 말한다.

51 예를 들어 몸의 어딘가를 절단했을 때, 쌍각조개의 몸은 원반형에 가깝다. 그러므로 한 방향에서의 절단면만이 원형이지만, 구형의 성게는 어느 방향에서 절단해도 원형이 된다.

어디를 봐도 똑같이 원형이기 때문에(구형이니까), 필연적으로 알도 또한 비슷해야 하는 셈이다. 왜냐하면 다른 조개류와 같은 불균등한 원형이 아니기 때문이다. 사실상 그것들[다른 조개류]은 모두 머리가 가운데에 있지만, 성게에서 상부라는 것은 그런 부분이니까 말이다.[52] 그러나 알이란 것이 연결되어 있는 일은 있을 수 없다. 왜냐하면 다른 조개류에서는 그렇게 되어 있지 않고, 원의 한쪽에만 있기 때문이다. 따라서 필연적으로 알은 모든 조개류에 공통적으로 붙어 있지만, 몸이 구형인 것은 성게에 고유한 것이므로, 알의 수는 짝수일 수가 없다. 실제로 만일 짝수로 원의 지름 위에 있다면, 한쪽에서도 다른 쪽에서도 같아야만 하므로, 원의 지름 위에서 서로 마주 보고 있는 것이다. 하지만 만일 그런 식으로 배열되어 있다면, 알은 원주 양쪽에 있는 셈이다. 하지만 다른 조개류에서는 그렇지 않다. 사실 굴이나 가리비에서는 원주의 한쪽에 그런 부분[알]이 있다. 그러면 필연적으로 셋이나 다섯, 혹은 그 이외의 홀수가 될 것이다. 이제 알이 셋이라면 서로 너무 멀어질 것이고, 다섯 개보다 더 많아지면 연결될 것이다. 이것들 중에서 전자는 최선이 아니며, 후자는 있을 수 없다. 따라서 필연적으로 성게가 가진 알은 다섯 개인 것이다.

동일한 이유로 위도 그렇게[다섯으로] 갈라져 있으며, 이빨의 수도 같다. 그것은, '알'의 각각은 말하자면, 동물의 어떤 몸과 같은 것으로, 그

52 여기서 상정되고 있는 '상하'는 통상적 의미와는 달리 몸의 여러 부분의 상대적인 위치 관계를 나타내는 것이다. 동물에게는 머리가 있는 곳을 (직립하지 않더라도) '위'라고 하며, 예를 들어 식물에서는 그 입에 상당하는 부분이 뿌리이기 때문에 뿌리를 '위'라고 부른다(『혼에 대하여』 제2권 제4장 415b27-416a5 참조). 또한 『동물 탐구』 제4권 제5장 530b18-20에서는 성게의 몸 구조를 두고, '머리'라고 불리는 것과 입은 아래에 있고, 배설물을 배출하는 곳은 '위'에 있다고 설명하고 있는데, 이 경우에 '위'는 절대적 위치 관계를 나타내는 말로 사용되고 있다.

생명 활동[동물의 특성][53]에 대응해 같은 모습을 하고 있는 것이 필연적이다. 성장은 거기서부터 시작되기 때문이다. 즉 위가 하나라면 '알'이 위에서 멀리 떨어지거나, 그렇지 않으면 위가 '빈 곳' 전체를 차지하게 되고, 그 결과 성게는 움직이기 어려워지고, 그 받아들이는 용기[위]도 영양물로 채워지지 않게 된다. 그러나 알은 다섯 개의 틈새가 있기에 필연적으로 위는 다섯 방향으로 나뉘어, 각각의 편에 있게 된다. 같은 이유로 이빨 수도 그와 같은 것이다.[54] 그것은 지금 말한 각 부분에, 자연이 681a
각각 같은 것을 할당할 것이기 때문이다.

성게가 갖고 있는 '알'이 왜 홀수이고, 지금 말한 것과 같은 수인지를 말했다. 그리고 그것들이 아주 작은 것도 있고, 큰 것도 있는 이유가 무

53 kolias(위, Ogle) 대신에 zōēs(vulg.)로 읽는다.

54 논증은 단계적으로 진행된다. "먼저 성게에는 이 질료가 있어야 한다. 모든 딱딱한 껍데기를 가진 동물(각피동물)에게 이것이 공통적으로 존재해야 하니까. 다른 모든 동물이 이러한 '알'을 불연속적 방식으로 가지고 있다는 사실로부터, 아리스토텔레스는 성게가 이러한 '알'의 수를 갖고 있음이 틀림없다고 결론을 내린다. 구형에서 대상의 분배가 균등을 이루어야 한다는 요구 사항을 결합해서, 성게는 그 유의 다른 구성원과 달리 구형이라는 것과 성게의 '알' 분포가 딱딱한 껍데기를 가진 동물에서 분배의 그 일반적 방식을 위반해서는 안 된다는 사실로부터, '알'의 개수는 틀림없이 홀수라는 결론을 이끌어 낸다. 그래서 그 숫자는 3이나 5 또는 5보다 큰 홀수여야 한다. 이제 다섯 개가 있어야 할 필요성은, 세 개는 너무 멀리 멀어질 것이며, 다섯 개 이상이면 첫 번째 결론과 반대로 '알'의 연속성으로 이끌릴 수 있다는 전제로부터 따라 나오는 것처럼 보인다. 그러나 왜 세 개의 알이 '너무 멀고', 다섯 개 이상이 연속적인지를 묻는다면 즉각적인 답은 없다. 그러나 다섯 개 부분으로 나뉜 몸체에서 세 개는 '알'('최선이 아님', b25)이 없는 부분을 남길 것이고, 다섯 개 이상이면 부분당 하나 이상이 필요하게 되는데, 이는 아리스토텔레스가 연속성을 만들어 내는 것으로서 그럴듯하게 생각할 수 있는 것이다('이것은 불가능하다', b26). 680b28-36으로부터 '알', 이빨, 위를 다섯 부분으로 나누는 구조가 동물을 다섯 부분으로 나누는 특성에서 직접적으로 따르도록 만들어졌다. 하지만 아리스토텔레스는 앞선 논증이 부분 전체에 걸쳐 연속적인 기관과 기관이 없는 부분을 배제했기 때문에 그러한 논증을 할 수 있다고 느꼈을 것이다"(Lennox, p. 300, 해당 주석을 옮김).

엇인가 하면, 그 원인은 후자가 자연 본성적으로 더 뜨겁다는 것이다. 왜냐하면 열은 영양물을 더 숙성시킬 수 있고, 그래서 먹을 수 없는 성게[전자]는 잉여물에 의해 채워지게 되기 때문이다. 그리고 [후자의] 자연 본성의 열은 그것을 보다 움직이기 쉽게 만들고, 그 결과 먹이를 먹고 머물러 정착하는 일이 없다. 그 징표로 그러한 종류의 성게는 자주 움직이고 있는 듯이, 가시 부분에 항상 뭔가를 붙이고 있다. 이는 가시를 발로 사용하기 때문이다.[55]

멍게는 그 자연 본성[몸]에서 식물과 약간의 차이가 나지만, 그럼에도 해면(海綿)보다는 더 동물적인 면이 있다. 왜냐하면 해면은 전적으로 식물의 능력밖에 없기 때문이다. 즉 자연은 혼을 갖지 않는 것[무생물]부터 동물에 이르기까지, 살아 있지만 동물은 아니라는 [식물적인] 단계를 거쳐 연속적으로 변화해 나가고, 그 결과 어떤 것과 다른 것이 서로 가깝기 때문에 극히 미미한 차이밖에 없다고 생각될 정도다.[56]

55 『동물 탐구』 제4권 제5장 530b15-17 참조.

56 "자연은 조금씩 생명이 없는 것들(ek tōn apsuchōn)로부터 조금씩 생명을 지닌 삶(zōa)으로 정확한 경계를 결정할 수 없을 정도로 나아간다"라고 말하는 『동물 탐구』 제7권(제8권) 제1장 588b4-589a1 참조. 이 대목은 흔히 '자연의 계층 사다리'(scala natura)를 말하는 것으로 인용되고 읽히지만(예를 들어 후기 박물학자 Buffon과 Linnaeus 등), 아리스토텔레스 자신의 강조점은 '자연계가 계층 구조를 갖는다'라는 점이 아니라 경계선상의 생물에서는 차이가 극히 미미하고 분류가 어렵다는 데 있다. '자연의 위계(位階)'를 강조하는 사람들은 다른 대상에 붙어사는 삶(해면), 잉여물 없음, 장소 이동과 감각의 없음 등을 식물의 특징이라고, 감각, 운동, 포식, 잉여물의 배출 등은 동물의 특징이라고 말하며, 이러한 속성이 그 정도가 다르다는 점을 강조한다, 즉 어떤 동물은 최소한이라는 점에서 동물과 구별되는 특징을 갖거나, 어떤 면에서는 식물처럼 행동한다. 식물과 동물을 정의하는 특성이 정도에서 다양하다는 사실은 날카로운 불연속적인 '유'라기보다는 오히려 생명 없는 대상으로부터 식물과 동물로 이어지는 연속체로 이어진다는 점을 보여 준다. 따라서 아리스토텔레스는 여기서 자연의 위계나 등급에 대한 개념이 아니라, 경계선상에 있는 생물의 상태를 결정하는 일의 어려움에 중점을 두고 있다.

그런데 해면[57]은 지금 말한 것처럼, 무언가에 붙어서만 살 수 있는 것이며, 떨어져 나오면 살 수 없다는 점에서 식물과 상당히 비슷한 모습을 하고 있다. '해삼'이라 불리는 것이나 해파리, 그 밖에도 바다에 서식하고 있는 그것들과 유사한 것들은 떨어져 있다는 점에서 해면과는 조금 다르다. 즉 그것들은 모두 감각을 가지고 있지 않고,[58] 말하자면 땅에서 떨어져 나온 식물처럼 살고 있기 때문이다. 육상식물들 중에도 이와 유사한 것이 있으며, 다른 식물들 속에서 살며 발생[성장]하는 것도 있고, 떨어져서 살며 발생하는 것도 있다. 예를 들어 파르나소스산[59]에서 유래한 것을 어떤 사람들이 에피페트론('바위 식물')[60]이라 부르는 것이 그렇다. 그것은 고정못으로 위에서 매달아도 상당한 시간을 살기 때문이다. 멍게 — 그 밖에 그것과 같은 종류의 것이 있으면 그것도 그렇지만 — 는 부착해야만 살아 있는다는 점에서 식물에 가깝지만, 살집인 것을 가지고 있다는 점에서 뭔가 감각을 갖추고 있다고 생각될 것이다. 그것을 어느 쪽에 위치시켜야 할지 확실하지 않다. 한편, 이 동물에게는 두 개의 관과 하나의 격벽이 있고, 한쪽에서는 영양물이 되는 액상인 것을 섭취하고 다른 쪽에서는 남은 분비액을 배출한다. 그렇게 하는 것은, 다른 각

57 『동물 탐구』 제7권(8권) 제1권 588b21("해면은 모든 면에서 식물을 닮았다"). 그러나 487b9, 548b10, 549a8에서는 해면의 감각하는 능력을 논의한다. 여기서는 "떨어져 나오면 살 수 없다는 점에서 상당히 식물과 비슷한 모습을 하고 있다"라는 점에 초점을 맞추고 있다.

58 감각의 유무는 아리스토텔레스가 동물과 식물을 구별하는 징표이기 때문에, 이 지적은 감각 능력을 인정하기 어렵다는 의미가 된다. 그런데 『동물 탐구』 제1권 제1장 487b9-10에서는, 해면도 무언가의 감각을 가지고 있는 것으로 생각된다고 아리스토텔레스는 말한다.

59 헬라스 중앙 델포이 북쪽에 우뚝 솟은 산.

60 직역하면 '바위 위에 나 있는 것, 곧 돌나물'을 말한다.

피동물의 경우와 같이, 분명한 잉여물을 전혀 갖고 있지 않기 때문이다. 그러므로 특히 그것을—그 밖에 그런 다른 동물이 있을 수 있다면 그것도 그렇지만—식물적이라고 부르는 것이 정당하다. 식물 중 어느 것도 잉여물을 갖지 않기 때문이다.

그리고 그 한가운데를 관통하여 얇은 격막이 있고, 그 안에 그것이 살기 위한 주도적 부분이 있다는 것은 이치에 맞는다. 그러나 어떤 사람이 '크니데'[knidē, 쐐기풀]라고 부르고, 다른 사람은 '아카레페'[akalēphē, 681b 말미잘][61]라고 부르는 것은 각피동물이 아니라, 분할된 유 바깥에 위치함으로써 식물과 동물 양자로 향하는 본성을 겸비하고 있다. 즉 그것들 중에 떨어져 있고 먹이 쪽으로 향하는 것이 있다는 점에서 동물적이며, 또 그것들로 향해서 오는 것을 감각한다는 점에서도 그렇다. 게다가 몸 표면의 까칠까칠함을 몸의 보전을 위해 이용하고 있다. 하지만 [몸이] 불완전하고 재빨리 돌에 부착된다는 점에서는 식물류에 가깝고, 이는 뚜렷한 잉여물이 없으나 입은 있다[62]는 점에서도 그렇다. 또 그와 유사한 것으로 불가사리류도 있다. 그것은 또한 많은 굴에 덤벼들어 그 체액을 빨아들이기 때문이며, 또한 그것은 앞서 말한 동물들 중 [붙어 있지 않고] 떨어져 있는 것들, 예를 들어 연체동물이나 연각동물과 유사하다. 동일한 설명이 각피동물(殼皮動物, 有殼動物, '단단한 껍데기를 가진 동물', ostrakodermos)에도 해당된다.

그런데 모든 것에 필연적으로 속하는 영양물과 관련된 부분들은 앞서 말한 바와 같은 방식이며, 다른 한편 유혈동물과 관련된 감각을 관장하는 부분[심장]에 대해서도 그와 유비적인 어떤 부분을 반드시 가지고

61 『동물 탐구』 제4권 제6장 531a31-b17 참조.

62 식물의 경우 '입'에 해당하는 것은 뿌리다.

있어야만 한다는 것은 분명하다. 왜냐하면 그것은 모든 동물에 필연적으로 있어야만 하는 것이기 때문이다. 연체동물에서 그것은 막 안에 있는 습한[유동적인] 것으로, 식도가 그것을 관통하여 위까지 뻗어 있다. 그것은 오히려 뒷면 쪽에 붙어 있어서, 어떤 사람들에 의해 '뮈티스'라고 불리고 있다. 연각동물에도 이와 유사한 다른 것이 있으며, 그것도 뮈티스라고 불린다. 그 부분은 습하고 동시에 물체적이며, 앞서도 말했듯 식도가 그 가운데를 관통하여 뻗어 있다. 왜냐하면 그것과 등 사이에 식도가 있었다면 영양물이 들어왔을 때 등의 딱딱함 때문에 현재 있는 것과 같이 확장할 수 없었을 것이기 때문이다. 장은 뮈티스 바깥쪽에 있고, 먹물 주머니가 그 입구에서 최대한 멀리 떨어져 있듯, 또 불쾌한 것이 더 나은 부분, 즉 시원[즉 뮈티스]에서 떨어져 있듯 장 옆에 있다.

그 부분이 심장과 유비적인 것임은 그 위치에서 분명하고(그 위치가 심장과 같으니까),[63] 그 습한[유동적인] 것이 달콤하다는 점에서[64] 숙성된 피와 같은 것으로 생각되는 데서도 분명하다. 각피동물에서는 감각을 관장하는 부분과 동일한 특성을 갖지만, 그다지 명확하지는 않다. 단, 그 시원은 항상 중간 부근에서 찾아야 하며, 한 곳에 있어야 한다는 고착성(固着性)에 대해서는 영양물을 받아들이는 부분과 그것을 통해서 정액이나 배설물의 배출이 이루어지는 부분의 중간쯤[65]에서 찾아야만 한다. 이동 능력이 있는 동물에 대해서는 항상 오른쪽과 왼쪽 중간에서 찾아야 한다.[66]

63 뮈티스가 심장과 유비적인 것임은 일차적으로 그 위치에 근거한다. 아리스토텔레스의 동물 기능 이론에서는 무혈동물은 간이 아니라 심장의 유비물을 갖는다.

64 간과 유비적인 것. 간의 달콤함에 대해서는 677a21-25 참조.

65 무혈동물의 고착성이기 때문에, 이 중간은 위/아래 차원에서의 중간.

66 무혈동물의 고착성이기 때문에, 오른쪽/왼쪽의 구별은 운동의 시작과 방향에 기초한

한편, 마디가 있는 동물(곤충)에서는 그러한 시원 부분은 맨 처음의 논의[67]에서도 언급했듯이, 머리와 위 부근의 '빈 곳'[腔所]의 중간에 있다. 그것은 많은 유절동물 중 하나인데, 예를 들어 지네와 같이 긴 유절동물들처럼 다수가 있는 것도 있다. 그래서 [잘려서] 떨어져 나가도 살아 있는 것이다. 자연은 모든 동물에서 그런 부분을 하나로 하려 하고 있지만, 그것이 불가능한 경우 활동실현상태로서는 그것은 하나뿐이지만 가능상태로는 다수가 되도록 한 것이다. 이는 어떤 유절동물에서는 다른 것들의 경우보다 더 분명하다.

영양물을 위한 부분들은 모든 유절동물에서 동일하지 않으며, 많은 차이가 있다. 즉 어떤 것은 입 안에 '침'이라 불리는 것이 있는데, 동시에 혀와 입술의 능력이 결부된 복합체인 것 같다. 한편, 몸 앞쪽에 침이 없는 것은 이빨 안쪽에 그런 감각기관을 갖추고 있다. 이 부분에 이어 모든 유절동물은 곧고 단순한 장이 있으며, 그것은 배설물 출구까지 이어진다. 하지만 어떤 것들은 그 안이 구불구불한 것[68]으로 된 것도 있다. 그리고 입 뒤에 위가 있고, 위로부터 구불구불한 장이 이어져 본성적으로 식욕이 더 왕성하며, 몸이 큰 것이 더 많은 영양물을 받아들일 수 있게 되어 있다. 이런 것들 중 매미류는 그 부분의 실체 형성(phusis)이 가장 특

다. 아리스토텔레스의 차원의 기능에 관한 설명에서 '위'는 '영양 섭취의 지점'이고, '아래'는 '잉여물 배출'의 위치다(「젊음과 늙음, 삶과 죽음, 호흡에 대하여」 제4장, 곤충의 흉부에 대해서는 682a1-4 참조).

67 이 책에서는 언급된 바가 없으며, 『동물 탐구』 제4권 제7장 531b26-532a5를 가리키는 것으로 보인다(Michael of Ephesus, Peck, Ogle, Düring). 레녹스(Lennox)는 『자연학 소론집』 가운데 「젊음과 늙음, 삶과 죽음, 호흡에 대하여」 제2장 468a21-b16, 「장수와 단명에 대하여」제14장(제8장) 474b1로 추정한다.

68 '곧고 단순한'(euthu kai haploun) '장'에 대비되는 '구불구불하게 된 것'(helikē)을 말한다.

이하다. 왜냐하면 매미는 입과 혀가 융합되어 동일한 것이 된 부분을 가지고 있으며, 말하자면 식물이 뿌리를 통해 영양물을 받아들이듯 그것을 통해 액상인 것으로부터 영양물을 받아들이기 때문이다.

그런데 동물 중에서 모든 유절동물은 영양물 섭취량이 적은데, 이는 그것이 작기 때문이라기보다는 오히려 그것들의 차가움 때문이며(열에는 영양물이 필요하고, 열은 영양물을 빠르게 숙성시키지만, 냉은 영양물을 필요로 하지 않기[69] 때문이다), 이것은 특히 대부분의 매미류가 그렇다. 그것은 공기가 몸에 남겨 놓은 습기로 그들의 몸을 위한 영양은 충분하기 때문이며, 하루살이류 동물의 경우와 같은 것이다(그것은 흑해 연안 부근에서 발생한다[70]). 단, 후자가 하루 동안밖에 살지 못하는 데 비해 매미는 비록 작긴 하지만 그보다는 오래 산다.

이제까지 동물의 내부와 관련된 부분들에 대해 이야기를 했기 때문에[71] 이번에는 나머지 외부 부분들로 이야기를 다시금 돌려야 한다. 지금 말한 것[무혈동물]부터 시작해야만 하며, 우리가 떠난 곳에서 시작하는 게 아니다. 이는 무혈동물들에게 약간의 시간을 내어 준 다음, 완전한 유혈동물들에 대한 논의에 더 많은 시간을 기울일 수 있도록 하기 위함이다.

69 원어는 atrophon이지만, 전혀 영양물을 필요로 하지 않을 수는 없을 터이니 '아주 적게'라는 의미로 새겨야 한다.

70 『동물 탐구』 제5권 제19장 552b17-23 참조.

71 (1) 제2권 제3~9장; 유혈과 무혈동물의 동질적 부분들, (2) 제2권 제10장~제3권 제3장; 유혈동물의 머리의 외부 부분들, (3) 제3권 제3장-제4권 제4장; 유혈동물의 모든 내부 부분들, (4) 제4권 제5장; 무혈동물의 모든 내부 부분들, (5) 제4권 제6~9장; 무혈동물의 모든 외부 부분들, (6) 제4권 제10~14장; 무혈동물의 나머지 외부 부분들.

제6장 무혈동물의 비동질 부분: 곤충류의 외적 부분

그런데 동물 중에서 유절동물(곤충)은 몸의 부분들의 수는 그리 많지 않지만, 서로 간에 차이가 있다. 즉 유절동물 모두 발의 수가 [네 발보다]
682b 많은 것은,[1] 그 자연 본성에서 유래한 움직임의 느림과 차가움에 대처하는 것으로, 발이 많음으로써 움직임을 보다 빠르게 할 수 있게 되어 있기 때문이다. 예를 들어 지네류처럼 그 몸이 길어서 몸을 식히기가 가장 쉬운 것들은 발이 가장 많다. 더욱이 시원이 다수 있기 때문에 유절동물에는 마디가 있고, 그에 따라 발이 많은 것이다.

발의 수가 적은 것에는 발의 부족에 대응하여 날개가 있다.[2] 그리고 날개가 있는 유절동물 중 그 생활양식이 이동성이며, 먹이를 위해 이동할 필요가 있는 것은 날개가 네 장이고 몸이 가볍다. 예를 들어 꿀벌이나 그 동족 동물이 그렇다. 즉 그것들은 몸의 양쪽 측면에 각각 두 장씩 날개가 있다. 그런 유절동물 중에서 작은 것은 파리류처럼 날개가 두 장이다. 그러나 풍뎅이나 그와 유사한 유절동물과 같이, 가볍고(무겁고)[3] 또 정주(定住)하여 생활하는 것들은, 날개의 수는 꿀벌과 같은 수만큼[네 장] 가지고 있지만,[4] 날개의 능력을 보전하기 위해 날개에 '칼집'[날개

1 『동물 탐구』 제1권 제5장 490a32-b3에서는 예외적으로 네 발과 네 장의 날개를 가진 유절동물로서 '하루살이'를 언급하고 있다.

2 곤충의 외부 부분들에 관해서 세 부분 — 날개, 발, 침 — 에 대해 논하고 있다.

3 barea(무겁고; Ogle[1912]), Braxea(작은, 연약한, 짧다; vulg.)

4 곤충학에서는 풍뎅이 등 갑충류의 '날개 칼집'을 앞날개(윗날개)라 하고, 날개는 두 장

칼집]이 붙어 있다. 즉 정주성(定住性)이라서 자주 움직이는 것들에 비해 날개가 부서지기 쉽고, 그래서 날개 앞에 그것을 방호하는 것이 있다. 그것의 날개는 나뉘지 않았고 축이 없다. 그것은 [새와 같은] 날개라기보다는 오히려 거죽과 같은 막으로, 육질의 것이 식었을 때 그 건조함 때문에 필연적으로 그 몸으로부터 벗겨져서 생긴 것이다.

유절동물에 마디가 있는[5] 것은 지금 말한 것과 같은 이유이며, 더욱이 몸을 구부러지게 함으로써 위해를 받지 않고 몸을 지킬 수 있기 위함이다. 즉 유절동물 중에서도 몸이 긴 것은 몸을 둥글게 마는데, 그것들이 마디로 나뉘어 있지 않았다면 그럴 수 없었을 것이다. 반면, 몸을 웅크리지 않는 유절동물은 마디 사이를 좁혀 몸을 더 단단하게 만든다. 이것은 만져 보면 분명하고, 예를 들어 '쇠똥구리'라고 불리는 것으로 시험해 보면 좋다. 실제로 그것들은 두려움을 느끼면 움직이지 않으며, 몸이 굳어진다. 그것들에게 마디가 있는 것은 필연적이다. 즉 그 일, 즉 많은 시원을 지니는 것이 곤충의 본질적 실체에 포함되어 있으며 그런 점에서 유절동물은 식물과 비슷하다. 식물처럼, 쪼개져도 살 수 있기 때문이다. 단, 유절동물의 경우는 어느 시점까지만 그러한 데 반해, 식물은 자연 본성적으로 완전한 것이 될 수 있어서, 한 가지에서 두 가지, 더 많은 식물이 생긴다.

어떤 유절동물들은 공격자에 대한 방어를 위해 침도 가지고 있다. 그

대 네 장이라고 하는데, 이후 설명을 보면 아리스토텔레스는 이 앞날개를 날개와는 다른 것으로 간주하는 듯 보인다. 그래서 Ogle(1912)은 682b13 melittais 뒤에 ouk를 삽입해 읽고 '꿀벌과 비슷한 의미에서 많은 날개(네 장)는 아니지만'(though not polypterous in the same way as bees; homoiōs tais melittais ouk estin)이라는 번역 제안을 하고 있으나 표현의 부자연스러움은 여전히 남는다.

5 '유절동물'(곤충)로 번역한 entoma는 '잘려 있다'(entomos)라는 형용사에서 유래했다.

런데 침이 몸의 앞쪽에 있는 것도 있고 또 뒤쪽에 있는 것도 있으며, 앞쪽에 있는 경우 혀 부분에, 뒤쪽에 있는 경우 엉덩이의 꼬리 근처에 있다. 즉 코끼리에서 후각기관이 세기를 위해서도 또 먹이 획득을 위해서도 도움을 주도록 되어 있는 것과 마찬가지로, 유절동물 중에는, 어떤 것은 혀 부분에 배치된 침이 그렇게 하도록 도움을 주는 것이 있다. 즉 그 부분에 의해 먹이를 감각하고, 그것을 붙잡고 옮기는 것이다.

유절동물 중 앞쪽에 침이 없는 것에는 이빨이 있는데, 먹기 위해서인 것도 있고, 예컨대 개미나 모든 꿀벌류처럼 먹이를 잡고 입으로 옮기기 위해서인 것도 있다. 한편 후방에 침이 있는 것들은 용맹하여 침을 무기로서 가지고 있다. 또 예를 들어 꿀벌이나 말벌처럼 날개가 있기 때문에, 침이 체내에 있는 것들도 있다. 사실 섬세한데 외부에 있었다면, 부러지기 쉬웠을 것이다. 다른 한편 전갈처럼 밖으로 튀어나왔다면, 침이 무거워졌을 것이다. 전갈은 육생이고 꼬리가 있으므로, 거기에 침을 가지는 것은 필연적이다. 그렇지 않으면 필연적으로 침은 힘을 위해서 아무런 소용이 없었을 것이다.

한편 날개가 두 장인 유절동물은 모두 침이 뒤쪽에 없다. 그러한 유절동물은 약하고 작아서 날개가 두 장이니까. 즉 작은 곤충은 적은 수의 날개로도 충분히 날아오를 수 있기 때문이다. 그것과 동일한 이유로 침은 앞쪽에 있다. 약하기에 기껏해야 앞쪽의 침으로 찌를 수 있을 뿐이니까.[6]

날개가 많은 유절동물은 체질상(phusis) 몸의 생김새가 크므로 날개가 많은 것이고, 뒤쪽 부분의 힘이 세다. 동일한 기관을 종류가 다른 일을 위해 활용하지 않아도 된다면 그편이 좋을 것이고, 방어용 기관인 한 가장 날카로운 것이, 혀에 해당하는 기관은 스펀지 형태로 영양물을 흡

6 만일 그것이 뒤쪽에 있었다면, 그것은 완전히 쓸모없는 것이 되었을 것이다.

입하기 쉬운 것이 좋다. 즉 두 가지 일에 대해 두 기관을 활용할 수 있고, 서로에 대해 달리 지장이 없는 경우에도, 자연은 대장장이가 기술의 절감(節減)을 위해 꼬치 겸용 램프꽂이[7]를 만드는 일은 으레 하지 않는 것이고, 다만 그것이 가능하지 않을 때 자연은 동일한 기관을 복수의 일에 사용하는 것이다.[8]

7 정확한 형태는 알려지지 않았으나 obeliskoluchnion(꼬치 겸용 램프꽂이)는 아마도 고기 굽는 '쇠꼬챙이'에 기름받이를 달아 '램프 받침대'로도 사용할 수 있는 것으로, 전장에서 쓰는 군사용 도구인 것 같다. Ogle(1912)은 대영박물관에서 이 청동 도구로 보이는 것을 봤다고 한다. 그것은 손잡이가 40cm 정도이며, 그 한쪽 끝은 말굽 모양으로 기름 램프를 매달 수 있도록 되어 있고, 다른 쪽 끝은 긴 못(spike) 모양으로 되어 있어 램프로 사용할 때는 그것을 땅에 꽂을 수 있으며, 요리할 때는 그것이 고기를 찌르는 꼬챙이 역할을 할 수 있도록 되어 있었다고 한다(Ogle의 해당 각주 참조). 하나의 도구가 두 가지 용도로 사용되는 예로, 아리스토텔레스는 다목적용 칼인 '델포이 칼'을 언급하면서, 자연은 '하나의 목적을 위해서 하나의 것'을 만들었다고 말한다. "(왜냐하면 자연은 그 어떤 것도 대장장이가 [다양한 용도로 사용할 수 있는] 델포이 칼을 만드는 것처럼, 그렇게 궁핍한 방식으로 만드는 것이 아니라, 오히려 '**하나[의 기능]를 위해서 하나의 것**'을 만들기 때문이다. 사실상 각각의 도구는 어떤 것보다도 더 많은 일을 위해서가 아니라, 하나의 기능에 전용하도록 만들어진 것이 일을 최선으로 완벽하게 마무리할 테니까"(『정치학』 제1권 제2장 1252b1-4, 제4권 제15장 1299b8-12 참조).

8 여기서 들고 있는 예는 목적론적 원리가 682b36-683a3에서 기술된 그 상황에도 적용됨을 보여 준다. 거기서는 침이 코끼리의 코와 비교되고 있는데, 코끼리의 코가 감각, 먹이의 전달, 힘의 세기를 위해 사용된다는 점에서 그렇다. 또 이 비교는 어떤 곤충의 혀가 침 대신으로 말해지는 제2권 제17장 661a26-29에도 적용된다. "혀 부분에 배치된 침이 (…) 먹이를 감각하고, 그것을 붙잡아 옮기는 것이다"(683a2-3). 이 대목에서 "동일한 기관을 종류가 다른 일을 위해 활용하지 않아도 된다면 그편이 좋을 것이고"라는 말은 두 기관의 근접성을 보여 주는데, 두 기관이 아니라 마치 하나의 기관을 말하는 듯하다. 아리스토텔레스의 철학적 입장은 그가 들고 있는 코끼리의 경우를 보면 이해할 수 있다(제2권 제16장 658b35-659a36, 제17장 661a26-29, 제4권 제6장 682b36-683a4, 제12장 692b15-19), 이 경우 그 부분의 원리적 기능이 있다. 코는 호흡에 사용되는 콧구멍이다. 이것은 코끼리의 생활방식을 고려할 때 코끼리의 신체적 성격을 설명한다. 기본적인 신체적 제약으로 인해 코끼리는 먹이를 운반하기 위해 앞다리를 사용할 수 없으며, 자연은 코를 '손 대신' 사용하도록 만든다. 아리스토텔레스식 설명의 일반적인 패턴은 다음과 같다. (1) 부분 p1은 일차적 기능 f1을 위해 존재한다. (2) 유기

유절동물 중 어떤 것은 앞다리가 다른 것들보다 큰데, 그것은 단단한 눈을 가지고 있어서 정확히 사물을 볼 시력이 없기 때문에, 다가오는 것을 앞다리로 물리칠 수 있도록 하기 위함이다. 동물 중에서도 파리나 꿀벌의 유가 분명 바로 그런 일을 행하고 있다. 그것들은 항시 앞다리로 교차하며 치장(治粧)하고 있다. 한편 뒷다리가 가운데 다리보다 큰 것은 보행 때문인 동시에 날고자 할 때 땅에서 쉽게 뛰어오를 수 있도록 되어 있기 때문인 것이다. 그리고 이러한 특이성은 뛰어오르는(pēdētika) 유절동물에서 현저히 드러나며, 예를 들어 메뚜기가 그렇고, 벼룩류도 그렇다. 뒷다리를 일단 구부리고 다시 펴면, 필연적으로 땅에서 뛰어오르게 되기 때문이다. 또한 메뚜기는 앞다리가 아닌 뒷다리만이 [배의] 키처럼
683b (pēdaliōdē) 생겼다. 왜냐하면 그 발의 관절이 안쪽으로 휘어야 하는데, 앞다리 관절은 그렇게 되어 있지 않기 때문이다. 그러한 유절동물은 모두 뛰어오르기 위한 부분의 발을 포함하여 다리가 여섯 개다.

체에 필요한 또 다른 기능(f2)은 (더 넓은) 유에서 f2를 위해 전형적으로 사용되는 부분(p2)에 의해 수행될 수 없다. (3) p1은 f1와 f2를 모두 수행할 수 있다. (4) 동물의 본성(체질상)은 f1와 f2 모두를 위해 p1을 사용한다.

제7장 무혈동물의 비동질 부분: 껍데기(각피)동물의 외적 부분

각피동물[1](殼皮動物; ostrakodermos, testacea)은 몸의 부분이 많지 않다. 그 원인은 이들의 자연 본성이 정착성(定着性)인 데 있다. 즉 운동 능력이 있는 동물은 다양한 활동으로 인해 필연적으로 더 많은 부분으로 이루어져 있어야 한다.[2] 많은 종류의 운동을 하므로 그만큼 많은 기관을 필요로 하기 때문이다. 한편, 각피동물 중에는 전혀 움직이지 않는 것도 있고, 조금은 움직이는 것도 있다. 그러나 자연은 각피동물의 자기 보전에 도움이 될 수 있도록 조개껍데기의 단단함이 그것들의 몸을 감싸도록 한 것이다.

동물의 여러 부분에 대해 앞서 말했듯 각피동물 중에는 단각과 쌍각, 그리고 소라고둥류가 있다.[3] 그리고 고둥류 중에는 예를 들어 쇠고둥처럼 소용돌이 모양인 것도 있고, 예를 들어 성게류처럼 그냥 구형인 것도 있다. 그리고 쌍각류에서는 예를 들어 가리비나 홍합처럼 껍데기를 열 수 있는 것이나(즉 [두 껍데기 중] 한쪽은 닫혀 있고,[4] 그래서 다른 쪽은 열리거나 닫힐 수 있다), 또 가리맛조개류[5]처럼 양쪽이 융합되어 있는 것이

1 단단한 껍데기를 가진 동물.

2 다양한 활동을 포함하는, 생명을 가진 유기체의 몸은 복잡하다. 이것은 조직이 아니라 여러 기관을 포함할 것이다. 645b14-20 및 646b14-27 참조.

3 제4권 제5장 679b16-18.

4 즉 움직이지 않고.

5 굴족류(掘足類, scaphopoda; 양쪽 끝이 모두 열려 있는 긴 원뿔 모양의 연체동물)로 긴맛

있다.

모든 각피동물은 식물처럼 머리가 아래에 있다. 그 원인은 식물이 뿌리로 영양물을 섭취하듯, 아래에서 영양물을 섭취하는 것이다. 그래서 각피동물은 [보통] 아래쪽에 해당하는 것들이 위에 있고, 위쪽에 해당하는 것들이 아래에 있는 셈이다.[6] 그리고 머리는[7] 막 안에 있으며, 그 막을 통해 먹을 물을 거르고 영양물을 섭취한다. 모든 각피동물에게 머리가 있지만, 그 몸의 여러 부분은 영양물을 받아들이는 부분 외에는 명칭이 없다.

과의 바닷조개인데 원통 모양이다. 가늘고 길고 얇은 두 장의 껍데기가 융합되어 있어 마치 '관'(pipe)처럼 보인다. 『동물 탐구』 528a18-22, 535a14, 547b13, 548a5, 588b15 참조.

6 제4권 제5장 680b14-15 및 해당 각주 참조.

7 동사의 주어를 '몸'으로 보충하기도 하는데(Ogle, Peck), 이것은 잘못이다.

제8장 무혈동물의 비동질 부분: 연각동물의 외적 부분

연각동물(軟殼動物; crustacea)[1]은 모두 보행 능력[2]도 있으며, 그래서 발이 많다. 그것들의 가장 큰 유(類)[3]는 네 가지다. 즉 '왕새우'(carabi),[4] '바닷가재'(astaci),[5] '새우'(carides),[6] '게'(carcini)로 불리는 것들이다.[7] 그것들 각각에 많은 종이 있으며, 그 형태만이 아니라 크기 면에서도 큰 차이가 있다.[8] 실제로 그것들 중에는 큰 것도 있고 아주 작은 것도 있다.

그런데 게류와 왕새우류는 둘 다 [가위 모양의] 집게를 가지고 있다는

1 갑각류. '부드러운 껍질'을 가진 연각동물에 대해서는 『동물 탐구』 제4권 제2~3장 참조.

2 pereutikos, poreia(지상에서의 움직임, 장소 이동)는 '수영 능력에 더해 보행 능력'도 있다는 것을 말한다.

3 아리스토텔레스는 주요 맥락에서 유혈 및 무혈동물의 가장 넓은 유에 대해 megiston genos(최고류)를 사용한다.

4 '왕새우'라고 옮긴 karabos는 보다 정확하게는 '가시 덮인 랍스터'(spiny lobster)라고도 불리는 유럽왕새우(Palinurus elephas)를 말한다. 동대서양 및 지중해에서 산다. 흔히는 왕새우로 불리며, 지중해왕새우, 붉은왕새우로도 불린다.

5 '유럽바닷가재'(Homarus gammarus). 흔히는 바닷가재로 불린다. 집게를 가진 가재로 동대서양 및 지중해, 흑해에 산다.

6 '새우'라고 번역한 '카리스'(karis)는 '걷는 새우'인 왕새우나 바닷가재와는 구별된 '수영새우'의 총칭으로, 현재는 구각류(口脚類, stomatopoda)로 분류되는 것으로 그와 유사한 '갯가재'도 여기에 포함된다. 갑각류 동물(게, 가재, 새우 등)를 구별하는 『동물 탐구』 제4권 제2장 525a33-b2 참조.

7 『동물 탐구』 제4권 제2장 525a30-34 참조.

8 제1권 제4장 644b1-15 참조.

점에서 상당히 비슷하다.[9] 집게는 이동을 위해서가 아니라, 손 대신 무언가를 잡아 움켜쥐기 위해 가지고 있다. 이런 까닭에 그것들은 다리와는 반대 방향으로 구부러진다. 즉 다리는 오목하게 휘어지는 데 반해, 집게는 볼록하게 구부러져[10] 회전하기도 한다. 그렇게 되면 먹이를 잡아 입으로 끌어당기기에 편리하기 때문이다.

684a 그러나 왕새우에는 꼬리가 있지만, 게에는 꼬리가 없다는 점에서 양자는 다르다. 즉 왕새우에서는 헤엄치는 동물이라는 그 본질적 실체 때문에 꼬리가 도움이 되지만(그들은 꼬리를 노처럼 받치고 추진력을 발휘해 헤엄치기 때문이다), 게에게는 연안에 서식하면서 굴속에서 살기 때문에 꼬리는 도움이 되지 않는다. 게 중에도 먼바다에 서식하는 것들, 예를 들어 털이 덮인 거미게(maia)[11]나 '헤라클레어'(Herakleōtikos)게[12]라고 불리는 것은 약간의 움직임만 있을 뿐 조개류와 비슷하게[13] 함으로써

9 『동물 탐구』 제4권 제2장 525a32에서는 바닷가재와 왕새우가 서로 다른 것은 '큰 집게를 지닌 점'이라고 설명되고 있지만, 525b15-16에서는 왕새우가 양쪽에 다섯 개의 발과 그 끝에 '집게'를 가지고 있다고도 말한다.

10 『동물의 진행에 대하여』 제1장 704a18-b6. 제12장 711a11-17, 711b6-22 참조. 사람이나 포유류의 관찰에 따라 생각하면, '오목한 모양으로 구부린다'라는 것은 관절 부분을 뒤로 내미는 듯한 굽힘 방식(예를 들어 사람의 팔)이고, '볼록하게 구부린다'라는 것은 관절 부분을 앞으로 내미는 것과 같은 굽힘 방식(예를 들어 사람의 다리)을 말하는데, 새우의 경우라면 전자는 관절 부분을 안쪽으로 구부리는 것이고, 후자는 관절 부분을 '옆으로' 내밀듯이 구부리는 것이다. 『동물 탐구』 제4권 제2장 525b24-26 참조.

11 유럽거미게(Maja squinado). 가시로 덮인 거미게로 대서양 북동부와 지중해 지역에서 발견된다.

12 흑해 남서안에 있는 폴리스 헤라클레어 근처에서 잡히는 게(Calappa granulata). 딱지의 부피가 커서 '상자게' 혹은 게가 집게를 접고 있는 모습이 인간의 관점에서는 마치 얼굴을 가리는 것처럼 생각되어 '부끄러운 안면을 지닌 게'(shame-faced crab)라고도 부른다.

13 조개류에 조개껍데기가 있듯 각비늘(角鱗)로 씌워져 있는 것.

몸을 보전하기 때문에, 다리가 이동하는 데 별 도움이 되지 않는다. 그러므로 마이아게는 다리가 가늘고, 헤라클레어게는 다리가 짧다.

작은 물고기에 섞여 포획되는 아주 작은 게는 가장 뒤쪽의 마지막 다리가 넓다. 그것은 발이 지느러미나 노처럼 되어 있어 수영에 도움이 되도록 하기 위해서다. 새우가 게류와 다른 것은 꼬리를 가지고 있다는 점이고, 왕새우류와 다른 것은 집게를 가지고 있지 않기 때문이며, 집게가 없는 것은 다리가 더 많기 때문이다. 즉 한쪽의 성장에 소비되어야 할 것이 다른 쪽에서 소비된 것이다.[14] 다리를 더 많이 가진 것은 수영이나 보행 둘 중 어느 쪽도 더 잘하는 법이 없기 때문이다.

배 쪽과 머리 부근에 물을 끌어들여 토해 내기 위한 아가미 같은 부분을 갖는 것이 있다.[15] 왕새우에서는 수컷보다 암컷이 하부가 더 단단하게 얇은 막으로 싸여 있다. 게에서는 수컷보다 암컷이 접힌 부분 안쪽에 털이 많다. 이것은 그곳에 알을 낳기 때문이며, 물고기나 다른 [알을] 낳는 동물처럼 몸 밖으로 알을 낳는 것이 아니기 때문이다. 즉 넓고 클수록 그것들의 알을 위해 더 많은 공간을 확보할 수 있기 때문이다.

왕새우와 게는 모두 오른쪽 가위가 더 크고, 힘도 더 세다. 동물들은 모두 오른쪽에서 일하는 것이 자연에 적합하고, 자연은 항상 각각의 부분을 그것을 활용할 수 있는 것에만 주거나, 활용할 수 있는 것에 더 많이 주기 때문이다. 예를 들어 송곳니나 이빨이나 뿔이나 발톱이나 그 밖의 방어나 힘의 세기(공격)를 위해 있는 그런 부분들은 모두 그렇다, 다만 바닷가재는 어느 쪽 집게가 더 커지는지가, 암컷이든 수컷이든 우연

14 이와 연관된 뿔, 발굽, 이빨의 논의에 대해서는 제3권 제2장 663b22-664a3 참조.

15 사실상 이것들은 아가미이다. 아리스토텔레스는 이것들을 차갑게 하는 기능보다는 영양 섭취 기능으로 간주한다.

에 달려 있다. 집게를 지닌 이유는 그것이 집게를 가진 동물의 유에 속한다는 것이다. 한편, 오른쪽 집게가 큰가, 아니면 왼쪽 집게가 큰가 하는
684b 이 불규칙적인 것은 그것이 기형이기 때문이며, 본래 그것이 목적으로 했던 일에 활용하지 않고 장소 이동을 위해 사용하기 때문이다.

연각동물의 부분들 각각에 대해 그 위치가 어디인지, 서로 간에 어떤 차이가 있는지, 수컷과 암컷은 어떤 점에서 차이가 나는지, 이러한 것들에 대해서는 해부 및 동물 탐구[16]의 도움을 받아 고찰되어야 한다.

16 『해부집』은 현존하지 않는다. 후자가 『동물 탐구』를 가리킨다면 제4권 제2~3장(525a30-527a35), 제5권 제7장 참조.

제9장 무혈동물의 비동질 부분: 연체동물의 외적 부분

연체동물의 안쪽 부분에 대해서는 다른 동물의 그것과 마찬가지로 앞서 말했다.[1] 그 바깥쪽에는 몸을 감싸는 몸통주머니[외투막] — 그것은 구분이 없고, 그 발[팔]은 몸통 앞쪽과 머리 주위에 붙어 있으며 그 위치는 양쪽 눈 사이 안쪽에 입과 이빨 근처다.

그런데 다리가 있는 다른 동물에는 몸의 앞과 뒤에 다리가 있는 것이나, 여러 발을 가진 무혈동물처럼 옆면에서 발이 자라는 것이 있다. 그러나 이 연체동물이라는 것은 그중에서도 특유한 모습을 하고 있다. 다리가 모두 그 전방이라 불리는 곳에 있기 때문이다. 그 원인은 각피동물 중 고둥에서 볼 수 있듯, 그것들의 뒤쪽이 앞쪽과 연결되어 있다는 것이다. 사실상 대략적으로 말하자면, 각피동물은 어떤 점에서는 연각동물과 비슷하다. 하지만 다른 점에서는 연체동물과 비슷하다. 즉 몸의 바깥쪽에 토질인 것이 있고, 안쪽에 육질인 것이 있다. 그런 점에서는 연각동물과 비슷하고, 몸의 형태를 구성하는 방식 면에서는 연체동물과 비슷하다. 어떤 점에서 보면 모든 각피동물이 그렇다고 할 수 있는데, 특히 고둥 중 소용돌이 모양으로 되어 있는 것이 연체동물과 비슷하다. 실제로 양자의 내부의 구성(phusis)은 다음과 같다.[2] 즉 그러한 내부가 네발동물이나

1 제4권 제5장 678a26-679a31. 연체동물의 몸에 대해서는 『동물 탐구』 제4권 제1장에서도 상세히 설명된다.

2 684a-685a3은 '몸통의 형태'를 보여 주고 있다. 이 대목에서 아리스토텔레스는 학생들에게 도표(Diagram)를 사용해서 설명하고 있는 것으로 보인다. 이 대목은 텍스트

사람에게서 볼 수 있듯 직선상에 있다고 생각해 본다고 하자. 첫 번째로 이 직선의 위쪽 끝에 입이 있고, 이를 A라고 한다. 그다음에 식도가 B, 그리고 위가 C다. 장에서 배설물의 출구까지를 D라고 한다.

그러면 유혈동물은 이런 방식의 몸의 내부를 가지고 있다. 그리고 그것을 둘러싸고 머리와 이른바 몸통[흉부]이 있다. 자연은 그 부분들을 위해서,[3] 또 운동을 위해서 나머지 부분들, 예를 들면 앞다리나 뒷다리를 덧붙인 것이다. 연각동물이나 유절동물(곤충)에서도 적어도 내장의 직선적 배치는 [유혈동물과] 동일한 방식을 갖고자 하는 경향이 있지만, 운동과 관련된 외적 장비 측면에서는 유혈동물과 다르다.

연체동물과 각피동물 중 고둥류는 서로 비슷하여 지금 말한 것들과
685a 는 정반대이다. 그것은 내부의 종점이 시작점으로 꺾여 있으며, 가령 앞에서 설명한 직선, 즉 E라고 한 것을 구부려 D를 A 쪽으로 가져간 것처럼 되어 있기 때문이다.[4] 실제로 연체동물에서는 내부가 그렇게 되어 있

에 상당한 파손이 있는 것으로 보인다. Loeb 텍스트(A. L. Peck)는 헬라스어 사본을 아라비아 사본에 따른 Michael Scot의 라틴어 번역으로 대체하기도 해서, 두 곳에서 "그러므로 그것들은 모로 걷는다", "인간은 입을 머리, 즉 신체의 상부에 둔다"를 덧붙여서 읽고 있다. 그러나 여기서 나는 Peck의 견해를 무시하고, Düring(1943)과 Lennox(2001)의 견해에 따라 텍스트를 읽고 해석했다(pp. 311~312).

3 무혈동물에 대해 논의하는 이 장에서 아리스토텔레스는 목적론적 설명의 기술적 언어를 예외적으로 사용하고 있는데, 이는 실제로 피가 있는 동물에 대한 언급이기 때문이다.

4 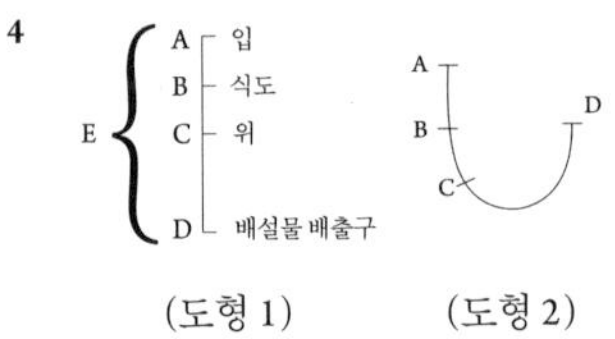

(도형 1) (도형 2)

아리스토텔레스는 먼저 '도형 1'을 그리고 나서, 연체동물과 고둥류에 대해 설명하고자 '도형 2'를 그린다(Lennox 참조).

어서 몸통주머니[외투막]가 그것을 둘러싸고 있으며, 그것은 문어의 경우에만 '머리'라고 불린다. 각피동물에서는 나선형 조개껍데기가 그런 것에 해당한다. 양자는 차이가 없는데, 단, 연체동물에서는 몸을 둘러싼 것은 부드러우나, 각피동물에서는 자연은 그 움직임이 둔하기에 몸을 지킬 수 있도록 하기 위해 육질의 것 주위에 딱딱한 것을 덧붙인 것은 제외하고. 그리고 그것 때문에[5] 연체동물과 고둥에서 배설물은 입 가까이에서 배출되는데, 단 연체동물의 경우에는 아래쪽[배 쪽]에서 배출하는 반면, 고둥류에서는 측면에서 배출한다는 차이가 있다. 그러하기에, 그 원인 때문에, 연체동물에서는 다리가 저런 방식(특징)으로 되어 있어, 다른 동물의 경우와는 정반대이다.

그러나 갑오징어나 오징어는 문어와 발이 비슷하지 않은데,[6] 그것은 전자에는 수영 능력만 있고, 후자에는 보행 능력도 있기 때문이다. 실제로 오징어는 위쪽[등쪽]의 몇몇 발은 작고, 그중 양쪽 끝의 두 개는 다른 것보다 크다. 그리고 나머지 것으로 모두 여덟 개의 발[7] 중 아래쪽[배쪽]에 있는 두 개가 가장 크다. 즉 네발동물에서 뒷발이 더 강하듯 오징어에서는 아래쪽 발이 가장 크다. 그 이유는 특히 그것들[아래쪽 발]이

5 "그것 때문에"의 '그것'은 바로 앞의 문장이 아니라 "그것은 내부의 종점이 (…) 불린다"(685a1-6)를 가리킨다. 즉 '그것 때문에'는 비슷하게 구부러진 신체 구조를 의미한다. 앞서 이것은 발(즉 촉수)이 앞에 있는 원인으로 소개되었지만(685a12) 이제 그것은 입(A)과 잉여물 배출구(D)를 나란히 있게 한다.

6 여기부터 아리스토텔레스는 연체동물 사이의 '무리 내' 차이와 그에 대한 설명으로 돌아선다. 이를테면 문어는 헤엄칠 수 있을 뿐만 아니라 걸을 수도 있지만, 갑오징어와 오징어는 그럴 수 없다는 것인데, 촉수 구조의 차이점을 정확히 특징화하고 있다. 아리스토텔레스는 685a30-b3에서 논의된 대로 기능에 초점을 맞추어 오징어와 갑오징어의 길쭉한 두 팔을 별개의 구조로 취급한다는 점을 염두에 두고 있다.

7 오징어의 촉수(proboskis, proboscis)를 수에 넣지 않으면 오징어도 발이 여덟 개라고 할 수 있다.

몸의 무게를 짊어지고 몸을 움직이기 때문이며, 양쪽 끝의 두 개는 아래쪽 발과 함께 작용하므로, 거기에 낀 가운데 발보다 크다는 것이다. 반면, 문어는 가운데의 네 발이 가장 크다.

그런데 그것들은 모두 발이 여덟 개인데, 갑오징어와 오징어의 다리는 짧고, 문어류의 다리는 길다. 왜냐하면 오징어는 몸을 감싸는 몸통이 크지만, 문어는 작기 때문에, 그 결과 자연은 문어에 대해서는 몸[몸통]에서 [질료를] 제거해서 그만큼을 발 길이로 덧붙였지만,[8] 갑오징어와 오징어에 대해서는 발에서 취해서 몸[몸통]을 크게 만들었기 때문이다. 그래서 문어에서는 발은 헤엄치는 데 도움이 될 뿐만 아니라 걷는 데도 도움이 되지만, 갑오징어와 오징어에서는 걷는 데에도 도움이 되지 않는다. 발은 작은데 몸통은 크기 때문이다.

또한 오징어는 다리가 짧아 파도나 폭풍우가 몰아칠 때 바위를 잡고 떨어지지 않도록 하는 데도 도움이 되지 않으며, 멀리서 먹이를 끌어당기는 데도 도움이 되지 않는다. 그러한 이유로 오징어는 긴 촉수[9]를 두 개 가지고 있으며, 폭풍우가 몰아칠 때 배가 그렇게 하듯 그것[촉수]들
685b 을 닻으로 내려 정박하는 셈이고, 또 갑오징어나 오징어는 그것을 이용해 멀리 있는 것을 포획하여 끌어당긴다.

반면, 문어는 자신들의 발이 그런 일에 도움이 되기 때문에 촉수를 [따로] 가지고 있지 않다. 문어는 발 부분에 빨판이 있고 또 꼬인 팔[10](꼬

8 이 동물들의 독특한 특성이 공통 질료를 다르게 분배하는 것이며, 아리스토텔레스는 문어에 비해 오징어와 갑오징어에서 상대적으로 다리가 짧은 이유를 설명하고 있다.

9 proboskis(촉수)는 연체동물의 두족류 중 오징어류가 가진 한 쌍의 팔을 가리킨다. 보통 다른 여덟 개의 팔보다 가늘고 길어 먹잇감을 사냥할 때 사용한다.

10 두족류, 특히 문어의 '팔'을 뜻하는 말(plektanē)은 '(실줄을) 꼬다(twine), 휘감다'(plekein)라는 동사에서 유래했다.

아진 것, 촉수)이 달린 동물들은, 옛날에 의사가 [탈구된] 손가락을 접골하는 데 쓰던 통 모양의 엮은 것[11]과 같은 능력과 구조를 가지고 있다. 그것은 그 관 모양의 뜨개질과 마찬가지로 섬유로 짠 것으로, 그것으로 살조각이나 저항이 사라진 먹잇감을 끌어오는 것이다. 즉 그것은 이완된 상태에서 먹잇감을 감싸서 수축하면, 그 안쪽에 닿은 모든 것을 조여서 꽉 잡는다. 따라서 끌어당기는 수단으로는 문어에서는 발, 오징어에서는 촉수 이외에는 없으므로, 힘의 세기와 다른 방어의 목적을 위해 손 대신 그 부분을 가지고 있는 것이다.

그런데 다른 연체동물은 빨판이 두 줄인데, 어떤 종류의 문어[12]는 빨판이 한 줄뿐이다. 그 원인은 발의 생김새가 길고 가늘다는 데 있다. 즉 그 발볼[촉수]이 좁은 것은 필연적으로 빨판이 일렬일 수밖에 없기 때문이다. 그래서 최선의 것으로서 그렇게 되어 있는 것이 아니라, 그 본질적 실체에 고유한 이치 때문에 필연적으로 그렇게 되어 있는 것이다.

연체동물은 모두 몸통 주위를 빙 둘러친 지느러미가 있다. 다른 연체동물에서 그것은 함께 붙어 연결되어 있으며, 큰 테우토스[teuthos, calamary][13]들에서도 그렇다. 한편, 비교적 작아 '오징어'(hai teuthides)[14]

11 힙포크라테스 『골절에 대하여』(peri arthrōn) 제80절에는 '종려나무(대추야자) 껍질로 짠 통 모양의 피복물'을 이용하여 접골하는 것이 소개되어 있다.

12 『동물 탐구』 제4권 제1장 525a16-18에는 '그 발의 크기에서 차이가 나고 한 줄의 빨판을 갖는' 헬레도네(heledōnē, Eledone cirrhosa)라는 문어가 언급된다.

13 '테우토스'(teuthos)에 대해서는 여러 설이 있으며, Thompson(1947, pp. 260~261)은 유럽화살오징어(Todarodes sagittatus)로 추정하고, Scharfenberg(pp. 116~120)는 지느러미오징어(Thysanotuthis rhombus)와 유럽큰지느러미오징어 혹은 창꼴뚜기(Loligo forbesi)가 아리스토텔레스의 설명에 부합하는 것으로 본다.

14 '화살오징어'(teuthis), 즉 유럽오징어 혹은 유럽화살꼴뚜기(Loligo vulgaris)와 '테우토스'의 차이점에 대해서는 『동물 탐구』 제4권 제1장 524a25-33 참조.

라고 불리는 것이 있지만, 지느러미는 비교적 폭이 넓어 갑오징어나 문어처럼 좁지 않다. 그 지느러미가 몸통 한가운데에서 시작되어 완전히 빙 둘러싸고 있지는 않다. 그 지느러미는 헤엄치기 위해 있는 것이며, 또 날개가 있는 것[새]에 꽁지깃이 있고 물고기에 꼬리지느러미가 있는 것과 같아, 방향키를 잡기 위해 있는 것이다. 그러나 문어의 경우에는 몸통이 작고 발로도 충분히 방향키를 잡을 수 있으므로, 지느러미가 매우 작아서 [있는지] 거의 알 수 없을 정도이다.[15]

이렇게 해서 마디가 있는 유절동물, 연각동물, 각피동물, 연체동물에 대해 그 안쪽 부분과 바깥 부분을 서술하였다.

15 실제로 문어에는 지느러미도, 그 흔적도 없다.

제10장 태생 유혈동물의 외적 부분

이번에는 처음부터 유혈인 태생동물[1]에 대해 앞서 언급한 것의 나머지 부분부터 시작해 고찰해야 한다. 그것들이 규정되면, 유혈인 난생동물에 대하여 같은 방법으로 말하기로 한다.

그런데 동물의 머리 주변에 있는 여러 부분에 대해서, 그리고 '목'이라고 불리는 것과 '목' 주변의 여러 부분에 대해서도 앞서 이야기했다.[2]
모든 유혈동물에게는 머리가 있다. 하지만 무혈동물 중에는, 예를 들어 686a
게처럼 그 부분이 분명치 않은 것이 있다.

그런데 모든 태생동물에게는 목이 있지만, 난생동물에게는 목이 있는 것도 있고 없는 것도 있다. 즉 폐가 있는 것에는 목도 있지만, 밖으로부터 숨을 들이마시지 않는 것에는 그 부분이 없다. 또 머리는 특히 뇌를 위해 있다.[3] 왜냐하면 앞서 말한 바와 같은 이유로,[4] 유혈동물에게 그 부분을 갖는 것은 필연적이며, 심장과 대립하는 위치에 있어야 하기 때문

1 포유류.

2 제2권 제10장 655b28-제3권 제3장 664a20. 여기서 '목'을 지시하는 trachēlos라는 말은 단지 이 부분에서만 나온다. 주로 auchēn(목. 목구멍)이란 단어가 쓰인다.

3 제2권 제7장 652b23-25에서는 "유혈동물은 모두 뇌를 가지고 있는 반면, 다른 동물에게는 실질적으로 문어처럼 유비적인 의미로 뇌가 있다고 여겨지는 경우를 제외하고는, 전혀 뇌가 없다"라고 말하고 있다.

4 여기에서 반복되고 있는 주장은 심장 주위에 발생하는 열의 조절에서 뇌의 역할을 논의하는 제2권 제7장 652b16-26과 뇌 근처에 특정 감각기관을 배치하는 것의 가치를 논의하는 656a19-656b7의 주장을 결합한 것이다.

이다. 자연이 머리에 몇 가지 감각을 남겨 둔 것은, 그곳에서는 피의 혼합이 적절히[5] 이루어지고 있어서, 즉 뇌의 뜨거움을 조절하고 감각이 평정을 유지하며 지각의 정확성을 위해서 편리하기 때문이다.

더욱이 자연은 세 번째 부분으로서 먹이의 입구 역할을 하는 부분[입]을 머리에 두었다.[6] 왜냐하면 그곳이 가장 '균형 잡힌' 위치이기 때문이다. 실제로 위가 시원인 심장보다도 위에 놓이는 것은 불가능하고,[7]

5 원어로는 summetron. 이어 나오는 '균형 잡힌'은 summetrōs(적절한)로, 모두 같은 계열의 말이다.

6 '세 번째 부분'이 무엇인가에 대한 해석에 논란이 있다. 나는 이 문장을 Lennox의 해석에 따라 번역했다. 이어지는 각주 7에서 나는 해석의 결론을 제시했다. 레녹스의 해석은 이러하다. "아리스토텔레스는 입이 머리에 위치하는 이유를 설명하려고 하고 있으며, 이 책에서 보여 준 아주 전형적인 방식으로 그는 대안을 상상하고 그 실제상의 배치보다 덜 적합한 이러한 대안적인 배치로부터 결과를 도출하는 '사고실험'을 수행함으로써 이 물음에 접근한다. 여기서 고려되는 대안은 (1) 심장 위의 위와 (2) 심장 아래의 입이다. (1)에 대해서는 반대되는 어떤 논증도 주어지지 않는다. 단순히 불가능하다고 말한다. 그러나 독자가 이 지점까지 아리스토텔레스를 따랐다면, 소화기관이 심장을 짓누르고 있고 횡격막에 의해 심장과 분리되지 않는다는 생각은 당연히 부적절해 보일 것이다. (1)의 경우, 더 골치 아픈 특징은 위가 심장 위에 있다고 해서 입이 다르게 위치할 필요가 자명하지 않다는 점이다. (2)의 배치는 '몸의 길이가 매우 길어지고, 입이 움직이고 숙성하는 시원과 상당히 멀어지기 때문에' 불가능하다고 말한다. Ogle과 Peck 모두 이 문장을 두 번째 절의 주어가 '위'인 것처럼 번역한다. 이는 문법적으로도 그럴듯하지 않고, Ogle이 지적한 것처럼 아리스토텔레스에게 합리적인 논증을 주지도 않는다. 만일 아리스토텔레스가 (Ogle처럼) 입이 식도에 의해 위와 연결되어 있기 때문에 입을 심장 아래에 가짐으로써 심장과 위 사이에 큰 거리가 생길 것이라고 생각했으리라 가정한다면, 아리스토텔레스는 식도가 기관(氣管)이기 때문에 거기에만 존재한다는 것(664a21-24)을 잊어야만 했을 터이고, 이런 식의 새로운 배치가 필요하지 않았을 것이다. 반면 그가 이것을 생각하지 않는다면, 왜 심장과 위 사이에 추가적 분리를 만들어 내기 위해 입을 배치해야 하는 것인가? 어쨌든 이미 지적한 바와 같이, 두 번째 절의 주어를 '위'라고 읽을 타당한 이유는 없다. 지지받지 못하는 텍스트 수정의 부족함으로, 이 논증을 구제할 방법이 없다고 나는 생각한다"(Lennox, p. 316).

7 아리스토텔레스는 이유를 밝히고 있지 않지만, 심장이 몸 전체를 총괄하고 더 고귀하기 때문일 것이다(제3권 제4장 665b18-21 참조). 또한 위나 장이 상부에 있으면, 그것

그렇다고 위가 지금 있는 것처럼 심장보다 아래에 있다고 해서 입구 또한 심장보다 아래에 있는 것도 불가능하기 때문이다. 왜냐하면 그렇게 되면 몸의 길이가 매우 길어지고, 움직이고 숙성하는 시원과 상당히 거리가 멀어지기 때문이다.[8]

그런데 머리는 이 부분들[9]을 위해 있으며, 목은 숨통(氣管)을 위해 있는 것이다.[10] 왜냐하면 목은 방어물이며, 숨통과 식도 주위를 둘러싸고 그것들을 보전하기 때문이다. 또한 [늑대와 사자를 제외한] 다른 동물들은 목을 구부릴 수 있고 [여러 개의] 등골뼈가 있는 데 반해, 늑대나 사자는 그 목이 단일한 뼈로 되어 있다.[11] 왜냐하면 자연은, 그 동물들에 대해서는 목이 다른 방어를 위해서라기보다 오히려 힘의 세기에 도움이 되도록 배려했기 때문이다.

[사람 이외의] 이러한 동물에서 목과 머리로 이어지는 것은 앞다리와 몸통이다. 사람은 앞다리 내지 앞발을 대신하는 것으로서 팔과 '손'이라 불리는 것을 가진다. 인간의 자연 본성, 즉 그 본질적인 실체가 신적이

들이 심장을 압박할 것이고 또 횡격막에 의해 분리되기도 어려워진다는 이유도 생각해 볼 수 있다(제3권 제10장 672b14-24).

8 Küllmann은 Frantzius에 따라서 몸, 특히 하체가 너무 길어짐으로써 심장이 몸을 제어할 수 없게 될 가능성을 지적한 것이라고 설명하고 있다. 실제로, 예를 들어 입이 위와 심장 사이에 있다면 위는 열의 시원인 심장에서 벗어나게 돼 열로 인한 영양물 숙성에 지장이 생길 것이다.

9 뇌, 입, 몇 가지 감각.

10 목은 숨통과 식도를 위해 있는 것이라고 말하고 있다(제3권 제3장 664a14-17). 부분들 간의 목적론적 관계 배후에는 함축된 기능적 계층이 있다. 목은 숨통을 보호하기 위해서, 또 숨통은 호흡을 위해서 있다.

11 물론 이것은 잘못된 관찰이지만, 『동물 탐구』 제2권 제1장 497b16-17에서도 사자에 대해 같은 말을 하고 있다("사자는 등골뼈 대신에 하나의 단일한 뼈로 구성되어 있다"). 『동물 탐구』에는 늑대에 대한 이러한 주장이 나오지 않는다.

어서 인간만이 직립하기 때문이다. 사고하고 깊이 생각하는 것(思慮)[12]
은 가장 신적인 것이 하는 일이다.[13] 그러나 몸의 대부분이 위쪽에서 밀
려왔다면 이는 쉽지 않았을 것이다. 왜냐하면 그 무게가 사고와 공통감
각[14]을 움직이기 어렵게 만들기 때문이다. 그리하여 무게와 물체적인 것
이 커지면, 몸은 땅 쪽으로 쏠리는 것이 필연적이며, 그 결과 안전을 위
686b 해 자연은 팔이나 손 대신 앞발을 네발동물에게 준 것이다.[15] 즉 보행하

12 to noein kai phronein.

13 신적인 삶, 관상의 삶에 대해서는 『니코마코스 윤리학』 제10권 제8장 1177b26-28, 『형이상학』 제12권 제7장 1072b22-30 참조. '지성은 활동으로서, 분리될 수 있고, 영향받지 않으며, 섞이지 않고', '이 지성만이 불사이며 영원하다'(『혼에 대하여』 제3권 제5장 430a16-17, 430a23-24). 이 대목은 다른 어떤 구절보다도 플라톤의 『티마이오스』 정신을 반영하고 있다(686b28-31도 참조). 네 발 달린 동물의 팔다리에 대한 설명을 플라톤의 것과 비교해 보라(91e-92a). 인간이 똑바로 서 있는 것과 신적인 것을 관련짓는 비슷한 지적은 플라톤, 『티마이오스』 90a-d에서도 볼 수 있다. 다만, 플라톤이 머리를 혼의 자리로 삼은 후 머리가 하늘을 향하고 있는 것을 그 근거로 한 데 대해, 아리스토텔레스는 본문의 이어지는 대목과 같이 생리학적 설명을 하고 있다.

14 656a28, 665a12, 『기억에 대하여』 450a10-13 참조.

15 (1) 인간은 본성에서 신적이다. (2) 이성은 가장 신적인 것의 기능이다. (3) [그러므로 이성은 인간의 기능이다.] (4) 그 장기(기관)를 억누르는 '신체적' 질료를 많이 가지면 이성이 방해를 받을 것이다. (5) [그러므로 인간에게는 억누르는 신체적 본성을 갖게 하지 않는다.] (6) [억누르는 신체적 질료를 많이 갖지 않는 것들은 올곧다.] (7) 그러므로 인간은 직립한다. 따라서 인간의 직립은 본질적으로 인간이 추론(이성)을 위해 적절하게 구성된 결과이다. 653a9-32에서는 인간의 직립 본성은 위쪽으로 성장하게 하는 인간 심장 주변의 많은 열 때문이라고 주장한다(제3권 제6장 669b5 참조). 이 논증과 앞의 (7)의 결론은 통합되어야 한다. 이 논증은 686b27-31을 시사한다. 따라서 성인 인간은 심장 주변의 열이 상승하는 열을 위쪽으로 보내기 때문에 직립한다. 이것은 심장 부위가 위로부터 억눌리지 않기 때문에 이성적인 존재에게 적합한 것이다. 아리스토텔레스는 인간이 네발 달린 동물보다 윗부분이 덜 무거운 이유가 무엇인지, 위(胃)에 신체적 질료가 있으면 혼의 기능이 어떻게 방해를 받는지, 이성이 왜 거기에 국한되어 있는지는 설명하고 있지 않다. 「잠에 대하여」에서 우리는 이에 관련된 어떤 시사점을 찾아볼 수 있다. 숙성이 잘못된 피의 경우 과도한 영양분은 심장의 열로 인해 올라가지만, 이는 다시 뇌에 의해 냉각되면서 아래로 내려간다(「잠에 대하여」 456b18-

는 동물은 모두 필연적으로 뒷다리가 두 개여야만 하고, 혼이 무게를 견딜 수 없기 때문에 그런 동물은 네 발이 되는 것이다. 즉 사람과 비교해 볼 때, 다른 모든 동물은 난쟁이와 같은 것[16]이라고 하는데, '난쟁이와 같은 것'이라 함은 윗부분이 크고, 그 무게를 받치고 걷는 부분이 작은 것을 말하는 것이기 때문이다. 그리고 상부는 '몸통'[17]이라고 불리는 것으로 머리에서 배설물 출구까지 뻗어 있다.

그런데 사람의 경우 [상부는] 하부에 대해 균형이 맞춰져 있으며, 성인은 상당히 작다. 어릴 때는 반대로 윗부분이 크고, 아랫부분이 작다. 그렇기 때문에 어릴 때는 기어다니는 것이고 걷지 못한다. 아이들은 모두 난쟁이이기 때문에 처음에는 기어다닐 수도, 움직일 수도 없다. 사람

29). 우리 머릿속의 이 무거운 영양분 때문에 우리는 '꾸벅꾸벅 졸고,' 아이들은 위쪽으로 향하는 그들의 성장이 많은 영양분을 위쪽으로 운반하기에 잠을 많이 자는 것이며, 이것은 위와 같은 수면 과정의 규칙적 반복으로 이끄는 것이다(「잠에 대하여」 456b32-457a6). 이러한 지속적 영양 과잉은 이 책 제4권의 구절에서 또한 상대적인 이성 부족과도 연결되는 어린이의 '난쟁이 같은' 본성(457a6-7)을 설명한다.

16 이어지는 설명에서 알 수 있듯이 여기서 '난쟁이와 같은 것'이라고 번역한 nanōdes는 상반신에 비해 사지(하반신)가 비례적으로 짧은 것이지 몸 전체가 작은 것을 말하는 것은 아니다. 이것은 성인 인간이 아니라 어린이와 네발동물에 전형적인 신체의 비율의 특징이다. 이 대목에서 이 말은 인간을 기준으로 그에 비해 다른 동물의 가치가 낮다고 절하하는 '가치 평가'의 개념으로 사용된다. 즉 난쟁이와 같은 것일수록 '지성'의 능력 또한 부족하다는 것이다(687b22-26). 이 아이디어도 플라톤의 『티마이오스』의 생각을 충실한 반영한 것이다. "그 원인은 앞서 말했듯 많은 동물에서 혼의 시원이 움직이기 힘들고 물체적이기 때문이다. 더욱이 상승해 오는 열기가 더 적어지고, 토질적인 것이 늘어나면, 동물의 몸은 작아져 발의 수가 많아지고, 마지막에는 무족(無足)이 되어 땅 표면으로 길게 뻗게 되는 것이다. 그런 방향으로 조금씩 나아가다 보면 그 시원조차도 아래쪽에 있게 되고, 마지막에는 머리에 대응하는 부분이 움직이는 것도 감각하는 것도 없어지고, 그리고 식물이 된다"(687b25-34). 물론 정상인과 비교해 선천적 결함을 가진 사람을 가리키는 대목도 한 군데 있다(686b26).

17 여기서 말하는 '몸통'은 사지 이외에 머리까지 포함한 부분을 가리킨다.

은 나이가 들면서 하부가 성장한다.[18] 한편, 네발동물은 그와 반대로 처음에는 하부[사지]가 가장 크고, 자라면서 상부[몸통]가 더 커지는데, 그것은 엉덩이에서 머리에 걸친 체간(體幹)[19]이다. 그렇기 때문에 망아지는 키 면에서는 어른 말과 비교해 별 차이가 없거나 약간 작은 정도지만, 어릴 때는 뒷다리로 머리를 만지는데 나이가 들면 그렇게 할 수 없게 된다. 그런데 단제나 쌍제동물은 그런 모습을 하고 있지만, 손가락이 많고 뿔이 없는 동물은 난쟁이와 같은 것이기는 하지만 발굽이 있는 동물만큼은 아니다. 그러므로 성장은 하부에서 상부로 부족한 비율[20] [정도]에 따라 진행되는 것이다.

또한 조류와 어류, 그리고 모든 유혈동물은 방금 말했듯[21] 난쟁이와 같은 것이다. 이런 까닭에 모든 동물은 사람보다 지성이 부족하다. 사람들 중에서도, 예를 들어 아이는 어른에 비해서, 심지어 전성기의 성인끼리도 선천적으로 난쟁이 같은 사람은 비록 다른 능력이 뛰어나더라도 지성을 가진다는 점에서는 부족하다.[22] 그 원인은 앞서 말했듯[23] 많은 동물에서 혼의 시원[24]이 움직이기 어렵고 물체적이라는 점이다. 더욱이 상

18 『동물의 발생에 대하여』 제5권 제1장 779a4-26에서는 아이의 성장이 신체 위쪽부터 시작해 점차 아래쪽으로 나아간다고 말하고 있다.

19 사람의 몸통 부분.

20 다른 것과 비교해 상대적 크기의 초과 및 부족으로서의 '수학적 비율'.

21 686b2-3.

22 『자연학 소론집』에서 「기억과 상기에 대하여」 제2장 453a32-b7 참조. 노인들은 쇠잔해지는 운동의 속도가 급속하고, '난쟁이와 같은' 아이들은 성장의 속도가 빠르므로 '나쁜 기억력'을 갖는다.

23 686a30-31.

24 혼 자체가 '생명의 시원'이란 표현은 다소 이상하게 생각된다. 혼의 자리인 '심장'이나 그 '피'를 가리킨다고 생각된다(Düring, Lennox). Küllmann은 동물 성장의 작용 원인으로 여겨지는 심장에 있는 식물적 혼의 활동을 가리키는 것으로 해석한다.

승해 오는 열기가 더 적어지고, 또 토질적인 것이 늘어나면[25] 동물의 몸은 작아져 발의 수가 많아지고, 마지막에는 무족(無足)이 되어 땅 표면으로 길게 뻗게 되는 것이다.[26] 그런 방향으로 조금씩 나아가다 보면 그 시원조차 아래쪽에 있게 되고, 마지막에는 머리에 대응하는 부분이 움직이는 것도 감각하는 것도 없어지고, 그리고 식물이 된다. 식물로는 [동물에게] 위쪽에 있는 것이 아래에 있고, 아래쪽에 있는 것이 위에 있게 되는 것이다. 왜냐하면 [식물의] 뿌리는 입과 머리의 능력을 갖고 있으며, 씨앗은 그 반대이기 때문이다. 즉 그것은 위에서 생기는 것이어서, 가지 687a
끝에서 생긴다.

어떤 원인으로 동물에는 두 발의 것과 다족의 것과 무족(無足)의 것이 있는지, 어떤 원인으로 어떤 것은 식물이 되고, 다른 것은 동물이 되었는지에 대해 말했다. 게다가 왜 동물 중에서 사람만이 직립해 있는지도 말했다. 그 자연 본성이 직립하는 것이므로, 앞다리는 [서서 걷는 데] 전혀 필요가 없고, 그것 대신 자연은 팔과 손을 준 것이다.

그런데 아낙사고라스[27]는 사람은 손을 가지기 때문에, 동물 중 가장

25 플라톤, 『티마이오스』 92a2-92b1 참조. 아리스토텔레스의 4원소설에 따르면 뜨거움과 관련된 불은 위쪽으로 향하는 경향성을 가지며, 흙은 반대로 아래쪽(중심)으로 향하는 경향성을 가진다(『천계에 대하여』 제4권 제2장 308b13-15, 『니코마코스 윤리학』 제2권 제1장 1103a21-23).

26 플라톤, 『티마이오스』 92a-b 참조("신은 지혜를 더 많이 결여한 것들에게 더 많은 발을 달았으니까. 결국 그것들은 한층 더 땅 쪽으로 끌리게 되었지요."). 플라톤이나 아리스토텔레스는 비슷한 용어를 사용해서 직립하는 자세를 취하는 이유를 공통적으로 제시한다. 그러나 아리스토텔레스는 인간의 직립성을 목적론적으로 설명하면서도(심장 위가 상대적으로 무게가 적은 것이 추론에 유익하며, 바로 이것이 바로 직립을 만들어 냄), 그는 플라톤적 설명에는 없는 자세의 '역학'을 내놓고 있기도 하다. 즉 동물을 일으키는 데 필요한 열이 적고, 상대적으로 토질의 질료가 많으므로 동물은 더욱 '땅에 얽매이게' 된다는 것이다.

27 아낙사고라스, *DK* 59A102 참조. 아낙사고라스가 이런 주장을 했다는 독립적 증거는

사려 깊다고 말했다. 그러나 가장 사려가 깊기 때문에 손을 갖고 있다고 생각하는 것이 이치에 맞는다. 손은 도구이고, 자연은 항상 각각의 도구를, 사려 깊은 사람들이 하는 것처럼[28] 그것을 이용할 능력이 있는 사람에게 나누어 주는 것이다. 즉 피리(아울로스)를 가진 자에게 피리 부는 기술을 부여하는 것보다 실제로 피리 부는 자에게 피리를 주는 것이 더 적절하다. 왜냐하면 자연은 항상 더 크고 우월한 것에 더 작은 것을 할당하는 것이며, 더 작은 것에 더 고귀하고 더 큰 것을 할당하지 않기 때문이다. 그래서 그렇게 되는 것이 더 나은 것이고, 자연이 가능한 것들 중에서 가장 좋은 것을 만들어 낸다면, 인간은 손 때문에 가장 사려 깊지 않으며, 오히려 동물 중 가장 사려 깊기에 손을 갖고 있는 것이다. 가장 사려 깊은 것이 가장 많은 도구를 능숙하게 사용할 수 있으며, 손은 하나의 도구가 아니라 많은 도구인 것처럼 보이기 때문이다. 사실상 손은 여러 도구보다 앞서는 도구[29]이니까. 그렇기에 가장 많은 기술을 습득할 수 있는 자에게 도구 중 가장 많은 것에 도움이 되는 도구인 손을 자연은 부여한 것이다.

그럼에도 사람의 몸은 잘 구성되어 있지 않아, 반대로 동물들 중 최악

없다. '동물은 먼저 물로부터 나와, 그런 다음 번식하기 시작했다'(*DK* 59A1)는 진화론적 관점과 넓은 의미에서 일치하는 것처럼 보인다. 이와 달리 아리스토텔레스는 나중에 에피쿠로스주의자들이 주장한 것처럼, 기관이 먼저 생겨난 다음 그것을 사용하는 능력을 갖게 되었다고 주장한다. "즉 피리(아울로스)를 가진 자에게 피리 부는 기술을 부여하는 것보다 실제로 피리를 부는 자에게 피리를 주는 것이 더 적절하다." 형상적 본질이 질료적인 것보다 우선성을 갖는다는 주장과 일관적인 것으로 보인다.

28 『동물의 발생에 대하여』 제2권 제6장 744b16-17에서는 자연을, 유용한 것을 만들어 낼 수 있는 "뛰어난 가장"에 비교한다.

29 비슷한 표현을 『정치학』 제1권 제4장 1253b32-33("모든 보조자는 도구들을 사용하기 위한 도구와 같은 것이다."), 『혼에 대하여』 제3권 제8장 432a1-2("혼은 마치 손과 같다. 손은 도구들의 도구이고…")에서도 볼 수 있다.

으로 구성되어 있다고 주장하는 사람들이 있지만(즉 인간은 맨발이고, 벌거벗고, 힘을 위한 무기를 갖고 있지 않기 때문이라고 말한다), 그들의 주장은 옳지 않다. 즉 다른 동물들은 방어 수단을 하나만 가지고 있어서, 다른 것을 이것 대신 전용할 수 없으며, 필연적으로 말하자면 항상 신발을 신은 채 자거나 온갖 일을 다 하게 되고, 몸 주위에 둘러서 대는 보호구는 결코 내려놓지 않으며, 우연히 가질 수 있는 무기를 바꿀 수도 없는 것이다. 반면에 인간은 방어 수단을 많이 가지고 있으며, 또 그것들 687b
을 항상 교체하고, 게다가 어떤 종류의 무기든 원하는 곳에서 가질 수 있다. 왜냐하면 손은 갈고리발톱에도, 발굽에도, 뿔에도, 창에도, 검에도, 그 밖에 어떤 무기에도 도구가 되기 때문이다. 인간이 모든 것을 움켜쥐고 보유할 수 있기 때문에, 그 손이 이것들 모두[30]가 될 수 있다. 그리고 손의 형태도 자연 본성적으로 그것들에 잘 적응할 수 있도록 고안되어 있다. 말하자면 [손가락이] 나뉠 수 있도록 끝이 여러 개로 나뉘고 있기[31] 때문이다. 즉 갈라질 수 있다는 것에는 붙어서 하나의 복합 상태가 될 수 있는 것도 포함되지만, 그 반대는 성립하지 않는다. 그리고 손을 하나의 것으로도 두 가지로도[32] 또 다양한 방식으로 사용할 수 있다는 것이다.

그리고 손가락 관절은 물건을 잡거나 움켜쥐기에 편리하게 되어 있다. 그리고 한 손가락[엄지]은 측면에서 나며, 그것은 짧고 굵지만 길지는 않다. 즉 만일 손이 전혀 없었다면 물건을 잡을 수 없었을 것이지만, 그와 마찬가지로 만일 그 손가락[엄지]이 측면에서 자라지 않았다면 물건을 잡을 수 없었을 것이다. 즉 그 손가락이 아래에서 위로 물건을 누르

30 무기와 도구.

31 여러 손가락을 가짐.

32 손가락을 묶어서 무언가를 잡을 수도 있고, 손가락을 따로 사용하여 무언가를 잡거나 끼울 수도 있다.

지만, 다른 손가락은 위에서 아래로 누르는 것이다. 강력한 조임쇠처럼, 물건을 한데로 모아 연결할 수 있도록 단단히 연결하려고 하면, 그 손가락이 하나이면서도 여러 손가락과 균형을 이루어 압박을 발휘할 수 있도록 그럴 수밖에 없는 것이다. 그리고 그 손가락[엄지]이 짧은 것은 그 세기 때문이며, 그것이 길다면 소용이 되지 않을 것이기 때문이다. (끝 부분의 손가락[새끼손가락]이 적절하게 짧은 것도, 중간 손가락이 배(船) 중앙부의 노처럼 긴 것도 적절하다. 그것이 기능하기 위해서는 필연적으로, 특히 잡히는 것이 가운데서 빙 둘러치듯이 붙잡혀야 하기 때문이다.) 그리고 이 설명에 따라서, 그 손가락[엄지]은 작지만 '크다'라고 불리는 것이며, 말하자면 그 손가락이 없다면 다른 손가락도 쓸모가 없기 때문이다. 그리고 손톱의 일[33]도 잘 작동하고 있는 셈이다. 즉 다른 동물들은 무언가에 사용하기 위해서도 손톱을 가지고 있는데, 사람의 경우에는 덮개이기 때문이다. 즉 손가락 끝을 보호하는 것이다.

팔 관절은 먹이를 끌어당기는 것이나 다른 용도 때문에, 네발동물과는 반대되는 방식이다. 즉 네발동물에서는 필연적으로 앞다리가 안쪽으로 휘어야 한다. (보행에 도움이 되고자 그것을 발로 사용하니까.) 무엇보다 네발동물 중에서도 손가락이 많이 있는 것에서는 앞다리가 보행에 도움이 될 뿐 아니라 손 대신으로도 도움이 되도록 되어 있어서, 그렇게 앞다리를 사용하는 것도 볼 수 있다. 사실 그것들은 앞다리로 물건을 움
688a 켜쥐고 몸을 지키기도 한다. 그러나 단제동물은 뒷다리로 몸을 지킨다. 그 앞다리는 팔꿈치나 손에 유비되는 것이 아니기 때문이다. 한편, 손가락이 많은 동물 중에는 바로 그 때문에 앞다리가 다섯 손가락이고, 뒷다

33 헬라스 원어는 중성 정관사(to)로 되어 있는데, 손톱의 '이점', '기여', '하는 일'로 해석할 수 있다. 손톱의 능동적(무기), 수동적(보호) 역할을 말하는 듯하다.

리가 네 손가락인 것이 있다. 예를 들어 사자나 늑대, 심지어 개나 표범이 그렇다. 즉 그 다섯 번째 손가락은 말하자면, 손에 있어서 다섯 번째 큰 손가락[엄지손가락]처럼 되어 있는 것이다. 손가락이 많은 동물 중 작은 것들은 뒷다리도 다섯 손가락인데, 그것은 그 동물이 기어다니기 때문이며, 손톱이 많아 쉽게 꽉 잡을 수 있고, 높은 곳이나 심지어 [우리의] 머리를 넘어서는 곳까지[34] 쉽게 기어오를 수 있게 되어 있다.

또 사람은 팔꿈치(上肢)와 팔꿈치 사이에, 다른 동물로는 앞다리와 앞다리 사이에 흉부(胸部)라고 불리는 부분이 있다. 사람의 흉부는 폭이 넓은데, 이는 이치에 맞으며(왜냐하면 팔꿈치가 몸의 측면에 붙어 있어 아무 지장 없이 그 장소[흉부]를 넓게 둘 수 있기 때문이다), 네발동물에서는 이동하여 장소를 바꿀 때 그들의 사지를 앞으로 뻗기 때문에 그 부분이 좁아져 있는 것이다. 그리고 이 때문에 네발동물은 그 장소[흉부]에 유방이 없다. 반면, 사람은 그 부분이 넓고 심장 부근을 [보호하기 위해] 덮어야만 하며, 그래서 그 자리가 살집이기 때문에 유방이 다른 것으로 분화되어 있다. 남자의 경우에는 지금 말한 것과 같은 이유로 살집인데, 여자의 경우에는 자연이 흔히 그런 일을 한다고 우리가 주장하는 것처럼, 자연은 유방을 다른 기능을 위해서도 활용하고 있다. 즉 여자는 낳은 아이를 위해 그곳에 영양을 저장해 두는 것이다.[35] 오른쪽과 왼쪽 두 부분이 있으므로, 유방은 두 개가 있다. 그리고 유방은 비교적 단단하고 명확하게 [두 가지로] 구분되어 있는데, 그 이유는 [단단한 것은] 갈비뼈가

34 "머리를 넘어서"는 매우 높은 곳을 가리키는 표현이라고 생각되지만, Ogle[1912]은 '머리를 아래로 해서'(head downwards)라고 번역하고 있다. Pellegrin도 각주(脚注)에서 비슷한 해석을 하고 있다.

35 아리스토텔레스는 이것을 유방의 이차적 기능으로 보고 있다. 일차적 기능은 인간의 경우에 심장 부근을 보호하는 것이다. 그러면 남성의 젖꼭지는 왜 있는가?

그 자리에서 서로 접합되어 있기 때문이며, [구분되어 있는 것은] 유방의 실체(phusis)가 무거운 짐이 될 정도는 아니기 때문이다.

그러나 다른 동물에서는 좌우 다리 사이의 흉부에 유방이 있는 것은 불가능하거나 〈어려우며〉[36](만일 있다면 걷기에 방해가 될 것이기 때문이다), 실제로 다양한 방식으로 유방이 붙어 있다. 즉 새끼를 적게 낳는 동물은 단제동물이든 뿔이 있는 동물이든, 허벅지 부분에 유방이 있고, 그것은 두 개이다. 한편, 새끼를 많이 낳는 동물이나 발끝이 다수로 갈라진 동물에서는, 예컨대 돼지나 개처럼 복부 측면에 많이 있는 것도 있으
688b 며, 사자처럼 복부 중간쯤에 두 개만 있는 것도 있다.[37] 후자의 원인은 때때로 두 마리보다 더 많이 낳을 수도 있다는 점에서 볼 때, 낳는 새끼가 적기 때문이 아니라 모유가 많이 나오지 않는다는 것이다. 왜냐하면 그것은 섭취한 먹이를 몸을 위해 소비하는데, 육식이기 때문에 드물게 먹이를 섭취하는 것이다.

코끼리는 유방을 두 개밖에 갖지 않으며, 그것은 앞다리 겨드랑이 밑에 있다. 둘인 것의 원인은, 새끼를 한 마리밖에 낳지 않기 때문이고, 가랑이에 있지 않은 것은 발끝이 여럿으로 갈라져 있는 동물이기 때문이다(즉 발끝이 여럿으로 갈라진 동물은 모두 유방이 가랑이에 없다). 그리고 유방이 높은 쪽 겨드랑이 가까이에 있는 것은, 그것이 유방이 많은 동물에서 첫 번째 유방에 해당하고, 거기가 젖을 가장 많이 내기 때문이다. 그 징표는 돼지에게서 일어나는 일이다. 즉 돼지는 새끼들 중에 처음 태어난 새끼 돼지에게는 유방들 중 그 첫 번째 유방을 갖다 댄다. 그래서 처음 태어난 것이 한 마리뿐인 경우, 필연적으로, 그 어미 돼지에게는

36 "어려우며"(ē chalepon) 부분을 생략한 사본도 있다.

37 사자의 유방에 대한 이 기술은 잘못된 것이다.

[다른 건 몰라도] 첫 번째 유방을 갖는다. 그리고 첫 번째 유방은 겨드랑이 밑에 있다.

그렇기에 코끼리는 이러한 원인 때문에 두 개의 유방을 그 자리에 두고 있지만, 많은 새끼를 낳는 것은 배 근처에 있다. 그 원인은 더 많은 새끼를 키우려면 더 많은 유방이 필요하다는 것이다. 따라서 몸의 가로 방향은 오른쪽과 왼쪽 두 개뿐이므로 옆줄로는 두 개 이외의 어떤 수의 유방을 갖는 것은 불가능하며, 필연적으로 세로 방향으로 유방이 있게 되는 것이다. 그리고 앞다리와 뒷다리 사이의 자리에만 길이를 확보할 수 있다.

한편, 발끝이 다수로 갈라지지 않은 동물로서 새끼를 약간 낳거나 뿔이 있는 것은 사타구니에 유방이 있으며, 예컨대 말, 당나귀, 낙타가 그렇고(이것들은 한 마리밖에 낳지 않고, 앞엣것 두 개는 외발굽이며, 낙타는 갈라진 발굽을 갖기 때문이다), 게다가 사슴, 소, 염소나 다른 그런 종류의 모든 동물이 그런 것이다. 그 원인은 그 동물들에서는 성장이 몸의 위쪽을[38] 향해 진행된다는 것이다. 그래서 잉여물과 피가 집적되어 과잉되는 곳이 생겼고[39](그 장소는 아래쪽, 배출물 유출과 관련된 곳이다), 자연은 그곳에 유방을 만든 것이다. 즉 영양의 움직임이 생기는 곳에서 유방도 영양을 얻을 수 있기 때문이다. 또, 사람은 여자나 남자 모두 유방을 가지고 있지만, 다른 동물에서는 수컷 일부에는 유방이 없다. 예를 들어 수컷 말에는 유방이 없는 것도 유방이 있는 것도 있다. 후자는 어미 말과 비슷하다.

38 꼬리에서 머리로 향하는 방향.

39 성장이 뚜렷한 곳에서는 성장을 위해 잉여물이나 피가 소비되므로 그 축적이나 과잉이 일어나지 않고, 그와 반대쪽에서는 축적이나 과잉이 발생하게 된다.

이상으로 유방에 대해서 말했다. 흉부 다음은 위 주변의 장소인데, 그 689a 곳은 앞서 언급한 바와 같은 이유로[40] 갈비뼈로 둘러싸여 있지 않다. 그것은 영양물이 가열되었을 때, 필연적으로 영양물의 팽창이 일어나는데 갈비뼈가 그 팽창에 방해가 되지 않도록, 게다가 임신 중 자궁에 방해가 되지 않도록 하기 위해서다.

'몸통'이라고 불리는 부분의 마지막은, 배설물 — 그것에는 굳은 것도 있고 액상인 것도 있다 — 의 출구와 관련된 부분이다. 자연은 같은 부분을 액상 배설물의 출구로도, 그리고 짝짓기에도 활용하고 있으며, 그것은 수컷이든 암컷이든 마찬가지로, 약간의 예외가 있지만[41] 모든 유혈동물, 그리고 모든 태생동물에 해당한다.[42] 그 원인은 생식액이 액상인 것이고 잉여물이라는 데 있다. (지금으로서는 그런 것이라고 상정해 두자. 그것에 대해서는 나중에 증명될 것이다.)[43] 암컷의 경우 월경액에 대해서도, [수컷이] 생식액을 사출하는 곳에 대해서도[44] 동일하게 되어 있다. (그것들에 대해서도 나중에 규정되겠지만,[45] 현재로서는 암컷의 월

40 제2권 제9장 655a1-4.

41 약간의 예외가 있다고는 지적하지만, 이 주장('유혈동물은 암컷과 수컷 모두에서 짝짓기와 액상의 배설물 배출을 위한 공통의 통로를 가짐')은 다른 곳(제13장 697a11-14, 『동물의 발생에 대하여』 제1권 제13장 719b29-720a33)에서 난생동물은 액상의 배설물(오줌)을 배출하지 않는다고 말하는 것과 모순된다.

42 여자의 경우에는 생식기와 요도의 입구가 연결되어 있지 않다.

43 생성에 기여하는 암컷과 수컷에 대한 탐구를 논의하는 『동물의 발생에 대하여』 제1권 제18~20장 724b21-729a33 참조.

44 질(膣). 이 대목은 암컷도 (월경액과는 별도로) 생식액(gonē)을 사출한다고 생각되고 있는 것처럼 해석할 수 있지만, 『동물의 발생에 대하여』에서는 수컷의 생식액(정액)에 대응하는 유비물이 월경 혈이며, 암컷이 수컷과 마찬가지로 생식액을 제공하여 생식에 기여하는 것으로 생각되지는 않는다. 나는 Düring에 따라, '사출하다'의 주어를 수컷으로 해석한다.

45 『동물의 발생에 대하여』 제1권 제18~20장 724b21-729a33 참조.

경액도 잉여물이라고 상정해 두는 것만으로 해두자.) 월경액도 생식액도 자연 본성상 액상이며, 따라서 동일하고 유사한 것의 분비가 그 부분에서 이루어지는 것은 이치에 맞는다.

정액과 관련된 부분과 임신과 관련된 부분에 대해 그 내부가 어떻게 되어 있는지, 어떤 차이가 있는지는 동물에 대한 탐구[46]와 해부의 도움을[47] 받아야 분명한데, 나중에 발생에 관한 논의[48]에서 말하기로 한다. 하지만, 그러한 부분의 형태가 그 작용과 필연적으로 관련되는 것에 대해서는 불분명한 점이 전혀 없다. 수컷 기관은 몸의 차이에 따라 다르다. 그 기관들 모두가 자연 본성상 똑같이 근육 모양으로 만들어진 것이 아니기 때문이다. 게다가 여러 부분 중에서 그것만이 병적인 변화를 수반하지 않고도 커지거나 작아진다. 커지는 것은 성적 교접에 유용하고, 작아지는 것은 다른 신체 부분의 필요를 위해 유용한 것이다.[49] 그것이 항상 같은 상태로 있으면 지장이 있기 때문이다. 그 부분은 본성상 그렇게 양쪽 상태가 일어날 수 있는 그런 것들로 이루어져 있다.[50] 즉 한편으로는 힘줄인 동시에 다른 한편으로는 연골질이기도 하고, 그 때문에 줄어들 수도 늘어날 수도 있어 숨결을 받아들일 수 있는 것이다.[51]

46 『동물 탐구』 제1권 제13~14장에서 생식기관에 대하여 논의하고 있다.

47 현존하지 않는 저작인 『해부학』을 가리키는 것일 수 있다.

48 『동물의 발생에 대하여』 제1권 제2~16장 참조.

49 오줌 누는 일을 말할 것이다.

50 이것은 제1권 제1장 640b36-641a3에서 논의된 철학적 접근 방식에 대한 예이다. 신체 기관이 그 기능을 수행하고 완전히 그러한 기관이 되려면, 적절히 동질적 부분으로 구성되어야 한다. 제2권 제1장 646b11-27에서는 다양한 기능을 갖는 기관은 다른 여러 동질적 부분과 연관된 힘이 요구된다고 주장한다. 이것이 기관이 조직으로 구성되는 하나의 이유이다. 따라서 여기서 음경(陰莖)의 수축 또는 발기 능력은 힘줄과 연골로 구성되었느냐에 달려 있다.

51 『동물 탐구』 제9권(7권) 제7장 586a16-17에서는 정액의 사출(射出)이 숨결에 의해 일

그런데 네발동물의 암컷은 모두 뒤로 배뇨하는데, 그것은 짝짓기를
위해 그런 배치가 암컷에게 유용하기 때문이다. 한편, 수컷에서는 뒤쪽
으로 소변을 보는 경우가 드문데, 예컨대 살쾡이, 사자, 낙타, 토끼가 그
689b 렇다. 그러나 단제동물은 모두 뒤로 배뇨하지 않는다.

사람의 경우, [몸의] 뒷부분과 다리 부근 부분은 네발동물과 비교하면 독특한 모습을 보인다. 거의 모든 동물이 — 태생동물뿐만 아니라 난생동물도 — 꼬리를 가지고 있다. 사실 다른 동물에서는 그 부분이 그리 크지 않은 경우에도, 적어도 [흔적을 보여 주는] 징표 정도로 일종의 돌기(突起)가 있다. 반면, 사람에게는 꼬리가 없고 엉덩이[52]가 있지만, 네발동물에게는 그것이 없다. 게다가 사람은 다리가 육질이고, 넓적다리(上腿)와 정강이(下腿)가 있는데, 다른 동물 — 태생동물만이 아니라 일반적으로 다리가 있는 동물 — 은 모두 다리에 살이 없다. 즉 힘줄로 되어 있거나, 뼈로 되어 있거나, 가시뼈로 되어 있다. 그 모든 것에 대해, 말하자면 한 가지 원인이 있는데 동물 중에서 사람만이 직립한다는 것이다. 그래서 윗부분이 가벼워지고, 쉽게 짊어질 수 있도록 하려고 자연은 윗부분으로부터 신체적인 것을 빼내 아랫부분에 무게를 더한 것이다. 그렇기에 자연은 엉덩이, 넓적다리, 종아리를 살집으로 만든 것이다.[53] 이와 동시에 자연은 엉덩이의 자연 실체(phusis)를 휴식에 유용하도록 만든다. 즉 네발동물에서는 서 있는 것이 부담스럽지 않고, 그 자세를 계속

어나는 것으로 설명한다. '정액의 사출은 숨의 내뿜음에 의해 야기된다.'

52 여기서 '엉덩이'라고 번역한 'ischion'은 정확히는 고관절을 둘러싼 살집의 좌우 부분을 가리킨다. 제12장 695a1 아래에서 이 단어는 '좌골'(ischium)을 가리키는 말로 다른 동물에 대해서도 사용하고 있다.

53 동물의 본성(자연)은 질료를 배분하여 동시에 두 가지 귀중한 기능을 수행하도록 한다. 엉덩이의 본질은 논의 중인 부분의 특성을 잘 나타낸다. 제3권 제2장 663b20-35 참조.

유지해도 피곤하지 않지만(이것은 말하자면 네 개의 버팀목이 아래에 있고, 계속 누워 있는 것과 마찬가지기 때문이다), 사람에게 똑바로 서 있기는 쉽지 않고, 몸은 휴식, 즉 앉아 있음을 필요로 하기 때문이다.

그래서 인간은 앞서 언급한 바와 같은 원인 때문에, 살집의 엉덩이와 다리를 가지고 있고, 그 부분이 있기 때문에 꼬리를 갖지 않는다(왜냐하면 꼬리에 가야 할 영양분이 그것들을 위해 사용되며, 또한 엉덩이가 있으므로 꼬리를 사용할 필요성이 없어졌기 때문이다). 반면, 네발동물이나 다른 동물에서는 사정이 정반대다. 즉 그것들은 난쟁이와 같은 것으로, 무게와 몸이 하부에서 제거되어 죄다 상부에 놓이게 된다. 그래서 그것들은 엉덩이가 없고, 다리는 딱딱하다. 또한 배출물의 출구 역할을 하는 부분이 지켜지고 또 덮개가 있게 하기 위해서, 자연은 다리가 되어야 할 영양을 제거하여 꼬리라고 불리는 것, 즉 꼬리를 그것들에게 주었다. 그러나 원숭이[54]는 그 형태 때문에 [사람과 네발동물의] 양쪽 특징을 겸비하고 있어서, 어느 것도 없고 어느 것도 있다고 할 수 있으며, 이 때문에 꼬리도 엉덩이도 갖지 않고, 두 발이어서 꼬리를 갖지 않으며, 네 발이어서 엉덩이를 갖지 않는 것이다.

'꼬리'라고 불리는 것들 간에는 많은 차이가 있는데, 자연은 꼬리에 대해서도 엉덩이의 보호나 덮개를 위해서뿐 아니라, 그것을 가진 동물들에게 유용하여 무언가에 사용할 수 있도록 활용하는 것이다.

네발동물의 발은 다양한 차이를 가진다. 어떤 것은 단제이고, 어떤 것

54 여기서 '원숭이'라고 번역한 pithēkos는 꼬리가 없다고 하고 있으므로 유인원의 일종을 가리키는 것으로 보이지만 실제로는 북아프리카에 서식하는, 꼬리가 거의 퇴화한 원숭이인 '바바리원숭이'(Macaca sylvanus)로 생각된다(Kitchell, 9-10 참조). 헬라스어에서 원숭이를 나타내는 말로는 그 밖에 kēbos가 있으며, '긴꼬리원숭이'를 가리킨다. 원숭이의 종을 구별해 놓은『동물 탐구』제2권 제8장 502a17-24 참조.

은 쌍제이며, 어떤 것은 발끝이 다수로 분기(分岐)되어 있다. 단제동물이란 다음과 같은 것이다. 즉 몸집이 크고, 토질인 것을 많이 가지기 때문에, 뿔이나 이빨 대신에 그러한 부분[발]이 분비물을 받아 손톱이라는 실체(phusis)를 위해 돌려쓰고,[55] 분비물의 많음 때문에 많은 손톱이 아니라 하나의 발톱, 즉 발굽으로 되어 있는 동물을 말한다. 그리고 대개의 경우를 말하자면, 이것 때문에, 이 동물들은 거골(距骨)[56]이 없으며, 또 거골이 있다면 뒷다리 관절이 움직이기 어려워지기 때문이다. 즉 관절이 여러 개 있는 것보다 한쪽이 더 빨리 열리거나 닫힐 수 있는데, 거골은 고정봉으로서,[57] 말하자면 두 다리[58] 사이에 다른 종류의 다리가 끼워져 있는 것과 같아서 그만큼 무거워졌지만 보행을 보다 안정되게 하는 것이다. 이 때문에 거골이 있는 동물은 앞다리에는 거골이 없고, 어떤 것은 뒷다리에 있다. 왜냐하면 선도하는 다리[앞다리]는 가볍고 구부러지기 쉬워야 하는 반면, 뒷다리는 안정성과 신축성이 있어야 하기 때문이다. 게다가 방어 측면에서 거골은 타격을 더 강력하게 만든다. 그런 동물은 뒷다리를 사용하여 자신을 해치는 것에 대하여 발차기를 해 대는 것이다.

반면, 쌍제동물은 거골을 가지며(뒤쪽 다리가 가벼우니까), 또 거골을 가지기 때문에 단제가 아닌 것이다. 발에서 없어진 골질(骨質)의 것이 관

55 제3권 제2장 663a18-33 참조. 발굽을 '하나의 큰 손톱'으로 보는 이러한 설명은 발굽이 있는 동물의 사지 구조에 대한 현재의 진화론적 이해와 일치한다.

56 거골(astragalos, knuckle-bone)에 대해서는 제2권 제9장 654b20-23 참조. 거골 자체는 말 등 의 단제류(奇蹄類) 동물에도 있지만, 아리스토텔레스가 아스트라갈로스라고 부르는 것은 소 등 쌍제동물(우제류)인 반추동물의 것이다.

57 제2권 제9장 654b20-23 참조.

58 여기서는 다리뼈(정강이뼈와 제3중족골)를 말한다.

절에 머물러 있기 때문이다.[59] 또 손가락이 많은 동물은 거골을 갖지 않는다. 그것은, 만일 있었다면 손가락이 많지 않게 되었을 것이고, 거골이 연결될 수 있는 범위 넓이만큼밖에 손가락이 나뉘지 않았을 것이기 때문이다. 그러므로 거골을 가진 대부분의 동물은 쌍제인 것이다.

한편, 사람이 몸의 크기로 볼 때 동물 중에서 가장 큰 다리를 가지는 것은 이치에 맞는다. 왜냐하면 사람만이 직립하므로, 두 발로 전체 체중을 지탱하려고 한다면 길이와 폭이 있어야 하기 때문이다. 그리고 손가락의 크기가 발과 손에서 반대로 되어 있는 것도 이치에 맞는다. 즉 손에는 물건을 잡고 꽉 쥐는 기능이 있으며, 그러기 위해서는 길어야 하는 것이며(손은 구부러지는 부분에 의해서 물건을 잡기 때문이다), 반면에 발 690b
의 기능은 안정적으로 보행하는 것이며, 따라서 발가락들 중에서 나뉘지 않은 발 부분[발바닥]이 그것에 해당한다고 보아야 한다.[60] 그러나 발끝은 갈라져 있는 것이 나뉘지 않은 것보다 낫다. 그것이 나뉘지 않았다면, 한 부분이 해를 입으면 전체가 함께 영향을 받게 되지만, 발이 발가락으로 나뉘어 있으므로, 이것은 똑같이 작용을 받지 않아도 되기 때문이다. 게다가 발가락은 짧기 때문에 해를 덜 입는다. 이런 이유로 사람의 발은 많은 발가락 끝으로 갈라져 있지만, 나뉜 발가락은 길지 않다. 손톱의 유가 있는 것은 손의 경우와 같은 이유이다. 즉 그 끝부분의 힘이 약하기에 특히 방어되어야 하기 때문이다.

이렇게 해서 태생이자 육상에 사는 것인 유혈동물의 거의 모든 것에

59 골질 소재가 충분히 발끝 형성에 사용되면 단제가 된다. 하지만 그렇게 되지 않고 그 일부가 다른 것(즉 거골)으로 돌려져 쓰임으로써 쌍발굽(쌍제)이 된다는 것이다.

60 손은 잡기 위해 손가락이 길어졌으나, 발의 경우에는 안정성을 얻기 위해 손가락에 대응하는 부분의 대부분이 한데 뭉쳐 손바닥에 비해 긴 발바닥을 형성하고 있다.

대해서 말했다.[61]

61 이 문장을 사본에 따라 다음 장 첫머리로 옮기기도 한다.

제11장 난생 유혈동물의 외적 부분

난생의 유혈동물 중에는[1] 네발인 것도 있고, 발이 없는 것(無足)도 있다. 그런 동물에서 발이 없는 것은 단지 한 종류, 즉 뱀류뿐이다.[2] 뱀이 발이 없는 원인은 동물의 진행에 관한 논의[3] 속에서 말했다. 그 밖의 다른 점에서 뱀은 그 형태상 난생의[4] 네발동물에 가깝다.

이들 난생의 유혈동물에는 다른 유혈동물과 같은 이유로 머리 및 머리의 여러 부분이 있으며, 강에 사는 악어를 제외하면, 입 안에 혀가 있다. 악어에게는 혀가 없고, 혀에 해당하는 장소밖에 없다고 생각할 수 있다.[5] 그 원인은 어떻게 보면 그것이 육생인 동시에 수생이기도 한 데 있는 것이다. 육생이기 때문에 혀에 해당하는 곳이 있는데, 수생이기 때문에 혀는 없는 것이다. 앞서 이야기한 것처럼,[6] 물고기 중의 어떤 것은, 누군가 입을 크게 벌리고 보지 않으면 혀가 없는 것으로 생각하며, 다른 것은 미분화된 혀밖에 없다. 그 원인은 물고기는 씹거나 삼키기 전에 맛볼

1 새와 물고기도 이 안에 포함되어야 하지만 언급되지 않았다. 암묵적으로 이야기를 육생동물로 한정하고 있다.

2 그러나 이와 달리 『동물 탐구』 제2권 제14장 505b11-12)에서는 "물고기의 유와 마찬가지로 뱀들도 발이 없다(apodes)"라고 언급하고 있다.

3 『동물의 진행에 대하여』 제8장 708a9-20.

4 벡커(1831)와 Langkavel(1868)은 zōiotokois(태생의)로 읽는다.

5 악어의 특징(턱의 구조와 혀의 없음)에 대해서는 691b6-26 참조. 육생과 수생의 이중적 특징에 대해서는 690b22-23, 691b20-25 참조.

6 제2권 제17장 660b12-25.

수도 없고, 모든 물고기에서 영양물의 감각과 즐거움은 삼킬 때 생기므로 혀를 이용할 필요가 별로 없기 때문이다. 왜냐하면 혀는 맛 감각을 만들어 내지만 음식의 쾌락은 삼킬 때 생기기 때문이다. 실제로 삼킬 때 기름기 있는 것이나 뜨거운 것이나, 그 밖의 다른 그러한 것들을 감각하는 것이다.

그런데 태생동물도 그런 감각을 가지며, 요리된 음식의 거의 대부분 691a 에 대해 기쁨이 생기는 것은 그것을 삼킬 때 식도 확장에 의해서이다. 그러므로 마실 것이나 맛에 대해 억제가 없는 것과 요리나 음식에 대해 억제가 없는 것은 [서로] 같을 수 없으며, [악어나 물고기 이외의] 다른 동물에서 미각에 관한 감각도 있지만, 그것들에게는 그와 같은 감각이 없이, 말하자면 그것과는 다른 감각이 있는 것과 같다.

난생의 네발동물 중 도마뱀은 앞서 말했듯[7] 뱀과 마찬가지로 혀가 두 갈래이고, 그 끝이 거의 머리카락처럼 되어 있다. 물범[바다표범]도 혀가 두 갈래다. 그러므로 그 동물들은 모두 대식가다.

또한 난생동물 중 네 발을 가진 것은 모두 물고기처럼 톱니 모양의 이빨이 있다. 또 모든 감각기관은 다른 동물과 마찬가지로, 예를 들어 후각에 대해서는 코가, 시각에 대해서는 눈이, 청각에 대해서는 귀가 있다. 다만 귀에 관해서는 새와 마찬가지로 돌출 부분은 없고 구멍만이 있다. 양자가 그렇게 된 원인은 이들 피부의 단단함에 있다. 실제로 새는 날개에 씌워져 있고, 다른 쪽의 이런 동물들은 모두 뿔비늘을 뒤집어쓰고 있으며, 그 뿔비늘은 부드러운 비늘과 비슷한 위치에 있으나 자연 본성적으로 비늘보다 더 단단하다. 그 사실은 거북이나 대형 뱀이나, 강에 사는 악어에서도 분명하다. 즉 그들의 비늘이 뼈보다 강해지고, 그것들의 자

7 제2권 제17장 660b5-11

연 본성이 그런 것처럼 말이다.

난생동물 중 네 발을 가진 동물들은 새의 경우와 마찬가지로 윗눈꺼풀이 없지만, 새에 대해 주어졌던 원인으로서,[8] 아랫눈꺼풀로 눈을 감는 것이다. 새 중에서도 눈물언덕에서 나오는 막[瞬膜]으로도 눈을 감는 것이 있는데, 그러한 동물들은 눈을 깜빡이지 않는다. 새보다 단단한 눈을 가지고 있기 때문이다. 그 원인은 새의 경우에는 비행하는 동물이므로 날카로운 눈을 가진 것이 생활에 도움이 되지만 그것들의 경우에는 [그러한 날카로운 눈이] 별로 도움이 되지 않는다는 점이다. 그것들은 모두 굴에 사는 동물들이기 때문이다.

그 머리는 윗부분과 아래턱 부분 두 가지로 나뉘며, 사람이나 태생의 네발동물은 턱을 위아래로도 좌우로도 움직이지만, 물고기나 새나 난생
의 네발동물은 위아래로만 움직인다. 그 원인은 그러한 상하 움직임은 691b
씹거나 물어뜯는 데 도움이 되는 반면, 좌우 움직임은 으깨는 데 도움이 되지만 어금니가 있는 동물에서는 좌우 움직임은 도움이 되지만, 그것이 없는 동물에서는 그러한 움직임이 도움이 되지 않으며, 그래서 그 움직임이 그러한 모든 동물에게는 없다는 점이다. 자연은 쓸데없는 짓을 하지 않기 때문이다.

그런데 다른 모든 동물은 아래턱을 움직이는데, 강에 사는 악어만은 위턱밖에 움직이지 않는다. 그 원인은 악어는 발이 물건을 잡거나 붙잡는 데 도움이 되지 않는다는 것이다. 발이 지나치게 짧기 때문이다. 그래서 자연은 그러한 용도를 위하여 악어에게 발 대신 입이 도움이 되도록 만든 것이다. 그리고 유지하거나 잡기 위해서는 상하 어느 쪽이든 타격이 더 강해지는 쪽에서 움직이는 것이 더 유용한 것이다. [그런데] 타격

8 제2권 제13장 657b4-9.

은 항상 아래보다 위에서 더 강력하다. 따라서 잡는 것과 씹는 것의 양쪽 용도가 입에 따라 수행되며, 그리고 붙잡는 용도가 손이 없고 발이 잘 생겨나지 않는 것에서는 필요성이 더 높기 때문에, 악어에게는 턱이 아래가 아니라 위에서 움직이는 것이 더 도움이 되는 것이다.

동일한 이유로, 게도 집게발 위쪽을 움직이고 아래쪽은 움직이지 않는다. 그것은 집게가 손을 대신하기 때문이고, 그래서 집게는 물건을 잡는 데 편리해야 하고, 물건을 자르는 데 편리할 필요는 없다. 자르고 씹는 것은 이빨의 일이다. 따라서 게나 그 밖에도 물속에서는 입을 사용하지 않기 위해 느릿하게 물건을 잡을 수 있는 동물에서는 자르는 것과 잡는 것이 구별되어 있어 손이나 발로 잡고, 입으로 자르고 씹는 것이다. 그러나 악어에 대해 자연은 턱이, 앞서 말한 것처럼, 그런 식으로 움직임으로써 입이 양쪽 모두에 도움이 되도록 만든 것이다.

이러한 동물들[9]은 모두 폐를 가지고 있기 때문에 목도 가지고 있다. 왜냐하면 호흡을 받아들이는 것은 길이가 긴 기관(氣管)을 통해서이기 때문이다. 그리고 머리와 어깨 사이의 부분이 목이라고 불리므로, 그러한 동물들 중 뱀은 목을 가진다고는 거의 생각될 수 없고, 오히려 목에 유비적인 부분을 가진다고 생각될 수도 있다. 적어도 그 부분[목]이 지금 말한 것[목] 맨 끝에 해당하는 부분[어깨와 머리]에 의해 구별된다면 그럴 것이다.[10]

692a 그것에 가까운 유의 동물과 비교해 뱀에 특유한 것은 머리를, 몸의 다른 부분은 그대로 놔둔 채 뒤로 돌릴 수 있다는 것이다. 그 원인은 뱀은

9 이 장에서 논의되고 있는 난생의 네 발 내지는 무족(無足)의 유혈동물.

10 뱀은 목의 한쪽 끝인 어깨가 없으니까(미카엘 91, 23-24). 또한『동물 탐구』제1권 제12장 493a5-8에는 목은 얼굴과 몸통 사이의 한 부분인 것으로 설명되어 있다.

유절동물(곤충)처럼 몸을 감을 수 있어야 하는데, 그 결과로 등골뼈가 쉽게 구부러지고 연골질이라는 것이다. 즉 그 원인 때문에 필연적으로 그러한 특징이 뱀에 부수하는 것이며, 그것이 뱀에게 더 나은 것처럼, 뒤에서 덮쳐 오는 것을 감시하기 위해 그렇게 되어 있는 것이다. 왜냐하면 뱀은 길고 무족(無足)이어서 방향을 바꾸는 것도 또 뒤로부터 오는 위험을 경계하는 것도 원래 적합하지 않은 구조이기 때문이다. 사실상 머리를 쳐들어도 머리를 돌리지 못하면 아무 소용이 없다.

그런 동물들은[11] 가슴에 유비적인 부분도 가지고 있다. 하지만 그곳에 유방은 없고 몸의 다른 곳에도 없다. 새도 물고기도 유방을 갖지 않기 때문이다. 그 원인은 이 동물들 어느 것도 젖이 없다는 것이다. 유방은 젖의 저장기로, 말하자면 용기와 같다. 그러나 그 동물들이나 그 밖의, 체내에 새끼를 잉태하지 않는 동물들 어느 것도 젖이 없다. 그것들은 알을 낳기 때문이며, 알 속에서 태생동물의 몸에 붙어 있는 젖과 같은 영양이 생기기 때문이다. 그것들에 대해서는 발생에 관한 논의[12]에서 더 명확히 설명될 것이다. 관절의 굽힘 방법에 대해서는, 진행(장소 이동)에 대한 논의[13] 중 모든 동물에 공통적인 방식으로서 이전에 검토되었다. 또 그런 동물들은 꼬리가 있는데, 꼬리가 긴 것도 작은 것도 있어, 그 원인에 대해서는 앞서 일반적인 방법으로 말했다.[14]

카멜레온[15]은 난생동물과 육생동물 양쪽 모두를 통틀어 가장 말랐다.

11 난생의 네 발 내지는 무족(無足)의 유혈동물.

12 『동물의 발생에 대하여』 제3권 제2장 752b15 아래.

13 『동물의 진행에 대하여』 제13-15장.

14 꼬리 크기의 차이에 대한 일반적 원인에 대해서는 제10장 689b28-31, 꼬리의 사용에서 다양한 차이에 대해서는 690a1-4 참조.

15 카멜레온(chamaileōn)에 대해서는 『동물 탐구』 제2권 제11장 503a15-b28 참조.

피가 가장 적기 때문이다. 그 원인은 그 혼의 성격에 있다. 사실 그것은 두려움 때문에 몸의 색깔이 다양하게 변하는 것이다. 두려움은 피의 적음과 뜨거움의 결핍 때문에 일어나는 냉각이기 때문이다.[16]

692b 이렇게 해서 무족의 유혈동물과 네발 유혈동물에 대해서 그것들의 바깥 부분이 어떻게 되어 있는지, 또 그 원인은 무엇인지에 대해 거의 언급이 되었다.

16 제2권 제4장 650b27-33 참조. 자연학자들이 분노와 두려움과 같은 감정을 어떻게 탐구하는지에 대해서는 『혼에 대하여』 제1권 제1장 403a3-b19 참조. 탐구 방법론에 대해서는 『혼에 대하여』, 그리고 제2권 제2장 648a14-19 참조.

제12장 새에 특징적인 외적 부분

새들의 서로 간 차이는 여러 부분의 초과와 부족의 정도, 즉 '더 많다, 더 적다'라는 점에서의 [정도] 차이이다.[1] 즉 새 중에는, 다리가 긴 것도 있고 짧은 것도 있으며, 혀가 넓은 것도 있고 좁은 것도 있다. 다른 부분에 대해서도 마찬가지다. 그러나 새에 특유한 점을 보면, 부분들 서로 간의 차이는 미미하다. 그러나 다른 동물과 비교하면, 각 부분의 형태에서도 차이가 있다. 그런데 새들은 모두 날개[2]로 씌워져 있으며, 이는 다른 동물과는 다른, 새에 고유한 것이다. 즉 동물의 여러 부분은, 어떤 것에서는 털이 덮여 있거나 뿔비늘이 씌워져 있고, 어떤 것에서는 부드러운 비늘로 씌워져 있는 반면, 새는 날개로 씌워져 있는 것이다. 그리고 그 날개는 끝이 갈라져 있어서, 한 장의 막으로 이루어진 날개를 가진 모든 동물[날개를 가진 유절동물(곤충)]과 그 형태가 유사하지 않다. 즉 [어떤 동물에서] 날개는 끝이 갈라져 있지 않지만, 다른 것은 끝이 갈라져 있다. 또한 [끝이 갈라지지 않은 것의] 날개에는 축이 없지만, 다른 것[갈라진 것]은 날개에 축이 있다.

새는 머리에도 다른 동물에 비해 기묘하고 독특한 부리라는 실체

1 정도의 차이는 '길이'와 '넓이'의 차이를 말한다. 제1권 제4장 644a16-23, 644b7-16, 『동물 탐구』 제1권 제1장 486a16-487a10, 제7권(8권) 제1장 588a25-588b10 참조. 사물의 유사성과 정도의 차이에 기초한 토포스에 대한 논리적 논의에 대해서는 『토피카』 제2권 제10장 참조.

2 헬라스어의 pterron은 '새털, 깃털, 새의 날개, 곤충의 날개'를 가리킬 수 있다.

(phusis)가 있다. 사실 코끼리에서는 코가 손을 대신하며, 일부의 유절동물에서는 혀가 입을 대신하는 것처럼, 새에서는 골질의 부리가 이빨과 손을 대신한다. 또 감각기관에 대해서는 앞서 말했다.[3]

새는 그 자연 본성에 따라 길게 뻗은 목을 가지고 있는데, 그 원인은 다른 동물의 경우와 같다. 새는 목이 짧은 것도 있고, 긴 것도 있다. 대부분은 대략 다리 길이와 상응한다. 즉 발에 물갈퀴가 있는 것을 별도로 한다면, 다리가 긴 것은 목도 길고 다리가 짧은 것은 목도 짧다. 이는 긴 다
693a 리로 짧은 목이라면, 그 목은 땅에서 먹이를 섭취하는 데 도움이 되지 않을 것이며, 짧은 다리로 긴 목도 마찬가지일 것이다. 게다가 육식을 하는 새의 경우 목이 긴 것은 그 생활형태와 반대될 수 있다. 긴 목은 약하니까. 그러나 그 새들의 생활방식은 다른 것을 이기는 것으로 이루어져 있다. 그러므로 갈고리발톱의 새[맹금류]는 모두 목이 길지 않다.

한편, 발에 물갈퀴가 있는 새[4]와 발끝이 갈라져 있으면서 물갈퀴가 있는 새는 같은 유에 속하기 때문에, 발이 사자코처럼 납작해진 새[5]는 목이 길고(길면 물속에서 먹이를 섭취하는 데 도움이 되니까), 발은 헤엄치기 위해 짧다.

부리도 그 생활 형태에 따라 차이가 있다. 즉 부리가 곧은 것도 있고, 구부러진 것도 있으며, 부리가 곧은 것은 [오로지] 영양 섭취를 위해 부리를 가지고 있는 것이며, 휘어진 것은 육식하는 새이다. 후자와 같은 부리는 다른 것을 물리치는 데 도움이 되며, 그 새들은 다른 동물들로부터 — 대부분의 경우 강제적으로 — 먹이로 얻는 것이 필연적이기 때

3 제2권 제10장 656a3-661a30.

4 고니나 기러기처럼 발가락 사이에 막 모양의 물갈퀴가 있는 새.

5 물닭(뜸부깃과의 새)과 논병아리 같이 발가락 주위에 막 모양의 물갈퀴가 붙어 있으나 발끝이 갈라져 있는 새.

문이다. 한편, 늪지에서 생활하며 초식인 것은 부리가 납작하다. 그렇게 되어 있으면, 땅을 파헤치는 데도 또 먹이를 빼내거나 잘라 내기에도 편리하기 때문이다. 또 그러한 새 중에는 부리가 목과 같이 긴 것이 있는데 깊은 곳으로부터 먹이를 얻기 때문이다. 그리고 그렇게 부리와 목이 길어서 [발가락 사이의] 전면에 물갈퀴가 있거나 같은 부분[발가락]을 따라 물갈퀴가 있는 새들[6] 중 상당수는 물속에 사는 작은 동물 몇 개를 잡아먹으며 살아간다. 그런 새들에게 목은 낚시꾼에게 낚싯대와 같고, 부리는 이른바 낚싯줄과 낚싯바늘이다.

또한 몸의 등 쪽 면과 배 쪽 면, 즉 네발동물에 적용하면 '몸통'이라 부르는 것인데, 새에서는 그 자리가 원래 한 덩어리로 되어 있다.[7] 즉 새는 날개가 팔 내지 앞다리에서 나 있는데,[8] 그것이 새에 특유한 부분이다. 693b 그러므로 견갑골 대신 등 부분에 날개의 끝부분이 있다.[9] 다리는 사람과 마찬가지로 두 개이지만, 네발동물처럼 안쪽으로 휘어지며, 사람처럼 바깥쪽으로는 굽지 않는다.[10] 그리고 날개는 네발동물의 앞다리처럼 볼

6 '전면에 물갈퀴가 있는 것'과 '같은 부분을 따라 물갈퀴가 있는 것'이라는 구별은 693a6-7에서의 '발에 물갈퀴가 있는 새'(발끝이 갈라지지 않은 것)와 '발끝이 갈라져 있으며 물갈퀴가 있는 새'의 구별에 대응한다.

7 실제로 새의 몸통을 흉부, 복부, 허리와 같이 구분 짓기는 어렵다.

8 이 부분은 의미를 잡기 어려운데, Bekker처럼 693a26의 '앞다리에서'의 apo(…에서)를 anti(… 대신)로 수정하거나, 또는 Lennox 등과 같이 텍스트를 변경하지 않고 '팔이나 다리 대신'이라 해석한 것도 있다. Düring과 Küllmann에 따라 비교해부학적 관점에서 팔에서 날개가 돋아난 것임을 말하는 것으로 이해할 수도 있다.

9 실제로는 새에게도 견갑골이 있지만, 단순히 길쭉한 뼈이기 때문에 무엇인지 알 수 없었을 것이다.

10 여기서 아리스토텔레스는 새의 발꿈치로 간주되는 관절 부분을 사람 무릎 관절과 대응시키고 있다. 양자를 비교하면, 구부러지는 방향이 반대이다. 『동물의 진행에 대하여』 제12장 참조.

록하게 구부러진다.

새들이 두 발인 것은 필연적이다. 새의 본질적 실체는 유혈동물이면서 동시에 날개가 있는 동물이며, 유혈동물은 네 가지보다 많은 점에서는[11] 움직이지 못한다. 그러면 [몸통에] 붙어 있는 부분은 육생으로 보행하는 다른 동물의 경우와 마찬가지로, 새에서도 네 개인데, 전자는 팔 내지 다리가 네 개인 데 반해, 새는 공통적으로 앞다리 내지 팔 대신 날개를 가지고 있어서 날개를 펼칠 수 있고(새의 본질적 실체에는 비행 능력이 포함되어 있으니까), 그래서 새의 경우 남는 것은 필연적으로 두 발이라는 것이다. 이런 식으로 그것들은 두 발인 것에다가 두 날개를 더해 네 가지 점에서 움직이게 되기 때문이다.

모든 새의 흉부는 뾰족하고 육질이다. 뾰족한 것은 나는 일과 관련되며(흉부가 납작하면 공기를 많이 누르게 되어 움직이기가 어렵기 때문이다), 육질인 것은, 뾰족한 것이 덮개가 많지 않으면 약하기 때문이다. 흉부 아래에는 복부가 있고, 네발동물이나 사람의 경우처럼 그것은 배설물 출구, 다리 관절에 이르는 부분이다. 그런데 그 부분들은 날개와 다리 사이에 있다.

태생동물이나 난생동물은 모두 발생할 때 탯줄이 있지만 새는 성장하면 그 탯줄이 분명치 않게 된다. 이것의 원인은 동물의 발생에 대한 논의[12]에서 분명하다. 즉 탯줄이 장과 유착되는 것이고, 태생동물과 달리

11 아리스토텔레스는 몸을 지탱하고, 그 움직임에 따라 동물이 진행하는 부분을 각각 하나의 '점'(sēmeion)으로 파악하여 도식화하고, 그에 따라서 동물의 진행 일반에 대한 설명을 시도하고 있다. 『동물의 진행에 대하여』 제7장 참조

12 『동물의 발생에 대하여』 제3권 제2장 752a24-b12(특히 b11-12), 753b20-754a20, 『동물 탐구』 제6권 제3장 561a4-562b2 참조.

[난생동물의] 탯줄은 혈관의 일부분이 아니기 때문이다.[13]

게다가 새 중에는, 예를 들어 갈고리발톱의 새[맹금류]나 육식의 새처럼 날기 좋고 크고 강한 날개를 가진 것이 있다. 즉 그 생활 형태 때문 694a
에 잘 날아야 하고, 그 결과 이를 위해[14] 많은 날개를 가지며 날개의 크기도 큰 것이다. 갈고리발톱의 새뿐만 아니라, 다른 조류 중에도 빠른 비행 속도로 몸을 지키거나 이주하는 것은 날기도 잘한다. 그러나 새 중에는 잘 날지 못하고 몸이 무거운 것이 있는데, 그런 새는 지상에서 생활하며 열매를 먹거나 물에 떠다니며 물가에서 생활한다.

갈고리발톱의 새는 날개를 제외하면 몸이 작지만, 이는 영양이 무기와 방어에 도움이 되도록 날개를 위해 소비되기 때문이다. 반면, 잘 날지 못하는 새는 반대로 그 몸의 부피가 크며, 그래서 무겁다. 몸이 무거

13 아리스토텔레스가 두 개의 탯줄에 대해 논의하고 있는『동물의 발생에 대하여』제3권 제2장 753b20 아래, 제3권 제3장 754b2 아래,『동물 탐구』제5권 제3장 561b1 아래 참조. 그는 요막(尿膜)과 제대(탯줄)소포를 인식했던 것으로 보인다. 이 구절에서 아리스토텔레스는 새가 요막이 없이 제대소포만 있는 상태로 발달할 것이라고 생각했다고 가정할 수 있다. 그러나 앞서 언급한 다른 구절에서는 이와 다르게 말한다. 그는 새와 파충류의 태아가 물고기의 경우와 무엇이 다른지 이야기하며 두 개의 탯줄 부속기관을 가지고 있다고 설명한 바 있다. 그는 새의 알에서 배아가 자랄 때 요막('두 번째 탯줄')이 먼저 무너지고, 다음으로 '첫 번째 탯줄'이 무너진다고 말한다(『동물의 발생에 대하여』제3권 제2장 754a9). 실제로는 역순이 맞지만, 그 간격은 비교적 짧다. 포유류의 제대소포는 비교적 작고, 발생 과정 초기에 오그라들기 때문에 아리스토텔레스는 아마도 그것을 관찰하지 못했을 것이다. 그는 포유류의 요막(allantois)이 파충류와 새의 제대소포에 비교될 수 있다고 잘못 생각했다. 포유류의 제대(탯줄)소포는 1667년 Needham에 의해 비로소 발견되었고, 새의 그것과 일치한다는 점도 알려졌다. 또 아리스토텔레스는 이 문제에서 양서류가 파충류가 아니라 물고기와 닮았다는 것을 관찰하지 못했다(Ogle[1912]).

14 생활 형태 때문일까, 날기 위해서일까? '날기 위해서'를 가리킬 것이다. '날 수 있음'은 부분의 기능적 결과이기 때문이다. 즉 '[잘] 나는 것은 [약탈적] 생활방식 때문에 필연적으로 발톱이 있는 새들에게 속한다. 그리고 [이런 종류의] 비행을 위해서는 풍부한 깃털과 큰 날개가 있어야 한다.'

운 새는 날개 대신 다리 부분에 '[며느리]발톱'이라고 불리는 것을 가지고 있고, 그래서 그것이 몸을 보호해 준다. 그러나 같은 새가 동시에 [며느리]발톱과 갈고리발톱을 갖지는 않는다. 그 이유는 자연은 쓸데없는 짓을 하지 않기 때문이다. 갈고리발톱이 있고 날기를 잘하는 새에게 [며느리]발톱은 도움이 되지 않는다. 그것은 육상에서 싸울 때 도움이 되는 것이기 때문이다. 그래서 몸이 무거운 새들에게 [며느리]발톱이 달려 있는 것이다. 몸이 무거운 새에게 갈고리발톱은 걷는 것과 반대 방향으로 땅에 박히므로 도움이 되기는커녕 오히려 해롭기 때문이다. 그래서 갈고리발톱의 새는 어느 것이라도 걷는 것이 서툴러 바위 위에 앉지 않는다. 왜냐하면 그 새의 경우 발톱 모양의 실체(phusis)가 그 어떤 용도에 대해서도 정반대이기 때문이다.

이러한 일[15]은 발생의 과정에서 필연적으로 생겨났다. 즉 온몸에서 토질의 방출은 힘의 세기를 위해 도움이 되는 부분이 된다. 그것이 위로 흐르면 부리를 단단하게 하거나 크게 만들고, 만일 아래로 흘러갔다면 다리 부분에서 발톱을 강하게 하거나 발 부분에서 발톱을 크고 강하게 만든다. 그러나 이 잉여물의 자연적 본성은 분산되면 약해지기 때문에, 이것들 각각을 다른 장소에서 동시에 수행하지는 못한다.

694b 또, 자연은 어떤 새에게는 다리 길이를 가져오고, 다른 새에서는 그

15 한 부분이 '어떻게 생겨나는지'에 대해 자세히 설명하는, 이 책에서는 매우 드문 경우다. 제3권 제2장 663b20-664a3 참조. 일반적으로 '필요에 따라 일어나는 일'이라는 말은 특정 구조를 유지하는 데 필요한 질료의 흐름을 가리키며, 여기에는 동일한 질료로 구성되었지만 상이한 생활방식에 적합한 동일한 유 내에서의 다른 구조가 있다. 각 부분의 유지에 대한 설명의 배후에는 아마도 이러한 차별화된 구조의 발생에 대한 설명이 놓여 있을 것이다. 이 점은 『동물의 발생에 대하여』에는 나오지 않는다. 『동물의 발생에 대하여』 제2~3권에서 동질적 부분의 형성에 대한 논의가 나타나지만 단지 비동질적 부분의 형성에 대한 개략적 논의만 약간 있을 뿐이다(Lennox).

대신 발가락 사이의 틈을 메운다. 그리고 이 때문에 필연적으로 헤엄치는 새는 전적으로 발이 물갈퀴로 씌워지며, 다른 어떤 것은 발가락의 구조(phusis)가 각각 따로따로 갈라지게 되어 있으나 전체적으로 보면 그 각각에 대해 연속되는 하나의 노와 같은 것이 붙어 있는 것이다.

따라서 그러한 일들은 필연적으로 이러한 원인 때문에 [결과적으로] 일어난 것이지만, 다른 한편으로는 그렇게 하는 것이 낫기 때문에 그 발은 생활을 위해 그렇게 되어 있는 것이며, 즉 그 새들은 물에서 살며 날개가 도움이 되지 않으므로 발이 헤엄치기에 편리하도록 되어 있다. 왜냐하면 그것들은 배를 저어 갈 때의 노와 물고기의 지느러미처럼 되어 있기 때문이다. 그러므로 물고기의 지느러미가 안 되고, 발가락 사이의 것[물갈퀴]이 열등하게 된다면, 그것들은 더 이상 수영을 할 수 없을 것이다.

또 새들 중 어떤 것은 다리가 길다. 그 원인은 그런 종류의 새가 서식하는 곳이 늪지대라는 것이다. 즉 자연은 기능에 적합하도록 기관을 만드는 것이지, 기관을 위해 기능을 만드는 것이 아니다.[16] 그래서 그 새들은 헤엄을 치지 않기 때문에 발에 물갈퀴가 없고, 부드러운 땅에서 살기에 다리와 발가락이 길며, 그것들 대부분은 발가락 관절이 비교적 많다.[17] 하지만 그 새들은 나는 것이 능숙하지 않고, 그리고 어떤 새라도 몸을 만든 질료는 같기 때문에,[18] 꼬리날개로 향해야 할 영양이 다리 쪽으

16 '자연은 기능에 적합하도록 기관을 만드는 것이지, 기관을 위해 기능을 만드는 것이 아니다'와 비슷한 주장에 대해서는 제1권 제5장 645b14-20, 제4권 제10장 687a10-14, 『동물의 발생에 대하여』 제1권 제3장 716b17-27 참조.

17 실제로 발가락이 긴 것은 맞지만 관절의 수는 다른 새와 같다.

18 657a20 참조. 그렇다면 새들은 같은 양의 질료를 가지고 있는가? 아니면 같은 종류의 질료만을 가지고 있는 것인가?

로 사용되면서 다리를 성장시킨 것이다. 그러므로 그것들은 날 때에도 꼬리날개 대신 다리를 쓰는 것이다. 즉 뒤로 다리를 뻗고 날아가는 것이다. 그 새들이 그렇게 하면 다리가 도움이 되기 때문이며, 다른 자세를 취했다면 방해가 되었을 것이다. 또, 어떤 새는 다리가 짧아 그것을 배 쪽으로 끌어당기고 날아간다. 왜냐하면 어떤 것들에서는 그렇게 하면 다리가 방해되지 않으며, 갈고리발톱의 새에서는 다리가 먹이를 포착하는 데도 도움이 되기 때문이다.[19]

목이 긴 새들 중에는 목이 굵고 목을 편 상태에서 나는 것이 있으며, 목이 가늘고 긴 새들은 목을 구부린 상태로 날아간다.[20] 즉 날고 있을 때 무언가에 부딪힌다고 해도 보호받고 있어 목이 쉽게 부러지지 않기 때문이다.

695a 모든 새는 좌골(궁둥뼈)이 있다. 다만 좌골의 길이 때문에 그런 것 같지는 않고 두 개의 대퇴골(넓적다리뼈)로 여겨질 수도 있다.[21] 실제로 그것은 배 한가운데까지 도달해 있다. 그 원인은 이 동물이 발이 두 개이지만 직립하지 않는 데 있다. 적어도 사람이나 네발동물의 경우처럼 엉덩이로부터 짧은 좌골이 나오고, 그 뒤를 이어 곧장 다리가 있었다면 새가 서 있는 것은 불가능했을 것이기 때문이다. 즉 인간은 직립하지만 네발동물의 경우 체중을 앞다리가 지탱한다. 새는 그 몸집이 난쟁이와 같아

19 헤엄치는 새들의 설명 방식은 이렇다. (1) 헤엄치는 새의 발가락 사이의 질료가 '더 낫기 때문'이다. (2) 즉 그것들은 다른 것들이기보다는 이러한 특정 구조를 위해 사용된 이 질료를 가지는데 이는 그것들의 '생활방식을 위해서'이다. (3) 즉 '수생의 생활을 위해', 그것들은 헤엄치기에 적합한 발을 가질 수 있도록 이러한 구조를 발달시킨다.

20 전자의 예로는 황새, 두루미, 거위가 있고, 후자의 예로는 고니(백로)가 있다.

21 '대퇴골'이라 부르는 것을 아리스토텔레스는 '좌골'로 간주했을 것이다.

서 똑바로 서지 못하며, 앞다리가 없다. 그래서 그 대신에 날개가 있다.[22] 앞다리 대신에 자연은 [새의] 좌골을 길게 해서, 중심 부분에 단단하게 부착한 것이다. 거기에 다리를 얹어 이쪽과 저쪽 체중의 균형을 맞춰 나아갈 수도, 멈출 수도 있도록 한 것이다.

그리하여 어떤 원인으로 새가 두 발인데 직립하지 않았는지를 말했다.[23] 그 다리에 살이 붙지 않은 원인은 네발동물의 경우와 동일하지만, 이것에 대해서는 이미 말했다.[24]

모든 새는 발가락이 네 개이며, 발끝이 갈라져 있는 새나 물갈퀴가 있는 새도 마찬가지다. (단, 리뷔에의 타조[25]에 대해서는, 그것이 쌍제임을, 조류와는 정반대인 또 다른 특징과 함께 나중에 논의하게 될 것이므로, [여기에서는 고려하지 않는다.]) 새의 발가락 중 세 개는 앞에 나 있고, 한 개는 안정을 위해 뒤에서 발꿈치 대신 자라 있다. 그리고 다리가 긴 새에서는 크렉스[26]에서 볼 수 있듯 발가락 크기가 부족한 것이 있지만, 네 개보다 발가락이 많다고 할 수는 없다.

그래서 다른 새들의 경우 발가락이 붙어 있는 위치는 이와 같으나, 개미핥기[27]만은 뒷발가락이 두 개이고 앞발가락이 두 개다. 그 원인은 그 몸이 다른 새에 비해 앞쪽으로 기울어진 정도가 작다는 것이다.

22 693b3 아래.

23 693b3-15.

24 제4권 제10장 689b7-14, 25-31.

25 직역하면 '리뷔에의 참새'가 된다. 타조에 대해서는 아래의 제14장에서 다룬다.

26 『동물 탐구』 제8권(9권) 제1장 609b9, 제17장 616b19에서도 언급되는 새인데, 어떤 새를 말하는지 단정하기 어렵다. 긴다리도요(Himantopus himantopus), 흰눈썹뜸부기(Rallus aquaticus, Rallus crex) 등이 그 가능성으로 언급되기도 한다.

27 『동물 탐구』 제2권 제12장 504a11-19에서 '소수의 새'는 앞발가락과 뒷발가락이 각각 두 개인 것을 지적하며, 그 예로 개미핥기(개미잡기)를 든다.

또한 모든 새는 고환이 있고, 그것은 체내에 있다. 그 원인은 동물의 발생에 대한 논의[28]에서 언급될 것이다.

695b 이렇게 해서 새의 여러 부분은 이상과 같이 되어 있다.

28 『동물의 발생에 대하여』 제1권 제4장 717b4-13, 제12장 719b5-15 참조.

제13장 물고기에 특징적인 외적 부분

물고기의 유에서는 바깥 부분들에서 모자란 점이 더 많아진다. 즉 그것은 다리도 손도 날개도 없이(그것들에 대한 원인은 앞서 말했다[1]), 머리부터 꼬리지느러미까지 전체적으로 몸통이 계속 이어져 있다. 꼬리지느러미는 모든 물고기에서 같지 않고 비슷한 것도 있지만, 납작한 물고기 중에는 가시 모양으로 긴 꼬리지느러미를 가진 것도 있다. 실제로 꼬리지느러미 부분에서 납작한 곳에 걸쳐 몸집이 커지고 있으며, 예를 들어 전기가오리, 노랑가오리, 심지어 그와 유사한 연골어류[2]가 있다면, 그것도 그렇다.

그런데, 그러한 물고기의 꼬리지느러미는 가시 모양으로 길지만, 개중에는 전기가오리의 경우와 동일한 원인 때문에 육질로 짧은 것도 있다. 왜냐하면 그 꼬리지느러미가 짧고 비교적 살이 붙어도, 혹은 길고 비교적 살이 붙지 않아도 어느 쪽이든 아무런 차이가 없기 때문이다. 아귀[3]에서는 그와 반대되는 일이 일어나고 있다. 즉 그 납작한 앞쪽 부분이 육질이 아니므로, 거기서 제거된 만큼의 육질의 것을 자연은 그 뒷부분과

1 이 책에는 이 점을 언급하는 대목이 없다. 『동물의 진행에 대하여』 제18장 714a20-b8 참조.

2 연골어류의 아목(亞目)인 상어와 전자리상어, 가오리(batoide)의 아목인 홍어, 전기가오리 등을 포함한다.

3 아리스토텔레스는 아귀를 연골어류로 분류한다. 오늘날의 분류체계에서는 경골어류로 분류되고 있다.

꼬리지느러미에 덧붙인 것이다.

또, 물고기는 [몸통에서] 튀어나온 다리를 갖지 않는다. 본질적인 실체의 설명 규정에 대응하는 의미에서 그 자연 본성은 헤엄치는 것이며, 자연은 불필요한 일이나 쓸데없는 짓을 하지 않기 때문이다. 그리고 물고기는 그 본질적인 실체에서 유혈이므로, 헤엄치는 것이기 때문에 지느러미를 가지며, 육생이 아니기 때문에 발을 갖지 않는다. 발의 덧붙임은 육상의 이동에 도움이 되니까. 또 네 장의 지느러미를 가지는 동시에 네 개의 다리를 가질 수 없으며, 또한 다른 그것과 유사한 사지(四肢)를 가질 수도 없다. 유혈이기 때문이다.[4] 단, 물영원(도롱뇽)[5]은 아가미가 있는데도 발을 가지고 있기도 하다. 즉 그것은 지느러미를 가지고 있지 않지만, 흐늘흐늘한 납작한 꼬리지느러미는 가지고 있기 때문이다.

홍어나 노랑가오리 같은 납작한 물고기를 제외하면, 물고기는 뒷면
696a 에 두 장, 배 쪽에 두 장으로 총 네 장의 지느러미가 있다. 네 장보다 많은 지느러미를 가진 것은 없다. (실제로 그런 것이 있다면 그것은 무혈동물일 것이다.)[6] 거의 모든 물고기는 뒷면[위쪽]에 지느러미를 가지고 있으나, [가늘며] 긴 두꺼운 몸을 가지고 있는 물고기 중에는 지느러미가

4 유혈동물은 네 가지보다 많은 점에서는 움직이지 못하니까(제12장 693b7 참조). '지느러미가 네 장보다 많지 않다'라는 지적이 이상하게 느껴질 수 있지만, 아리스토텔레스가 여기서 '지느러미'(pterugion)라고 부르는 것이 몸 양쪽에서 쌍을 이루는 대지느러미(對鰭, 가슴지느러미, 수평지느러미, 배지느러미)를 지칭한다고 해석한다면 그다지 부자연스럽지 않다. 이것은 포유류(哺乳類)의 네 다리에 해당한다.

5 동물 도롱뇽목 영원(蠑蚖, cordylus, water newt)과의 동물. 어릴 때 가진 아가미를 성장이 다 끝난 뒤에도 보존하는 triton alpestris, salamamdra arta와 같은 것(Thompson)을 가리키기에 특정한 종을 지칭하기는 어렵다. 아리스토텔레스는 "물에 살며 아가미를 갖지만 육상에도 사는 것"으로 기술한다(『동물 탐구』 제8권(9권) 제2장 589b24-27).

6 유혈동물은 네 가지보다 더 많은 점에 의해 움직이지 않는다는 것을, 계속해서 전제로 하고 있다. 『동물의 진행에 대하여』 제7장 707a19-22, b5-7 참조.

배 쪽에 있는 것이 있다. 예를 들어 뱀장어, 붕장어, 심지어 케스트레우스[7]의 일종으로 시파이[8]의 어느 호수에 사는 물고기[9]가 그렇다. 한편, 다른 것보다 몸의 생김새가 길고 오히려 뱀을 닮은 물고기, 예를 들어 곰치(smuraina, muraena helena)는 전혀 지느러미를 가지고 있지 않으며, 몸을 구부리면서 뱀이 땅을 이용하여 이동하듯이 물을 이용하여 이동한다. 사실상 뱀이 땅 위를 기어다니는 바로 그 방식으로 헤엄친다.

뱀같이 생긴 물고기가 지느러미를 갖지 않는 원인은, 뱀이 무족(無足)인 원인과 같다. 그 원인에 대해서는 동물의 이동과 운동에 대한 논의[10]에서 말했다. 즉 만일 그것이 네 가지 점에 의해 움직인다면, 움직임이 나빠지기 때문이다. 사실상, 지느러미가 서로 가까우면 움직이는 데 어려움을 겪을 것이고, 그렇다고 떨어져 있으면 간격이 너무 넓어져 역시 움직이는 데 어려움을 겪을 것이다. 그리고 만일 움직이기 위한 점이 네 가지보다 많다면 그것은 결국 무혈이라는 것이 될 것이다. 지느러미가 단지 두 장밖에 없는 물고기도 그 원인은 마찬가지다. 즉 그 물고기들은 뱀과 같은 모습을 하고 있고, 몸이 상당히 길며, [빠져 있는] 두 장의 지느러미 대신 구불구불하게 움직이는 몸의 기술을 이용하고 있는 것이다. 그래서 마른 곳에서도 기어다니며 오랜 시간을 살 수 있다. 어떤 것

7 kestreus. 숭어과의 어류(mullet).

8 시파이(Siphai)는 보이오티아의 코린토스만 쪽 테스피아이(Thespiai) 근처 해안에 위치한다(투퀴디데스, 『펠로폰네소스 전쟁』 제4권 제76장 참조).

9 시파이 케스트레우스(kestreus)는 『동물 탐구』 제2권 제13장 504b31-32, 『동물의 진행에 대하여』 제7장 708a4-5에서도 언급되고 있다. 케스트레우스는 보통 숭어를 가리키는데(Thompson 1947, pp. 108~110), '숭어'는 뱃살이 있어서 이곳의 기술과는 맞지 않는다. 『동물의 진행에 대하여』의 역자 Farquharson에 따르면 나일강에 서식하는 비처(Bichir) 등에 가까운 물고기라는 것이다.

10 『동물의 진행에 대하여』 제8장 708a9-20.

은 금방 숨이 차는 일이 없으며, 또한 육생을 본성으로 하는 것에 친근감이 있는 것은 더 숨이 가빠지지 않는다.

지느러미 자체에 대해 말하자면, 단 두 장의 지느러미밖에 없는 것은 몸이 납작하기 때문에 방해되는 것들이 없는 한, 배 쪽에 지느러미[가슴지느러미]들을 가지고 있다. 그리고 그러한 물고기는 머리 근처에 지느러미를 가지고 있는데, 그 이유는 움직이는 데 그 부분[지느러미] 대신 사용하는 곳에 [몸통의] 충분한 길이가 없다는 것이다. 왜냐하면 그와 같은 물고기의 몸은 꼬리지느러미 부분이 길게 뻗어 있기 때문이다. 하지만 홍어와 그런 종류의 물고기는 지느러미 대신에 몸 가장자리의 납작한 곳을 사용하여 헤엄친다.

노랑가오리와 아귀[11] 같은 물고기는 몸의 상부[머리]가 평평하기 때문에, 후면 지느러미[가슴지느러미]는 아래쪽[꼬리지느러미 근처]에 있는데, 배 쪽 지느러미[배지느러미]는 머리 가까운 곳에 있다. 실제로 배 쪽 지느러미가 몸의 평평한 부분의 움직임을 방해하지 않으며, 그것들은 [몸의] 상부[12][머리 가까이]에 있는 대신에, 후면 지느러미보다 작다. 단, 노란가오리는 꼬리지느러미 근처에 두 장의 지느러미[배지느러미]를 가지고 있다. 이 두 지느러미 대신에 [상부의] 평평한 부분을 각각 반원형 지느러미 두 장으로 사용하는 것이다.

머리에 있는 여러 부분과 감각기관에 대해서는 앞에서 말했다.[13] 어
696b 류는 다른 유혈동물에 대해 특유한 부분으로, 아가미라는 실체(phusis)

11 『동물 탐구』 제8권(9권) 제37장 620b11-28 참조.

12 이 설명에서 '위'와 '아래'는 '머리 쪽'과 '꽁무니 쪽'(꼬리지느러미)이라고 하는, 동물의 기본적인 신체 구조상의 상대적 위치를 나타내는 데 사용되고 있다.

13 제2권 제13장 658a4-11(눈), 제16장 659b14-16(코가 없는 것), 제17장 660b12-661a6(혀), 제3권 제1장 662a7-16(이빨), 662a31-34(입).

를 가지고 있다. 그 원인이 무엇인지에 대해서는 호흡에 관한 논의[14]에서 말했다. 그리고 아가미가 있는 것 중에는 아가미에 뚜껑[아가미덮개]이 있는 것도 있으나 모든 연골어류에는 뚜껑이 없다(그것들은 가시뼈가 연골질인 물고기이기 때문이다). 그 원인은 전자가 가시뼈이고 뚜껑도 가시뼈인 데 반해, 연골어는 모두 연골질의 가시뼈라는 것이다. 더욱이 연골어[의 골격]는 가시뼈도 힘줄 근육이 아니어서 움직임이 완만한 반면, 가시뼈 물고기의 움직임은 빠르다. 또한 그 아가미뚜껑의 움직임도 빨라야 한다. 아가미라는 것의 실체는, 말하자면 숨을 내쉬기 위해서 있는 것과 같은 것이기 때문이다. 이것 때문에 연골어류에서는 아가미의 구멍 자체를 닫아야 하며, 이를 신속하게 닫기 위해서 뚜껑이 아예 필요 없도록 된 것이다.

그런데 물고기 중에는 아가미가 많은 것도 적은 것도 있으며, 이중으로 된 것도 있고, 대부분의 경우 마지막[맨 뒤의] 아가미가 홑겹이다. (그것들에 관한 정확한 것은, 그것들에 대한 해부를 바탕으로 동물에 대한 탐구[15]에서 고찰되어야 한다.) 아가미 수가 많고 적은 원인은 심장의 열이 많고 적음에 있는 것이다. 즉 뜨거움을 많이 가진 것은 다른 것보다 아가미의 움직임이 빠르고 힘차야 하기 때문이다. 수가 많고 이중으로 되어 있는 것의 아가미는 홑겹이며, 아가미 수가 적은 것보다 더 이런 종류의 본성을 갖는 것이다.[16] 바로 그렇기 때문에, 게다가 물고기 중에

14 『자연학 소론집』 가운데 「젊음과 늙음, 삶과 죽음, 호흡에 대하여」 제16장(제10장) 476a1-15, 제27장(제21장) 480b12-20. 아가미에 대한 설명은 제3권 제6장 669a4-5 참조.

15 『동물 탐구』 제2권 제13장 504b28-505a20, 505a8-18 참조.

16 아가미는 폐의 유비물이다. 그 기능은 폐가 공기를 차갑게 하는 것처럼 심장을 위해 물의 차가움을 제공하는 것이다. 이 대목의 논증은 이렇다. (1) 아가미 수가 많고 이중으로 된 것은 빠르고 더 힘찬 운동을 하게 해준다. (2) 빠르고 더 힘찬 운동은 더 많은 차가움을 준다. (3) 더 많은 차가움은 심장 속에 더 많은 열을 가진 것들을 위해 필요하다.

는 아가미의 수가 적고 그다지 강력하지 않기 때문에, 물 밖에서도 많은 시간을 살 수 있는 것도 있다. 예를 들어 장어나 뱀같이 생긴 물고기들이 그렇다. 왜냐하면 그것들은 그다지 많은 냉각을 필요로 하지 않기 때문이며, 입에서도 차이가 있다. 즉 입이 똑바로 앞으로 붙어 있는 것이 있는가 하면, 예를 들어 돌고래나 연골어류처럼 입이 배 쪽에 있는 것도 있다.[17] 후자는 [몸을] 뒤집어서 배를 위쪽으로 하고 먹이를 섭취한다. 자연이 이렇게 한 것은 다른 동물을 구하기 위함일 뿐 아니라(즉 뒤집느라 동작이 늦어지므로 다른 동물들은 살 수 있게 된다. 이 모든 동물이 육식이기 때문이다),[18] 그것들이 먹이에 대한 탐욕에 끌려가지 않도록 하기 위함인 것으로도 보인다. 왜냐하면 지금보다 쉽게 먹을 것을 얻을 수 있다면, 포식으로 인해 눈 깜짝할 사이에 망하게 될 것이기 때문이다. 이런 이유와 더불어 콧부리의 실체(phusis)가 둥글고 가늘기 때문에 입을 크

(4) 따라서 더 많은 열을 가지고 있는 것들은 아가미 수가 많고 이중으로 된 아가미를 가진다.

17 돌고래는 명백히 입이 배 쪽에 있지 않다. 돌고래는 헬라스인들에게 익숙한 동물이기 때문에 잘못 보았을 가능성은 생각하기 어려운데, Ogle처럼 후대 삽입이 아닌가 하고 의심하는 해석자도 있지만, 『동물 탐구』 제7권(8권) 제2장 591b25-30에도 돌고래에 대한 설명이 동일하게 나온다. 거기에서는 고래류가 추가되었다.

18 이것은 많이 논의된 예이다. Balme(1987c), pp. 278~285, (1987d), pp. 291~312, Küllmann 1985, p. 173. Lennox(1997). 아리스토텔레스가 한 동물의 구조에 대한 목적론적 설명을 위해, 그것이 다른 동물에게 도움이 됨을 주장하는 거의 유일한 근거가 되는 대목이다. "인간은 자기 자신의 이득만을 위해 선택하지만 자연은 자신이 돌보는 존재의 이득을 위해서만 선택한다"(찰스 다윈, 『종의 기원』, 장대익 옮김, p. 144 참조). 『정치학』 제1권 제8장 1256b15-25("식물은 동물을 위해 있고, 또 다른 동물은 인간을 위해 있는 것 (…) 야생동물은 대부분 식량과 그 밖에 다른 종류의 부양을 위해서 있는 (…)"). 아리스토텔레스의 목적론에서 그 기본 원칙은, 자연은 그 동물 자체의 존재를 위한 가능성들 중 가장 최선의 것을 행한다는 것이다. 반면, '자연은 헛된 일을 하지 않는다'라는 부정적 원칙은 '우리의 사용'을 위한 다른 동물의 있음을 설명하는 것으로서 『정치학』의 구절에서 인용되고 있다.

게 벌릴 수 없는 것이다.

게다가 윗부분에[19] 입이 있는 물고기에서는, 입을 크게 벌릴 수 있는 697a
것도 있고 끝이 좁아져 있는 것도 있어서 육식의 물고기는 톱니 모양의 이빨을 가진 물고기처럼 입을 크게 벌릴 수 있는데, 그것은 그러한 물고기의 힘의 세기가 입에 있기 때문이다. 반면 육식이 아닌 생선은 입꼬리가 좁아져 있다.

어떤 물고기는 피부가 비늘 모양인 반면(비늘은 광택이 있고 얇기 때문에 몸에서 벗겨질 수 있다), 예를 들어 전자리상어[20]나 홍어 등 그런 종류의 물고기처럼 피부가 까칠까칠하다. 매끄러운 피부를 가진 물고기는 극히 적다. 연골어는 연골질 가시뼈를 가진 것이기에 비늘이 없지만, 그럼에도 피부는 까칠까칠하다. 자연은 토질의 것을 비늘로 대신하여 피부를 위해 사용했기 때문이다.

그리고 어느 물고기든 몸 밖에도 몸속에도 고환을 갖지 않으며,[21] 그 외의 무족(無足)동물도 고환을 갖지 않는다. 그래서 뱀도 고환을 갖지 않는다. 다른 모든 난생동물, 네발동물은 마찬가지로, 배설물의 구멍과 생식과 관련된 것의 구멍이 같다. 여기에는 방광이 없으며, 그것들은 액상 배설물이 생기지 않기 때문이다.

어류는 다른 동물과 비교하면 이러한 차이들이 있다. 한편, 돌고래나 고래 같은 고래류는 아가미를 가지지 않지만, 폐가 있으므로 관[분사공]

19 머리끝.

20 몸은 상어와 가오리의 중간이라 할 만하지만 생김새는 가오리에 가깝다. 몸과 목은 폭이 넓고 위아래로 납작하다. 몸의 빛깔은 어두운 갈색이며 그러한 바탕 위에 불규칙한 무늬가 흩어져 있다. 몸의 양쪽에 각각 다섯 개의 아가미구멍이 있어 상어 종류로 다루어진다.

21 『동물의 발생에 대하여』 제1권 제6장 717b34-718a17 참조.

이 있다. 실제로 입에서 바닷물을 받아 그 관을 통해 [다시] 내보낸다.[22] 물속에서 먹이를 섭취하기 때문에, 필연적으로 물을 받아들이게 되고, 일단 받아들인 이상 필연적으로 그것을 내보내야만 하기 때문이다. 그런데 아가미는 숨을 쉬지[23] 않는 동물들에 유용하다. 그 원인에 대해서는 호흡에 대한 논의에서 말했다.[24] 즉 동일한 동물이 호흡을 하는 동시에 아가미를 갖는다는 것은 불가능하다. 그러나 물 배출을 위한 관은 있다. 그 관은 뇌 앞에 있다.[25] 그렇지 않았다면, 뇌를 등뼈에서 떼어 내게 되었을 것이기 때문이다.[26] 고래류에 폐가 있어 숨을 쉬는 원인은, 동물 중에서도 거대한 것은 움직이기 위해 많은 열을 필요로 한다는 것이다. 그러므로 그 폐들은 피의 뜨거움으로 채워져 있는 것이다.

고래류는 어떤 면에서는 육생동물이기도 하고 수생동물이기도 하다. 그것은 육생동물처럼 공기를 흡수하는 동시에 수생동물처럼 무족(無足)
697b 이어서 물속에서 먹이를 획득하기 때문이다. 바다표범이나 박쥐도, 전자는 수생동물과 육생동물 양쪽의 특징을, 후자는 날아다니는 동물과 육생동물 양쪽의 특징을 아울러 갖추고 있으며, 그러므로 양쪽 특징을 함께 가지는 동시에, 어느 쪽의 특징도 함께 가지지 않는다. 즉 바다표범은 수생동물로 보자면 다리를 가지고 있으며, 육생동물로 보자면 지느

22 이것은 흔한 오인으로, 고래류의 물보라는 실제로는 분사공(콧구멍)에서 토해 낸 숨의 습기가 응결된 것이다, 그 모습이 마치 바닷물을 뿜어 올리는 것처럼 보이는 것이다.

23 아리스토텔레스가 '호흡'이라고 말할 때, 그것은 숨(공기)을 흡입하는 것을 말하며, 아가미 호흡은 포함되지 않는다.

24 『자연학 소론집』 가운데 「젊음과 늙음, 삶과 죽음, 호흡에 대하여」 제16장(제10장) 476a1-15, 제27장(제21장) 480b12-20 참조.

25 뇌는 자연적으로 등골의 골수와 연결되어 있다는 것에 대해서는 제2권 제7장 652a24-652b1 참조.

26 뇌가 척추와 연결되어 있는 것에 대해서는 제2권 제7장 652a24-b1 참조.

러미를 가지고 있다(그 뒷다리는 완전히 물고기 같고, 게다가 이빨은 모두 톱니 모양으로 날카롭기 때문이다). 그리고 박쥐도 날아다니는 동물로 보자면 [새와 달리] 발[27]이 있고, 네발동물로 보자면 [네발동물과 같은] 발은 없으며, 그리고 네발동물의 꼬리도 새의 꼬리(꽁지깃)도 갖지 않는 것이다.[28] 즉 비행하는 동물이기 때문에 네발동물의 꼬리가 없으며, 육생동물이기 때문에 새의 꼬리를 갖지 않는다. 그리고 박쥐는 그렇게 되는 것[29]이 필연적이다. 박쥐는 막이 있는 날개를 지닌 동물이고, 나뉜 날개가 없는 것[30]은 꼬리날개(꽁지깃)를 갖지 않기 때문이다. 그런 날개로부터 꼬리날개가 생긴 것이기 때문이다. 한편, 꼬리가 날개들 사이에 있었다면 방해가 되었을 것이다.

27 여기서는 앞발을 말한다.

28 실제로 박쥐는 꼬리가 있지만, 막 모양의 처진 날개가 뒷다리를 씌우고 있어 아리스토텔레스는 그것이 독립된 부분이라고는 생각하지 못했을 것이다.

29 새와 같은 꼬리가 결여되는 것.

30 날개가 날개로 덮여 있지 않아야 한다.

제14장 타조에 특징적인 외적 부분(날개와 발굽)

리뷔에의 타조도 마찬가지다. 즉 그것은 한편으로는 새의 특징을 갖추고 있으며, 다른 한편으로는 네발동물의 특징을 갖추고 있다. 즉 네발동물이 아니기 때문에 날개를 가지고 있으며, 새가 아니므로 하늘 높이 날지 않는다. 그 날개는 비행에는 도움이 되지 못하며, 털과 같다. 더욱이 네발동물이라는 점에서 윗눈썹(속눈썹)이 있고,[1] 머리 부근과 목 윗부분이 벗겨져 있으며, 그 결과 속눈썹이 한층 짙어지고 있다. 한편, 새라는 점에서 하부가 날개에 씌워져 있고, 새처럼 두 발인데, 네발동물처럼 쌍제이다. 실제로 발가락이 아니라 발굽을 가지고 있는 것이다. 그 원인은 그 크기가 새의 크기가 아니라 네발동물의 크기라는 것이다. 일반적으로 말하면, 새의 크기는 필연적으로 최대한 작아야 하기 때문이다. 실제로 전체 몸뚱이가 크면 땅을 이륙해 이동하기가 쉽지 않다.

이렇게 해서 여러 부분에 대해서, 어떤 원인으로 그 각각이 동물로 있게 되었는지, 모든 동물에 대해서 개별적으로 말했다. 그것들을 규정했기 때문에, 다음은 그것들의 발생에 대해 상세히 논할 것이다.[2]

1 제2권 제14장 658a13-14.

2 이후 이루어질 고찰이 『동물의 발생에 대하여』임을 암시하고 있다. 다만, 이는 논술 순서이지 반드시 집필의 순서를 말하는 것은 아니다. 동물학의 탐구 순서에 대해서는 제1권 제1장 640a11-b4 참조

참고 문헌

원전 편집본, 번역, 주석 및 색인

Aubert, H. und F. Wimmer(1868), *Aristoteles Thierkunde, Kristisch~Berichtiger Text*, Leibzig.

Balme, D. M.(1972/2003), *Aristotle: De Partibus Animalium* I and *De Genera~tione Animalium* I(*with Passages from* II. 1~3), *with a Report on Recent Work and on Additional Bibliography by Allan Gottelf*, Oxford.

Balme, D. M.(1991), *Aristotle: History of Animals* VII~IX, Cambridge, Mass., and London.

__________ (2002), *Aristotle: Historia Animalium*, V. 1 Books I~X: Text, Cambridge.

Barnes, J.(1975), *Aristotle: Posterior Analytics*, Oxford.

__________ (1993), *Aristotle: Posterior Analytics*, 2nd rev. edn., Oxford.

__________ (ed.)(1984), *The Complete Works of Aristotle*, 2 vols., Princeton.

Bekker, I.(1831), *Aristotelis Opera*, vol. 1, Berlin.

Bodson, L.(1990), *Aristote: De Partibus Animalium, Index verborum, lists de fréquence*, Liège.

Bonitz, H.(1870), *Aristotelis Opera*, v. *Index Aristotelicus*, Berlin.

Charlton, W.(1970), *Aristotle's Physics* I and II, Oxford.

Cornford, F. M.(1937), *Plato's Cosmology*, London.

Diels, H., & Kranz, W.(1951~1952)(eds.), *Die Fragmente der Vorsokratiker*, 6th edn.(3 vols.), Zurich.

Düring, I.(1943), *Aristotle's De Partibus Animalium: Critical and Literary Commentaries*(repr., New York, 1980).

__________ (1944), *Aristotle's Chemical Treatise: Meteorologica* IV(repr. New York, 1980).

Frantzius, A. von(1853), *Aristoteles' vier Bücher über die Teile der Tiere(Aristoteles, Werke, Band* 5), Leipzig.

Karsch, A.(1911), *De Partibus Animalium*, 2nd. edn., Berlin.

Küllmann, W.(2007), *Aristoteles, Über die Teile der Lebewesen(Aristoteles, Werke in deutscher Übersetzung, Band* 17, *Zoologische Schriften* II, *Teil* 1), Berlin.

Langkavel, B.(1868), *Aristotelis Opera*, i. *De Partibus Animaliumm, Libri Quattuor* 5, Leipzig.

Le Blond, J.-M.(1945), *Aristote, philosophe de la vie: Le Livre premier du traité sur les Parties des Animaux*, Paris.

Lennox, J. G.(2001), *Aristotle: On the Parts of Animals* I~IV. Translated with an Introduction and Commentary, Oxford: Clarendon Press.

Littré, E.(1839~1861), *Œuvres complètes d'Hippocrate*(10 vols), Paris.

Louis, P.(1956), *Les Parties des Animaux*(Collection Budé), Paris.

__________ (1958), *Aristote. Les Parties des Animaux*, Texte établi et traduit par, Collection des universités de France, Paris.

__________ (1961), *Aristote: De la Generation des Animaux*, Paris.

__________ (1964~1969), *Histoire des Animaux*, Paris.

Michael Ephesiensis(1882), *In libros De Partibus Animalium commentaria, CAG*, IX, ed. H. Diels.

Ogle, W.(1882), *Aristotle on the Parts of Animals*, London.

__________ (1897), *Aristotle on Youth and Old Age, Life and Death, and Respiration*, London.

__________ (1912), *Aristotle: De Partibus Animalium*, in W. D. Ross and J. A. Smith(eds.), *The Works of Aristotle Translated into English*, vol. v, Oxford.

Peck, A. L.(1937, 1961), *Aristotle: Parts of Animals*(introduction, text, translation), Cambridge, Mass., and London.

__________ (1963), *Aristotle: Generation of Animals*(introduction, text, translation), Cambridge, Mass., and London.

__________ (1965), *Aristotle: Historia Animalium*, Books I~III(introduction, text, translation), Cambridge, Mass., and London.

Pellegrin, P.(2011), *Aristote, Les parties des animaux*, Flammarion.

Ross, W. D.(1924), *Aristotle's Metaphysics: A Revised Text with Introduction and Commentary*, Oxford.

__________ (1936), *Aristotle's Physics: A Revised Text with Introduction and Commentary*, Oxford.

__________ (1949), *Aristotle's Prior and Posterior Analytics: A Revised Text with Introduction and Commentary*, Oxford.

Tarán, L.(ed.)(1981), *Speusippus of Athens: A Critical Study with a Collection of the Related Texts with Commentary*, Leiden.

Thompson, D. W.(1910), *Aristotle: Historia Animalium*, in W. D. Ross and J. A. Smith(eds.), *The Works of Aristotle Translated into English*, vol. iv, Oxford.

이차 문헌; 책과 논문

Ackrill, J. L.(1955), '*Sumplokē eidōn*', repr. in Allen(ed.)(1965), pp. 199~206.

__________ (1981), 'Aristotle's Theory of Definition: Some Questions on *Posterior Analytics* II. 8~10', in Berti(ed.)(1981), pp. 359~384.

Allen, J.(2001), *Inference from Signs: Ancient Debates about the Nature of Evidence*, Oxford.

Allen, R. E.(1965)(ed.), *Studies in Plato's Metaphysics*, London.

Althoff, J., Herzhoff, B. & Wöhrle, G.(2000)(eds.), *Antike Naturwissenschaft und ihre Rezeption*, vol. x, Trier.

Balme, D. M.(1962a), "Development of Biology in Aristotle and Theophrastus: Theory of Spontaneous Generation", *Phronesis*, 7: 91~104.

__________ (1962b), "Genos and eidos in Aristotle's Biology", *Classical Quarterly*, NS 12: 81~98.

__________ (1987a), "The Place of Biology in Aristotle's Philosophy", in Gotthelf and Lennox(eds.)(1987), pp. 9~20.

__________ (1987b), "Aristotle's Use of Division and Differentiae", in Gotthelf and Lennox(eds.)(1987), pp. 69~89.

__________ (1987c), "Teleology and Necessity", in Gotthelf and Lennox(eds.)(1987), pp. 275~285.

__________ (1987d), "Aristotle's Biology was not Essentialist", in Gotthelf and Lennox (eds.)(1987), pp. 291~312.

____________ (1990), "Matter in Definition: A Reply to G. E. R. Lloyd", in Devereux and Pellegrin(eds.)(1990), pp. 49~54.

Barnes, J.(1981), "Proof and the Syllogism", in Berti(ed.)(1981), pp. 17~59.

Barnes, J., Brunschwig, J., Burnyeat, M., and Schofield, M.(1982)(eds.), *Science and Speculation*, Cambridge.

Barnes, T. D.(1995)(ed.), *The Sciences in Greco~Roman Society*, Edmonton.

Beatty, J.(1980), "Optimal Design Models and the Strategy of Model Building in Evolutionary Biology", *Philosophy of Science*, 47: 532~56.

BertiI, E.(1981)(ed.), *Aristotle on Science: The Posterior Analytics*, Padua.

Bogard. P.(1979), "Heaps and Wholes: Aristotle's Explanation of Com~ pound Bodies", *Isis*, 70: 11~29.

Bolton, R.(1987), "Definition and Scientific Method in Aristotle's *Posterior Analytics* and *Generation of Animal*", in Gotthelf and Lennox(eds.)(1987), pp. 120~166.

____________ (1997), "The Material Cause: Matter and Explanation in Aristotle's Natural Science", in Kullmann and Föllinger(eds.)(1997), pp. 97~126.

Bostock, D.(2006), *Space, Time, and Form: Essays on Aristotle's Physics*, Oxford.

Bowen, A.(1991)(ed.), *Science and Philosophy in Classical Greece*, New York.

Brandon, R.(1985), "Adaptation Explanations: Are Adaptations for the Good of Replicators or Interactors?", in Depew and Weber(eds.)(1985), pp. 81~96.

Broadie, S.(1990), "Nature and Craft in Aristotle's Teleology", in Dev~ ereux and Pellegrin(eds.)(1990), pp. 389~404.

Burnyeat, M.(1981), "Aristotle on Understanding Knowledge", in Berti(ed.)(1981), pp. 97~139.

____________ (1982), "The Origins of Non~deductive Inference", in Barnes, Brunschwig, Burnyeat, and Schofield(eds.)(1982), pp. 193~238.

Cassin, B., & Labarrière, J.-L.(1997)(eds.), *L'Animal dans l'antiquité*, Paris.

Charles, D.(1988), "Aristotle on Hypothetical Necessity and Teleology", *Pacific Philosophical Quarterly*, 69: pp. 1~53.

____________ (1990), "Meaning, Natural Kinds and Natural History", in Devereux and Pellegrin(eds.)(1990), pp. 145~67.

____________ (1991), "Teleological Causation in the Physics", in Judson(ed.)(1991), pp. 101~128.

____________ (1997), "Aristotle and the Unity and Essence of Biological Kinds", in Küllmann and Föllinger(eds.)(1997), pp. 27~42.

____________ (2000), *Aristotle on Meaning and Essence*, Oxford.

Charlton, W.(1987), "Aristotle on the Place of Mind in Nature", in Gotthelf and Lennox(eds.)(1987), pp. 408~423.

Cherniss, H.(1944), *Aristotle's Criticism of Plato and the Academy*, Baltimore.

Clark, S.(1975), *Aristotle's Man*, Oxford.

Cleary, J. & Wians, W.(1996)(eds.), *Proceedings of the Boston Area Colloquium in Ancient Philosophy*, xiv, Lanham, Md.

Cleary, J. & Shartin, D.(1989)(eds.), *Proceedings of the Boston Area Colloquium in Ancient Philosophy*, iv, Lanham, Md.

Cohen, S. M.(1992), "Hylomorphism and Functionalism", in Nussbaum and Rorty(eds.)(1992), pp. 27~56.

Coles, A.(1997), "Animal and Childhood Cognition in Aristotle's Biology and the Scala Naturae", in Küllmann and Föllinger(eds.)(1997), pp. 287~324.

Cooper, J. M.(1985), "Hypothetical Necessity", in Gotthelf(ed.)(1985a), pp. 151~167.

__________ (1987), "Hypothetical Necessity and Natural Teleology", in Gotthelf, and Lennox(eds.)(1987), pp. 243~274.

Cooper, J. M.(2004), *Knowledge, Nature, and the Good; Essays on Ancient Philosophy*, Princeton.

Dennett, D.(1983), "Intentional Systems in Cognitive Ethology: The 'Panglossian Paradigm' Defended", *Behavioral and Brain Sciences*, 6: 342~390.

__________ (1995), *Darwin's Dangerous Idea*, New York.

Denniston, J. D.(1959), *The Greek Particles*, 2nd edn., Oxford.

Depew, D. & Weber, B.(1985)(eds.), *Evolution at the Crossroads: The New Biology and the New Philosophy of Science*, Cambridge, Mass.

Detel, W.(1997), "Why All Animals Have a Stomach: Demonstration and Axiomatization in Aristotle's Parts of Animals", in Küllmann and Föllinger(eds.)(1997), pp. 63~84.

Devereux, D. & Pellegrin, P.(eds.)(1990), *Biologie, logique et métaphysique chez Aristote*, Paris.

Düring, I.(1961), "Aristotle's Method in Biology", in Mansion(ed.)(1961), pp. 213~221.

Eijk, P. Van Der(1997), "The Matter of Mind: Aristotle on the Biology of Psychic Processes and the Bodily Aspects of Thinking", in Küllmann and Föllinger(eds.)(1997), pp. 231~258.

Ferejohn, M.(1990), *The Origins of Aristotelian Science*, New Haven.

Fortenbaugh, W. & Sharples, R.(1988)(eds.), *Theophrastean Studies on Natural Science, Physics and Metaphysics, Ethics, Religion and Rhetoric*, New Brunswick, NJ, and Oxford.

Fortenbaugh, W., Huby, P. & Long, A.A.(1985)(eds.), *Theophrastus of Eresus: On his Life and Works*, New Brunswick, NJ.

Föllingger, S. hrsg.(2010), *Was ist 'leben'? Aristoteles Anschauungen zur Entstehung und Fuktionsweise von Leben*, Stuttgart.

Frede, M.(1980), "The Original Notion of Cause", in Schofield, Burnyeat, and Barnes(eds.)(1980), pp. 217~249.

Freeland, C. A.(1987), "Aristotle on Bodies, Matter and Potentiality", in Gotthelf and Lennox(eds.)(1987), pp. 392~407.

__________ (1990), "Scientific Explanation and Empirical Data in Aristotle's Meteorology", in Devereux and Pellegrin(eds.)(1990), pp. 287~320.

__________ (1991), "Accidental Causes and Real Explanations", in Judson(ed.)(1991), pp. 49~72.

Freudenthal, G.(1995), *Aristotle's Theory of Material Substance*, Oxford.

Furley, D.(1983), "The Mechanics of Meteorologica IV: A Prolegomenon to Biology", in Moraux and Wiesner(eds.)(1983), pp. 73~93.

__________ (1989), *Cosmic Problems: Essays on Greek and Roman Philosophy of Nature*, Cambridge.

Furth, M.(1987), "Aristotle's Biological Universe: An Overview", in Gotthelf and Lennox(eds.)(1987), pp. 21~52.

__________ (1988), *Substance, Form and Psyche: An Aristotelean Metaphysics*, Cambridge.

Gibbons, A.(1991), "The Brain as 'Sexual Organ'", *Science*, 253: 957~959.

Gill, M. L.(1989a), *Aristotle on Substance: The Paradox of Unity*, Princeton.

__________ (1989b), "Aristotle on Matters of Life and Death", in Cleary and Chartin(eds.)(1989), pp. 187~205.

__________ (1991), "Aristotle on Self~motion", in Judson(ed.)(1991), pp. 243~265.

__________ (1997), "Material Necessity and Meteorology IV 12", in Küllmann and Föllinger(eds.)(1997), pp. 145~161.

Gill, M. L. & Lennox, J. G.(eds.)(1994), *Self-motion: From Aristotle to Newton*, Princeton.

Gotthelf. A. & Lennox, J. G.(eds.)(1987), *Philosophical Issues in Aristotle's Biology*, Cambridge.

Gotthelf. A.(ed.)(1985a), *Aristotle on Nature and Living Things: Philosophical and Historical Studies Presented to David M. Balme on his Seventieth Birthday*, Pittsburgh and Bristol.

__________ (1985b), "Notes towards a Study of Substance and Essence in Aristotle's *Parts of Animals* II~IV", in Gotthelf(ed.)(1985a), pp. 27~54.

__________ (1987a), "First Principles in Aristotle's *Parts of Animals*", in Gotthelf and Lennox(eds.)(1987), pp. 167~198.

__________ (1987b), "Aristotle's Conception of Final Causality", in Gotthelf and Lennox(eds.)(1987), pp. 204~242.

__________ (1988), "*Historiae I: Plantarum et Animalium*", in Fortenbaugh and Sharples(eds.)(1988), pp. 100~135.

__________ (1989a), "The Place of the Good in Aristotle's Natural Teleology", in Cleary and Chartin(eds.), 1989, pp. 113~139.

__________ (1989b), "Teleology and Spontaneous Generation in Aristotle: A Discussion", in Kraut and Penner(eds.), 1989, pp. 181~193.

__________ (1997a), "The Elephant's Nose: Further Reflections on the Axiomatic Structure of Biological Explanation in Aristotle", in Küllmann and Föllinger(eds.)(1997), pp. 85~96.

__________ (1997b), "Understanding Aristotle's Teleology", in Hassing(ed.)(1997), pp. 71~82.

__________ (1997c), "Division and Explanation in Aristotle's *Parts of Animals*", in Günther and Rengakos(eds.) (1997), pp. 215~230.

__________ (1999), "A Biological Provenance", *Philosophical Studies*, 94: 35~56.

__________ (1999), "Darwin on Aristotle", *Journal of the History of Biology* 32: 3~30.

__________ (2012), *Teleology, First Principles, and Scientific Method in Aristotle's Biology*, Oxford.

Gregoric, P.(2001), "The Heraclitus Anecdote: De Partibus Animalium i 5. 645a17~23", *Ancient Philosophy*, 21: 73~86.

Grene, M.(1985a), "About the Division of the Sciences", in Gotthelf(ed.), pp. 9~16.

Grene, M. & Depew, D.(2004), *The Philosophy of Biology: An Episodic History*, Cambridge.

Günther, H.-C. & Rengakos, A.(1997)(eds.), *Beiträge zur antiken Philosophie: Festschrift für Wolfgang Küllmann*, Stuttgart.

Harmer, S. F. & Shipley, A. E.(1904)(eds.), *The Cambridge Natural History*, vii. *Fishes*, by T. W. Bridge and G. A. Boulenger, repr. New York, 1958.

Hassing, R.(1997)(ed.), *Final Causality in Nature and Human Affairs*, Washington.

Hussey, E.(1991), "Aristotle's Mathematical Physics: A Reconstruction", in Judson(ed.)(1991), pp. 213~242.

Inwood, B.(1992), *The Poem of Empedocles*, Oxford.

Irwin, T.(1990), *Aristotle's First Principles*, Oxford.

Jaeger, W.(1913), "Das Pneuma im Lykeion", *Hermes*, 48: 29~74.

Jollie, M.(1972), *Chordate Morphology*, New York.

Judson, L.(1991)(ed.), *Aristotle's Physics: A Collection of Essays*, Oxford.

Kahn, C.(1981), "The Role of Nous in the Cognition of First Principles in *Posterior Analytics* II 19", in Berti(ed.)(1981), pp. 385~416.

___________ (1985), "The Place of the Prime Mover in Aristotle's Teleology", in Gotthelf(ed.)(1985a), pp. 183~206.

Kitchell jr., K. F.(2014), *Animals in thre Ancient World from A to Z*, London.

Kosman, L. A.(1973), "Understanding, Explanation, and Insight in the *Posterior Analytics*", in Lee, Mourelatos & Rorty(eds.)(1973), pp. 374~392.

___________ (1987), "Animals and Other Beings in Aristotle", in Gotthelf and Lennox(eds.)(1987), pp. 360~391.

Kraut, R. & Penner, T.(1989)(eds.), *Nature, Knowledge and Virtue: Essays in Memory of Joan Kung*(*Apeiron* special issue, 22/4, Edmonton.

Küllmann, W. & Föllinger, S.(1997)(eds.), *Aristotelische Biologie: Intentionen, Methoden, Ergebnisse*, Stuttgart.

Küllmann, W.(1974), *Wissenschaft und Methode: Interpretationen zur aristotelischen Theorie der Naturwissenschaft*, Berlin.

___________ (1985), "Different Concepts of the Final Cause in Aristotle", in Gotthelf(ed.)(1985a), pp. 169~176.

___________ (1997), "Die Voraussetzungen für das Studium der Biologie nach Aristoteles", in Küllmann und Föllinger(eds.)(1997), pp. 63~84.

___________ (1999a), "Zoologische Sammelwerk in der Antike", in Wöhrle(ed.)(1999), pp. 181~198.

___________ (1999b), "Aristoteles' wissenschaftliche Methode in seinen zoologischen Schriften", in Wöhrle(ed.)(1999), pp. 103~123.

___________ (2000), "Die Beschreibung des Krokodils in Aristoteles' Zoologie", in Althoff, Herzhoff, and Wöhrle(eds.)(2000), pp. 83~96.

Küllmann, W. & Föllingger, S. hrsg.(1997), *Aristotelische Biologie, Intentionen, Methode, Ergebnisse*, Stuggart.

Labarrièere, J.-L.(1990), "De la *phronesis* animale", in Devereux and Pellegrin(eds.)(1990), pp. 405~428.

Le Blond, J.-M.(1938), *Eulogos et l'argument de convenance chez Aristote*, Paris.

___________ (1939), *Logique et méthode chez Aristote*, Paris.

Lee, E. N., Mourelatos, A. D. P. & Rorty, R. M.(1973)(eds.), *Exegesis and Argument: Studies Presented to Gregory Vlastos, Phronesis* suppl. 1; Assen.

Lennox, J. G.(1982), "Teleology, Chance, and Aristotle's Theory of Spontaneous Generation", *Journal of the History of Philosophy*, 20: 219~232; repr. in Lennox(2001).

___________ (1983), "Aristotle's Lantern", *Journal of Hellenic Studies*, 103: 148~151.

___________ (1984a), "Aristotle on Chance", *Archiv für Geschichte der Philosophie*, 66/1: 52~60; repr. in Lennox(2001).

___________ (1984b), "Recent Philosophical Studies in Aristotle's Biology", *Ancient Philosophy*, 4: 73~82.

___________ (1985a), "Plato's Unnatural Teleology", in O'Meara(ed.)(1985), pp. 195~218; repr. in Lennox(2001).

___________ (1985b), "Theophrastus on the Limits of Teleology", in Fortenbaugh, Huby, and Long(eds.)(1985), pp. 143~151; repr. in Lennox(2001).

___________ (1985c), "Are Aristotelian Species Eternal?", in Gotthelf(ed.)(1985a), pp. 67~94; repr. in Lennox(2001).

___________ (1985d), "Demarcating Ancient Science: A Discussion of G. E. R. Lloyd's Science, Folklore and Ideology: the Life Sciences in Ancient Greece", *Oxford Studies in Ancient Philosophy*, 3:

307~324.

__________ (1987a), "Divide and Explain: The *Posterior Analytics* in Practice", in Gotthelf and Lennox(eds.)(1987), pp. 90~119; repr. in Lennox(2001).

__________ (1987b), "Kinds, Forms of Kinds, and the More and the Less in Aristotle's Biology", in Gotthelf and Lennox(eds.)(1987), pp. 339~359; repr. in Lennox, 2001.

__________ (1989), "Comments on Richard Sorabji's 'The Greek Origins of the Idea of Chemical Combination'", in Cleary and Shartin(eds.)(1989), pp. 64~76.

__________ (1990), "Notes on David Charles on *HA*", in Devereux and Pellegrin(eds.)(1990), pp. 169~183.

__________ (1991), "Between Data and Demonstration: The *Analytics* and the *Historia Animalium*", in Bowen(ed.)(1991), pp. 261~295; repr. in Lennox(2001).

__________ (1993), "Darwin was a Teleologist", *Biology and Philosiphy*, 8: 409~421.

__________ (1994a), "Aristotelian Problems", *Ancient Philosophy*, 14: 53~77; repr. in Lennox(2001).

__________ (1994b), "Aristotle's Biology: Plain, but not Simple"(a review of D. M. Balme, Aristotle's *De Partibus Animalium* I and *De Generatione Animalium* I, rev. edn.), *Studies in History and Philosophy of Science*, 25/5: 817~823.

__________ (1995), "The Disappearance of Aristotle's Biology: A Hellenistic Mystery", in Barnes(ed.)(1995), 7~24; repr. in Lennox(2001).

__________ (1996a), "Aristotle's Biological Development: The Balme Hypothesis", in Wians(ed.)(1996), pp. 229~248.

__________ (1996b), "Putting Philosophy of Science to the Test: The Case of Aristotle's Biology", in Forbes, Hull, and Burian(eds.)(1996), pp. 239~247; repr. in Lennox(2001).

__________ (1996c), "Material and Formal Natures in Aristotle's *De Partibus Animalium*", in Cleary and Wians(eds.)(1996), pp. 217~240; repr. in Küllmann and Föllinger(eds.)(1997), pp. 163~181, and in Lennox(2001).

__________ (1997), "Nature Does Nothing in Vain...", in Günther and Rengakos(eds.)(1997), pp. 199~214; repr. in Lennox(2001).

__________ (1999a), "Aristotle on the Biological Roots of Virtue: The Natural History of Natural Virtue", in Maienschein and Ruse(eds.)(1999), pp. 10~31.

__________ (1999b), "The Place of Mankind in Aristotle's Zoology", *Philosophical Topics*, 25/1: 1~16.

__________ (2001a), *Aristotle's Philosophy of Biology: Studies in the Origins of Life Science*, Cambridge.

__________ (2010), "Bios, praxis and the unity of life", in Föllingger, S. hrsg.(2010), pp. 239~260.

__________ (2010), "The Unity and Purpose of *On the Parts of Animals* I", in Lennox and Bolton, pp. 56~77.

Lennox, J. G. & Bolton, R.(2010), *Being, Nature, and Life in Aristotle; Essays in Honor of Allan Gotthelf*, Cambridge.

Leroi, A. M.(2010), "Function and Constraint in Aristotle and Evolutionary Theory", in Föllingger, S. hrsg.(2010).

__________ (2014), *The Lagon: How Aristotle Invented Science*, New York(『라군: 과학자 아리스토텔레스의 생물학 여행』, 양병찬 옮김, 동아엠앤비, 2022).

Lesher, J.(1973), "The Meaning of vous in the *Posterior Analytics*", *Phronesis*, 18: 44~68.

Leunissen, M.(2010), *Explanation and Teleology in Arostotle's Science of Nature*, Cambridge.

Lloyd, A. C. & Owen. G. E. L.(1978)(eds.), *Aristotle on Mind and the Senses*, Cambridge.

Lloyd, A. C.(1954), "Plato's Description of Division", repr. in Allen(ed.)(1965), pp. 219~230.

__________ (1962), "The Development of Aristotle's Theory of the Classification of Animals", *Phronesis*, 6: 59~81.

__________ (1966), *Polarity and Analogy: Two Types of Argumentation in Early Greek Thought*, Cambridge.

__________ (1978), "The Empirical Basis of the Physiology of the Parva Naturalia", in Lloyd and Owen(eds.)(1978), pp. 215~240.

__________ (1979), *Magic, Reason and Experience*, Cambridge.

__________ (1983), *Science, Folklore and Ideology*, Cambridge.

__________ (1987a), "Empirical Research in Aristotle's Biology", in Gotthelf and Lennox(eds.)(1987), pp. 53~64.

__________ (1987b), *The Revolutions of Wisdom*, Berkeley.

__________ (1990), "Aristotle's Zoology and his Metaphysics: The Status Quaestionis. A Critical Review of Some Recent Theories", in Devereux and Pellegrin(eds.)(1990), pp. 7~36.

__________ (1991), *Methods and Problems in Greek Science*, Cambridge.

__________ (1996), *Aristotelian Explorations*, Cambridge.

Longrigg, J.(1977), review of D. M. Balme: *Aristotle's De Partibus Ani malium* I and *De Generatione Animalium* I(*with Passages from* II 1~3), in *Classical Review*, NS 27: 38~9.11.

Lull, R. S.(1924), *Organic Evolution*, New York.

Maienschein, J. & Ruse, M.(1999)(eds.), *Biology and the Foundations of Ethics*, Cambridge.

Mansion, S.(1961)(ed.), *Aristote et les problèmes de méthode*, Louvain.

Meglitsch, P. A.(1972), *Invertebrate Zoology*, 2nd edn., Oxford.

Meyer, K. B.(1855), *Aristoteles' Thierkunde*, Berlin.

Meyer, M. F.(2015), *Aristoteles und die Geburt der biologischen Wissenschaft*, Wiesbaden.

Meyer, S.(1992), "Aristotle, Teleology, and Reduction", *Philosophical Review*, 101: 791~825.

__________ "Self~movement and External Causation", in Gill and Lennox(eds.)(1994), pp. 65~80.

Moraux, P. & Wiesner, J.(1983)(eds.), *Zweifelhaftes im Corpus Aristotelicum: Studien zu einigen Dubia*(Akten des 9. Symposium Aristotelicum; Berlin and New York).

Nussbaum, M. C. & Rorty, A. O.(1992)(eds.), *Essays on Aristotle's De Anima*, Oxford.

Nuyens, F.(1948), *L'Évolution de la psychologie d'Aristote*, Louvain(repr. 1973).

O'Meara, D.(1985)(ed.), *Platonic Investigations*, Washington.

Owens, J.(1978), *The Doctrine of Being in the Aristotelian Metaphysics*, 3rd edn., Toronto.

Parker, R.(1984), "Sex, Women, and Ambiguous Animals", *Phronesis*, 29/2: 174~187.

Pellegrin, P.(1975), *Science and Philosophy in Aristotle's Biological Works*, Hildensheim and New York.

__________ (1982), *La Classification des animaux chez Aristote: Statut de la biologie et unité de l'aristotélisme*, Paris.

__________ (1985), "Aristotle: A Zoology without Species", in Gotthelf(ed.)(1985a), pp. 95~115.

__________ (1986), *Aristotle's Classification of Animals: Biology and the Conceptual Unity of the Aristotelian Corpus*, revision of Pellegrin(1982), trans. Anthony Preus, Berkeley.

__________ (1987), "Logical Difference and Biological Difference: The Unity of Aristotle's Thought", in Gotthelf and Lennox(eds.)(1987), pp. 313~338.

__________ (1990), "Taxonomie, moriologie, division", in Devereux and Pellegrin(eds.)(1990), pp.

37~48.

__________ (2002), "Les ruses de la nature et l'éternité du mouvement: encore quelques remarques sur la finalit´e chez Aristote", in M. Canto-Sperber and P. Pellegrin(eds.), *Le style de la pensée: recueil des textes en hommage à Jacques Brunschwig*, Paris, pp. 296~323.

Pollard, J.(1977), *Birds in Greek Life and Myth*, New York.

Preus, A.(1969), "Aristotle's Nature Uses…", *Apeiron*, 3: 20~33.

Schofield, M., Burnyeat, M. & Barnes, J.(1980)(eds.), *Doubt and Dogmatism*, Oxford.

Sedley, D.(1991), "Is Aristotle's Teleology Anthropocentric?", *Phronesis*, 36: 179~196.

Shaw, J. R.(1972), "Models of Cardiac Structure and Function in Aristotle", *Journal of the History of Biology*, 5: 335~388.

Sissa, G.(1997), "La génération automatique", in Cassin and Labarrière(eds.)(1997), pp. 95~112.

Sorabji, R.(1980), *Necessity, Cause, and Blame: Perspective on Aristotle's Theory*, London.

__________ (1989), "The Greek Origins of the Idea of Chemical Combination", in Cleary and Shartin(eds.)(1989), pp. 35~63.

Stenzel, J.(1929), "Speusippos", in *Real~Encyclopädie der classischen Altertumswissenschaft*, ed., Pauly-Wissowa, 2nd ser., iii/2. 1639~1669.

Stenzel, J.(1940), *Plato's Method of Division*, trans. D. J. Allan, Oxford[German original 1930].

Thompson, D. W.(1936), *A Glossary of Greek Birds*, 2nd edn., Oxford.

__________ (1947), *A Glossary of Greek Fishes*, Oxford.

Waterlow, S.(1982), *Nature, Change, and Agency in Aristotle's Physics*, Oxford.

Wians, W.(1996)(ed.), *Aristotle's Philosophical Development*, Savage, Md.

Witt, C.(1985), "Form, Reproduction, and Inherited Characteristics in Aristotle's Generation of Animals", *Phronesis*, 30: 46~57.

__________ (1989), *Substance and Essence in Aristotle: An Interpretation of Metaphysics* VII~IX, Ithaca, NY.

Wolson, M.(1997), "Analogy in Aristotle's Biology", *Ancient Philosophy*, 17: 335~358.

Wörhle, G.(1999)(ed.), *Geschichte der Mathematik und der Naturwissenschaften* I, Stuttgart.

김재홍,「학문 방법론으로서의 '논증' 이론의 역할과 기능: <아르카이>에 대한 학적 분석」,『대동철학』61집, 2012 참조.

찰스 다윈(2019, 2023),『종의 기원』(*On the Origin of Species by Means of Natural Selection or the Preservation of Favoured Races in the Struggle foe Life*), 장대익 옮김, 최재천 감수, 사이언스북스.

찾아보기

숙성(pepsis) 650a11, 14, 27, 652a9, 670a21, 27, 675a10, 29, ~숙성하다(pettein, pettesthai) 651a18, 671a6, 672a7, 22, 677b31, 681a4, 682a23

숨통, 기관(氣管)(artēria) 664a36-b5, 29-665a8, 18, 20, 686a18, 691b27

습한(액상의)(hugros) 647b11, 19, 28, 649b12-19, 29, 650a1, 4, 664b5, 667b19, 672a7, 9, 689a5, 9

시원, 시작점(archē) 639b15, 640a3, b5, 641b5, 14, 29, 642a17, 643b23, 646a32, 648b9, 650a7, 653b6, 21, 656a28, 657b20, 21, 665a12, 17, b14, 16, 28-666b1, 27, 667a4, 34, 678b3, 681b28, 34, 682a2, b4, 686a17, b27, 32

식도(oisophagos, stomachos) 650a16, 664a17-32, b3, 12, 665a10, 20, 674b23, 675a9, 676b14, 681b23, 684b25, 686a19

신(theos) 645a21 신적(theios) 644b25, 645a4, 656a8, 686a28, 29

신장(콩팥)(nephros) 667b4, 669b14, 25, 670a17, 22, 671a26-b28, 672a1-34, b7,9

신체, 몸(sōma) 642a11, 644b8, 645b15, 19, 653b21, 669b18, 686b29

심장(kardia) 647a31, b4, 650b8, 29, 652b20, 27, 653a29, b5, 654b11, 656a28, b24, 665a11-21, 30, 34, b9, 15, 30-34, 666a6, 7, 20-35, b6-16, 23, 32, 667a11-20, 33, b10-16, 669a15, 18, 24, b23, 670a23, 672b8-16, 678b2, 686a14, 696b17

쌍제(chēlē) 655b4, 663a29, 697b22

아가미(brangchion) 659b15, 660b24, 669a4, 676a28, 695b25, 696b1, 9-22, 697a16, 23

아낙사고라스(Anaxagoras) 677a5, 687a7

아르카디아(Apkadia) 673a17

아오르테(aortē) 652b29, 666b25, 667b16, 668a1, b20

아이소포스(Aisōpos) 663a35

악어, 강변의 악어(krokodeilos, potamios krokodeilos) 660b15, 25, 690b20, 691b6, 24

앞과 뒤(emprosthen kai opisthen) 665a4-15, 667a33, 35, 669b20

양쪽의 특징을 겸비하고 있다 (epamphoterizein) 669a9, b16, 681b2, 689b32, 697b2

엄니(chauliodous) 661b18-32, 663b35, 684a30

엉덩이, 좌골(ischionv) 694b29, 695a5, 10, 689b6, 14-34

에우보이아(섬, Euboia) 677a3

엠페도클레스(Empedoklēs) 640a19, 642a18, 648a31

여러 발을 가진(polupous) 652b25, 654a22, 678b28, 679a8, 12, 22, 685a5, 14, 21, b13, 21, 24

연각동물, 부드러운 껍데기를 가진 동물[대부분의 갑각류](ta malakostraka) 654al, 661a13, 678a27, b9, 24, 679a31, b7, 31,681b11, 21, 683b25

연골(chondros) 653b36, 655a33-37, ~질의(chrondrōdēs) 654b25, 655a29, b1, 689a29, 692a3

연골어, 연골어류(selachos, selachōdēs) 655a23, 676b2, 695b9, 696b2-10,26

연지방 같은(liparos) 651a24, 672a8, 21, 677b26

연지방, 기름(pimelē) 647b12, 651a20, 26, 34-b6, 15, 18, 28, 652a2, 10, 672a2-11, 19, 677b15, 지방질의(pimelōdēs, piōn) 651b9, 652a30, 672a13, 21-29, 연지질의(pimelōdēs) 652a7, 672a11,32

연체동물, 두족류(ta malakia) 654a10, 13, 678a27, 67, 25, 679a4, b7, 32, 681b17, 684b17, 20, 34, 685a11, 12

열, 뜨거움(thermon, thermotēs) 641b15, 646a16, 647a18, 648a22, 32, 33, b10, 11, 649a26, 29, 650a5, 12, 14, 652b11, 20, 28, 653a24, 31, 667a3, 6, 18, 26, b29, 668b9, 12, 669b4, 672a8, 681a3-7,

662a14-34, 664a25, 674b10, 20, 678b7, 8, 16, 679b35, 681b8, 682a10-19, 684b24, 686b35, 691b9, 696b24, 25, 34-697a

입술(cheilos) 659b20-28, 660a1-7, 662a34

잉여물, 배설물(perittōma, perittōsis) 647b27, 649a26, 650a21, 33, b32, 652a23, 653b10, 13, 655b31, 33, 663a15, 664b16, 665b24, 668b4, 6, 670a22, b6, 674a16, 675b10-22, 36, 676a32, 679a2, 680a10, 11, 20, 684b27, 685a9, 686b6, 688b27, 689a9, 13, 694a29

자연, 자연 본성(phusis) 639a12, b20, 21, 640b5, 28, 29, 641a25, b9, 12, 26, 642a17, 644b22, 645a9, 24, 34, 652a31, 655a28, 658a32, 661b30, 663b22, 23, 665b17, 670b19, 677a16, 679a29, 681a12, 682a6, 684a28, 687a10, 16, 689b13, 690a1, 694b14, ~은 쓸데없는 일을 하지 않는다 658a8, 661b24, 691b4, 694a15

장(enteron) 650a19, 674a12, 675a16, 30, b4, 7, 18, 34, 676a4, b17, 20, 677b37, 678b27, 679b1, 11, 681b27, 682a14, 16, 684b26, 693b25

조개껍데기(ostrakon) 654a7, 654a7, 679b22, 24, 29, 683b10

조개류(ostreon) 644b11, 680b8, 10, 21, 22

조건적 필연성(ex hupotheseōs) 639b24, 642a9

종, 형상(eidos) 639a28, b1, 2, 640a17, b25, 641a17, 642b23-31, 643a2, 11-24, b4, 8, 17, 26, 644a3, 24-b6, 16, 645b22, 25, 665b8, 679b15, 680a15, 683b28

[종차] → 차이 특성

지느러미(pterugion) 685b16, 695b21-28, 696a7-32

지방(πιον) 672a32, 677b30

진행(poreia) 639b1, 683b32, 684b1, 694a19, 697b29, 30, ~에 대하여 (의 논의)(『동물의 진행에 대하여』) 690b15, 692a17, 696a12

질료(hulē) 639b26, 640a32, b8, 16, 25, 641a26-31 642a17, 643a24, 25, 645a32, 646a17, 29, 35, b6, 647a35, b22, 651a13, 14, 665b6, 8, 668a5, 21, 694b18

차이 특성, 차이, 종차(diaphora) 639a29, b1, 642b6, 7, 22-26, 36-643a24, b8-34, 644a7, 645b24, 26, 646a18, 647b18, 29, 35, 648a5, 12, 15, 662a23, 24, 666b27, 692b3, 693a10, 최종의 ~(teleutaia diaphora) 643b36, 644a3, 궁극의 ~(eschatē diaphora) 643a19, 644a2

초과, 과잉(huperochē) 649b8, 655a27, 671a1, 초과와 부족의 정도에서의 [차이](kath' huperochē, huperochē[i] kai elleipdei) 644a17, 20, 645b24, 692b4

최종실현상태(entelecheia) 642a1

최종단계의 피 650a34, 651a15, 678a7

축축한(습한)(hugron) 646a16, 649b9

침(kentron) 661a18, 29, b31, 679b8, 682a11, 12, b33, 34, 683a7-16

코끼리(elephas) 658b33, 659a12, 15, 661a27, 663a6, 688b5, 15

[코끼리의] 코[입술, 주둥이](proboscis, rhungchos) 659a15, 679b7, 696b33

태생의, 태생동물(zō[i]otokos) 655a5-9, 17, 28, b14, 657a27, 660a31, 662b24, 27, 669a26, b6, 673b18-25, 674a25, 686a2, 691a29

파르낫소스산(Parnassos) 681a23

파르메니데스(Parmenidēs) 648a29

팔(brachiōn) 646b14, 686a26, 34, 687a7, 693a27

폐(pleumōn) 645b7, 8, 659a31, 664a19, 26, b11, 23, 665a15, 21, 667b6, 8, 668b33, 669a3, 14-b1, 8-14, 24, 670a29, b14, 17, 34, 671a8, 10, 17, 673a24, 691b26, 697a17, 26

퓌라만(Purraios euripos) 680b1

피(haima) 645a29, b9, 10, 647b4-12, 30-648a8, 20, 21, b32, 649a17, b21-650a2,